참~ 쉽죠잉!

한 권으로
끝내는
파워포인트

EDUWAY
에듀웨이

가장 쉽게 배우는 오피스 입문서
한 권으로 끝내는 엑셀 파워포인트

2020년 7월 10일 1판 2쇄 인쇄
2020년 7월 20일 1판 2쇄 발행

지 은 이 | 강현주, 조성근

펴 낸 곳 | (주)에듀웨이
주   소 | 14542 경기도 부천시 원미구 송내대로 265번길 59, 6층 603호(상동, 한솔프라자)
대표전화 | 032) 329-8703
팩   스 | 032) 329-8704
등   록 | 제387-2013-000026호
홈페이지 | www.eduway.net

북디자인 | 앤미디어
인   쇄 | 상지사 P&B
제   본 | 상지사 제본

Copyright©에듀웨이 R&D 연구소, 2017, Printed in Seoul, Korea
Illust Designed by Freepik

이 도서의 국립중앙도서관 출판예정도서목록(CIP)은 서지정보유통지원시스템 홈페이지(http://seoji.nl.go.kr)와 국가자료공동목록시스템(http://www.nl.go.kr/kolisnet)에서 이용하실 수 있습니다.(CIP제어번호: CIP2018029328)

책값은 뒤표지에 있습니다.

ISBN   979-11-86179-28-4

자신의 업무에 쉽게 활용하기 위한 파워포인트 노하우

어떤 프로그램이든 그 프로그램의 개발 방향은 사용자들이 프로그램의 기능을 복잡하게 적용해서 어렵게 결과물을 만드는 것은 아닐 것입니다. 초보자라도 몇 가지 기본 원리를 익히고 그것을 활용해서 큰 어려움 없이 자신의 업무에 사용할 수 있게 하는 것이 목적이라 생각합니다. 파워포인트 역시 사용자들에게 쉽고 편리한 기능을 계속 추가하고 있습니다.

프레젠테이션 문서를 작성할 때 사용자의 수준에 따라 결과물이 차이가 나겠지만, 디자인적으로 통일감을 주는 것만으로도 전체적인 문서 품질을 높일 수 있습니다. 예를 들어, 파워포인트에서 '테마 색'과 '테마 글꼴'을 지정하고, 각 개체의 서식은 '빠른 스타일'을 지정하는 것만으로도 생각보다 쉽게 완성도 있는 문서를 작성할 수 있는 것을 경험할 것입니다. 그러나 이렇게 편리한 기능을 활용하기 위해서는 파워포인트에서 개체를 다루는 몇 가지 규칙을 사용자가 익혀야 합니다. 이 책에서 설명하는 것들은 대부분 파워포인트를 사용하는 기본적인 원리입니다. 기본이 튼튼하면 어디든 활용이 가능합니다.

프리젠테이션이 돋보이려면 내용이 중요합니다.

파워포인트는 도구입니다. 강력한 도구이긴 하지만, 도구가 내용까지 만들어 주지 않습니다. 그래서 무엇보다 프레젠테이션이 무엇을 말하려는지 주제에 맞는 내용을 잘 정리하는 것이 첫 단계에 해야 하는 중요한 작업입니다. 내용이 준비되고 나면 파워포인트라는 멋진 도구를 활용해서 전달력 있게 표현하고 성공적인 프레젠테이션을 진행할 수 있습니다.

파워포인트를 업무에 다양하게 활용해 보세요.

파워포인트는 프레젠테이션에 적합한 프로그램이지만, 이미지 편집이나 화면 캡쳐, 동영상 편집 등 유용한 기능이 포함되어 있습니다. 직장인이 업무 처리에 필요한 많은 기능을 추가 유틸리티 설치 없이 파워포인트 하나로 해결할 수 있습니다. 이 책을 통해 파워포인트를 필요한 업무에 적절하게 활용할 수 있기를 바랍니다.

저자 강현주

Preview _미리보기

이 책은 파워포인트 2016의 기본 기능부터 기능 예제를 쉽게 학습할 수 있도록 구성되어 있습니다.
기본 기능을 탄탄히 익혀 완성도 높은 프레젠테이션 문서를 작성해 보세요.

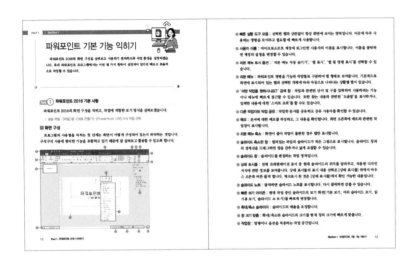

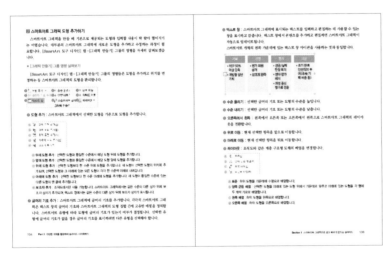

● 이론 : 파워포인트를 이용한 프레젠테이
션 문서 작성 방법을 설명합니다. 초보자
도 쉽게 활용할 수 있도록 기초부터 탄탄
하게 알려 줍니다.

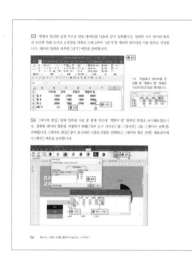

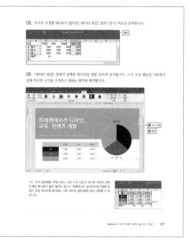

• 실습 예제 : 파워포인트의 핵심 기능을 상세한 튜토리얼로 설명합니다.

• 팁 : 추가 설명과 알아두면 좋은 내용을 설명합니다.

• 실습 파일 다운로드 •

이 책은 실습 파일을 제공하며, 에듀웨이 홈페이지(www.eduway.net) 메인 화면의 [단행본 자료실]에서 실습 파일을 다운로드하여 사용하세요. 검색 창에 '한 권으로 끝내는 엑셀 파워포인트'를 입력한 다음 [검색] 버튼을 클릭하면 실습 파일이 검색됩니다.

Contents _목차

Part ❶
파워포인트 2016
시작하기

Part ❷
슬라이드 작성의
중요 3개체 다루기

Contents _목차

Part ❺
실전 프레젠테이션을 위한
마무리 작업하기

Part 01

파워포인트 2016 시작하기

프레젠테이션 문서를 작성하기 전에 먼저 파워포인트 2016의 화면 구성을 확인하고 사용하기 편리한 작업 환경으로 만드는 것이 좋습니다. 이렇게 프로그램을 한번 설정하면 이후에 작업에서 훨씬 빠르게 명령을 사용할 수 있습니다. 기본적인 프레젠테이션 문서 관리 방법과 슬라이드를 추가, 이동, 삭제하는 등 슬라이드 관리 명령을 살펴보겠습니다. 그리고, 파워포인트에서 제시되는 간단한 기능으로 초보자가 쉽게 슬라이드를 구성하는 방법을 알아보겠습니다.

파워포인트 기본 기능 익히기

파워포인트 2016의 화면 구성을 살펴보고 사용하기 편리하도록 작업 환경을 설정하겠습니다. 특히 파워포인트 프로그램에서는 이런 몇 가지 항목이 설정되어 있다면 빠르고 효율적으로 작업할 수 있습니다.

Sub 1 파워포인트 2016 기본 사항

파워포인트 2016의 화면 구성을 익히고, 작업에 적합한 보기 방식을 살펴보겠습니다.

• 실습 파일 : [파일] 탭-[새로 만들기]-[PowerPoint 시작] 서식 파일 선택

1 화면 구성

프로그램의 사용법을 익히는 첫 단계는 화면이 어떻게 구성되어 있는지 파악하는 것입니다. 구석구석 사용에 편리한 기능을 포함하고 있기 때문에 잘 살펴보고 활용할 수 있도록 합니다.

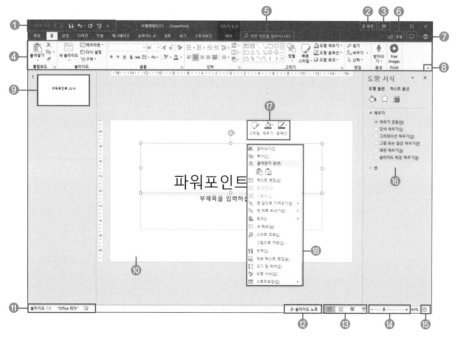

❶ 빠른 실행 도구 모음 : 선택한 탭과 상관없이 항상 화면에 보이는 영역입니다. 이곳에 자주 사용하는 명령을 모아두고 필요할 때 빠르게 사용합니다.

❷ 사용자 이름 : 마이크로소프트 계정에 로그인한 사용자의 이름을 표시합니다. 이름을 클릭하면 계정의 설정을 변경할 수 있습니다.

❸ 리본 메뉴 표시 옵션 : '리본 메뉴 자동 숨기기', '탭 표시', '탭 및 명령 표시'를 선택할 수 있습니다.

❹ 리본 메뉴 : 파워포인트 명령을 기능과 작업별로 구분하여 탭 형태로 보여줍니다. 기본적으로 화면에 표시되어 있는 탭과 선택한 개체에 따라 자동으로 나타나는 상황별 탭이 있습니다.

❺ '어떤 작업을 원하시나요?' 검색 창 : 작업과 관련된 단어 및 구를 입력하여 사용하려는 기능이나 메뉴에 빠르게 접근할 수 있습니다. 또한 찾는 내용과 관련된 '도움말'을 표시하거나, 입력한 내용에 대한 '스마트 조회'를 할 수도 있습니다.

❻ 다른 작업자와 작업 공유 : 작업한 문서를 공유하고 공유 사용자를 확인할 수 있습니다.

❼ 메모 : 문서에 대한 메모를 작성하고, 그 내용을 확인합니다. 화면 오른쪽에 메모와 관련된 작업창이 표시됩니다.

❽ 리본 메뉴 축소 : 화면이 좁아 작업이 불편한 경우 탭만 표시합니다.

❾ 슬라이드 축소판 창 : 열려있는 파일의 슬라이드가 작은 그림으로 표시됩니다. 슬라이드 창과의 경계선을 드래그하면 창을 감추거나 넓게 조절할 수 있습니다.

❿ 슬라이드 창 : 슬라이드를 편집하는 작업 영역입니다.

⓫ 상태 표시줄 : 전체 프레젠테이션 문서 중 현재 슬라이드의 위치를 알려주고, 적용된 디자인 서식에 관한 정보를 보여줍니다. 상태 표시줄의 표시 내용 선택은 [상태 표시줄] 위에서 마우스 오른쪽 버튼 클릭 합니다. 체크표시 된 것은 [상태 표시줄]에서 확인 가능한 내용입니다.

⓬ 슬라이드 노트 : 클릭하면 슬라이드 노트를 표시합니다. 다시 클릭하면 감출 수 있습니다.

⓭ 빠른 보기 아이콘 : 현재 작업 중인 슬라이드의 보기 화면(기본 보기, 여러 슬라이드 보기, 읽기용 보기, 슬라이드 쇼 보기)를 빠르게 변경합니다.

⓮ 확대/축소 슬라이더 : 슬라이드의 배율을 조정합니다.

⓯ 창 크기 맞춤 : 확대/축소된 슬라이드의 크기를 현재 창의 크기에 빠르게 맞춥니다.

⓰ 작업창 : 명령이나 옵션을 적용하는 작업 공간입니다.

⑰ **미니 도구 모음** : 개체를 마우스 오른쪽 버튼으로 클릭하면 개체에 적용할 명령을 빠르게 사용할 수 있도록 도구 모음이 표시됩니다. 개체의 종류와 선택한 상태에 따라 다양한 미니 도구 모음이 표시됩니다.

⑱ **바로가기 메뉴** : 개체를 마우스 오른쪽 버튼으로 클릭하면 개체에 적용할 명령을 빠르게 사용할 수 있도록 메뉴 목록이 표시됩니다.

⑲ **터치/마우스 모드** : 화면 터치 제스처를 통해 슬라이드를 제어하기 위해 리본 메뉴의 명령 사이의 간격을 넓힌 상태를 지원합니다.

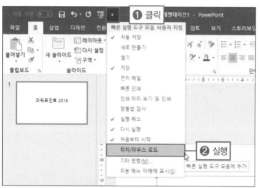
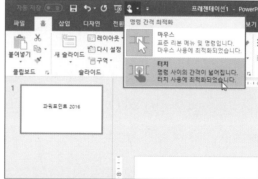

Tip **리본 메뉴를 최소화하거나 원래 상태로 복원하는 방법**

- 빠른 실행 도구 또는 리본 메뉴를 마우스 오른쪽 버튼으로 클릭하여 [바로 가기] 메뉴를 표시하고 [리본 메뉴 축소]를 실행합니다.
- 리본 메뉴 탭을 더블클릭하면 리본 메뉴를 축소할 수 있습니다. 원래 상태로 돌아가려면 다시 더블클릭합니다.
- 단축키 : Ctrl + F1

☑ 리본 메뉴 다루기

리본 탭에는 탭의 용도에 따라 필요한 도구와 기능이 모여 있습니다. 리본 메뉴의 작동 원리를 살펴본 다음 필요한 기능을 찾는 방법을 알아보겠습니다.

■ 개체를 선택해야 제대로 보이는 메뉴

파워포인트의 명령은 작업하려는 개체에 따라 다르게 표시됩니다. 만약 슬라이드의 개체 중 아무것도 선택하지 않았다면, 파워포인트에서 할 수 있는 작업은 새로운 슬라이드를 삽입하거나 레이아웃을 변경하는 등 슬라이드 단위의 작업뿐입니다. 명령을 사용하려면 대상 개체를 먼저 선택해야 합니다.

– 개체를 선택하지 않아 대부분의 기능이 비활성화 된 메뉴

– 개체를 선택해서 활성화 된 메뉴

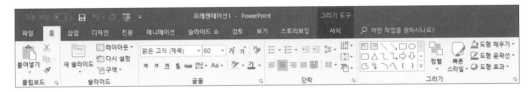

■ 상황에 따라 나타나는 상황별 탭

그림, 도형, SmartArt, 텍스트 상자 등 슬라이드에 삽입된 개체를 클릭하면 색이 다른 새 탭이 나타납니다. 슬라이드에서 다른 요소를 클릭하면 이 탭은 사라지거나 다른 탭으로 바뀝니다. 이런 방식은 작업을 위해 선택된 개체에 맞는 메뉴를 보여주고, 사용하지 않는 개체를 위한 메뉴는 보여주지 않는 편리한 방식입니다.

■ 탭 관련 용어 정리

❶ 그룹 : 각 탭에서 비슷한 기능을 하는 명령들을 묶어 표시합니다.

❷ 자세히 아이콘 : 그룹에 포함된 일부 기능의 오른쪽에는 '자세히' 아이콘이 있습니다. 이 아이콘을 클릭하면 모든 옵션을 한번에 볼 수 있습니다.

❸ 작업창 표시 아이콘 : 일부 그룹의 오른쪽 아래 모서리에는 '작업창 표시' 아이콘이 있습니다. 이 아이콘을 클릭하면 해당 기능과 관련된 작업창이나 대화 상자를 열 수 있습니다.

■ 파일과 프로그램을 관리하는 [파일] 탭

리본 메뉴의 처음에는 [파일] 탭이 있습니다. [파일] 탭은 파일 관련 작업과 프로그램 관련 작업에 사용되는 탭입니다.

❶ 프레젠테이션 열기, 저장, 인쇄, 공유, 내보내기 등 프레젠테이션 파일에 대한 작업을 수행하는 데 사용하는 기본 기능이 있습니다.

❷ 사용자의 계정 관리와 파워포인트 프로그램의 옵션을 설정하는 작업을 할 수 있습니다.

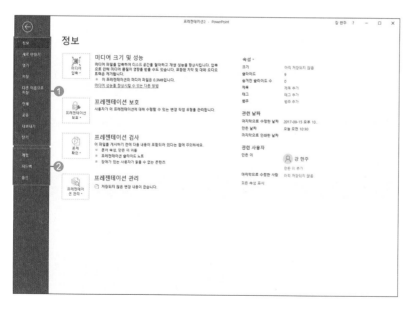

③ 작업에 맞는 보기 화면 선택하기

파워포인트는 여러 가지 보기 화면을 제공합니다. 작업에 따라 적절한 보기 화면을 선택할 수 있도록 각각의 특징을 살펴보겠습니다.

■ 기본 보기

프레젠테이션을 작성하고 디자인할 때 사용하는 주편집 화면입니다. 현재 슬라이드가 편집 가능 상태로 표시되며, 텍스트를 추가하거나 각종 개체를 삽입할 수 있습니다.

■ 개요 보기

슬라이드에 포함된 텍스트를 개요 형태로 보여주는 보기 화면입니다. 기본 보기 화면과 개요 보기 화면간의 전환을 빠르게 하려면 Ctrl + Shift + Tab 키를 누릅니다.

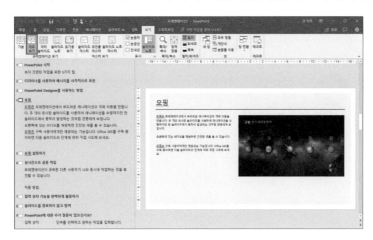

■ 여러 슬라이드 보기

여러 슬라이드를 축소판 그림 형태로 표시하는 보기 화면입니다. 슬라이드 간 위치 이동이나
복사, 삭제, 화면 전환 설정 등 슬라이드 단위의 작업에 적합한 보기 화면입니다.

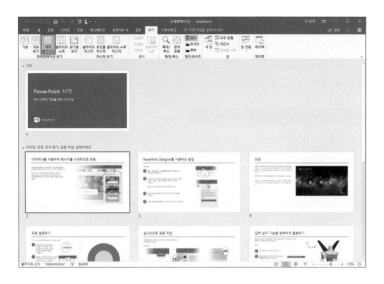

■ 슬라이드 노트 보기

슬라이드 노트를 만들 때 편리한 보기 화면입니다. 슬라이드 노트에 도형이나 차트, 그림 등
다양한 개체를 삽입할 수 있습니다. 기본 보기 화면에서는 슬라이드 노트 영역에 텍스트만 입력
가능합니다.

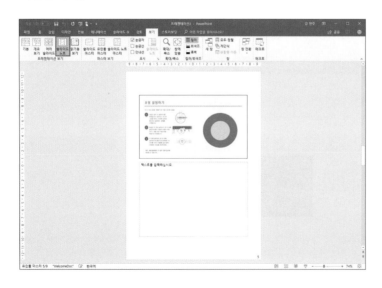

■ 읽기용 보기

그래픽, 타이밍, 동영상, 애니메이션 효과 또는 전환 효과가 실제 프레젠테이션에서 어떻게 보이는지 확인할 때 사용하는 보기 화면입니다. 전체화면은 아니지만 슬라이드 쇼 보기와 유사하게 표시되며, 프레젠테이션을 검토할 수 있습니다. 이전 보기 화면으로 돌아가려면 Esc 키를 누릅니다.

■ 슬라이드 마스터 보기

전체적인 문서의 공통 사항을 지정할 때 사용하는 보기 화면입니다. 슬라이드 마스터에 테마를 적용하면 해당 슬라이드 마스터와 연결된 모든 레이아웃에 같은 테마가 적용됩니다.

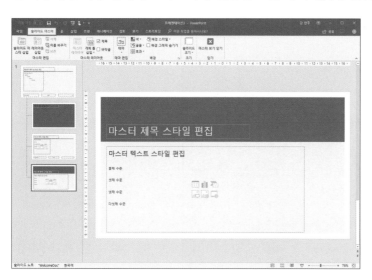

■ 유인물 마스터 보기

유인물의 모든 페이지에 표시할 이름이나 로고를 넣을 때 사용하는 보기 화면입니다. 유인물의 머리글과 바닥글 텍스트, 날짜, 페이지 번호의 모양, 위치 또는 서식을 변경할 수 있습니다.

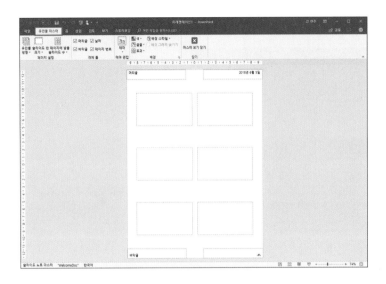

■ 슬라이드 노트 마스터 보기

슬라이드 노트의 모든 페이지에 표시할 이름이나 로고를 넣을 때 사용하는 보기 화면입니다. 슬라이드 노트의 머리글과 바닥글 텍스트, 날짜, 페이지 번호의 모양, 위치 및 서식을 변경할 수 있습니다.

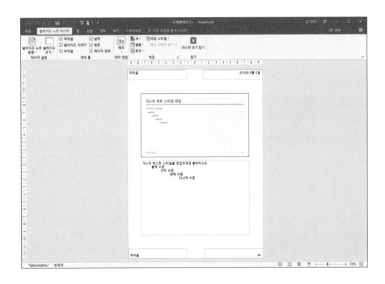

■ 보기 화면 전환 방법

❶ 리본 메뉴 : [보기] 탭－[프레젠테이션 보기] 그룹과 [마스터 보기] 그룹에서 해당 보기 화면을 선택합니다.

❷ 빠른 보기 아이콘 : 기본 보기, 여러 슬라이드 보기, 읽기용 보기, 슬라이드(현재 슬라이드부터) 쇼 보기 아이콘 중 원하는 보기 화면 아이콘을 클릭합니다.

❸ 슬라이드 쇼 보기
- 문서 처음부터 시작 : [F5]
- 현재 슬라이드부터 시작 : [Shift]+[F5]
- 모니터가 한 대인 경우 발표자 보기를 사용 : [Alt]+[F5]

❹ 슬라이드 쇼 보기 → 기본 보기 : [Esc]

❺ 여러 슬라이드 보기 → 기본 보기 : 해당 슬라이드에서 더블클릭

❻ 마스터 보기 → 기본 보기 : [마스터 보기 닫기] 또는 빠른 보기 아이콘 목록 중 '기본 보기' 아이콘 클릭

❼ 빠르게 마스터 보기
- 슬라이드 마스터 보기 단축키 : [Shift]+빠른 보기 아이콘 목록 중 '기본 보기' 아이콘 클릭
- 유인물 마스터 보기 단축키 : [Shift]+빠른 보기 아이콘 목록 중 '여러 슬라이드 보기' 아이콘 클릭

❽ 화면 보기 배율 바꾸기 단축키
- 확대 : [Ctrl]+마우스 휠 위로
- 축소 : [Ctrl]+마우스 휠 아래로
- 특정 개체를 기준으로 화면 보기 배율을 확대/축소하려면 개체를 선택하고 [Ctrl]+마우스 휠 위로/아래로 합니다.

파워포인트에서 파일을 만든 다음 파일을 저장하고, 불러오는 등 파일 단위 작업은 [파일] 탭에서 이루어집니다.

1 새 프레젠테이션 만들기

기존 문서를 불러와 작업하지 않고, 새롭게 시작할 때 사용하는 명령입니다. 서식이나 테마를 먼저 적용하고 새 문서를 만들거나 먼저 문서를 만들고 나중에 서식을 적용할 수도 있습니다.

■ 프로그램을 처음 실행했을 경우

프로그램을 실행하고, [시작] 화면에서 빈 문서 형태나 서식 파일의 종류를 선택하면서 새 프레젠테이션을 만듭니다.

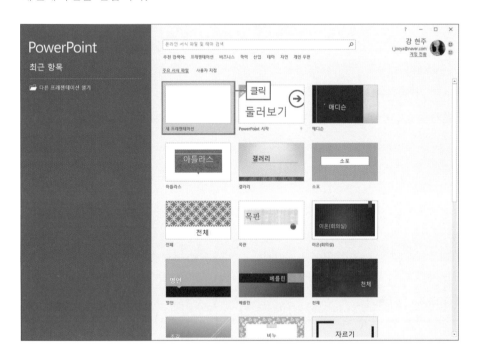

Tip **파워포인트 2016 실행 시 시작 페이지가 보이지 않도록 설정하는 방법**

[파일] 탭-[옵션]-[일반]의 시작 옵션 범주에서 '이 응용 프로그램을 시작 할 때 시작 화면 표시' 항목을 체크 해제하면 됩니다.

■ 다른 프레젠테이션 문서 작업 중일 경우

[파일] 탭-[새로 만들기(Ctrl+N)]를 선택합니다.

② 파일 저장하기

문서 작업을 할 때는 틈틈히 파일을 저장하는 습관을 가지는 것이 좋습니다. 작업한 파일을 저장하는 방법과 저장 관련 옵션을 살펴보겠습니다.

■ 새 프레젠테이션 문서 저장하기

[파일] 탭-[저장(Ctrl+S)]을 선택한 다음 파일 이름과 저장 경로를 지정합니다. 두 번째 저장부터는 같은 이름의 파일에 덮어씌우게 됩니다.

■ 다른 이름으로 저장하기

작업 중인 파일의 이름이나 형식을 바꿔서 저장하려면, [파일] 탭-[다른 이름으로 저장]을 선택합니다.

■ 저장 위치에서 [찾아보기]를 선택해서 저장하기

[다른 이름으로 저장] 대화상자의 [도구▼] 버튼을 클릭하면 옵션 목록이 표시됩니다. 이 옵션을 활용하면 파일을 저장하면서 파일에 암호를 지정하거나 글꼴 포함, 그림 압축 등의 작업이 가능합니다.

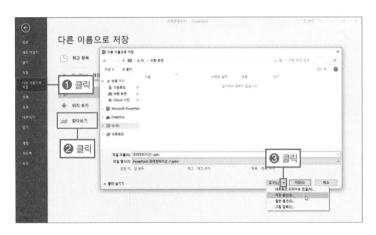

❶ 저장 옵션 : 이전 버전 형식으로 저장하거나 파일에 사용된 글꼴 포함 여부를 지정합니다.

❷ 일반 옵션 : 문서를 열거나 편집할 때 암호를 지정합니다. 매크로가 포함된 문서라면 보안 수준을 설정할 수 있습니다.

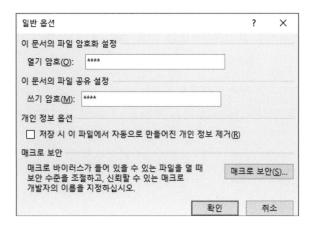

❸ 그림 압축 : 파일 내에 포함된 모든 그림을 압축하며 저장하는 것에 관련된 옵션을 설정할 수 있습니다.

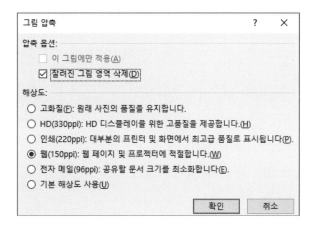

③ 파일 열기

작성된 파일과 인터넷에서 다운로드 받은 파일을 여는 방법을 알아보겠습니다.

■ pptx 파일을 더블클릭해서 열기

이미 만들어진 프레젠테이션 문서 파일을 불러올 때는 저장된 폴더에서 파일을 더블클릭하면 됩니다. 파워포인트가 실행되면서 문서가 열립니다.

■ 파워포인트 프로그램을 실행하고 문서 열기

[파일] 탭-[열기]를 선택하면 최근에 작업한 파일 목록이 표시됩니다. 이 목록은 항상 최근 파일이 위에 표시되며 목록에 포함된 파일의 개수가 설정된 값보다 커지면 오래된 목록부터 삭제됩니다. 목록을 마우스 오른쪽 버튼으로 클릭하면 표시되는 [바로 가기] 메뉴에서 [목록에 고정]을 실행하면 항목이 고정됩니다.

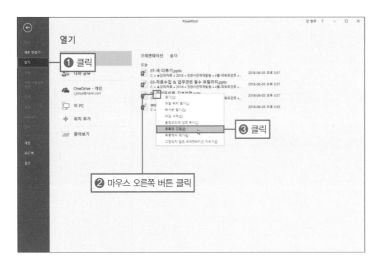

■ 열기 위치에서 [찾아보기]를 선택해서 파일 열기

[열기] 대화상자의 [열기▼] 버튼을 클릭하면 옵션 목록이 표시됩니다. 이 옵션을 활용하면 편집할 목적으로 원본 파일을 열거나 복사본으로 열 수 있으며, 파일을 다른 이름으로 저장하기 전에는 변경 내용을 저장할 수 없도록 읽기 전용으로 열 수 있습니다.

Tip 만약 파일에 문제가 있어 열리지 않는 파일을 [열기 및 복구] 명령으로 열면 문제가 있는 슬라이드를 복구하거나 제외하고 파일을 엽니다.

■ [제한된 보기] 설정 해제하기

인터넷에서 다운로드 받은 파워포인트 문서를 열 때, '제한된 보기, 주의하세요 – 인터넷에서 가져온 파일에는 바이러스가 있을 수 있습니다. 편집하지 않는다면 제한된 보기에서 여는 것이 안전합니다.' 라는 문구가 탭 아래에 표시됩니다.

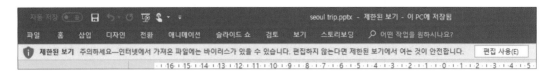

이 상태에서는 문서를 볼 수 있지만 편집 등 다른 작업을 할 수 없습니다. 사용자가 편집을 하기 위해서는 알림 표시에 있는 [편집 사용] 버튼을 클릭하여 [제한된 보기] 설정을 해제해야 합니다.

Tip [제한된 보기]를 해제하는 방법

❶ [파일] 탭–[옵션]–[보안센터]를 선택합니다.

❷ [보안 센터] 대화상자가 표시되면 [제한된 보기] 탭을 선택합니다. '인터넷에서 가져온 파일에 대해 제한된 보기 사용', '안전하지 않은 위치에 있는 파일에 대해 제한된 보기 사용', 'Outlook 첨부 파일에 대해 제한된 보기 사용' 중 상황에 따라 필요한 옵션을 체크 해제하고 [확인] 버튼을 클릭합니다.

❸ '인터넷에서 가져온 파일에 대해 제한된 보기 사용' 옵션을 해제하고 파일을 열면 인터넷에서 가져온 파일을 제한 없이 사용할 수 있습니다.

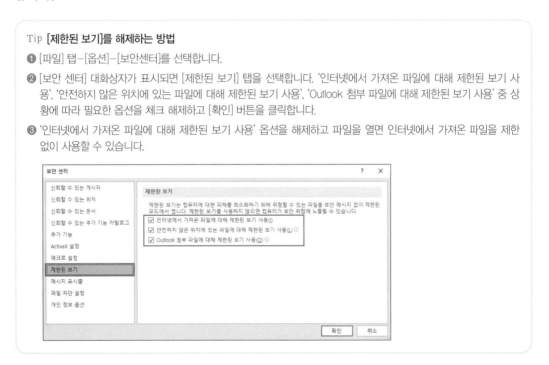

프레젠테이션 문서를 만들 때는 새로운 슬라이드를 하나씩 추가하면서 내용을 작성합니다. 새로운 슬라이드를 추가하는 방법은 삽입 명령을 실행하여 직접 삽입하거나 이미 만들어진 슬라이드를 복사해서 내용을 수정하는 방법, 다른 파일에 있는 슬라이드를 복사하는 방법 등 다양합니다. 원하는 개수만큼 새 슬라이드를 추가하는 방법을 살펴보겠습니다.

• 실습 파일 : 01_슬라이드 추가하기.pptx, 01_슬라이드 복사.pptx

🚺 슬라이드 추가하기

프레젠테이션에 슬라이드를 추가할 때, 작성하려는 내용에 적합한 형태의 레이아웃을 선택하면서 추가하면 슬라이드를 작성할 때 빠르고 쉽게 작업할 수 있습니다.

[홈] 탭-[슬라이드] 그룹-[새 슬라이드▼]를 클릭합니다. 새 슬라이드로 사용 가능한 슬라이드 레이아웃이 표시되면 원하는 레이아웃을 선택합니다. 새 슬라이드를 추가할 때 이전 슬라이드와 동일한 레이아웃을 적용하려면 슬라이드 축소판 그림 창에서 추가하려는 슬라이드 형태를 선택하고 [홈] 탭-[슬라이드] 그룹-[새 슬라이드(Ctrl)+(M)] 명령의 아이콘 부분을 클릭하거나 (Enter) 키를 누릅니다.

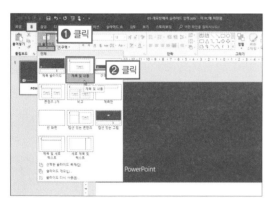
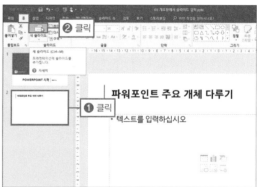

🔁 텍스트를 입력하면서 슬라이드 추가하기

슬라이드 제목 등 먼저 텍스트 자료를 입력하면서 전체적으로 사용할 슬라이드를 추가해 두고 세부적인 내용을 채워 나가는 방법도 있습니다. 슬라이드를 미리 만들어 두고 작업을 할 때는 목차에 따라 슬라이드 제목을 만들고, 그것을 기준으로 내용을 작성하면 좋습니다. 이때, 전체적인 구성을 한눈에 보면서 작업하는 것이 필요하며, 이 방식은 텍스트 자료를 이용해서 작성할 슬라이드가 많을 경우 사용하기 적합한 방식입니다.

01 [보기] 탭-[프레젠테이션 보기] 그룹-[개요 보기]를 선택합니다. 왼쪽에 표시된 개요 창에서 슬라이드 제목을 입력합니다. 이때, 오른쪽 슬라이드 화면의 제목 개체 틀은 클릭하지 않습니다.

입력을 마친 위치에 커서가 있는 상태에서 본문 내용을 입력하기 위해 Enter 키를 눌러 새 슬라이드를 추가합니다. 이 상태에서 Tab 키를 누르면 추가된 슬라이드가 삭제되고 커서가 제목 아래로 이동합니다. 이 위치는 오른쪽 슬라이드 화면에서 슬라이드 내의 두 번째 개체 틀이 됩니다. 본문 내용을 입력합니다.

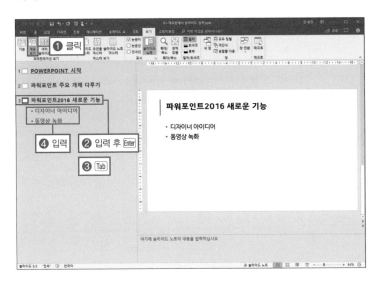

02 입력을 마친 위치에 커서가 있는 상태에서 Enter 키를 누릅니다. 이때, Enter 키는 본문 내용의 단락 나누기 동작을 수행합니다. 이 상태에서 Shift+Tab 키를 누르면 새 슬라이드가 추가된 것을 확인할 수 있습니다.

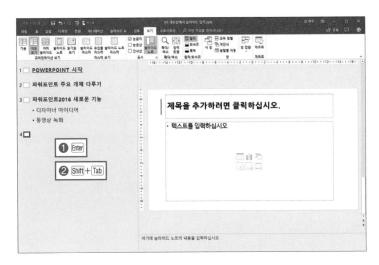

Tip 개요 창에서 Enter 키는 새로운 슬라이드를 추가하거나 단락 나누기를 하는 두 가지 동작을 수행합니다.

❸ 같은 파일의 슬라이드 복사해서 붙여넣기

내용과 레이아웃이 비슷한 슬라이드를 여러 개 만들 때, 작업 시간을 절약하려면 만들어진 슬라이드를 복사하는 것이 편리합니다.

슬라이드 축소판에서 복사할 슬라이드를 선택합니다. 선택한 슬라이드를 마우스 오른쪽 버튼으로 클릭하면 표시되는 [바로 가기] 메뉴에서 [슬라이드 복제([Ctrl]+[D])]를 실행합니다.

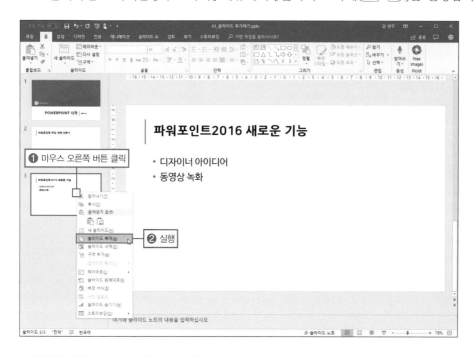

Tip **슬라이드 복수 개 선택하기**

- 연속된 여러 개의 슬라이드 선택 : 첫 번째 슬라이드를 클릭하고, [Shift] 키를 누른 상태로 마지막 슬라이드를 클릭합니다.
- 연속되지 않은 여러 개의 슬라이드 선택 : 첫 번째 슬라이드를 클릭하고, [Ctrl] 키를 누른 상태로 원하는 슬라이드를 클릭합니다.

Tip **개요 창에서 입력하기**

개요 창에서 입력할 때는 '제목' 개체와 '본문' 개체에 [Enter], [Tab], [Shift]+[Tab] 키를 눌러 입력할 수 있습니다.

- 제목을 입력한 다음의 [Enter] 키는 새로운 슬라이드의 제목 개체 위치가 됨
- 부제목이나 본문을 입력한 다음의 [Enter] 키는 입력중인 내용의 줄 바꿈이 됨
- [Tab] : 현재 슬라이드의 제목 개체 입력 위치를 이전 슬라이드의 본문 개체로 이동
- [Shift]+[Tab] : 현재 슬라이드의 본문 개체 입력 위치를 다음 슬라이드의 제목 개체로 이동

④ 다른 파일의 슬라이드 복사해서 붙여넣기

01 슬라이드 축소판에서 복사할 슬라이드를 선택합니다. 선택한 슬라이드를 마우스 오른쪽 버튼으로 클릭하면 표시되는 [바로 가기] 메뉴에서 [복사]를 실행합니다.

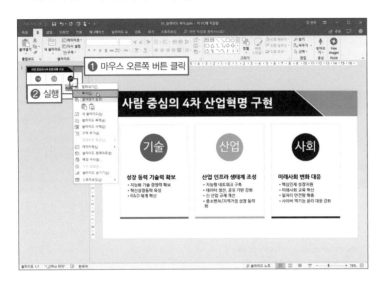

02 슬라이드 축소판에서 새 슬라이드를 추가할 위치를 클릭합니다. 빨간색 가로줄이 나타나면 마우스 오른쪽 버튼을 클릭하여 [붙여넣기 옵션]을 표시하고, 복사한 문서와 붙여 넣으려는 문서 중 어떤 서식을 적용하여 복사할 것인지 선택합니다.

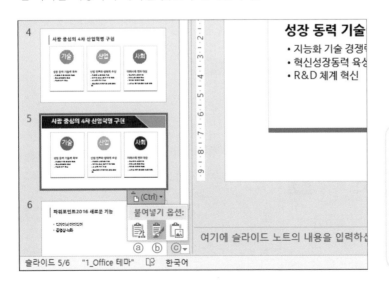

Tip **붙여넣기 옵션**

ⓐ 대상 테마 사용 : 대상 프레젠테이션의 테마 사용

ⓑ 원본 서식 유지 : 원본 프레젠테이션의 테마 유지

ⓒ 그림 : 슬라이드를 그림 형식으로 삽입

5 슬라이드 다시 사용하기

필요한 슬라이드를 복사할 때는 파일이 열려 있어야 하지만, 어느 파일에 필요한 슬라이드가 있는지 알고 있다면 열지 않고도 다른 프레젠테이션에 하나 이상의 슬라이드를 추가할 수 있습니다.

01 슬라이드를 추가할 프레젠테이션 문서를 엽니다. 슬라이드를 추가하려는 위치를 클릭하고 [홈] 탭-[슬라이드] 그룹-[새 슬라이드▼]-[슬라이드 다시 사용]을 선택합니다.

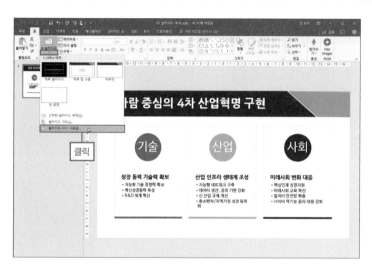

02 [슬라이드 다시 사용] 작업창에서 [찾아보기] 버튼을 클릭합니다. [찾아보기] 대화상자가 표시되면 프레젠테이션 파일을 찾아 선택하고 [열기] 버튼을 클릭합니다.

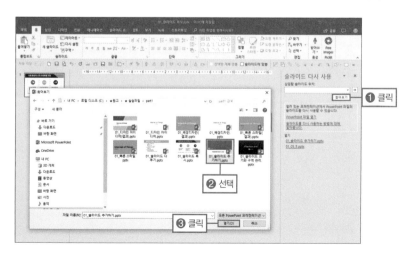

03 [슬라이드 다시 사용] 작업창에 추가할 프레젠테이션 문서의 슬라이드가 표시됩니다. 슬라이드를 추가하려면 해당 슬라이드를 클릭합니다.

원본 프레젠테이션의 서식을 유지하려면, 대상 프레젠테이션으로 슬라이드를 추가하기 전에 [슬라이드 다시 사용] 작업창 아래에 있는 [원본 서식 유지] 옵션에 체크합니다.

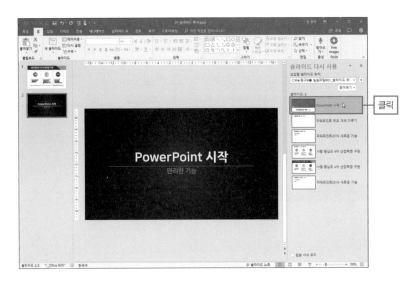

Tip 한번에 모든 슬라이드를 추가하려면 슬라이드에서 마우스 오른쪽 버튼을 클릭하여 [바로 가기] 메뉴를 표시하고 [모든 슬라이드 삽입]을 실행합니다.

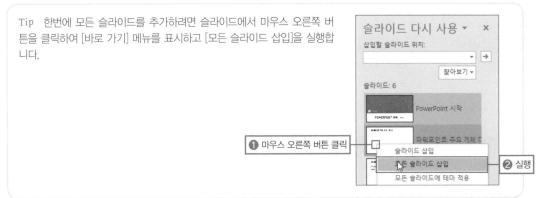

Tip **[슬라이드 복사]와 [슬라이드 다시 사용]의 차이점**

- 슬라이드 복사 : 파일이 열려 있어야 슬라이드를 선택할 수 있습니다. [원본 서식 유지] 옵션에 체크한 경우 원본 프레젠테이션 파일에 있는 레이아웃이 모두 추가됩니다.
- 슬라이드 다시 사용 : 파일을 열지 않고 슬라이드를 불러올 수 있습니다. [원본 서식 유지] 옵션에 체크한 경우 원본 프레젠테이션 파일에 있는 레이아웃 중 현재 프레젠테이션 파일에 사용된 슬라이드의 레이아웃만 추가됩니다.

Sub 4 **슬라이드의 레이아웃 변경, 이동, 삭제하기**

슬라이드의 레이아웃은 내용을 빠르게 입력 또는 수정하고 문서의 통일감을 줄 때 사용하면 편리한 기능입니다.

• 실습 파일 : 01_슬라이드 다루기.pptx

1 슬라이드의 내용을 유지하며 레이아웃 변경하기

사용 중인 슬라이드의 레이아웃을 변경하고 싶다면, 슬라이드를 삭제하고 다시 작업할 필요 없이 기존 슬라이드의 레이아웃만 변경하면 됩니다.

01 레이아웃을 변경할 슬라이드를 선택합니다. [홈] 탭-[슬라이드] 그룹-[레이아웃]을 클릭하면 현재 적용된 레이아웃이 선택되어 있습니다. 목록 중 원하는 레이아웃을 지정합니다.

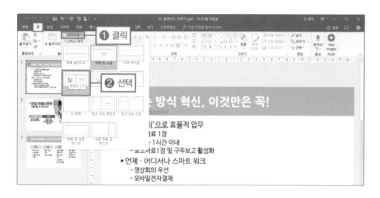

02 레이아웃이 변경되면 개체 틀을 이용하여 내용을 편집합니다.

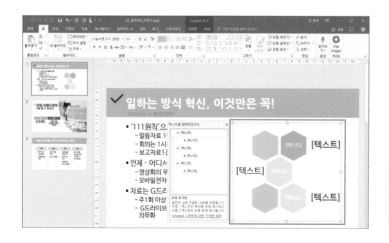

Tip 레이아웃에서 지정된 개체 틀 이외의 개체는 수동으로 조절합니다.

② 슬라이드 순서 바꾸기

기본 보기 화면의 슬라이드 축소판 창에서 이동할 슬라이드를 선택하고 원하는 위치로 드래그합니다. 이때, 여러 슬라이드를 선택하고 이동할 수도 있습니다.

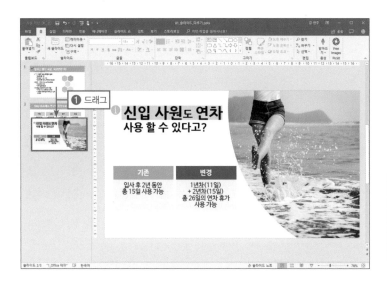

> Tip 많은 양의 슬라이드를 이동하거나 복사, 삭제 작업을 할 때는 [여러 슬라이드 보기] 화면에서 작업하는 것이 편리합니다.

③ 불필요한 슬라이드 삭제하기

기본 보기 화면의 슬라이드 축소판 그림 창에서 삭제할 슬라이드를 선택하고 Delete 키를 누릅니다.

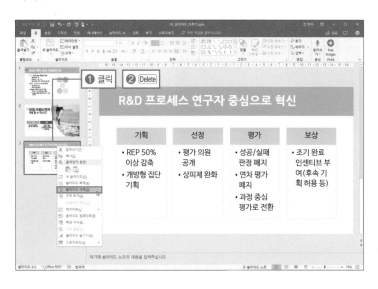

파워포인트 2016에서 새 프레젠테이션을 만들면 기본 설정 값인 16:9 와이드스크린 크기로 만들어집니다. 슬라이드를 원하는 크기로 변경하는 방법을 살펴본 다음 슬라이드를 구역으로 나누어 관리하는 방법을 알아보겠습니다.

• 실습 파일 : 01_슬라이드 크기와 구역 관리.pptx

1 슬라이드 크기 변경하기

사용 중인 슬라이드의 크기는 언제든 변경할 수 있습니다. 하지만 변경하고 나서 슬라이드의 내용을 정돈해야 하는 경우가 있으니 작업 전에 슬라이드의 크기를 정하는 것이 좋습니다.

01 슬라이드 크기를 와이드스크린(16:9)에서 표준(4:3)으로 또는 표준에서 와이드스크린으로 변경하려면 [디자인] 탭-[사용자 지정] 그룹-[슬라이드 크기]를 선택하고, 표준(4:3) 또는 와이드스크린(16:9)을 클릭합니다.

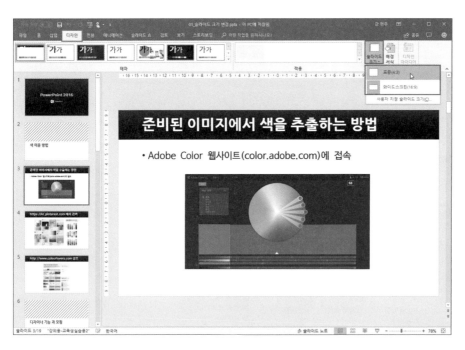

02 파워포인트가 콘텐츠의 크기를 자동으로 조정하지 못할 경우 두 가지 옵션이 있는 메시지가 표시됩니다. 원하는 옵션을 선택하여 메시지 창을 닫습니다.

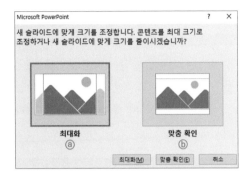

2 목적에 맞게 슬라이드 크기 지정하기

프레젠테이션용으로 작성한 것이 아니라 문서 보고를 위한 인쇄용이거나 SNS용 카드 뉴스를 만들 목적으로 작업한다면 슬라이드 크기를 적절하게 조정하는 것이 필요합니다.

■ 인쇄 용지에 맞는 슬라이드 크기 지정하기

인쇄용으로 주로 사용하는 A4 용지와 스크린 모드로 작성된 슬라이드의 크기 비율은 다릅니다. 인쇄가 주된 목적이라면 슬라이드 크기를 조정하는 것이 좋습니다.

[디자인] 탭-[사용자 지정] 그룹-[슬라이드 크기]-[사용자 지정 슬라이드 크기]를 선택하여 [슬라이드 크기] 대화상자를 표시합니다. 슬라이드 크기를 'A4 용지(210×297mm)'로 지정하고 [확인] 버튼을 클릭합니다.

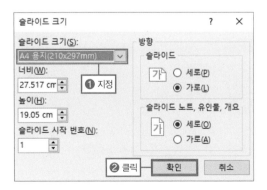

■ 임의의 슬라이드 크기 지정하기

원하는 이미지 크기만큼 슬라이드 크기를 조정하고, 슬라이드를 하나의 이미지로 저장하는 방법으로 다양하게 활용할 수 있습니다. 카드 뉴스를 만들거나 특정 사이즈로 이미지를 여러 개 만들 때 사용하면 편리한 방법입니다.

[슬라이드 크기] 대화상자를 표시하고 원하는 이미지 크기를 입력합니다. 픽셀 단위로 입력하고 싶다면 'px' 단위까지 포함해서 입력합니다. 입력을 마치면 'cm'로 환산된 크기가 표시됩니다. [확인] 버튼을 클릭하여 대화상자를 닫고 크기가 조정된 슬라이드에 원하는 내용을 입력합니다.

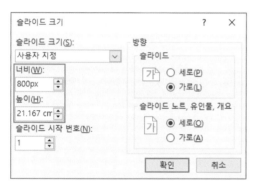 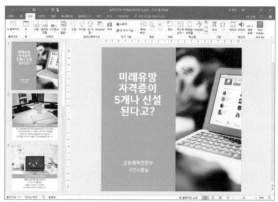

Tip 파워포인트 2010 이하 버전에서는 자동으로 환산되지 않습니다. 환산된 cm 값을 계산해서 직접 입력합니다. (픽셀 크기 환산 사이트 http://www.blitzresults.com/en/pixel/ 이용, 해상도 96dpi 입력)

❸ 슬라이드 구역으로 관리하기

구역을 설정하면 내용이나 관련성에 따라 슬라이드를 묶어서 관리할 수 있습니다. 내용이 많은 프레젠테이션을 만들 때 구역으로 슬라이드를 구분하면 편리한 관리가 가능합니다.

■ 구역 추가하기

[여러 슬라이드 보기] 화면에서 구역을 추가할 두 슬라이드 사이를 마우스 오른쪽 버튼으로 클릭하여 [바로 가기] 메뉴를 표시한 다음 [구역 추가]를 실행합니다.

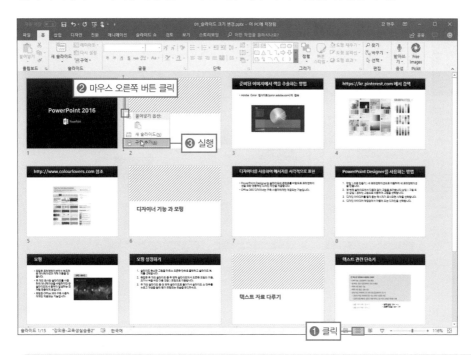

> Tip 내용에 따라 관련된 슬라이드를 모두 이동하거나 정렬, 복사, 삭제, 구역을 관리하는 등 슬라이드 관리에 관한 작업을 할 때는 [여러 슬라이드 보기] 화면에서 작업하면 편리합니다.

■ 구역 이름 변경하기

보다 의미 있는 이름으로 구역 이름을 바꾸려면 구역 마커를 마우스 오른쪽 버튼으로 클릭하여 표시되는 [바로 가기] 메뉴에서 [구역 이름 바꾸기]를 실행합니다.

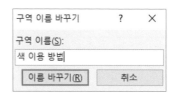

■ 슬라이드 목록 위 또는 아래로 구역 이동하기

이동할 구역을 마우스 오른쪽 버튼으로 클릭한 다음 [구역을 위로 이동] 또는 [구역을 아래로 이동]을 실행합니다. 또는 직접 드래그하여 구역의 위치를 이동합니다.

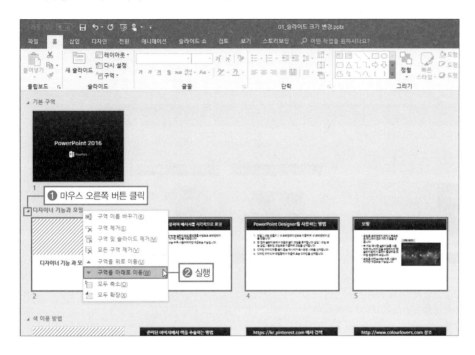

■ 구역 제거하기

제거할 구역을 마우스 오른쪽 버튼으로 클릭한 다음 [구역 제거]를 실행합니다. 모든 구역을 제거하려면 [모든 구역 제거]를 실행합니다.

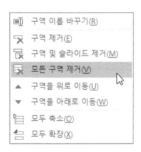

Tip 구역과 함께 해당 구역의 슬라이드까지 제거하려면 [구역 및 슬라이드 제거]를 실행합니다.

빠르고 쉽게 전문가처럼
슬라이드 만들기

쉽고 빠르게 프레젠테이션 파일을 만들면서 어느 정도 품질을 유지하는 방법은 작업을 빠르고 편리하게 도와주는 환경 설정과 디자인에 가장 영향을 미치는 색상과 글꼴 관련 배경을 지정, 빠른 스타일로 개체의 서식 작업을 하면서 슬라이드를 만드는 것입니다.

Sub 1 편리한 작업 환경 만들기

어떤 프로그램이든 처음 사용할 때는 작업 환경이나 옵션 등을 사용자의 업무 패턴에 맞도록 설정하는것이 필요합니다. 프로그램을 좀 더 효율적으로 사용하고 작업에 편리한 상태로 만들기 위해 나만의 환경을 구성하는 방법을 알아보겠습니다.

• 실습 파일 : 새 프레젠테이션 파일, 01_my_menu.exportedUI

1 파워포인트를 설치하면 반드시 지정하는 옵션

[파일] 탭–[옵션]에서 파워포인트 프로그램에 관한 설정 사항을 지정할 수 있습니다. 그중에 몇 가지 항목을 작업에 편리하도록 지정하겠습니다.

■ [옵션]–[언어 교정]–[자동고침 옵션]

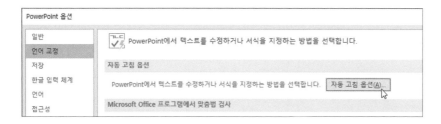

❶ [자동 고침] 대화상자-[자동 고침] 탭

   텍스트를 입력할 때 자동으로 고칠 수 있는 항목을 지정합니다. '한/영 자동 고침' 항목의 체크를 해제하면 'Ctrl'을 입력할 때 'Ct기'로 자동으로 바뀌는 것을 해결할 수 있습니다.

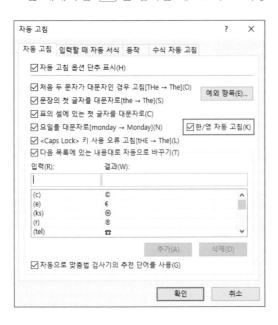

❷ [자동 고침] 대화상자-[입력할 때 자동 서식] 탭

   텍스트 개체에 글자 수가 많으면 글자 크기가 자동으로 바뀌는 것이 기본 설정입니다. 지정한 글꼴의 크기를 유지하고 싶다면, '개체 틀에 제목 텍스트 자동 맞춤'과 '개체 틀에 본문 텍스트 자동 맞춤' 항목의 체크를 해제합니다.

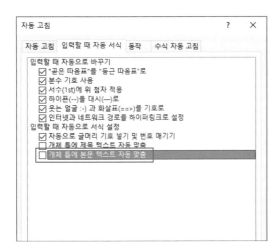

■ [옵션]–[저장]

❶ 만일의 상황을 대비하는 자동 복구 정보 저장

작업을 하다 보면 예기치 않은 상황이 발생할 수 있습니다. 항상 작업 중 파일을 저장하고 백업해두는 습관을 들여야 합니다. 중요한 파일이라면 USB나 외장하드뿐만 아니라 클라우드 공간에도 백업해두는 것이 좋습니다. [옵션]–[저장] 항목에서 작업 중 자동으로 저장되는 기능을 사용하고 복구 정보 간격을 지정합니다.

❷ 글꼴 포함 저장하기

기본 글꼴을 사용한 경우에는 문제 없지만 개인이 추가로 설치한 폰트를 사용하여 작업한 경우 해당 폰트가 설치되어 있지 않는 컴퓨터에서는 글꼴을 변경해서 보여줍니다. 이 과정에서 슬라이드의 형태가 흐트러지는 경우가 있습니다. 만일 다른 장소에서 발표할 목적이라면, 프레젠테이션 파일을 저장할 때 사용된 글꼴도 함께 저장하는 것이 안전합니다.

> **Tip 글꼴 포함 저장 옵션**
>
> ⓐ 프레젠테이션에 사용되는 문자만 포함(파일 크기를 줄여줌) : 사용된 글꼴을 문서에 저장하지 않기 때문에 편집을 할 수는 없지만 파일의 용량이 작습니다.
>
> ⓑ 모든 문자 포함(다른 사람이 편집할 경우 선택) : 사용된 글꼴을 문서에 포함하여 저장합니다. 용량이 커지는 단점이 있지만 편집할 수 있습니다.

■ [옵션]-[고급]

❶ 편집 옵션-실행 취소 최대 횟수 조정

파워포인트 작업을 할 때 사용할 수 있는 실행 취소 단계의 횟수를 늘리는 것이 좋습니다. 도형 작업이나 세밀한 작업을 한 경우 작업 횟수가 많아 더 이상 되돌릴 수 없는 단계가 있기 때문입니다. [옵션]-[고급]-[편집 옵션] 범주에서 '실행 취소 최대 횟수'를 입력합니다. 입력 가능 범위는 3부터 150사이입니다.

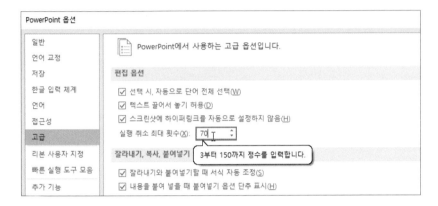

❷ 인쇄-고품질

부드러운 그림자를 인쇄합니다. 이 옵션이 선택되어있지 않으면 도형에 그림자를 적용한 것이 인쇄 단계에서 빠져 원본과 다르게 인쇄됩니다.

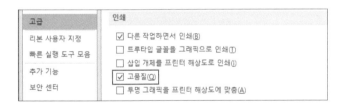

❷ 빠른 실행 도구 모음 사용하기

자주 사용하는 명령을 빠르게 사용할 수 있다면 작업 시간을 줄일 수 있습니다. 파워포인트 화면 위쪽에 위치한 [빠른 실행 도구 모음]은 현재 표시되는 [탭]과는 독립적으로 항상 나타나는 명령을 보여줍니다. 여기에 사용자의 업무 패턴에 따라 자주 사용하는 명령을 등록해 두면 명령 선택을 위해 탭을 이동하거나 여러 번 클릭하는 번거로움을 줄일 수 있습니다. 간단한 설정으로 작업 능률이 훨씬 좋아집니다.

■ [파일] 탭–[옵션]–[빠른 실행 도구 모음] 명령에서 등록하기

　[파일] 탭–[옵션]–[빠른 실행 도구 모음] 항목을 선택하고, 목록에서 자주 사용하는 명령을 찾습니다. 명령 선택 범주를 변경하면서 필요한 명령을 선택한 다음 [추가] 버튼을 클릭하여 등록합니다.

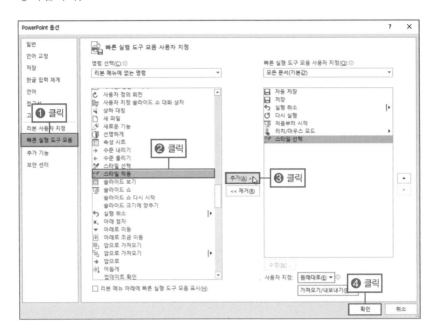

■ 리본 명령에서 등록, 삭제하기

01　슬라이드 작성 중에 사용하는 명령을 바로 빠른 실행 도구 모음에 등록할 수 있습니다. 빠른 실행 모음에 등록하려는 명령을 마우스 오른쪽 버튼으로 클릭하여 [바로 가기] 메뉴를 표시하고 [빠른 실행 도구 모음에 추가]를 실행합니다.

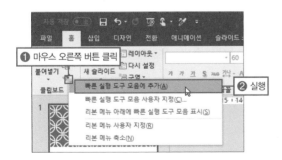

02 빠른 실행 도구 모음에 등록된 명령을 삭제할 때는 삭제하려는 명령을 마우스 오른쪽 버튼으로 클릭하여 표시되는 [바로 가기] 메뉴에서 [빠른 실행 도구 모음에서 삭제]를 실행합니다.

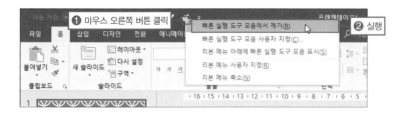

■ 한번 등록한 [빠른 실행 도구 모음]을 다른 PC에서도 사용하기

01 [파일] 탭–[옵션]–[빠른 실행 도구 모음]을 선택하고 [가져오기/내보내기▼]–[사용자 지정 파일 가져오기] 명령을 클릭합니다.

02 '01_my_menu.exportedUI' 파일을 선택하고, [열기] 버튼을 클릭합니다. [빠른 실행 도구 모음]을 변경할 것인지 묻는 대화상자가 표시되면 [예] 버튼을 클릭합니다.

03 [빠른 실행 도구 모음]을 리본 메뉴 아래쪽 넓은 공간에서 사용할 수 있도록 '리본 메뉴 아래에 빠른 실행 도구 모음 표시' 항목을 체크하고 [확인] 버튼을 클릭합니다.

04 리본 메뉴 아래쪽에 [빠른 실행 도구 모음]이 표시되는 것을 확인할 수 있습니다.

■ [빠른 실행 도구 모음]에 등록하면 편리한 명령

[빠른 실행 도구 모음]은 처리하는 업무에 따라 다르게 구성하겠지만, 대체로 접근이 어려운 명령이나 프레젠테이션 문서 작업에 사용 빈도가 높은 명령을 등록하는 것이 좋습니다.

❶ 업무에 관련된 자주 사용하는 명령

서식 복사나 텍스트 관련 명령과 같이 업무 패턴에 따라 자주 사용하는 명령이 있다면 [빠른 실행 도구 모음]에 등록합니다.

❷ 정렬 관련 명령

[그리기 도구 서식] 탭-[정렬] 그룹에서 맞춤에 관한 명령이나 그룹, 개체의 순서 조정 등의 명령을 [빠른 실행 도구 모음]에 등록하면 도해 작업을 할 때 시간을 많이 단축할 수 있습니다.

❸ 도형 병합에 관련된 명령

도형을 병합하거나 교차시켜 새로운 도형을 만드는 기능입니다. 도해 작업이 많을 경우 [빠른 실행 도구 모음]에 등록해 두면 편리합니다.

> Tip 파워포인트 2010 버전 사용자는 도형 병합 기능을 리본 메뉴에서 사용할 수 없기 때문에 반드시 [빠른 실행 도구 모음]에 등록해서 사용해야 합니다.

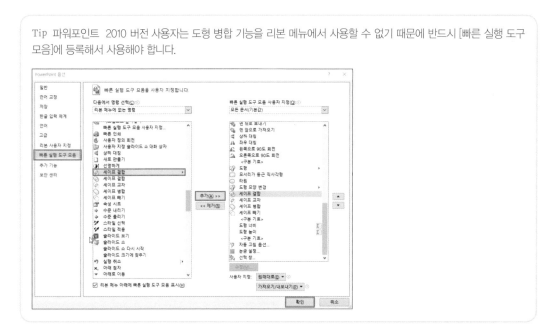

■ 자주 사용하는 명령 단축키로 실행하기

파워포인트에서 명령을 마우스로 선택하지 않고, 키보드를 이용해서 선택하고 싶다면 [Alt] 키를 누르면 사용할 수 있는 키가 안내됩니다. 이 기능을 활용하면 [Alt] 키를 눌렀을 때 나타나는 숫자와 조합해서 [빠른 실행 도구 모음]에 등록된 명령을 단축키처럼 사용할 수 있습니다.

좀 더 효율적으로 사용하려면, 자주 사용하는 명령을 [빠른 실행 도구 모음]의 앞쪽에 등록합니다. [Alt]+[1]부터 [Alt]+[9]까지가 단축키로 사용하기 편리합니다.

Sub 2 **일관된 배경 디자인 적용하기**

문서의 품질을 좌우하는 요소 중 하나는 일관된 디자인을 유지하는 것입니다. 슬라이드마다 사용된 배경이나 글꼴, 색상 등이 하나의 흐름을 가지는 것이 좋습니다. 기본 테마를 적용하고 그에 따라 제시되는 각종 스타일을 선택하는 방법으로 진행하면 편리합니다.

파워포인트에서는 초보자도 어느 정도 품질을 유지하면서 제작할 수 있도록 각 상황마다 서식 스타일이나 디자인 아이디어를 제공하므로 아직 파워포인트 기능이 익숙하지 않다면 이 방식을 사용하는 것이 효율적입니다.

• 실습 파일 : 01_배경디자인.pptx, 01_배경디자인(결과).pptx

1 기본 테마 선택하기

문서 작업은 빈문서에서 시작해도 되지만, 초보자에게는 색상 선택이나 서식 적용의 어려움이 있습니다. 파워포인트에서 제공하는 빠른 스타일이나 디자인 아이디어의 도움을 받아 서식 작업을 쉽게 하려면 테마를 적용하는 것이 좋습니다.

01 [디자인] 탭–[테마] 그룹에서 원하는 테마를 적용한 다음 [디자인] 탭–[적용] 그룹에서 사용하려는 배경 색상 세트를 선택합니다.

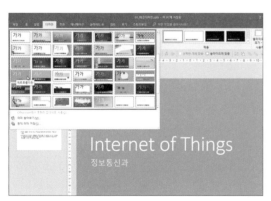
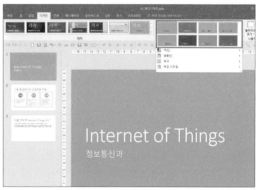

Tip 테마 목록의 미리 보기 모양으로 배경(ⓐ)과 글꼴(ⓑ), 테마 색(ⓒ)을 확인할 수 있습니다.

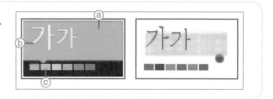

② 색상 변경하기

테마 색을 사용하면 슬라이드를 구성하는 각 개체에 빠른 스타일의 일관된 색상 세트를 적용할 수 있습니다. 테마 색을 잘 활용하면 서식 작업에서 색상 선택의 어려움이 쉽게 해결됩니다.

■ 기본 테마 색 이용하기

테마를 지정한 다음 색상 세트만 다른 테마의 색상 세트를 적용할 수 있습니다. [디자인] 탭-[적용] 그룹-[색]에서 원하는 테마 색을 선택합니다.

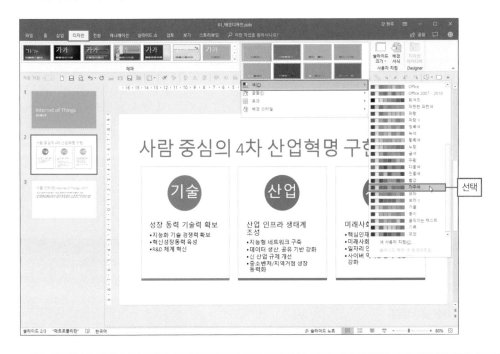

Tip 색이 변하지 않는 도형?

테마 색이 변경되면 색 갤러리와 테마 색을 사용하는 문서의 모든 콘텐츠가 변경됩니다. 테마 색은 하이퍼링크 관련 색을 제외하고 '80% 더 밝게', '50% 더 어둡게'와 같이 색조를 조정하여 색 갤러리에 표시됩니다. 도형이나 다른 개체에 테마 색을 적용하지 않고 사용자가 직접 색상을 지정했다면, 테마가 변경되어도 해당 개체는 색상이 유지됩니다.

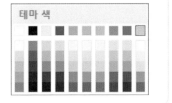

■ 나만의 테마 색 만들기

파워포인트에서 제공하는 테마 색이 마음에 들지 않는다면 직접 색상 세트를 만들어서 사용할 수 있습니다. 한번 만들어 두면 다른 문서 작업에서도 필요할 때 사용 가능합니다.

테마 색을 지정하기 위해 [디자인] 탭-[적용] 그룹-[색]-[색 사용자 지정]을 선택합니다.

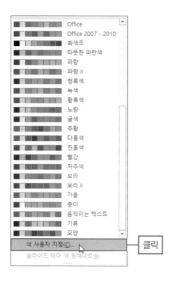

[새 테마 색 만들기] 대화상자가 표시되면 열 두개의 색상을 지정할 수 있습니다. 오른쪽에 있는 [보기] 창에서 확인하면서 원하는 색으로 지정한 다음 [이름] 항목에 '보고서용'을 입력하고 [저장] 버튼을 클릭합니다.

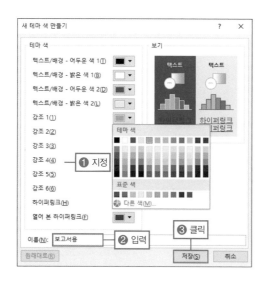

[디자인] 탭-[적용] 그룹-[색] 명령을 선택하고 목록을 보면, 지정한 새 색상이 [사용자 지정] 항목에 등록된 것을 확인할 수 있습니다. 언제든지 다른 파일에도 등록된 테마 색을 사용할 수 있습니다. [사용자 지정] 항목으로 등록된 색상을 마우스 오른쪽 버튼으로 클릭하면 편집과 삭제가 가능합니다. 기본 제공된 색상은 편집이나 삭제할 수 없습니다.

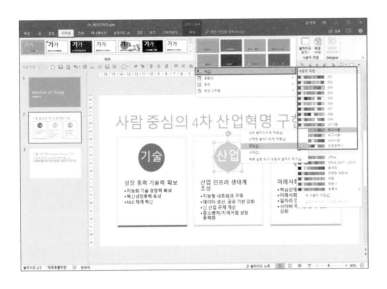

③ 글꼴 변경하기

프레젠테이션 문서를 작성할 때 글꼴만 잘 변경해도 전체적으로 정돈되고 잘 만들어진 느낌을 줄 수 있습니다. 글꼴 변경은 반드시 설정하는 것이 좋습니다.

01 [디자인] 탭-[적용] 그룹-[글꼴]을 클릭하고 [글꼴 사용자 지정]을 선택합니다.

Tip 파워포인트에서는 너무 많은 글꼴을 사용하는 것을 권장하지 않습니다. 파워포인트 테마에는 영문과 한글에 따라 제목과 본문에 사용할 두 개의 글꼴을 지정해서 사용하도록 되어 있습니다. 필요한 부분에서만 다른 글꼴로 강조하는 것이 훨씬 효과적입니다.

02 [새 테마 글꼴 만들기] 대화상자에는 프레젠테이션에서 사용하는 모든 한글 글꼴과 영어 글꼴을 제목용과 본문용으로 지정할 수 있습니다. 오른쪽에 있는 [보기] 창에서 확인하면서 원하는 글꼴을 지정한 다음 [이름] 항목에 '보고서용'을 입력하고 [저장] 버튼을 클릭합니다.

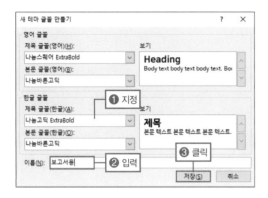

03 프레젠테이션 문서의 글꼴이 지정한 글꼴로 변경된 것을 확인할 수 있습니다. [디자인] 탭-[적용] 그룹-[글꼴] 명령을 클릭하고 목록을 보면 지정한 새 글꼴이 [사용자 지정] 항목에 등록된 것을 확인할 수 있습니다. [사용자 지정] 항목으로 등록된 글꼴은 다른 파일에서도 사용 가능합니다.

Tip **무료 폰트 사용하기**

무료라고 하더라도 여러 가지 제한 사항이 있는 경우가 있으므로 사용 범위를 반드시 확인해야 합니다.

- 나눔체 : 네이버 http://hangeul.naver.com/2014/nanum
- kopub서체 : 한국출판인회의 http://goo.gl/ZuhEfZ
- 서울 남산체, 서울 한강체 : 서울특별시 http://goo.gl/Vl1Nb
- 대한 인쇄문화협회 http://goo.gl/bT0yvY
- 경기천년체 : 경기도 https://ggfont.modoo.at
- 네이버 자료실 이용

❶ 네이버 자료실(http://software.naver.com)에 접속하고 메뉴에서 [카테고리]-[폰트]를 선택합니다.

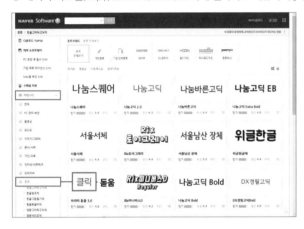

❷ 목록에서 원하는 폰트를 선택한 다음, 화면 왼쪽에 있는 사용 범위를 반드시 확인하고 범위에 맞게 사용합니다.

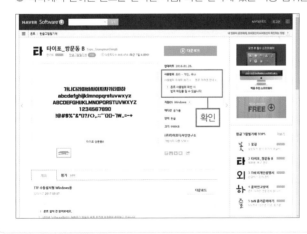

초보자가 완성도 있는 개체 서식을 적용하는 것은 생각보다 어렵습니다. 빠른 스타일을 사용하면 테마 색 톤을 유지하면서 서식 작업을 할 수 있어 편리합니다.

• 실습 파일 : 01_빠른 스타일.pptx, 01_빠른 스타일(결과).pptx

1 텍스트에 빠른 스타일 적용하기

텍스트에 적용할 수 있는 빠른 스타일은 각 개체의 [서식] 탭 – [WordArt 스타일] 그룹의 빠른 스타일에서 선택할 수 있습니다.

01 서식을 지정하려는 텍스트 개체를 선택하고 [그리기 도구 서식] 탭 – [WordArt 스타일] 그룹의 빠른 스타일 중 하나를 적용합니다.

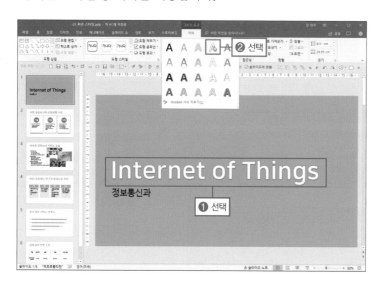

Tip WordArt 스타일을 제거하려면 빠른 스타일에서 [WordArt 서식 지우기 명령]을 선택합니다.

② 도형에 빠른 스타일 적용하기

도형에 적용할 수 있는 빠른 스타일은 [그리기 도구 서식] 탭-[도형 스타일] 그룹의 빠른 스타일에서 선택할 수 있습니다.

01 서식을 지정하려는 도형 개체를 선택합니다.

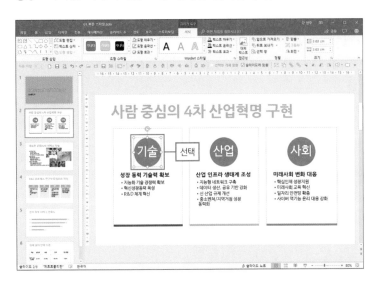

02 [그리기 도구 서식] 탭-[도형 스타일] 그룹의 '자세히' 아이콘을 클릭하여 원하는 스타일을 지정합니다.

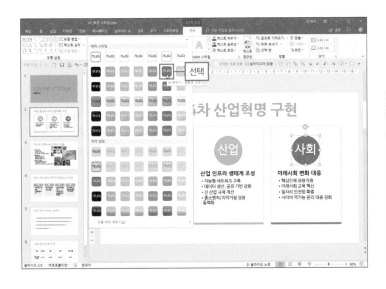

> **Tip** 여러 개의 도형에 서식 작업을 할 때는 같은 스타일 종류에서 다른 색을 선택하면 통일감 있게 서식을 지정할 수 있습니다.

3 그림 개체에 빠른 스타일 적용하기

그림에 적용할 수 있는 빠른 스타일은 [그림 도구 서식] 탭-[그림 스타일] 그룹의 빠른 스타일에서 선택할 수 있습니다.

01 서식을 지정하려는 그림 개체를 선택합니다.

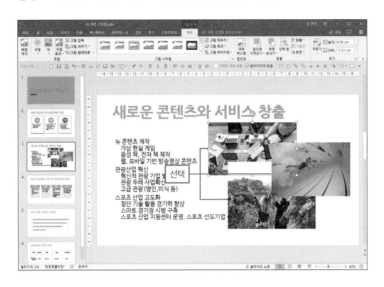

02 [그림 도구 서식] 탭-[그림 스타일] 그룹의 '자세히' 아이콘을 클릭하여 원하는 스타일을 지정합니다.

> **Tip** 그림에 적용된 서식을 지우려면 [그림 도구 서식] 탭-[조정] 그룹-[그림 원래대로] 명령을 클릭합니다.

4 SmartArt 개체에 빠른 스타일 적용하기

SmartArt 개체에 적용할 수 있는 빠른 스타일은 [SmartArt 도구 디자인] 탭 – [SmartArt 스타일] 그룹의 빠른 스타일에서 선택할 수 있습니다.

01 서식을 지정하려는 SmartArt 개체를 선택합니다.

02 [SmartArt 도구 디자인] 탭 – [SmartArt 스타일] 그룹 – [색 변경]을 선택하고 원하는 색상으로 변경합니다.

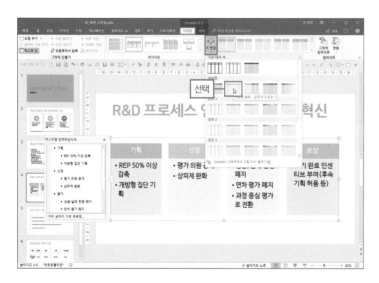

03 SmartArt 개체의 색상이 바뀌면 [SmartArt 도구 디자인] 탭-[SmartArt 스타일] 그룹의 '자세히' 아이콘을 클릭하여 원하는 스타일을 지정합니다.

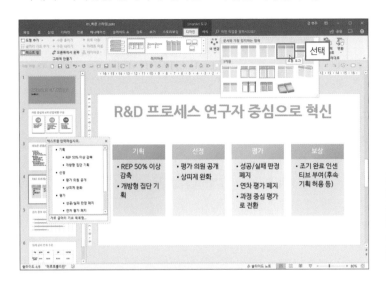

Tip SmartArt에 적용된 서식을 지우려면 [SmartArt 도구 디자인] 탭-[원래대로] 그룹의 [그래픽 원래대로] 명령을 클릭합니다.

⑤ 차트 개체에 빠른 스타일 적용하기

차트 개체에 적용할 수 있는 빠른 스타일은 [차트 도구 디자인] 탭-[차트 스타일] 그룹의 빠른 스타일에서 선택할 수 있습니다.

01 서식을 지정하려는 차트 개체를 선택합니다.

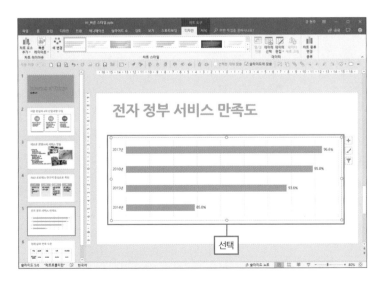

02 [차트 도구 디자인] 탭-[차트 레이아웃] 그룹-[빠른 레이아웃]을 선택하고 목록에서 제목
이나 데이터 레이블의 사용 여부 등 원하는 차트의 형태를 선택합니다.

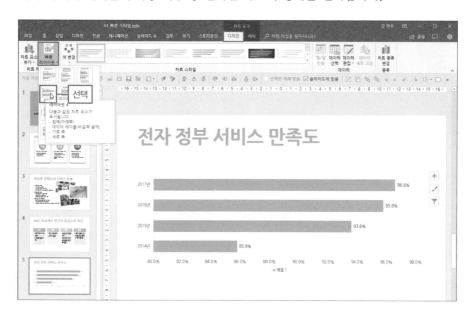

03 [차트 도구 디자인] 탭-[차트 스타일] 그룹-[색 변경]을 선택한 다음 원하는 색상으로 변경
합니다.

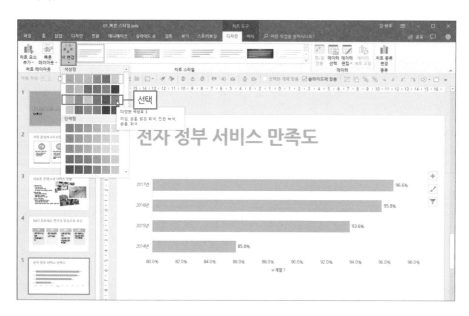

04 [차트 도구 디자인] 탭-[차트 스타일] 그룹의 '자세히' 아이콘을 클릭하여 원하는 스타일을 지정합니다.

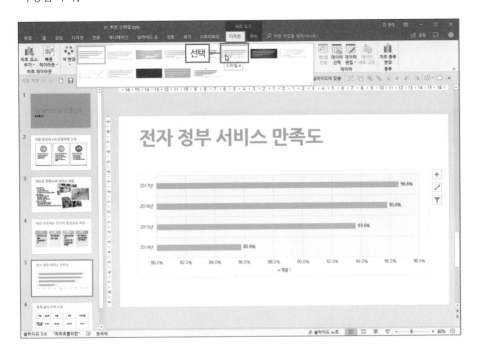

Tip 차트를 선택했을 때 오른쪽에 표시되는 스타일 아이콘을 누르면 차트 서식을 적용할 수 있습니다.

⑥ 표 개체에 빠른 스타일 적용하기

표 개체에 적용할 수 있는 빠른 스타일은 [표 도구 디자인] 탭–[표 스타일] 그룹의 빠른 스타일에서 선택할 수 있습니다.

01 서식을 지정하려는 표 개체를 선택하고 [표 도구 디자인] 탭–[표 스타일 옵션] 그룹에서 스타일 적용에 필요한 항목에 체크합니다.

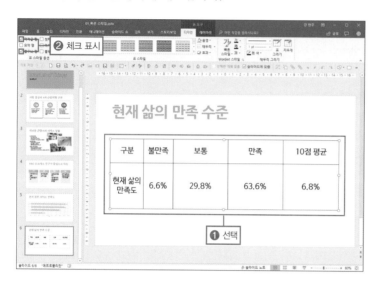

02 [표 도구 디자인] 탭–[표 스타일] 그룹의 '자세히' 아이콘을 클릭하여 원하는 스타일을 지정합니다.

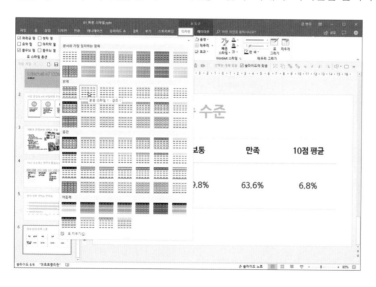

Tip 표에 적용된 서식을 지우려면 빠른 스타일 중 [표 지우기] 명령을 클릭합니다.

PowerPoint Designer는 슬라이드에 있는 텍스트, 그림, 차트 또는 표를 감지하여 세련된 레이아웃으로 사용할 수 있는 몇 가지 형태를 제안합니다. 프레젠테이션을 위한 디자이너가 제공하는 아이디어를 활용하면 빠른 시간에 슬라이드를 제작할 수 있습니다. 이 기능은 Office 365 구독 사용자에게만 제공됩니다.

• 실습 파일 : 01_디자인 아이디어.pptx, 01_디자인 아이디어(결과).pptx

① 텍스트 개체용 디자인 아이디어 활용하기

'제목 슬라이드'나 '제목 및 내용' 슬라이드에 목록형으로 작성된 텍스트 위주의 슬라이드는 표지나 프로세스형태의 디자인 아이디어를 사용할 수 있습니다.

01 제목 슬라이드 레이아웃을 사용한 첫 번째 슬라이드를 선택합니다. [디자인] 탭-[디자이너] 그룹-[디자인 아이디어]를 선택한 다음 [디자인 아이디어] 작업창에 제시된 슬라이드 디자인에서 마음에 드는 옵션을 선택합니다.

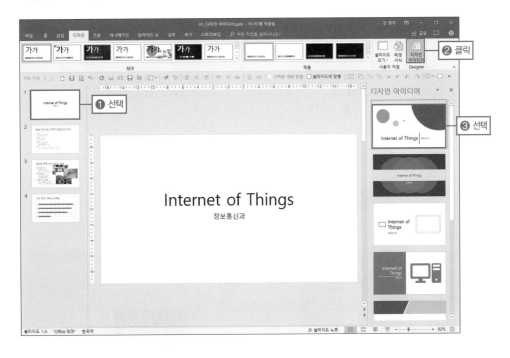

02 텍스트 목록으로 작성한 두 번째 슬라이드를 선택합니다. 목록 형태의 텍스트는 내용이 쉽게 이해되는 SmartArt 그래픽으로 변환할 수 있도록 디자이너가 제안합니다.

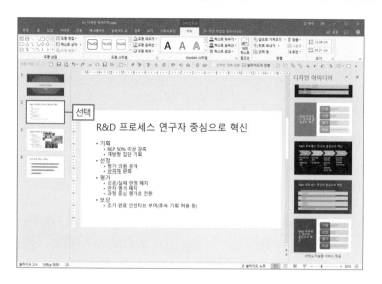

03 오른쪽에 표시된 [디자인 아이디어] 작업창에 제시된 슬라이드 디자인에서 마음에 드는 옵션을 선택합니다.

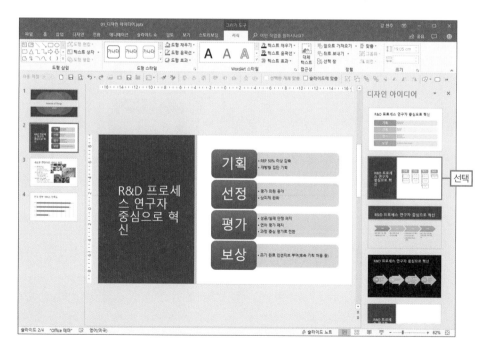

② 그림 개체용 디자인 아이디어 활용하기

텍스트 목록과 그림으로 작성한 세 번째 슬라이드를 선택하고 [디자인 아이디어] 작업창에 제시된 슬라이드 디자인 중 마음에 드는 옵션을 선택합니다.

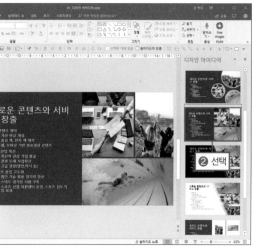

③ 차트 개체용 디자인 아이디어 활용하기

차트 개체로 작성한 네 번째 슬라이드를 선택하고, 오른쪽 디자인 아이디어 작업창에 제시된 슬라이드 디자인 중 마음에 드는 옵션을 선택합니다.

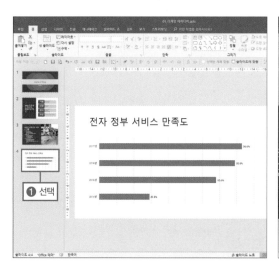
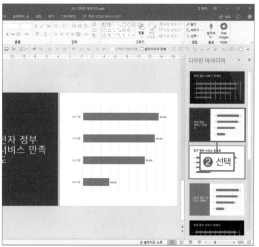

④ 디자인 아이디어로 만든 슬라이드 수정하기

디자인 아이디어는 제시되는 아이디어가 계속 달라지기 때문에 언제든지 다른 아이디어를 선택하여 적용할 수 있습니다.

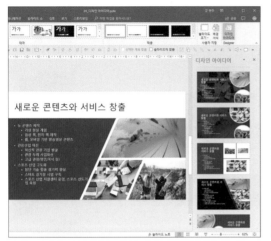 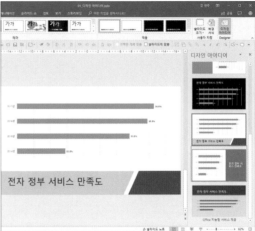

디자인 아이디어가 제안하는 레이아웃을 사용해서 슬라이드를 작성한 다음, 슬라이드에 사용된 개체는 사용자가 필요에 따라 수정해서 사용할 수 있습니다.

수정하려는 개체를 선택하고, 개체별로 표시되는 [서식] 탭을 이용해서 변경합니다. [디자인] 탭-[적용] 그룹에서 전체적인 테마의 색상이나 글꼴을 변경하는 방법도 있습니다.

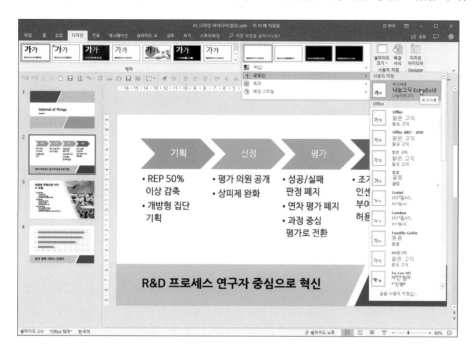

Tip 디자인 아이디어가 제공되지 않을 경우

- 인터넷에 연결되어 있는지 확인합니다.
- 사용자 지정 테마 또는 다른 위치에서 다운로드한 테마가 아닌 파워포인트에서 제공되는 테마를 사용합니다.
- 슬라이드에 '제목 슬라이드' 또는 '제목 및 내용' 레이아웃이 적용되어 있는지 확인합니다.
- [파일] 탭-[옵션]-[일반] 항목의 Office 지능형 서비스에서 '서비스 사용', Powerpoint Designer에서 '디자인 아이디어를 자동으로 표시' 옵션이 체크되었는지 확인합니다.

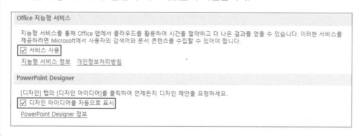

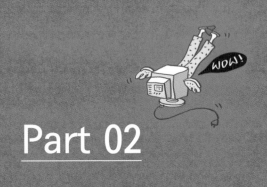

Part 02

슬라이드 작성의 중요 3개체 다루기

프레젠테이션 문서를 작성하면서 가장 많이 사용하는 개체는 텍스트와 도형, 그림 개체입니다. 이 세 개체는 다른 개체와 함께 사용되는 경우가 많기 때문에 활용도가 높습니다. 개체를 다룰 때는 특정 개체 고유의 기능도 있지만 공통된 원리들이 있습니다. 예를 들어, 서식 작업이나 정렬 작업은 하나의 개체뿐만 아니라 다른 개체들에서도 쉽게 사용할 수 있습니다.

텍스트 다루기

프레젠테이션에서 텍스트를 사용할 때는 내용을 간결하게 정리하고, 글머리 기호 등을 이용하여 보기 좋게 작성하는 것이 좋습니다. 슬라이드에 텍스트 자료를 입력하고 가독성을 높이는 방법을 살펴보겠습니다.

Sub 1 슬라이드에 텍스트 입력하기

파워포인트에서는 슬라이드의 임의의 위치를 클릭하더라도 커서가 만들어지지 않습니다. 슬라이드에 텍스트를 입력하는 세 가지 방법(개체 틀 이용, 텍스트 상자 이용, 도형 이용)을 알아보겠습니다.

• 실습 파일 : 02_텍스트 입력.pptx, 02_텍스트 입력(결과).pptx

1 개체 틀에 텍스트 입력하기

제목이나 본문 내용에 관한 개체 틀을 이용하면 텍스트를 편리하게 입력할 수 있습니다. 제목 개체 틀을 선택하고 커서가 활성화되면 '치매국가책임제'를 입력합니다. 입력된 텍스트의 서식과 글머리 기호는 슬라이드 마스터에서 관리하는 것이 편리합니다.

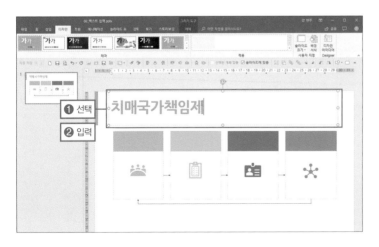

Tip **개체 틀이란?**

파워포인트에서 슬라이드 레이아웃을 구성하는 여러 요소 중 실제로 슬라이드에 입력할 수 있는 것은 개체 틀밖에 없습니다. 개체 틀에는 제목이나 내용(텍스트, 표, 차트, 스마트아트, 그림, 온라인 그림, 동영상 등)을 삽입할 수 있으며, 슬라이드 레이아웃에 만들어져 있고 슬라이드를 삽입하면 사용 가능합니다.

Tip **슬라이드에서 개체 틀을 이동하는 단축키**

Ctrl + Enter 키를 누르면 슬라이드 내의 개체 틀을 이동할 수 있습니다. Ctrl + Enter 키를 누를 때마다 시계 반대 방향으로 개체 틀이 이동하며, 더 이상 이동할 개체가 없을 때는 새 슬라이드가 추가됩니다. 새 슬라이드가 삽입되면 커서가 제목 개체에서 깜박이지 않더라도, 바로 입력하면 제목 개체틀에 입력됩니다.

- 한 슬라이드에 개체 틀이 2개인 경우

- 한 슬라이드에 개체 틀이 3개인 경우

2 슬라이드 임의의 위치에 텍스트 입력하기

슬라이드에서 개체 틀이 없는 위치에 텍스트를 입력하려면 텍스트 상자나 도형을 이용해야 합니다. 텍스트 상자와 도형을 이용하여 텍스트를 입력하는 방법과 각각의 차이점에 대해 알아 보겠습니다.

■ 도형을 이용하여 텍스트 입력하기

사각형 개체를 선택하고 커서가 없어도 바로 '상담', '검진', '등록관리', '서비스 연계'를 입력하면, 도형의 가운데에 텍스트가 입력됩니다. 실제로 슬라이드 작업에서는 이렇게 도형에 직접 입력하는 방법과 도형 위에 텍스트 상자를 만들어 입력하는 방법을 필요에 따라 적절하게 사용합니다.

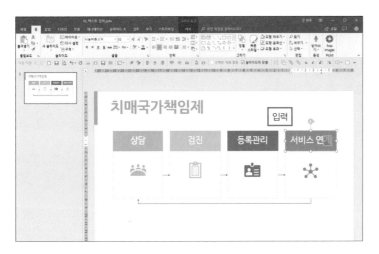

■ 텍스트 상자를 이용하여 텍스트 입력하기

01 슬라이드 아랫부분에 설명을 추가하기 위해 [삽입] 탭-[텍스트] 그룹-[텍스트 상자▼] 명령을 클릭하면 텍스트 상자의 가로와 세로 방향을 선택할 수 있습니다. [가로 텍스트 상자 그리기]를 클릭합니다.

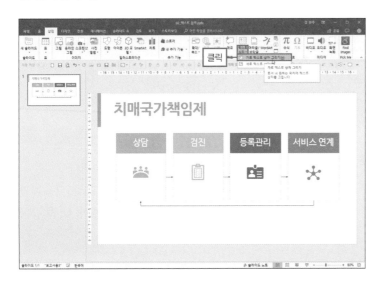

02 슬라이드 영역 안에서 클릭 또는 드래그합니다. 텍스트를 입력할 수 있는 커서가 활성화된 것을 확인하고 슬라이드에 추가할 내용을 입력합니다.

슬라이드를 클릭한 다음 입력한 것과 드래그한 다음 입력한 것의 차이점은 텍스트 상자 가로폭의 고정 여부입니다. 물론, 텍스트 상자의 크기는 언제든지 조정 가능합니다.

슬라이드를 클릭만 하고 입력한 경우	원하는 크기만큼 드래그하고 입력한 경우
내용이 길어지면 개체 틀이 자동으로 늘어납니다.	드래그 한만큼 가로의 길이가 고정됩니다. 드래그한 크기를 넘는 내용은 세로 방향으로만 크기가 늘어납니다.
프레젠테이션 스킬 향상하기	프레젠테이션 스킬 향상하기

도형 개체 위에 별도의 텍스트 상자를 이용하여 텍스트를 입력하고 싶은데 자꾸 도형 안에 텍스트가 입력되는 경우가 있습니다. 텍스트를 입력하려고 클릭하는 순간, 도형이 선택되면서 도형을 선택하고 입력하는 상태로 인식되기 때문입니다. 이런 경우에는 슬라이드의 빈 영역에서 텍스트를 입력하고 텍스트 상자의 위치를 도형 개체 위로 이동시키면 됩니다.

> Tip [가로 텍스트 상자]를 선택하고 입력했는데 세로로 입력된다면 슬라이드에서 클릭하지 않고 미세하게 작은 크기로 드래그한 경우일 것입니다. 이런 경우에는 텍스트 상자의 가로 너비를 직접 드래그하여 늘려주면 해결됩니다.

슬라이드에 텍스트 자료가 너무 많으면 정보 전달력이 떨어집니다. 텍스트 자료를 사용해야 한다면 먼저 자료를 요약하고, 글머리 기호와 계층 구조를 명확하게 구분하여 일목요연하게 정리하는 과정이 필요합니다. 텍스트를 목록 수준별로 관리하고, 줄 간격과 자간을 활용하여 가독성을 높이는 방법을 살펴보겠습니다.

• 실습 파일 : 02_텍스트 목록수준 조절.pptx, 02_텍스트 목록수준 조절(결과).pptx

1 범주 형태 데이터 입력하기

슬라이드에 텍스트를 입력할 때 목록 수준을 나누고, 글머리 기호를 활용하면 가독성이 높아지며 한눈에 내용을 파악할 수 있습니다.

01 본문 텍스트 개체 틀을 선택하고 ''111원칙'으로 효율적 업무'를 입력합니다. Enter 키를 누르면 동일한 수준의 글머리 기호가 자동으로 만들어집니다.

❶ 클릭   ❷ 입력 후 Enter

02 텍스트를 입력하면서 목록 수준을 조정하기 위해 그림과 같이 Enter 키, Tab 키, Shift+Tab 키를 상황에 따라 누르면서 입력합니다.

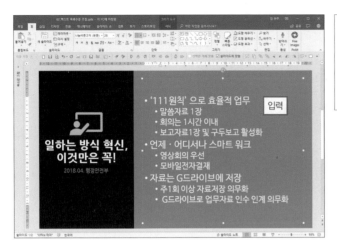

Enter 키로 입력을 마무리한 부분까지 하나의 단락이 됩니다. [글머리 기호]나 [단락 들여쓰기]는 Enter 키를 기준으로 즉, 단락을 기준으로 적용됩니다. 작업을 하다 보면 단락과 줄을 구분하지 않고 모두 Enter 키를 사용하는 분들이 많습니다. 단락과 줄을 정확하게 구분해서 입력하면 SmartArt 그래픽으로 변경할 때도 원하는 형태로 정확하게 표현됩니다.

Tip 목록 수준별 텍스트 입력에서 사용되는 단축키

- 단락 바꿈 : Enter (글머리 기호 생김)
- 줄 바꿈 : Shift+Enter (글머리 기호 안 생김)
- 목록 수준 줄임 : Shift+Tab
- 목록 수준 늘림 : Tab
- 문장 처음 위치에서 Tab, 문장 중간에서 Tab
  - 문장의 처음 위치에서 Tab : 목록 수준 조정
  - 문장의 중간에서 Tab 키 : 일정 간격 띄움

---

2 글머리 기호의 모양 변경하기

문단의 구분 기호를 사용할 때 특수 문자를 직접 입력하지 않고, 글머리 기호 기능을 사용해서 입력을 했다면 한번에 모양을 변경하거나 본문과의 간격을 조정하는 등의 수정 작업이 편리합니다.

01 목록 수준을 조정할 범위를 드래그하여 지정합니다. 예제에서는 2 수준 항목만 선택합니다.

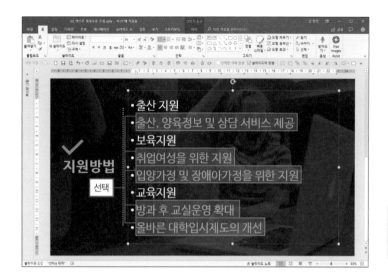

Tip 떨어진 여러 영역의 범위를 지정하려면 [Ctrl] 키를 누르고 드래그합니다.

02 [Tab] 키를 눌러 목록 수준을 늘려 줍니다. 범위가 지정된 상태에서 [홈] 탭-[단락] 그룹-[글머리 기호▼]-[글머리 기호 및 번호 매기기]를 선택합니다.

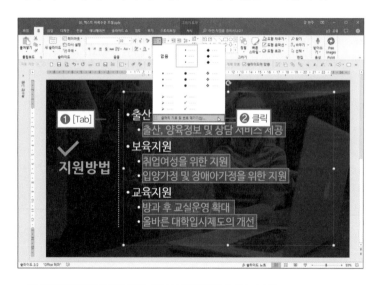

Tip 글머리 기호를 삭제하려면 단락에 커서를 활성화한 다음 [홈] 탭-[단락] 그룹-[글머리 기호] 명령을 클릭합니다.
버튼은 토글 방식으로 작동하며, 클릭할 때마다 글머리 기호가 삭제 또는 적용됩니다.

03 [글머리 기호 및 번호 매기기] 대화상자가 표시되면, [글머리 기호] 탭에서 [사용자 지정] 버튼을 클릭합니다. 글꼴을 'Webdings', 'Wingdings', 'Wingdings2', 'Wingdings3' 등 기호글꼴로 변경하면 다양한 기호를 선택할 수 있습니다. 원하는 기호를 선택하고 [확인] 버튼을 클릭합니다.

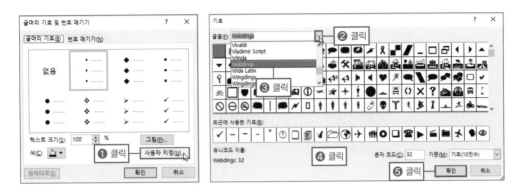

04 [글머리 기호 및 번호 매기기] 대화상자의 [글머리 기호] 탭에서 텍스트 크기를 '70%'로 설정하고 색 지정 항목에서 원하는 색상을 선택한 다음 [확인] 버튼을 클릭합니다.

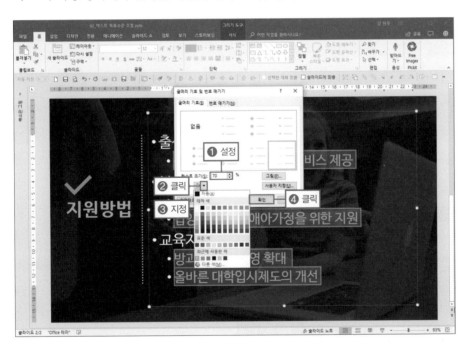

③ 글머리 기호와 본문 사이 간격 조정하기

글머리 기호와 간격을 조정하려는 문단을 선택하면 리본 메뉴 아래에 글머리 기호의 위치를 조절할 수 있는 도구가 표시됩니다. 이 도구는 화면에 눈금자가 표시되어 있어야 사용할 수 있습니다. 만약 눈금자가 표시되어 있지 않다면 [보기] 탭–[표시] 그룹에서 '눈금자'를 체크합니다.

❶ 첫째 줄 들여쓰기 표식 : 글머리 기호 또는 번호의 들여쓰기 위치를 보여줍니다.
❷ 왼쪽 들여쓰기 표식 : 텍스트의 들여쓰기 위치를 보여줍니다.
❸ 사각형 표식 : 왼쪽 들여쓰기 표식의 아래쪽 사각형 부분을 드래그하면 두 들여쓰기 표식이 동시에 이동하여, 들여쓰기 관계를 그대로 유지한 채 좌우로 이동할 수 있습니다.

④ 단락 간격과 줄 간격 조정하기

슬라이드에 입력할 텍스트가 많다면 문자 간격과 줄 간격을 적절히 조정하여 가독성을 높이는 것이 효과적입니다.

01 간격을 조정할 첫 번째 수준 텍스트를 블록 지정하고, [홈] 탭–[단락] 그룹–[줄 간격]을 선택한 다음 [줄 간격 옵션]을 클릭합니다. [단락] 대화상자가 표시되면 단락 앞의 값을 '30pt'로 설정하고 [확인] 버튼을 클릭합니다.

02 두 번째 항목의 단락을 모두 블록 지정합니다. [홈] 탭-[단락] 그룹-[줄 간격]을 선택하고 [줄 간격 옵션]을 클릭합니다. [단락] 대화상자가 표시되면 단락 앞의 값을 '5pt', 줄 간격을 '배수', 값을 '0.9'로 설정하고 [확인] 버튼을 클릭합니다.

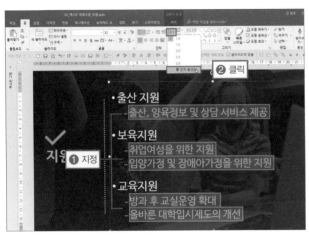
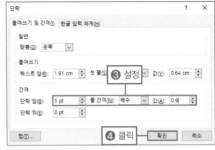

03 텍스트 자료가 목록 수준별로 일목요연하게 변경된 것을 확인합니다.

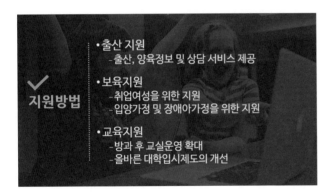

Tip 텍스트 자료의 단락과 줄 간격을 조정하고, 필요하다면 자간을 조금 줄이는 것도 가독성을 높이는 데 도움이 됩니다. 자간은 [홈] 탭-[글꼴] 그룹-[자간]을 선택하여 조정할 수 있습니다.

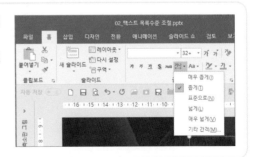

좀 더 효과적으로 내용을 전달할 수 있도록 텍스트의 글꼴과 크기, 색상을 지정하는 방법을 살펴보겠습니다.

• 실습 파일 : 02_텍스트 서식.pptx, 실습파일 : 02_텍스트 서식(결과).pptx

1 텍스트 선택하기

텍스트의 서식을 바꾸기 위해 개체의 텍스트 부분을 클릭하면 커서가 깜박거리며 개체 주위에 점선이 나타납니다. 개체 틀 안의 내용을 모두 바꾸기 위해 점선의 개체 틀을 다시 한 번 클릭하거나 Esc 키를 누릅니다. 커서가 사라지고 실선으로 표시됩니다.

■ 다양한 텍스트 선택법

• **전체 선택** : 개체 틀 안을 클릭하고, 테두리를 다시 한 번 클릭하거나 Esc 키를 누릅니다.
• **단어 선택** : 선택할 단어를 드래그하여 블록 지정하거나 더블클릭합니다.
• **단락 선택** : 선택할 단락을 드래그하여 블록 지정하거나 단락 내부의 임의의 위치에서 세 번 클릭합니다.

② 글꼴 변경하기

글꼴은 슬라이드 디자인에 큰 영향을 미치는 요소 중 하나입니다. 프레젠테이션(모니터 매체용) 문서에서는 산세리프(Sans-serif)서체 종류인 돋움체 계열의 글꼴을 사용합니다.

01 [홈] 탭-[글꼴] 그룹-[글꼴] 명령의 목록을 열고 원하는 글꼴을 선택합니다.

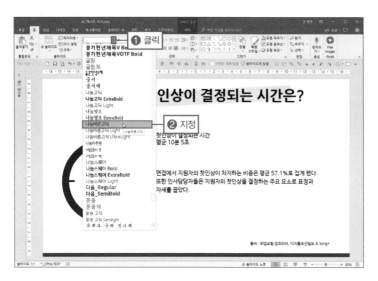

02 개체 내부에 입력한 텍스트 중 일부분만 글꼴을 변경하고 싶다면, 변경할 부분만 드래그하여 블록 지정하고 글꼴을 변경합니다.

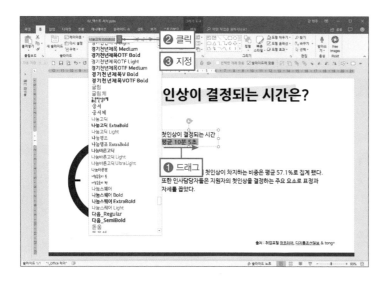

③ 글꼴 크기 변경하기

[홈] 탭-[글꼴] 그룹-[글꼴 크기]에서 원하는 크기로 설정합니다. 목록에 없는 글꼴 크기는 글꼴 크기 입력 상자에 원하는 크기를 직접 입력한 다음 Enter 키를 누릅니다.

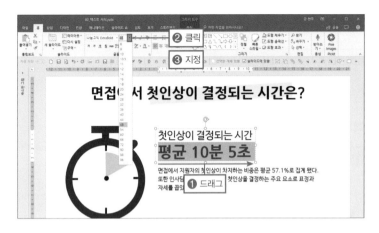

글꼴 크기 조절은 도형 작업 등 여러 작업에서 사용되며, 단축키를 활용하면 작업 시간을 많이 줄일 수 있습니다. 특히, 개체에 입력된 텍스트가 서로 다른 크기로 설정되어 있다면 [글꼴 크기 크게/작게] 명령을 활용해야 각 크기의 상대적 비율을 유지하면서 크기가 조절됩니다.

④ 글꼴 색 변경하기

프레젠테이션 문서에서 색을 사용할 때 텍스트, 도형, 차트 등 모든 개체가 테마 색 중 하나를 사용한다면 테마가 변경될 때마다 색상이 자동으로 변경됩니다.

01 [홈] 탭-[글꼴] 그룹-[글꼴 색▼]을 클릭하고 원하는 색을 선택합니다.

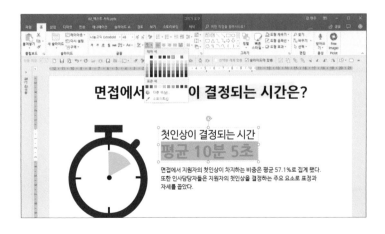

02 [그리기 도구 서식] 탭-[WordArt 스타일] 그룹의 빠른 스타일 명령을 사용합니다.

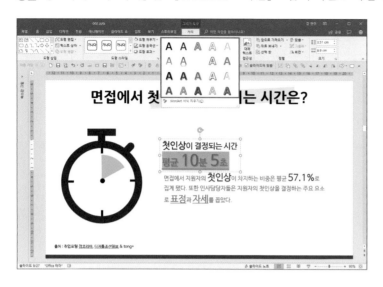

03 [WordArt 스타일] 그룹의 빠른 스타일이 적용된 텍스트 서식을 부분 수정할 때는 [WordArt 스타일] 그룹의 [텍스트 채우기], [텍스트 윤곽선], [텍스트 효과] 명령을 적용하여 수정합니다.

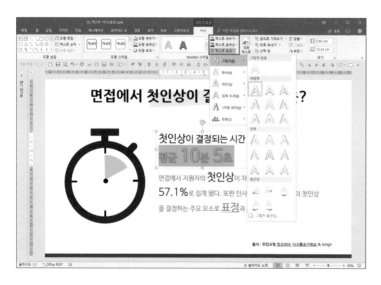

Tip **텍스트 서식 지우기**

Ctrl+Space 키를 누르면 텍스트에 적용된 서식을 한번에 제거할 수 있습니다.

텍스트에 관련된 몇 가지 기능을 알아두면 서식 작업을 쉽게 끝내거나, 다른 프로그램에 있는 텍스트 자료를 파워포인트에 불러온 다음 사용하는 작업에서 유용하게 활용할 수 있습니다.

• 실습 파일 : 02_텍스트 기타.pptx

1 기본 텍스트 상자로 지정하기

자주 사용하는 텍스트 형태가 있다면 입력 단계에서 서식을 지정해 둘 수 있습니다. 텍스트 상자를 이용하여 텍스트 내용과는 상관없이 색상, 글꼴, 크기, 정렬 등 기본으로 사용하려는 형태로 서식을 하나 만듭니다. 만든 개체를 마우스 오른쪽 버튼으로 클릭하여 [바로 가기] 메뉴를 표시하고 [기본 텍스트 상자로 설정]을 실행합니다. 이 작업 이후에 추가되는 텍스트 상자는 서식이 지정된 형태로 삽입됩니다.

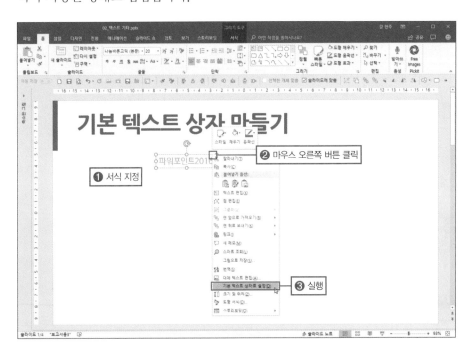

2 [대/소문자 바꾸기] 명령 활용하기

[대/소문자] 바꾸기 명령을 사용하면 영어 문장이나 단어를 입력할 때 Shift 키나 Caps Lock 키를 누를 필요 없이 원하는 형태로 대/소문자를 변환할 수 있습니다. 번거로운 과정이 생략되기 때문에 편리한 작업이 가능합니다.

[한/영] 키를 누르지 않은 채 대소문자 구분 없이 입력합니다. 입력을 마친 다음 [홈] 탭-[글꼴] 그룹-[대/소문자 바꾸기]를 선택하여 원하는 형태를 지정합니다.

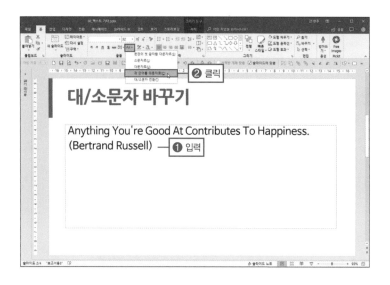

③ [스마트 조회] 활용하기

슬라이드 작성 중 정보를 검색하고 싶은 단어나 구를 선택하고 마우스 오른쪽 버튼을 클릭하여 [바로 가기] 메뉴를 표시합니다. [스마트 조회]를 실행하면 오른쪽에 [스마트 조회] 창이 열리고 정의, Wiki 문서, 웹에서 가장 관련성이 높은 검색 결과가 표시됩니다.

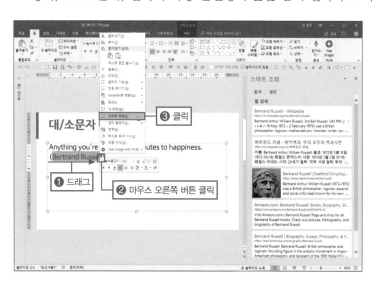

④ [바꾸기] 활용하기

　프레젠테이션 문서 내의 특정 단어를 변경해야 할 경우 [바꾸기] 명령을 활용하면 하나씩 찾 아다니면서 바꿀 필요 없이 한번에 변경되어 작업 시간이 단축됩니다.

01 [홈] 탭-[편집] 그룹-[바꾸기]를 선택합니다.

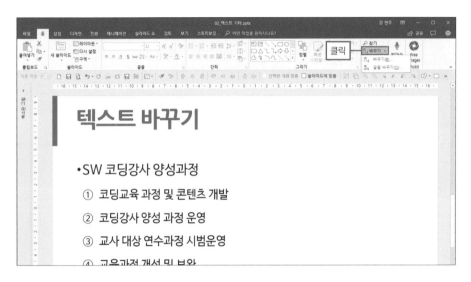

02 [바꾸기] 대화상자가 표시되면, '찾을 내용'과 '바꿀 내용'을 입력한 다음 [모두 바꾸기] 버튼을 클릭합니다.

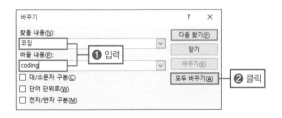

Tip **[홈] 탭-[편집] 그룹-[바꾸기▼]-[글꼴 바꾸기]**
프레젠테이션 문서에 포함된 글꼴을 한번에 모두 변경할 수 있습니다.

글꼴 바꾸기	? ✕
현재 글꼴(P):	바꾸기(R)
맑은 고딕 ▾	닫기(C)
새 글꼴(W):	
나눔바른고딕 ▾	

도형과 그림으로 시각화하기

정보를 슬라이드에 표현할 때는 텍스트만 나열하는 것보다 적절히 도해화해서 단순하게 보여주는 것이 좋습니다. 도형과 그림 자료를 이용하여 슬라이드를 만드는 방법을 살펴보겠습니다.

Sub 1 도형을 자유자재로 다루기

슬라이드를 제작할 때 필요한 도형을 선택하고 원하는 개수만큼 적당한 위치에 배치하는 것은 가장 일반적인 작업입니다. 도형을 적절하게 삽입 또는 삭제하고, 이동, 복사하는 다양한 동작을 조합키와 함께 알아보겠습니다.

• 실습 파일 : 02_도형다루기.pptx, 02_도형다루기(결과).pptx

1 도형 그리기와 삭제하기

도형을 원하는 크기로 만드는 작업과 필요없는 도형을 삭제하는 방법을 살펴보겠습니다.

01 [삽입] 탭-[일러스트레이션] 그룹-[도형]-[직사각형]을 선택한 다음 원하는 크기만큼 드래그합니다. 도형 개체가 삽입되면 개체 내부에 '기존'을 입력합니다.

02 아래에 직사각형 도형을 하나 더 삽입하고 [그리기 도구 서식] 탭-[도형 스타일] 그룹에서 빠른 스타일을 적용합니다.

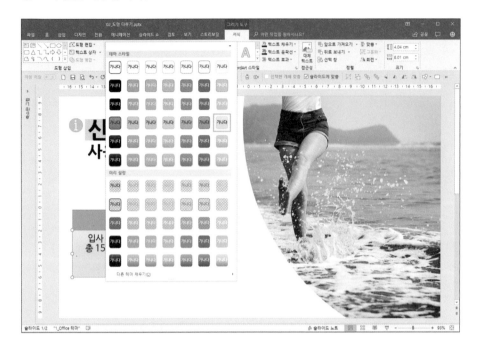

> Tip 삽입한 도형을 삭제하려면 삭제할 도형을 선택하고 [Delete] 키를 누릅니다.

Tip **도형을 다룰 때 사용하는 조합키**

- 클릭 : 기본 크기의 도형을 그립니다.
- 드래그 : 드래그한 만큼의 크기로 도형을 그립니다.
- [Ctrl]+드래그 : 처음 드래그를 시작한 위치를 중심으로 도형을 그립니다. 여러 도형을 중심점을 맞추며 그릴 때 사용하면 편리합니다.
- [Shift]+드래그 : 정원이나 정사각형과 같이 도형의 가로, 세로 비율을 유지하며 그립니다. 선의 경우는 수평, 수직처럼 직선으로 곧게 그릴 수 있습니다.
- [Ctrl]+[Shift]+드래그 : 처음 드래그를 시작한 위치를 중심으로 가로, 세로 비율을 유지하며 도형을 그립니다.
- 같은 도형 여러 개 그리기 : [삽입] 탭-[일러스트레이션] 그룹-[도형] 명령을 클릭하고, 삽입하려는 도형을 마우스 오른쪽 버튼을 클릭하여 [바로 가기] 메뉴를 표시합니다. [그리기 잠금 모드]를 실행하면 마우스 포인터 모양이 바뀌고, 도형을 선택하는 동작 없이 도형을 여러 번 그릴 수 있습니다. 원하는 만큼 도형을 삽입한 다음 [Esc] 키를 누르면 [그리기 잠금 모드]가 해지됩니다.

❷ 개체 선택하기

슬라이드에 있는 여러 개체 중 특정 개체를 선택하는 방법을 살펴보겠습니다. 파워포인트에서는 개체가 선택되어야 그 개체에 사용할 수 있는 탭이 표시되기 때문에 작업 전에 개체 선택은 필수입니다.

■ [홈] 탭 명령 이용하기

[홈] 탭-[편집] 그룹-[선택▼]을 클릭하면 개체 선택과 관련된 다양한 명령이 표시됩니다.

❶ **모두 선택** : 슬라이드의 모든 개체 및 개체 틀을 선택합니다.

❷ **개체 선택** : 숨겨진 개체, 겹쳐진 개체 또는 텍스트 뒤에 있는 개체를 선택하려면 [개체 선택]을 클릭한 다음, 개체를 넓게 포함하도록 드래그합니다. 드래그할 때 걸쳐지는 개체는 선택되지 않습니다.

❸ **선택 창** : 하나 이상의 개체를 선택하거나 개체를 표시하거나 숨기거나 개체의 순서를 변경할 수 있는 선택 창을 표시합니다.

■ 단축키로 개체 선택하기

- 전체 선택 : [Ctrl]+[A]
- 여러 개체 선택 : 처음 개체는 클릭하고 두 번째 부터는 [Shift] 키를 누른 상태에서 클릭
- 선택 해제 : 선택 해제하려는 개체를 [Shift] 키를 누른 상태에서 클릭
- 선택한 개체보다 위쪽 개체 선택 : [Tab] 키
- 선택한 개체보다 아래쪽 개체 선택 : [Shift]+[Tab] 키

> Tip 여러 개의 개체를 선택할 때 [Ctrl] 키를 사용해도 되지만, [Ctrl] 키는 복사하는 기능도 있기 때문에 마우스로 클릭할 때 원하지 않게 개체가 복사될 수 있습니다. 그래서 다른 기능이 없는 [Shift] 키를 활용하는 것이 좋습니다.

③ 도형의 크기와 모양 변경하기

슬라이드에 삽입한 도형의 크기와 모양은 조절 핸들을 이용하여 변경할 수 있습니다. 도형의 크기를 조절할 때 사용하는 조합키의 역할은 도형을 그릴 때와 동일합니다.

■ 도형 조절 핸들의 종류

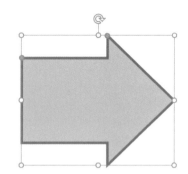

❶ 모서리 조절 핸들(○) : 도형의 모서리에 있는 흰색 원형 점을 조절하면 가로, 세로 크기를 동시에 변경할 수 있습니다.

❷ 각 변에 위치한 조절 핸들(○) : 도형의 각 변에 있는 흰색 원형 점을 조절하면 가로, 세로 중 한 방향으로 크기를 변경할 수 있습니다.

❸ 모양 조절 핸들(●) : 노란색 원형 점을 조절하면 전체 도형의 크기를 유지한 채 모양만 변경됩니다. 모양 조절 핸들은 선택한 도형에 따라 없거나 여러 개일 수 있습니다.

❹ 회전 핸들(↻) : 도형의 회전 핸들에 마우스를 포인터를 가져가면 마우스 포인터가 회전 가능 상태로 표시되는 것을 확인할 수 있습니다. 이때, 원하는 방향으로 드래그하면 도형을 회전할 수 있습니다.

■ 도형 작업에 사용하는 조합키

	Shift	Ctrl	Alt
도형 그리기 작업	도형 : 정방형 선 : 직선 그리기	중심으로부터 그리기	세밀하게 그리기
크기 조절 작업	모서리에서 드래그할 때 가로/세로 비율 유지	중심으로부터의 크기 조절	세밀하게 크기 조절
이동 작업	수평/수직 이동	마우스 : 도형 복사 키보드(방향키와 함께) : 미세 이동	마우스 미세 이동
선택 작업	복수개 선택	복수개 선택	

■ 개체 편집에 활용하는 방향키

- Shift + ↑ : 선택한 개체의 높이가 높아집니다.
- Shift + ↓ : 선택한 개체의 높이가 낮아집니다.

- $\boxed{\text{Shift}} + \boxed{\rightarrow}$: 선택한 개체의 너비가 넓어집니다.
- $\boxed{\text{Shift}} + \boxed{\leftarrow}$: 선택한 개체의 너비가 좁아집니다.
- $\boxed{\text{Ctrl}} + \boxed{\text{Shift}} + \boxed{\uparrow}$: 선택한 개체의 높이가 미세하게 높아집니다.
- $\boxed{\text{Ctrl}} + \boxed{\text{Shift}} + \boxed{\downarrow}$: 선택한 개체의 높이가 미세하게 낮아집니다.
- $\boxed{\text{Ctrl}} + \boxed{\text{Shift}} + \boxed{\rightarrow}$: 선택한 개체의 너비가 미세하게 넓어집니다.
- $\boxed{\text{Ctrl}} + \boxed{\text{Shift}} + \boxed{\leftarrow}$: 선택한 개체의 너비가 미세하게 좁아집니다.

▲ 도형 복사 후 내용 바꾸기

반복되는 형태의 도형이라면 하나를 잘 만들어 둔 다음 복사하여 사용하는 것이 편리합니다. 도형의 색상과 내용을 변경하고 나머지는 수정하지 않으려면, 복사하기 전에 글꼴이나 글꼴 크기, 여백, 정렬을 위해 그룹으로 만들 것인지 등 모든 설정을 마친 다음 사용하는 것이 좋습니다.

01 복사할 두 도형을 선택하고, $\boxed{\text{Ctrl}}$ 키를 누른 채 오른쪽으로 드래그합니다.

Tip 복사 단축키 : $\boxed{\text{Ctrl}} + \boxed{\text{C}}$,
붙여넣기 단축키 : $\boxed{\text{Ctrl}} + \boxed{\text{V}}$

02 복사된 도형을 선택하여 빠른 스타일을 적용하고, 내용을 수정합니다.

5 스마트 가이드 활용하기

도형을 마우스로 이동하거나 복사할 때 주변 도형을 기준으로 맞춰 주는 빨간 점선, 같은 간격을 표시해 주는 화살표가 나타납니다. 이런 표식을 '스마트 가이드'라 부르며, 스마트 가이드를 이용하면 개체를 쉽게 정렬할 수 있습니다.

파워포인트 2013 이후 버전부터는 스마트 가이드 기능에 '간격 맞춤' 기능까지 추가되어서 개체를 이동하거나 복사하면서 수평, 수직, 간격 등을 맞출 때 편리하게 활용할 수 있습니다.

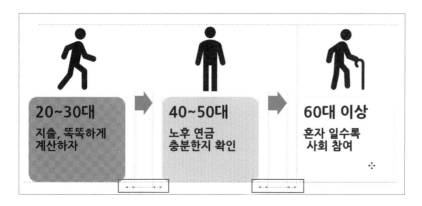

스마트 가이드 기능을 사용하려면 슬라이드 빈 공간에서 마우스 오른쪽 버튼을 클릭하여 [바로 가기] 메뉴를 표시하고 [눈금 및 안내선]-[스마트 가이드]를 실행합니다.

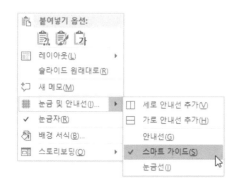

6 개체 그룹 만들기

여러 개체를 사용해서 하나의 내용을 만들고 있다면 크기를 조정하거나 이동, 정렬 작업을 할 때 주의해야 합니다. 여러 개체를 함께 선택한 경우와 그룹으로 만든 경우는 차이가 있습니다. 어떤 것이 좋고 나쁜 것이 아니라, 두 경우에 적합한 작업이 있으므로 작업에 맞게 선택해서 사용하는 것이 필요합니다.

01 왼쪽의 핸드폰 이미지의 위치를 이동하기 위해, 개체를 선택하고 오른쪽으로 드래그합니다.

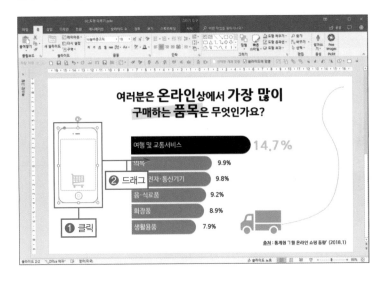

02 위치를 이동하면 생각한 것과는 다르게 핸드폰 이미지의 일부만 이동되는 것을 확인할 수 있습니다. 왜냐하면 핸드폰 이미지는 여러 개의 도형으로 만들었기 때문입니다. [빠른 실행도구 모음]에서 [실행 취소(Ctrl+Z)] 명령을 클릭하여 이전 작업을 취소합니다.

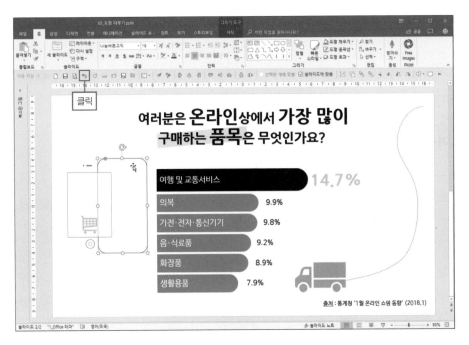

03 핸드폰 이미지를 크게 드래그하여 사용된 모든 개체를 선택합니다. 선택한 개체를 하나의 그룹으로 만들기 위해 [그리기 도구 서식] 탭-[정렬] 그룹-[그룹화]-[그룹]을 선택합니다.

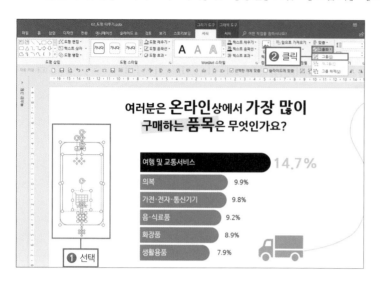

Tip 선택한 개체를 마우스 오른쪽 버튼을 클릭하여 [바로 가기] 메뉴를 표시하고 [그룹화]-[그룹]을 실행해도 됩니다.
단축키를 이용하여 그룹을 만들고 해제할 수 있습니다.
- 그룹 단축키 : [Ctrl]+[G]
- 그룹 해제 단축키 : [Ctrl]+[Shift]+[G]

04 여러 개의 개체가 한덩어리 그룹으로 만들어진 것을 확인합니다. 그룹이 된 상태에서는 이동하거나 크기를 조정해도 모양이 흐트러지지 않습니다.

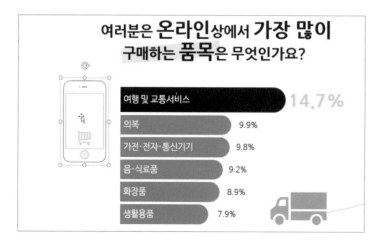

파워포인트 2016의 서식 기능은 다양하게 응용할 수 있고, 별도의 프로그램 없이 간단하게 훌륭한 결과물을 만들 수 있습니다. 도형의 서식과 관련된 명령이 있는 [그리기 도구 서식] 탭은 크게 도형의 스타일을 지정하는 [도형 스타일] 그룹과 도형에 입력한 텍스트의 스타일을 지정하는 [WordArt 스타일] 그룹으로 구성되어 있습니다. 도형의 서식을 지정하고 여러 가지 효과를 적용하는 방법을 살펴보겠습니다.

• 실습 파일 : 02_도형 서식.pptx, 02_도형 서식(결과).pptx

1 도형 채우기

'채우기'란 도형 또는 텍스트의 내부 장식을 말합니다. 도형을 색으로 채울 수도 있고, 그림이나 무늬, 질감 등으로 채울 수 있습니다.

01 맨 왼쪽에 있는 원형과 사각형 개체를 선택하고 [그리기 도구 서식] 탭-[도형 스타일] 그룹-[도형 채우기]를 선택하고 원하는 테마 색을 지정합니다.

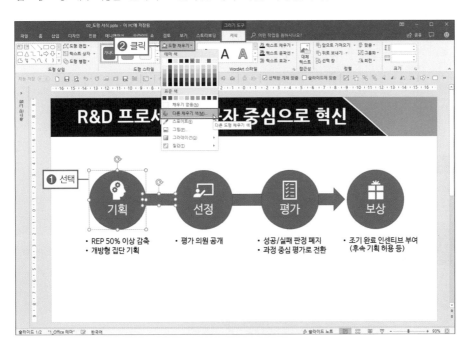

> Tip 테마 색 이외의 색을 적용하고 싶다면 [다른 채우기 색]을 선택합니다.

02 같은 방법으로 나머지 도형의 채우기 색을 지정합니다.

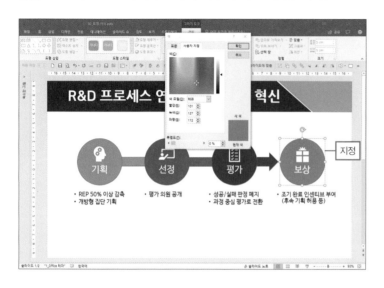

② 도형 윤곽선

파워포인트에서 도형 작업을 할 때 여러 개의 도형 개체를 겹쳐서 사용하거나 그라데이션, 투명도 등을 지정하게 되는데 이때, 도형의 윤곽선은 감추는 경우가 많습니다. [선 없음] 명령을 이용하여 윤곽선을 감추는 방법을 살펴보겠습니다.

01 화살표를 구성하는 도형을 모두 선택하고 [그리기 도구 서식] 탭-[도형 스타일] 그룹-[도형 윤곽선▼]-[윤곽선 없음]을 선택합니다.

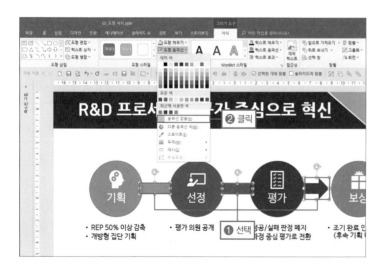

02 타원 도형을 모두 선택하고 [그리기 도구 서식] 탭-[도형 스타일] 그룹-[도형 윤곽선 ▼]-[두께]에서 '6pt'를 선택합니다. 윤곽선이 두꺼워진 것을 확인할 수 있습니다.

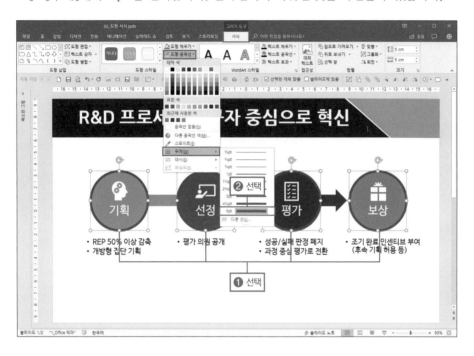

03 타원 도형이 모두 선택된 상태에서 [그리기 도구 서식] 탭-[도형 스타일] 그룹-[도형 윤곽선 ▼]을 클릭하고 '흰색'을 선택합니다. 도형의 윤곽선을 조정하는 것만으로 모서리가 안쪽으로 둥근 사각형 효과를 만들 수 있습니다.

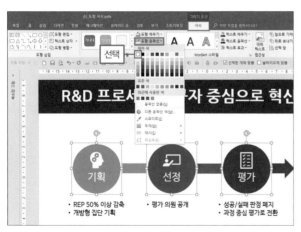

③ 도형에 그림자 효과 만들기

도형에 그림자 효과를 적용하면 입체감 있는 도형을 표현할 수 있습니다. 그리기 도구 서식에서 그림자 형태를 선택하고 파워포인트에서 제공된 값을 사용하거나, [도형 서식] 작업창을 이용하여 직접 수치를 설정할 수 있습니다.

[그리기 도구 서식] 탭-[도형 스타일] 그룹-[도형 효과▼]-[그림자]를 선택하고, 적절한 그림자 형태를 선택합니다.

Tip **작업창 표시 방법**

❶ 개체 위에서 마우스 오른쪽 버튼을 클릭하면 표시되는 [바로 가기] 메뉴 중 [도형 서식]을 선택합니다.

❷ [그리기 도구 서식] 탭의 각 그룹에 있는 '작업창 표시' 아이콘을 클릭합니다.

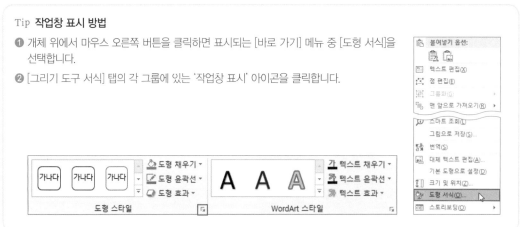

４ 3차원 서식 적용하기

3차원 서식을 적용하면 입체적인 개체를 표현할 수 있습니다. 그림자 효과와 마찬가지로 파워포인트에서 제공된 값을 사용하거나, [도형 서식] 작업창을 이용해 직접 수치를 설정할 수 있습니다.

01 도형에 입체 효과를 적용하기 위해 [그리기 도구 서식] 탭-[도형 스타일] 그룹-[도형 효과▼]-[입체 효과]-[둥글게]를 선택합니다.

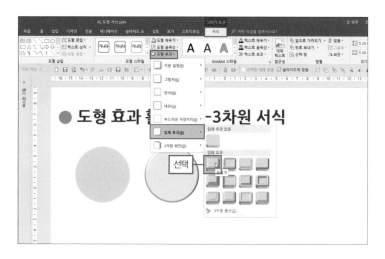

02 직접 수치를 조절하고 싶다면, [도형 서식] 작업창을 이용해서 조절합니다. 예제에서는 위쪽 입체를 '둥글게', 너비를 '70pt', 높이를 '70pt', 재질을 '평면', 조명을 '2점', 각도를 '90°'로 설정합니다.

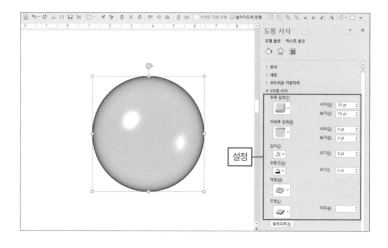

5 도형의 텍스트 여백 조정하기

같은 크기의 도형을 사용하는데 입력하는 글자 수가 다른 경우, 특정 도형만 글꼴이나 도형의 크기를 조정할 수 없어서 불편할 때가 있습니다. 이런 문제는 도형의 안쪽 여백을 조정하면 해결할 수 있습니다.

01 안쪽 여백을 조정할 도형을 마우스 오른쪽 버튼으로 클릭하여 [바로 가기] 메뉴를 표시하고 [도형 서식]을 실행합니다.

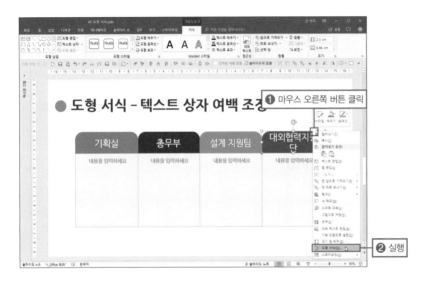

02 [도형 서식] 작업창이 표시되면 텍스트 옵션의 [텍스트 상자] 항목에서 왼쪽, 오른쪽 여백을 필요한 만큼 설정합니다.

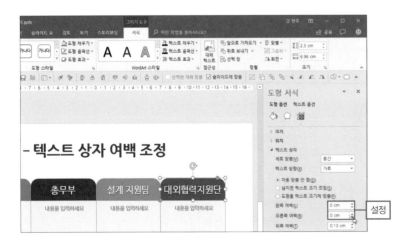

⑥ 빠른 도형 작업에 유용한 팁

도형 작업을 하다 보면 몇 가지 유형이 있습니다. 반복되는 도형 작업을 빠르게 하도록 도와주는 몇 가지 기능을 살펴보겠습니다.

■ 모양은 다르지만 크기와 서식이 동일한 도형 만들기

슬라이드 작업은 대부분 내용이 대칭되거나, 동일한 도형이 반복되는 경우가 많습니다. 도형을 그릴 때 기준이 되는 도형과 너비와 높이 또는 전체 크기는 동일하지만 도형의 모양만 다르게 그려야 한다면 도형을 새로 삽입하지 않고 복사한 다음 모양만 변경하는 방법이 편리합니다.

01 복사할 도형을 선택한 다음 Ctrl 키를 누른 상태에서 아래로 드래그합니다.

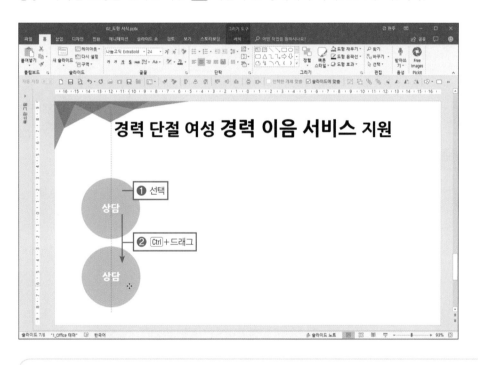

> **Tip 반복되는 도형 세트 중 한 세트를 만든 다음 복사해서 사용할 때 주의할 점**
> ❶ 한 세트를 만들 때 텍스트가 가장 많은 것을 기준으로 정합니다.
> → 복사 후 내용이 많아서 도형의 크기를 조정하는 일이 없습니다.
> ❷ 도형과 텍스트의 서식 작업과 정렬 상태를 모두 지정한 다음에 복사합니다.
> → 복사 후 텍스트 내용만 변경하면 됩니다.

02 복사된 도형을 선택하고 [그리기 도구 서식] 탭-[도형 삽입] 그룹-[도형 편집▼]-[도형 모양 변경]에서 [사각형 : 둥근 모서리]를 선택합니다. 가로의 너비가 동일한, 모양이 다른 도형으로 변경되면 높이와 모서리 둥근 정도를 조정합니다. 서식을 지정하고 내용을 입력해서 사용합니다.

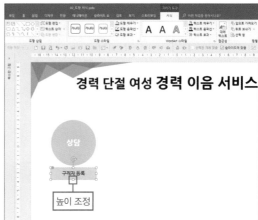

03 그림과 같이 원하는 만큼 도형을 복사한 다음 내용을 입력합니다.

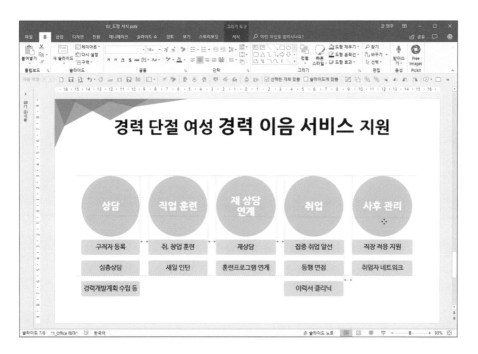

■ 기본 도형 설정하기

슬라이드에 도형을 삽입할 때 만들어지는 기본 도형을 가장 많이 사용하는 형태로 지정하면 편리합니다.

❶ 도형을 하나 삽입하고 가장 자주 사용하는 형태로 채우기, 윤곽선, 텍스트의 글꼴, 크기, 맞춤 상태 등을 지정합니다.

❷ 도형을 마우스 오른쪽 버튼으로 클릭하여 [바로 가기] 메뉴를 표시하고 [기본 도형으로 설정]을 실행합니다. 이렇게 지정된 다음부터는 도형을 삽입하면 지정한 기본형 형태로 만들어집니다.

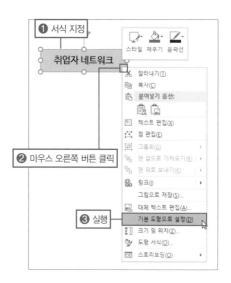

7 빠르게 서식 작업하기

도형 작업을 하다 보면 [그리기 도구 서식] 탭을 클릭하여 원하는 서식을 만드는 일이 번거롭게 느껴지는 경우가 많습니다. 좀 더 빠르고 편리하게 서식 작업을 수행하는 방법을 몇 가지 살펴보겠습니다.

■ 미니도구 모음과 바로가기 메뉴 표시하기

서식을 적용할 개체를 마우스 오른쪽 버튼으로 클릭하면 [미니도구 모음]과 [바로가기 메뉴]가 표시됩니다. 이 기능을 사용하면 [그리기 도구 서식] 탭에서 작업하지 않더라도 [빠른 스타일]을 적용하거나 [도형 서식] 작업창을 표시할 수 있습니다.

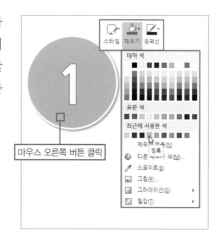

■ 다른 개체의 서식만 복사하기

[서식 복사] 명령으로 이미 서식이 적용되어 있는 개체의 서식을 복사하여 사용하면 훨씬 빠르게 서식 작업을 할 수 있습니다.

01 원하는 형태로 서식이 적용된 도형을 선택하고 [홈] 탭-[클립보드] 그룹-[서식 복사]를 선택합니다.

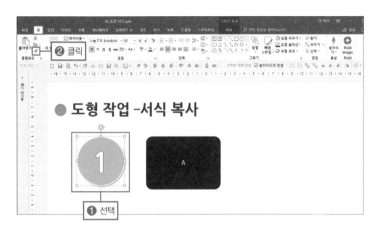

02 마우스 포인터가 페인트 브러시 모양으로 변경되면 복사한 서식을 붙일 도형을 클릭합니다.

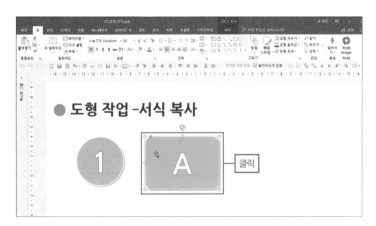

Tip 복사한 서식은 개체에 한 번만 붙일 수 있습니다. 여러 개체의 서식을 변경하려면 [서식 복사] 명령을 더블클릭한 다음 서식을 붙일 도형을 각각 클릭하면 됩니다. 서식 복사를 중지하려면 [Esc] 키를 누릅니다.

• 서식 복사 : [Ctrl]+[Shift]+[C]
• 서식 붙여넣기 : [Ctrl]+[Shift]+[V]

■ 스포이트로 색상 추출하기

파워포인트 2013 버전부터 추가된 기능으로, 색상을 지정할 때 스포이트로 원하는 색을 클릭하면 선택한 색상과 완전히 같은 색을 적용할 수 있습니다.

01 색을 지정하려는 개체를 선택하고, [그리기 도구 서식] 탭–[도형 스타일] 그룹–[도형 채우기 ▼]–[스포이트]를 선택합니다.

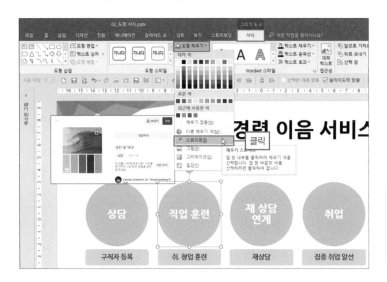

> Tip 마우스 오른쪽 버튼을 클릭하면 표시되는 [미니 모음]의 [채우기]에서 [스포이트] 명령을 선택해도 됩니다.

02 마우스 포인터가 스포이트 모양으로 변경되면 원하는 색을 클릭합니다.

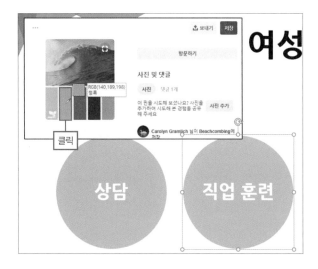

03 만약 파워포인트 프로그램 밖의 영역에 있는 색을 사용하고 싶다면, 마우스 포인터가 스포이트 모양으로 변경되었을 때 마우스 왼쪽 버튼을 누른 상태에서 원하는 색 위치로 이동합니다.

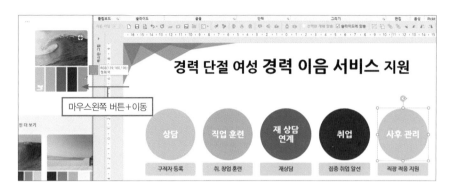

⑧ 도형 병합 기능 사용하기

기본으로 제공되지 않는 형태의 도형을 사용하려면 [도형 병합] 명령을 사용해서 필요한 도형을 만들 수 있습니다. 이 기능은 파워포인트 2013 버전부터 메뉴에 등록되어 있고, 도형과 도형, 도형과 그림, 도형과 텍스트 간의 병합이 가능합니다.

병합할 도형을 선택한 다음 [그리기 도구 서식] 탭-[도형 삽입] 그룹-[도형 병합▼]을 클릭하면 다양한 병합 기능을 사용할 수 있습니다.

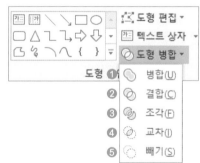

❶ **병합** : 먼저 선택한 도형의 서식이 적용되고, 합집합 부분이 하나의 도형으로 만들어집니다.

❷ **결합** : 먼저 선택한 도형의 서식이 적용되고, 교집합 부분은 삭제됩니다.

❸ **조각** : 먼저 선택한 도형의 서식이 적용되고, 교차되지 않은 부분과 교집합 부분이 각각 다른 도형으로 만들어집니다.

❹ **교차** : 먼저 선택한 도형의 서식이 적용되고, 교집합 부분만 남습니다.

❺ **빼기** : 먼저 선택한 도형의 서식이 적용되고, 나중에 선택한 도형 부분을 제거합니다.

> Tip 파워포인트 2010 버전은 [빠른 실행 도구 모음]에 명령을 추가해서 사용합니다.

01 슬라이드에 같은 그림을 두 번 삽입하고, 반으로 자르기한 다음 한 장처럼 보이도록 위치를 이동합니다.

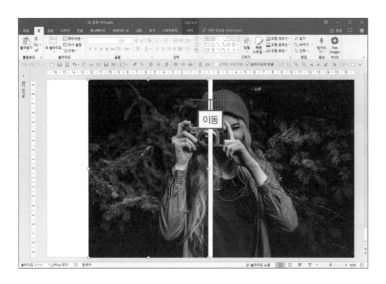

02 글자와 그림을 병합하기 위해 텍스트 상자를 만들고 안에 내용을 입력합니다. 예제에서는 'The Decisive Moment'를 입력합니다.

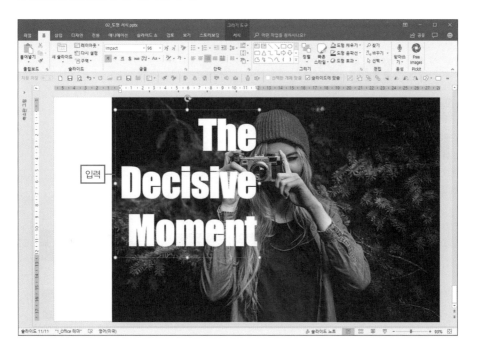

03 병합할 개체를 선택할 때는 남기려는 개체를 먼저 선택해야 합니다. 그림을 남기기 위해 그림을 먼저 선택하고, Shift 키를 눌러 텍스트를 선택합니다. [그리기 도구 서식] 탭-[도형 삽입] 그룹-[도형 병합]을 클릭하고 [교차]를 선택합니다.

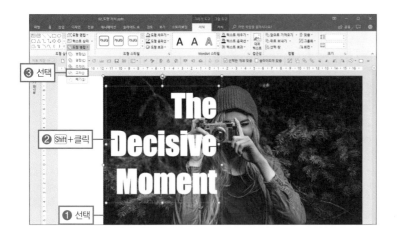

04 텍스트 모양의 그림이 남은 것을 확인 할 수 있습니다. 나머지 슬라이드를 꾸며서 마무리합니다.

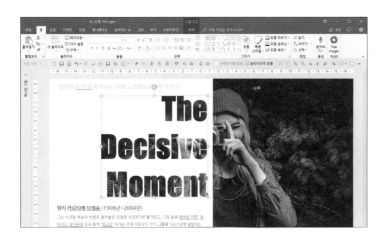

Tip [도형 병합] 기능은 다음과 같이 다양하게 활용할 수 있습니다.

9 점 편집 기능 사용하기

[점 편집] 기능은 도형의 점과 선을 편집하여 새로운 형태의 도형으로 만드는 기능입니다. 이 기능을 사용하면 직접 도형을 구성하는 점과 선을 하나씩 조정하여 원하는 형태의 도형을 표현할 수 있습니다.

점 편집할 도형을 선택한 다음 [그리기 도구 서식] 탭-[도형 삽입] 그룹-[도형 편집▼]-[점 편집]을 선택합니다.

■ 점 편집 상태의 편집 점

검은색 편집 점 ■	흰색 편집 점 □
• 점의 위치를 이동시켜 도형의 형태를 변경합니다.	• 검은색 편집 점을 클릭하면 나타나고, 두 개 의 검은색 편집 점 사이에 있는 선의 곡률을 변경합니다. • 흰색 점을 이어주는 선의 길이와 기울기에 따라 곡선의 완만한 정도가 결정됩니다.

■ 점 편집 상태의 마우스 포인터 모양

점 편집 상태에서 나타나는 두 가지 형태의 마우스 포인터를 정확히 알고 있다면 점 편집 기능을 어려움 없이 사용할 수 있습니다.

마우스 포인터가 점 위에 있을 때 마우스 포인터 모양 ◈	마우스 포인터가 선 위에 있을 때 마우스 포인터 모양 ✢
• 드래그하면 점이 이동됩니다. • 점을 추가 또는 삭제하거나, 열린 경로를 열거나 닫을 수 있습니다. • 점의 종류를 변경할 수 있습니다.	• 드래그하면 점이 추가됩니다. • 점을 추가하거나, 열린 경로를 열거나 닫을 수 있습니다. • 선의 종류를 변경할 수 있습니다.

■ 점 편집 상태에서 사용하는 단축키

❶ 점 추가 : Ctrl + 도형 윤곽선을 클릭

❷ 점 삭제 : Ctrl + 해당 점을 클릭

❸ 부드러운 점으로 변경 : Shift 키를 누른 상태에서 해당 점에 연결 된 핸들 중 하나를 드래그합니다. 드래그를 중지하면 점이 부 드러운 점으로 변경됩니다. 부드러운 점은 길이가 같은 두 개 의 선 세그먼트를 연결합니다.

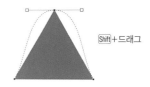

❹ 직선 점으로 변경 : Ctrl 키를 누른 상태에서 해당 점에 연결된 핸들 중 하나를 드래그합니다. 드래그를 중지하면 점이 직선 점으로 변경됩니다. 직선 점은 길이가 다른 두 개의 선 세그먼 트를 연결합니다.

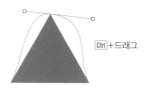

❺ 꼭지 점으로 변경 : Alt 키를 누른 상태에서 해당 점에 연결된 핸들 중 하나를 드래그합니다. 드래그를 중지하면 점이 꼭지 점으로 변경됩니다. 꼭지 점은 한 세그먼트가 다른 방향을 향 하는 두 개의 선 세그먼트를 연결합니다.

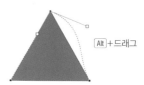

Tip 점 및 선 세그먼트에 대한 변경 내용을 취소하려면 마우스 버튼을 놓기 전에 Esc 키를 누릅니다.

Sub ③ **그림으로 정보 전달력을 높여 표현하기**

그림을 이용하면 이해가 쉬우면서도 기억에 오래 남도록 정보를 전달할 수 있습니다. 준비한 그림을 삽입하고 적당하게 크기를 조정한 다음 이미지 상태에 따라 색이나 선명도를 조절하고 알맞은 스타일을 지정하는 등 전문 이미지 편집 프로그램을 사용하지 않고 이미지 작업을 할 수 있는 그림 관련 기능을 살펴보겠습니다.

• 실습 파일 : 02_그림 다루기.pptx, 02_그림 다루기(결과).pptx

1 필요한 이미지 준비하기

파워포인트에 그림을 삽입하려면 보관 중인 이미지나 인터넷에서 다운로드한 이미지를 사 용할 수 있습니다. 이미지나 폰트를 수집하기 위한 사이트들은 인터넷 검색창에 '무료 이미지', '무료 폰트' 같은 검색어를 입력하면 많이 찾아볼 수 있습니다.

새로운 사이트가 생겼을 수 있으므로 너무 다음 리스트에만 얽매이지 말고, 직접 검색해서 더 좋은 사이트를 찾아보는 것이 좋습니다. 또한 무료 정책도 언제든지 변경될 수 있기 때문에 사용 전에는 저작권을 반드시 확인해야 합니다.

■ 이미지 관련 사이트

- 이미지 구매 사이트
  - http://kr.fotolia.com
  - http://www.shutterstock.com

- 무료 이미지 사이트
  - https://pixabay.com
  - https://unsplash.com
  - https://www.pexels.com
  - http://all-free-download.com
  - http://www.lifeofpix.com
  - http://pngimg.com

- 아이콘 관련 사이트
  - http://thenounproject.com
  - http://www.iconfinder.com

- 파일 변환 사이트
  - https://cloudconvert.com
  - https://www.hipdf.com/kr
  - https://convertio.co/kr

2 그림 파일 삽입하기

준비한 그림을 클립보드에 복사해서 붙여넣거나, 삽입 명령을 이용해서 삽입할 수 있습니다.

01   [삽입] 탭-[이미지] 그룹-[그림]을 선택하여 [그림 삽입] 대화상자를 표시합니다. 삽입할 그림을 선택하고 [삽입] 버튼을 클릭합니다.

Tip 파워포인트에서 그림은 기본적으로 프레젠테이션 문서에 포함됩니다. 그림을 파일에 연결해서 관리하려면, [그림 삽입] 대화상자에서 [파일에 연결] 또는 [삽입 및 연결] 옵션을 선택합니다.

Tip **그림 삽입 옵션**

ⓐ 파일에 연결 : 그림을 연결합니다. 원본 그림이 수정되면 수정된 결과가 반영되고, 원본 그림이 없으면 그림이 표시되지 않습니다.

ⓑ 삽입 및 연결 : 그림을 삽입과 함께 연결합니다. 원본 그림이 수정되면 수정된 결과가 반영되고 원본 그림이 없어도 그림이 표시됩니다.

02 그림을 슬라이드에 사용하기 적당하도록 크기를 조절합니다. 슬라이드에 가운데 정렬하고 이미지의 가로 세로 비율을 유지하면서 크기 조절을 하려면, 모서리의 크기 조절 핸들을 드래그합니다.

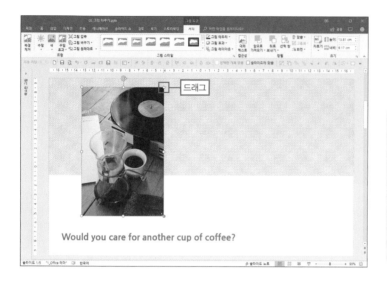

Tip 특히, 로고처럼 회사나 단체를 대표하는 이미지는 비율을 왜곡시키지 않도록 사용에 주의합니다.

• 그림의 비율 유지하면서 크기 조절

줄일 때 단축키 : Shift+↓

늘릴 때 단축키 : Shift+↑

03 [그림 도구 서식] 탭−[그림 스타일] 그룹에서 [회전, 흰색] 빠른 스타일을 지정합니다.

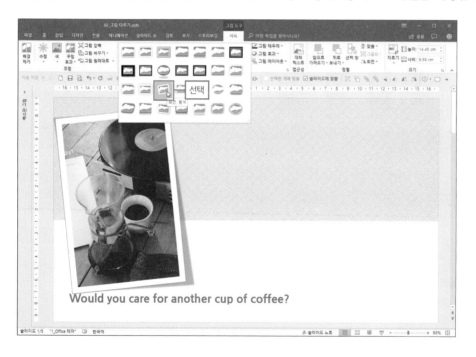

❸ 그림 바꾸기

그림에 테두리나 그림자 등 서식을 지정한 다음, 다른 그림을 사용하려고 할 때는 삭제하고 다시 작업하는 것 보다 그림을 바꾸는 것이 편리합니다.

01 Ctrl 키를 누른 채 삽입된 그림을 드래그하여 그림을 두 개 더 복사합니다.

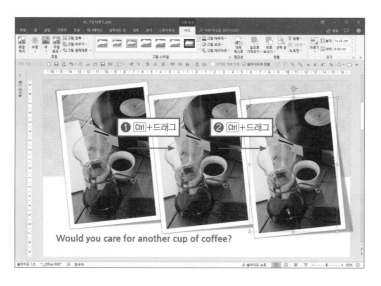

02 복사된 그림 크기와 위치는 유지하면서 이미지만 변경하겠습니다. 그림이 선택된 상태에서 [그림 도구 서식] 탭-[조정] 그룹-[그림 바꾸기▼]-[파일에서]를 선택합니다. [그림 삽입] 대화상자가 표시되면 원하는 그림을 선택하고 [삽입] 버튼을 클릭합니다.

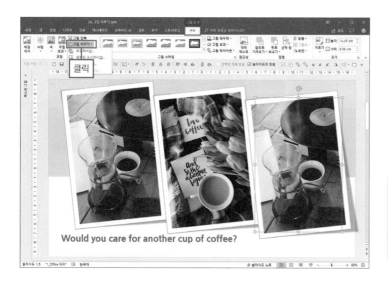

Tip 그림 개체를 마우스 오른쪽 버튼을 클릭하면 표시되는 [바로 가기] 메뉴에서 [그림 바꾸기]-[파일에서]를 실행해도 됩니다.

4 대칭과 회전, 순서 바꾸기

원본의 이미지와는 다른 방향이나 각도로 이미지를 사용하려고 할 때 대칭과 회전 명령을 사용할 수 있습니다. 파워포인트에서 이미지나 도형 등의 개체는 슬라이드에 삽입되는 순서대로 개체의 순서가 정해지는데 필요에 따라 개체의 순서를 변경해서 사용합니다.

■ 좌우 대칭 만들기

슬라이드를 작성할 때 오른쪽에 설명 텍스트를 입력했는데, 준비된 이미지는 왼쪽 방향으로 시선이 모이는 상태라면 슬라이드를 보는 청중의 시선이 흩어져 전달력이 떨어집니다. 이런 경우 이미지의 좌우를 반전시켜 시선을 모아 줄 수 있습니다.

01 삽입된 그림 중 세 번째 그림의 커피가 오른쪽 방향으로 있어 시선이 중심으로 모이지 않는 느낌이 듭니다. 이런 경우 대칭을 해서 그림의 좌우를 반전시키면 내용에 좀 더 집중하는 것으로 보일 것입니다. [그림 도구 서식] 탭-[정렬] 그룹-[회전▼]- [좌우 대칭]을 선택합니다.

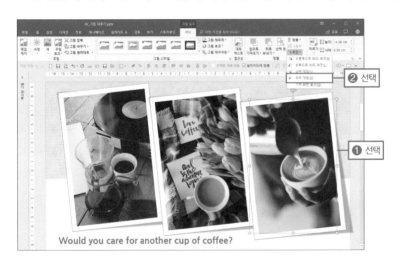

02 모서리의 크기 조절 핸들(○)을 드래그하여 적당한 크기로 조절합니다.

■ 회전하기

그림 위쪽에 있는 회전 핸들(@)에 마우스 포인터를 위치시키고, 마우스 포인터가 회전 모양으로 변하면 드래그하여 회전시킵니다.

■ 순서 바꾸기

파워포인트에서는 슬라이드에 개체가 삽입되는 순서에 따라 개체의 순서가 정해집니다. 가운데 그림의 순서를 변경하기 위해 그림을 마우스 오른쪽 버튼을 클릭하여 [바로 가기] 메뉴를 표시하고 [맨 앞으로 보내기]를 실행합니다.

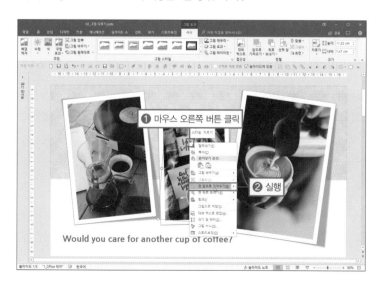

⑤ 그림에서 필요 없는 부분 자르기

다양하게 제공되는 자르기 명령은 그림의 불필요한 부분을 자르고, 효율적으로 제거하여 원하는 모양으로 만들 수 있습니다.

01 삽입된 그림의 크기를 슬라이드에 맞도록 조정합니다. 그림의 크기가 커서 크기 조절 핸들이 보이지 않는다면, Ctrl 키를 누른 채 마우스 휠을 아래로 돌려 화면 배율을 축소합니다.

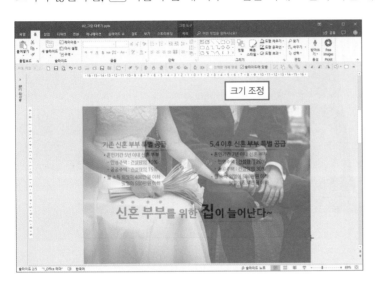

02 [그림 도구 서식] 탭-[크기] 그룹-[자르기▼]-[자르기]를 선택합니다.

03 자르기 핸들을 드래그하여 원하는 부분을 잘라냅니다. 자르기 영역을 조정한 다음, 그림을 이동하여 자르기 위치를 지정합니다. 작업을 마치면 [Esc] 키를 누릅니다.

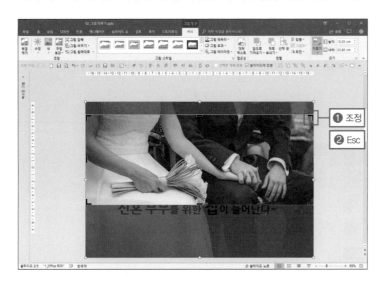

04 그림을 선택하고 마우스 오른쪽 버튼을 클릭하여 [바로 가기] 메뉴를 표시한 다음 [맨 뒤로 보내기]를 실행합니다. 이미지에서 사용하지 않는 부분이 잘리고, 아래쪽에 가려져 있던 개체가 보이는 것을 확인할 수 있습니다.

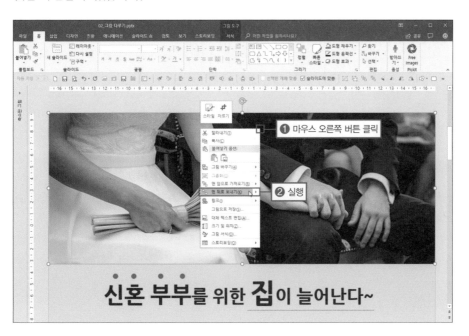

⑥ 조정 기능 활용하기

프레젠테이션 문서를 작성하기 위해 수집한 자료 중 노출이 과하거나 부족한 상태 또는 선명하지 않은 사진과 같이 품질 상태가 다른 이미지 자료가 섞여 있을 수 있습니다. 이런 자료들이 하나의 문서에 사용될 경우에 미리 조정 작업을 거쳐 비슷한 상태로 맞춰주면 전체적인 보고서에 일관되고 정돈된 느낌을 줄 수 있습니다.

그림을 선택하고 [그림 도구 서식] 탭-[조정] 그룹-[색▼]을 클릭합니다. [다시 칠하기] 항목에서 '옥색, 밝은 강조색3'을 선택합니다.

❶ **수정 작업** : 사진의 선명도와 밝기/대비를 조정할 수 있습니다. 수집한 이미지가 너무 어둡거나 너무 밝고, 선명하지 못하다면 조정 작업을 통해 정돈하고 사용하는 것이 좋습니다.

❷ **색 조정 작업** : 사진의 채도를 조절하거나 색온도에 따른 왜곡된 상태를 수정할 수 있습니다.

❸ **꾸밈 효과 작업** : 사진에 스케치나 회화 느낌의 효과를 적용할 수 있습니다. 포토샵의 필터 효과와 유사합니다.

☑ 이미지 배경을 투명하게 만들기

프레젠테이션에서 이미지를 삽입할 때 이미지 배경을 투명하게 만들어야 할 때가 있습니다. 이미지에 상태에 따라 배경을 지우는 방법을 살펴보겠습니다.

■ 배경이 한 가지 색으로 이루어진 경우

인터넷에서 얻을 수 있는 회사 로고 이미지는 대부분의 경우 기업 측에서 배경을 투명하게 설정하여 제공하는 경우가 많습니다. 하지만 배경이 슬라이드 배경과 겉도는 이미지도 있는데, 이렇게 배경이 거슬릴 때는 투명색 만들기 기능을 활용하면 됩니다. 이 기능은 단순한 색상의 배경으로 이루어진 이미지에 활용하는 것이 좋습니다.

01 배경을 지울 그림을 선택하고 [그림 도구 서식] 탭−[조정] 그룹−[색▼]−[투명한 색 설정]을 선택합니다.

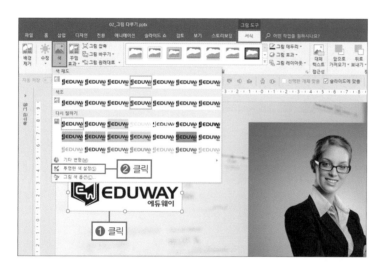

02 그림에서 투명하게 만들 부분을 클릭합니다. 흰 배경 부분을 클릭하면 로고만 남고 배경은 투명하게 바뀝니다. 그림의 품질이나 슬라이드 배경 상태에 따라 깔끔하게 되지 않는 경우도 있는데, 이런 경우에는 배경 제거 명령이나 전문 이미지 편집 툴, 배경 제거 사이트 등을 이용하여 해결해야 합니다.

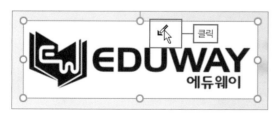

■ 배경이 여러 색으로 이루어진 경우

이미지 배경이 여러 색으로 이루어진 경우에도 배경 제거 명령으로 배경을 제거하여 그림의 주제를 강조하거나 불필요한 세부 요소를 제거할 수 있습니다.

01 배경을 지울 그림을 선택한 다음 [그림 도구 서식] 탭-[조정] 그룹-[배경 제거] 를 선택합니다.

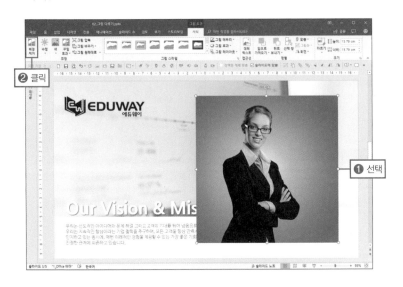

02 자홍색으로 표시된 제거 영역을 확인하고, 추가 작업이 필요 없다면 바로 사용합니다. 자동으로 인식한 영역 일부를 제거하거나 다른 영역을 추가하고 싶다면 [배경 제거] 탭-[미세 조정] 그룹의 명령을 사용해서 그림에서 제거할 부분을 세밀하게 설정합니다.

> Tip 파워포인트 2016 버전부터는 제거할 영역 크기를 조정핸들로 설정할 필요 없이 파워포인트에서 자동으로 표시해 줍니다.

03 작업이 완료되면 그림 도구 서식의 [배경 제거] 탭-[닫기] 그룹-[변경 내용 유지]를 선택합니다. 배경 제거 작업을 취소하려면 [변경 내용 모두 취소]를 선택합니다.

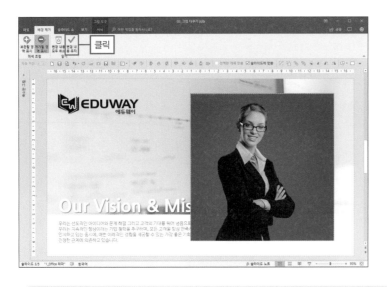

Tip 배경 제거/유지 영역 설정하기

파워포인트 2016 버전부터는 그림에서 유지하거나 제거할 영역을 표시할 때 직선뿐만 아니라 자유 곡선으로도 그릴 수 있습니다.

- 그림에서 필요한 부분이 제거된 경우 : [보관할 영역 표시]를 클릭하고 연필을 사용하여 그림에서 유지할 영역을 표시합니다.

- 그림에 불필요한 부분이 포함된 경우 : [제거할 영역 표시]를 클릭하고 연필을 사용하여 해당 영역을 표시합니다.

유지하려는 부분이 제거된 경우
[보관할 영역 표시] 연필로 드래그
→ 연두색 표시

제거하려는 부분이 유지된 경우
[제거할 영역 표시] 연필로 드래그
→ 빨간색 표시

04 배경이 제거된 그림의 방향을 바꾸고 싶다면, 좌우를 반전시키기 위해 [그림 도구 서식] 탭-[정렬] 그룹-[회전] 명령을 클릭하고 [좌우 대칭]을 선택합니다.

05 투명하게 만든 그림의 실루엣만을 사용하고 싶다면 [그림 서식] 작업창의 '그림 수정'에서 밝기를 '-100%'로 설정합니다. 실루엣을 흰색으로 만들고 싶다면 밝기를 '100%'로 설정합니다.

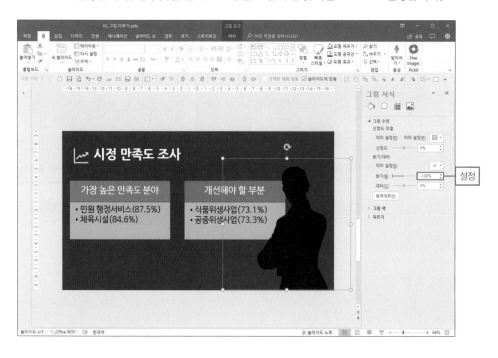

8 그림 용량 관리하기

그림 파일로 인해 늘어난 전체 파일의 용량을 줄이기 위해 그림 해상도를 줄이거나 품질 손상 없이 압축하고, 그림의 잘린 부분이나 기타 그림 편집 정보 등 필요 없는 정보를 삭제하는 방법을 살펴보겠습니다.

01 그림을 하나 이상 선택하고 [그림 도구 서식] 탭–[조정] 그룹–[그림 압축]을 선택합니다.

02 [그림 압축] 대화상자가 표시되면 압축 옵션에서 '이 그림에만 적용', '잘려진 그림 영역 삭제' 옵션을 체크하고 선택한 그림으로 표현할 수 있는 해상도 중에서 원하는 해상도를 선택한 다음 [확인] 버튼을 클릭합니다. 용도에 따라 적절한 옵션과 해상도를 선택합니다.

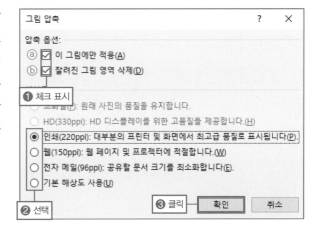

Tip 그림 압축 옵션

[그림 압축] 대화상자에서는 압축 옵션과 해상도와 관련한 설정을 할 수 있습니다. 해상도를 변경하면 이미지 품질에 영향을 줄 수 있기 때문에 사용처에 맞는 적절한 이미지 상태로 관리해야 하며, 용량을 줄이기 위해 이미지 해상도를 변경할 수 있지만 화질이 나쁜 이미지를 사용하면 전체적인 문서의 품질이 떨어질 수 있으므로 주의해야 합니다.

ⓐ 이 그림에만 적용 : 문서에 있는 모든 그림이 아니라 선택한 그림만 압축합니다.

ⓑ 잘려진 그림 영역 삭제 : 그림 일부에 자르기를 수행한 후에도 잘린 부분이 그림 파일의 일부로 남아 있을 수 있는데, 이런 부분을 삭제합니다. 또한 제거된 그림 부분을 다른 사람이 볼 수 없게 만들 수도 있습니다.

⑨ 한 번에 많은 사진 삽입하기

사진 앨범 기능으로 그림을 삽입하면, 새로운 프레젠테이션 문서를 만들고 각 슬라이드에 삽입될 그림의 개수와 형식, 캡션 등을 쉽게 지정할 수 있습니다. 사진 앨범 기능을 이용해서 여행사진 정리나 견학 보고서 등을 작성하면 많은 양의 이미지를 한 번에 슬라이드에 삽입할 수 있어 편리합니다.

01 [삽입] 탭-[이미지] 그룹-[사진 앨범] 명령을 선택합니다.

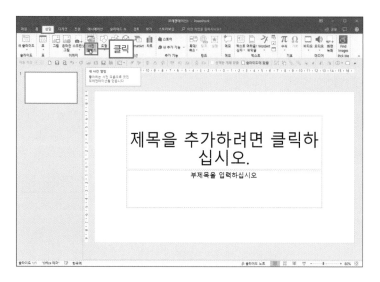

02 [사진 앨범] 대화상자가 표시되면 그림 삽입에서 [파일/디스크] 버튼을 클릭합니다.

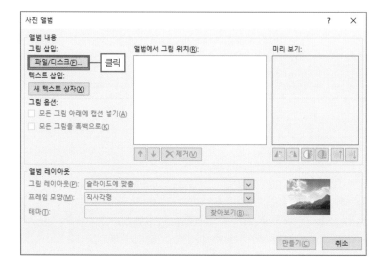

03 [새 그림 삽입] 대화상자에서 앨범에 넣을 사진을 선택하고 [삽입] 버튼을 클릭합니다.

Tip 윈도우 공유 폴더의 샘플 이미지로 연습하세요.

04 [사진 앨범] 대화상자가 표시되면 '앨범에서 그림 위치'를 확인하고, '그림 옵션'과 '앨범 레이아웃'을 선택한 다음 [만들기] 버튼을 클릭합니다.

앨범에 포함될 그림 파일은 그림을 선택하고 오른쪽 [미리 보기] 창에서 확인할 수 있습니다.

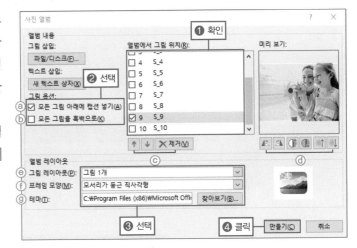

Tip **사진 앨범 옵션**

ⓐ 모든 그림 아래에 캡션 넣기 : 삽입된 모든 그림 아래에 설명을 입력하는 텍스트 상자를 만듭니다.

ⓑ 모든 그림을 흑백으로 : 삽입된 모든 그림을 흑백으로 변경합니다.

ⓒ 그림 순서 이동/제거 : 슬라이드에서 그림이 표시되는 순서를 변경합니다. 그림을 선택하고 화살표 아이콘을 누르면 목록에서 파일을 위나 아래로 이동할 수 있습니다. [제거] 버튼을 누르면 선택한 사진이 목록에서 제거됩니다.

ⓓ 그림 회전/대비/명암 : 삽입된 그림을 회전시키거나 명암과 대비를 조정할 수 있습니다.

ⓔ 그림 레이아웃 : 슬라이드에서 사진이 보이는 형태를 지정합니다.

ⓕ 프레임 모양 : 레이아웃을 지정하면 그림에 적용할 프레임 모양을 선택할 수 있습니다. 레이아웃과 프레임 모양은 오른쪽 작은 이미지로 확인할 수 있습니다.

ⓖ 테마 : 사진 앨범 문서에 작용할 테마를 지정합니다.

05 새로운 프레젠테이션 파일에 사진 앨범이 만들어지면, 제목을 수정하고 디자인을 적용하면서 내용을 정리합니다.

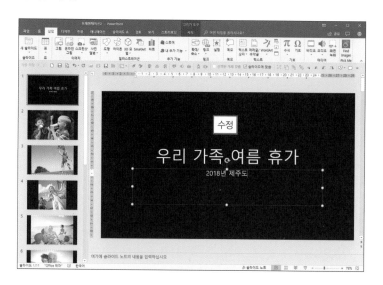

06 앨범에 사진을 추가하거나 형태를 변경하고 싶다면, [삽입] 탭-[이미지] 그룹-[사진 앨범 ▼]-[사진 앨범 편집]을 선택합니다.

07 [사진 앨범 편집] 대화상자가 표시되면 사진을 추가하거나 설정 사항을 변경하고 [업데이트] 버튼을 클릭합니다.

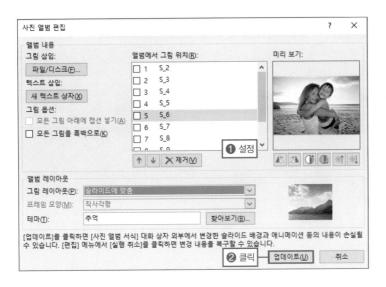

⑩ 스크린 샷 기능 활용하기

모니터 화면을 직접 캡처해서 사용할 때는 윈도우 시스템에서 Print Screen 키를 활용하거나 화면 캡쳐 프로그램을 사용하지만, 파워포인트에서는 화면을 캡처할 수 있는 [스크린 샷] 기능이 있습니다. 이 기능은 사용 중인 파워포인트 프로그램을 그대로 유지한 채 열려 있는 창의 전부 또는 일부를 캡처할 수 있습니다.

01 인터넷 페이지 또는 다른 프로그램에서 캡처할 화면을 준비합니다. [삽입] 탭-[이미지] 그룹-[스크린 샷]을 선택합니다.

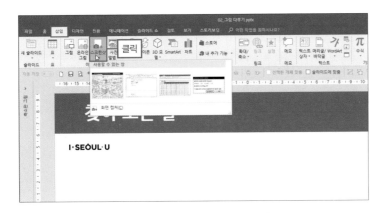

02 사용할 수 있는 창 항목에서 현재 열려 있는 프로그램 창을 확인한 다음 캡처할 화면을 선택합니다. 선택한 화면이 슬라이드에 바로 삽입되는 것을 확인할 수 있습니다.

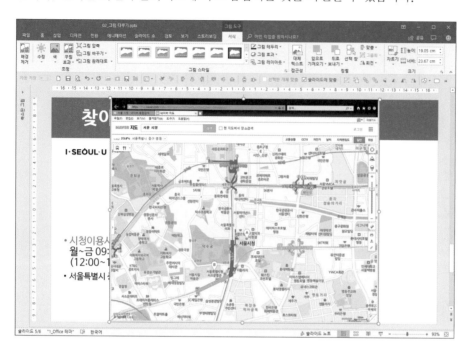

03 현재 실행 중인 프로그램 창에서 일부분만 캡처하려면 [삽입] 탭-[이미지] 그룹-[스크린샷]-[화면 캡처]를 선택합니다. 마우스 포인터가 십자 모양으로 바뀌면 원하는 부분을 드래그하여 선택합니다. 선택 영역이 아닌 부분은 불투명하게 표시됩니다.

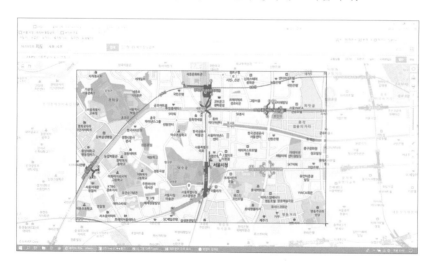

04 영역 지정을 마치면 슬라이드에 바로 삽입됩니다.

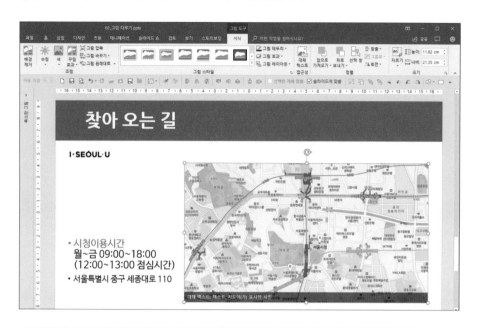

Tip [사용할 수 있는 창]과 [화면 캡처]의 차이점

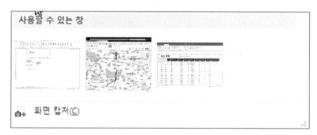

- 사용할 수 있는 창 : 실행 중인 창 별로 캡처합니다.
  - 열려 있는 프로그램 창은 [사용할 수 있는 창] 갤러리에서 축소판 그림으로 표시되며, 축소판 그림 위에서 마우스 포인터를 멈추면 프로그램 이름과 문서 제목이 포함된 설명이 나타납니다.
  - 프로그램 창을 선택하면 지정한 화면이 슬라이드에 바로 삽입됩니다.
- 화면 캡처 : 실행 중인 프로그램 화면 중 캡처할 영역을 직접 지정합니다.
  - 프로그램 창의 일부를 추가하려면 [화면 캡처]를 선택하고, 마우스 포인터가 십자 모양으로 바뀌면 왼쪽 마우스 버튼을 누른 채 캡처할 영역을 드래그합니다.
  - [화면 캡처]를 선택하면 전체 창이 일시적으로 불투명하게 바뀌며, 캡처할 영역을 지정하면 선택 영역이 뚜렷하게 표시됩니다.
  - 여러 개의 창이 열려 있으면 캡처할 창을 클릭한 다음 파워포인트의 [화면 캡처]를 선택합니다. [화면 캡처]를 선택하면 작업 중인 파워포인트 프로그램이 최소화되고 현재 가장 앞쪽에 띄워놓은 화면을 캡처할 수 있습니다.

Part 03

다양한 개체를 활용하여
슬라이드 시각화하기

프레젠테이션 문서를 작성할 때는 다양한 개체를 활용할 수 있습니다. 어떤 개체를 사용하더라도
내용을 명확하고 쉽게 이해할 수 있어야 하는 것은 기본입니다. 내용과 관련 없는 개체를 사용하면
정확한 내용을 전달하기 어렵습니다. 스마트아트, 차트, 표, 동영상, 오디오 등
내용에 적합한 개체를 선택하고 다루는 방법을 살펴보겠습니다.

스마트아트 그래픽으로 쉽고 빠르게 만드는 슬라이드

스마트아트 그래픽 기능을 사용하면 몇 번의 클릭만으로 디자이너 수준의 전문적인 일러 스트레이션을 만들 수 있습니다. 스마트아트 그래픽은 여러 형태로 만들어져있는 레이아웃을 선택하여 빠르고 쉽게 도형 세트를 만들 수 있는 시각적인 정보 표현 방법입니다.

Sub ① 스마트아트 그래픽 쉽게, 편리하게 만들기

스마트아트 그래픽의 레이아웃을 선택할 때는 프레젠테이션으로 전달할 내용이 무엇인지 분 명하게 정리해야 합니다. 스마트아트를 사용하기 전에 데이터를 표시하는데 가장 적합한 그래 픽 유형을 먼저 그려 본 다음 명확하고 쉽게 이해할 수 있는 형태로 제작합니다.

• 실습 파일 : 03_스마트아트 다루기.pptx, 03_스마트아트 다루기(결과).pptx

1 스마트아트 그래픽 만들기

스마트아트 그래픽 기능은 분명 편리한 기능이지만, 좋은 기능이더라도 결국 사용자가 적절 하게 선택하고 사용해야 합니다. 자료의 내용과 분량을 잘 살펴보고 스마트아트 그래픽 레이아 웃을 선택합니다.

01 다음과 같이 네 단계로 구분하여 내용을 정리한 자료를 스마트아트 그래픽 기능을 이용하여 시각적으로 표현하겠습니다.

기획	선정	평가	보상
• REP 50% 이상 감축 • 개방형 집단 기획	• 평가 의원 공개 • 상피제 완화	• 성공/실패 판정 폐지 • 연차 평가 폐지 • 과정 중심 평가로 전환	• 조기 완료 인센티브 부여(후속 기획 허용 등)

02 [삽입] 탭-[일러스트레이션] 그룹-[SmartArt]를 선택합니다. 또는 개체 틀의 'SmartArt 그래픽 삽입' 아이콘을 클릭합니다.

03 [SmartArt 그래픽 선택] 대화상자가 표시되면 정리하려는 자료에 적합한 [목록형] 중에서 [가로 글머리 기호 목록형]을 선택합니다.
[확인] 버튼을 클릭하면 슬라이드에 스마트아트 그래픽이 삽입되고, 왼쪽에는 내용을 입력할 수 있는 텍스트 창이 표시됩니다. 리본 메뉴는 [SmartArt 도구 디자인] 탭으로 변경되어 있습니다. 텍스트 창에 내용을 입력합니다.

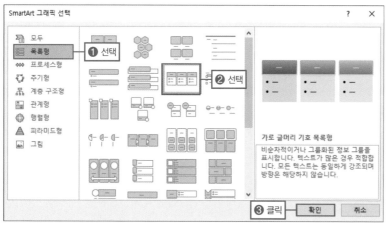
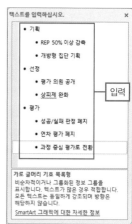

2 스마트아트 그래픽 도형 추가하기

스마트아트 그래픽을 만들 때 기본으로 제공되는 도형과 입력할 내용이 딱 맞아 떨어지기는 어렵습니다. 대부분의 스마트아트 그래픽에 새로운 도형을 추가하고 수정하는 과정이 필요합니다. [SmartArt 도구 디자인] 탭-[그래픽 만들기] 그룹의 명령을 자세히 살펴보겠습니다.

■ [그래픽 만들기] 그룹 명령 살펴보기

[SmartArt 도구 디자인] 탭-[그래픽 만들기] 그룹의 명령들은 도형을 추가하고 위치를 변경하는 등 스마트아트 그래픽의 도형을 관리합니다.

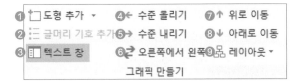

❶ 도형 추가 : 스마트아트 그래픽에서 선택한 도형을 기준으로 도형을 추가합니다.

- ⓐ 뒤에 도형 추가(A)
- ⓑ 앞에 도형 추가(B)
- ⓒ 위에 도형 추가(V)
- ⓓ 아래에 도형 추가(W)
- ⓔ 보조자 추가(T)

ⓐ **뒤에 도형 추가** : 선택한 도형과 동일한 수준에서 해당 도형 뒤에 도형을 추가합니다.

ⓑ **앞에 도형 추가** : 선택한 도형과 동일한 수준에서 해당 도형 앞에 도형을 추가합니다.

ⓒ **위에 도형 추가** : 선택한 도형보다 한 수준 위에 도형을 추가합니다. 새 도형이 선택한 도형의 위치에 추가되며, 선택한 도형과 그 아래에 있는 모든 도형이 각각 한 수준씩 아래로 내려갑니다.

ⓓ **아래에 도형 추가** : 선택한 도형보다 한 수준 아래에 도형을 추가합니다. 새 도형이 동일한 수준에 있는 다른 도형의 맨 끝에 추가됩니다.

ⓔ **보조자 추가** : 조직도에서만 사용 가능합니다. 스마트아트 그래픽에서는 같은 수준의 다른 상자 위에 보조자 상자가 추가되며, 텍스트 창에서는 같은 수준의 다른 상자 뒤에 보조자 상자가 표시됩니다.

❷ **글머리 기호 추가** : 스마트아트 그래픽에 글머리 기호를 추가합니다. 각각의 스마트아트 그래픽은 텍스트 창의 글머리 기호와 스마트아트 그래픽의 도형 집합 간에 고유한 매핑을 정의합니다. 스마트아트 유형에 따라 도형에 글머리 기호가 있는지 여부가 결정됩니다. 선택한 유형에 글머리 기호가 없을 경우 글머리 기호를 표시하려면 다른 유형을 선택해야 합니다.

❸ 텍스트 창 : 스마트아트 그래픽에 표시되는 텍스트를 입력하고 편집하는 데 사용할 수 있는 창을 표시하고 감춥니다. 텍스트 창에서 콘텐츠를 추가하고 편집하면 스마트아트 그래픽이 자동으로 업데이트됩니다.

스마트아트 개체의 왼쪽 가운데에 있는 텍스트 창 아이콘을 사용하는 것과 동일합니다.

기획	선정	평가	보상
• REP 50% 이상 감축 • 개방형 집단 기획	• 평가 의원 공개 • 상피제 완화	• 성공/실패 판정 폐지 • 연차 평가 폐지 • 과정 중심 평가로 전환	• 조기 완료 인센티브 부여(후속 기획 허용 등)

❹ 수준 올리기 : 선택한 글머리 기호 또는 도형의 수준을 높입니다.

❺ 수준 내리기 : 선택한 글머리 기호 또는 도형의 수준을 낮춥니다.

❻ 오른쪽에서 왼쪽 : 왼쪽에서 오른쪽 또는 오른쪽에서 왼쪽으로 스마트아트 그래픽의 레이아웃을 전환합니다.

❼ 위로 이동 : 현재 선택한 항목을 앞으로 이동합니다.

❽ 아래로 이동 : 현재 선택한 항목을 뒤로 이동합니다.

❾ 레이아웃 : 조직도와 같은 계층 구조형 도해의 배열을 변경합니다.

ⓐ 품 표준(S)
ⓑ 뭄 양쪽 균등 배열(B)
ⓒ 멉 왼쪽 배열(L)
ⓓ 몸 오른쪽 배열(R)

ⓐ 표준 : 하위 도형을 가운데에 수평으로 배열합니다.
ⓑ 양쪽 균등 배열 : 선택한 도형을 아래에 있는 도형 위에서 가운데로 맞추고 아래에 있는 도형을 각 행에 두 개씩 가로로 배열합니다.
ⓒ 왼쪽 배열 : 하위 도형을 왼쪽으로 배열합니다.
ⓓ 오른쪽 배열 : 하위 도형을 오른쪽으로 배열합니다.

■ [그래픽 만들기] 그룹 명령을 이용한 도형 추가하기

[SmartArt 도구 디자인] 탭-[그래픽 만들기] 그룹의 명령을 사용하여 스마트아트 그래픽에 도형을 추가하고 내용을 입력해보겠습니다.

01 '평가' 뒤에 '보상'에 관련된 내용을 입력하기 위해 도형을 추가해보겠습니다. 도형을 추가할 때 기준으로 사용할 '평가' 도형을 선택하고, [SmartArt 도구 디자인] 탭-[그래픽 만들기] 그룹-[도형 추가▼]-[뒤에 도형 추가]를 선택합니다.

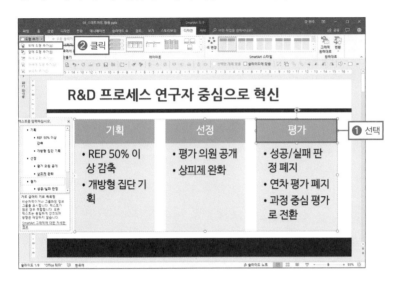

02 선택한 도형과 같은 수준의 도형이 뒤쪽에 추가됩니다. 도형이 추가되면 자동으로 스마트아트 그래픽의 균형이 맞춰집니다. 내용을 입력합니다.

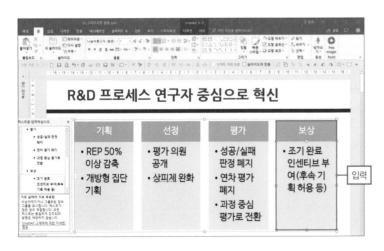

■ 텍스트 창에서 직접 도형 추가하기

텍스트 창에서 도형을 추가하면 리본 메뉴에서 스마트아트 그래픽의 도형을 관리하는 것보다 쉽고 빠르게 도형을 관리할 수 있습니다.

- **기존 텍스트 앞에 새 텍스트 추가** : 텍스트 창에서 도형을 추가할 텍스트의 시작 부분에 커서를 놓고, 텍스트를 입력한 다음 Enter 키를 누릅니다.
- **기존 텍스트 뒤에 새 텍스트 추가** : 텍스트 창에서 도형을 추가할 텍스트의 끝 부분에 커서를 놓고, Enter 키를 누른 다음 텍스트를 입력합니다.
- 수준 내리기 : Tab
- 수준 올리기 : Shift + Tab
- 스마트아트 그래픽의 테두리로 포커스 전환 : Esc

01 '제작팀'의 하위 항목을 입력하기 위해 텍스트 창에서 '제작팀' 뒤에 커서를 놓고, Enter 키를 누릅니다. '제작팀'과 같은 수준으로 뒤쪽에 도형이 삽입되는 것을 확인할 수 있습니다.

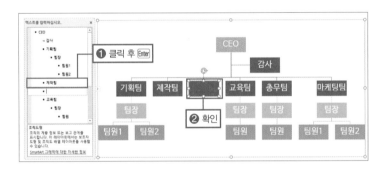

02 추가한 도형의 수준을 하위 항목으로 만들기 위해 텍스트 창에서 Tab 키를 누른 다음 '팀장'을 입력하고 Enter 키를 누릅니다.

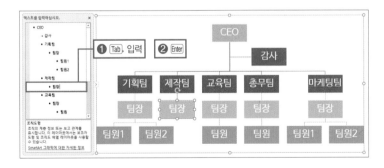

03 다시 한 번 도형의 수준을 하위 항목으로 만들기 위해 텍스트 창에서 Tab 키를 누른 다음 '팀원'을 입력합니다.

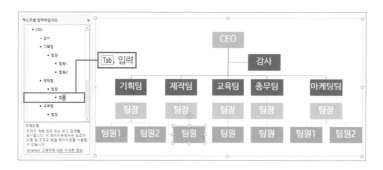

04 '팀원' 도형을 표준 배열로 만들기 위해 '팀원' 도형 위에 있는 '팀장' 도형을 선택합니다. [SmartArt 도구 디자인] 탭-[그래픽 만들기] 그룹-[레이아웃▼]-[표준]을 선택합니다. 레이아웃이 표준으로 변경되면서 도형의 크기도 자동으로 조정되는 것을 확인할 수 있습니다.

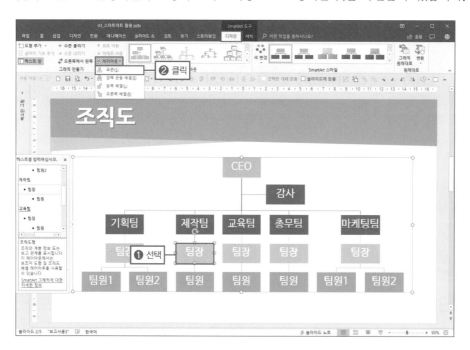

Sub ② 스마트아트 그래픽 활용하기

스마트아트 그래픽은 기존에 입력된 텍스트 자료가 한글이나 워드 프로그램에 저장되어 있다면 그 자료를 기반으로 쉽게 만들 수 있습니다. 스마트아트 그래픽 기능에서 제공하는 레이아웃 중 원하는 형태가 없는 경우도 있는데, 레이아웃에 포함된 도형을 변경하는 등 다양하게 응용하면 여러 형태의 레이아웃으로 활용할 수 있습니다.

• 실습 파일 : 03_스마트아트 활용.pptx, 03_스마트아트 활용(결과).pptx

¶ 스마트아트 그래픽 서식 지정과 도형 바꾸기

스마트아트 그래픽은 텍스트만 입력하면 자동으로 도해화됩니다. 이렇게 만들어진 형태에 서식을 변경하는 방법을 살펴보겠습니다.

01 스마트아트 그래픽의 색상을 변경하기 위해 [SmartArt 도구 디자인] 탭-[SmartArt 스타일] 그룹-[색 변경]을 선택하고 빠른 스타일에서 '그라데이션 반복-강조 1'을 선택합니다.

02 [SmartArt 도구 디자인] 탭-[SmartArt 스타일] 그룹에서 제공되는 빠른 스타일 영역 위에 마우스 포인터를 위치시키면 각각의 스타일이 적용된 모습을 미리 확인할 수 있습니다. 더 많은 스타일을 확인하려면 '자세히' 아이콘을 클릭합니다.

위쪽 직사각형 도형을 다른 모양으로 바꾸기 위해 모두 선택한 다음 [SmartArt 도구 서식] 탭-[도형] 그룹-[도형 모양 변경▼]을 클릭하고 '사각형 : 둥근 위쪽 모서리'를 선택합니다.

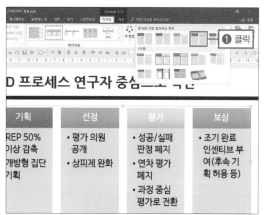
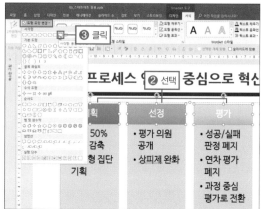

03 아래쪽 사각형 도형에 그림자 효과를 적용하겠습니다. 아래쪽 사각형 도형을 모두 선택하고 [SmartArt 도구 서식] 탭-[도형 스타일] 그룹-[도형 효과▼]-[그림자]에서 '안쪽 : 위쪽'을 선택합니다.

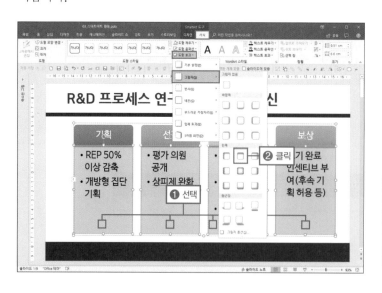

Tip 스마트아트 그래픽에 변경한 서식을 모두 제거하려면, [SmartArt 도구 서식] 탭-[원래대로] 그룹-[그래픽 원래대로]를 선택합니다.

☑ 스마트아트 그래픽 도형 삭제하기

스마트아트 그래픽에서 사용하는 도형은 텍스트 창의 내용과 매칭됩니다. 그렇기 때문에 텍스트 창에서 도형을 삭제할 수 있고, 직접 도형을 선택해서 삭제할 수도 있습니다. 하지만 경우에 따라 텍스트와 무관한 도형도 있습니다. 이런 도형을 삭제하는 방법을 살펴보겠습니다.

01 스마트아트 그래픽에서 화살표 도형을 선택합니다. 이 화살표는 Delete 키를 눌러서는 지워지지 않습니다. [SmartArt 도구 서식] 탭-[도형 스타일] 그룹-[도형 채우기▼]를 클릭하고 '채우기 없음'을 선택합니다.

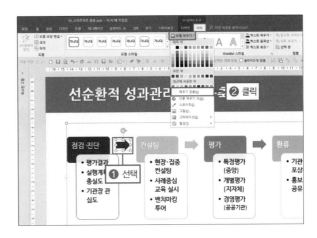

02 도형의 윤곽선도 없애기 위해 [SmartArt 도구 서식] 탭-[도형 스타일] 그룹-[도형 윤곽선▼]를 클릭하고 '윤곽선 없음'을 선택합니다.

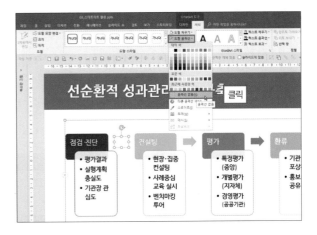

> **Tip 스마트아트 그래픽 도형을 삭제하는 다양한 방법**
> * 텍스트 창 내부에서 도형 삭제하기 : 삭제할 도형을 나타내는 텍스트를 선택하고 Delete 키를 누릅니다.
> * 스마트아트 그래픽 내부에서 도형 삭제하기 : 삭제할 도형의 테두리나 텍스트가 없는 부분을 선택하고 Delete 키를 누릅니다.
> * 스마트아트 그래픽의 요소 중 지워지지 않는 요소일 경우 : 예를 들어, [강조 프로세스형]으로 작성한 스마트아트 그래픽 중에서 화살표는 Delete 키를 눌러도 지워지지 않습니다. 이렇게 스마트아트 그래픽 중 삭제되지 않는 도형은 도형의 채우기와 윤곽선을 모두 '없음'으로 지정해서 감추면 됩니다.

③ 스마트아트 그래픽 변환하기

제작된 스마트아트 그래픽 개체를 텍스트나 도형으로 변환해서 사용할 수 있습니다.

■ 텍스트로 변환하기

스마트아트의 텍스트를 유지하면서 스마트아트로 작성된 슬라이드의 구성을 변경하고 싶다면 간단하게 변환해서 사용할 수 있습니다.

01 스마트아트 그래픽 개체를 선택하고 [SmartArt 도구 서식] 탭-[원래대로] 그룹-[변환]-[텍스트로 변환]을 선택합니다.

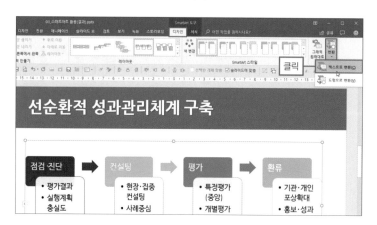

02 스마트아트 그래픽의 도형이 모두 삭제되고 텍스트만 남은 것을 확인할 수 있습니다. 변환 후 텍스트 일부가 보이지 않는다면 글꼴 색을 변경합니다.

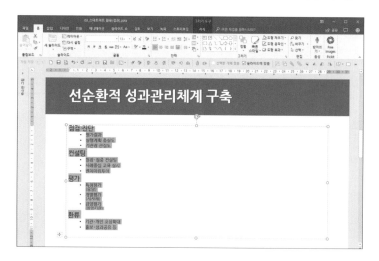

■ 도형으로 변환하기

스마트아트 그래픽 개체는 도형으로도 변환할 수 있습니다. 도형으로 변경된 스마트아트 그래픽은 다시 되돌리기 어려우므로 변경 시 주의해야 합니다.

01 [SmartArt 도구 서식] 탭-[원래대로] 그룹-[변환]-[도형으로 변환]을 클릭합니다.

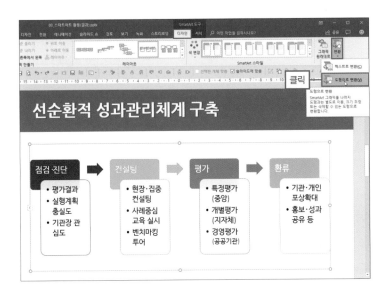

02 [SmartArt 도구 서식] 탭이 사라지고 [그리기 도구] 탭이 표시됩니다. 개체를 마우스 오른쪽 버튼으로 클릭하여 [바로 가기] 메뉴를 표시하고 [그룹화]-[그룹 해제]를 실행합니다.

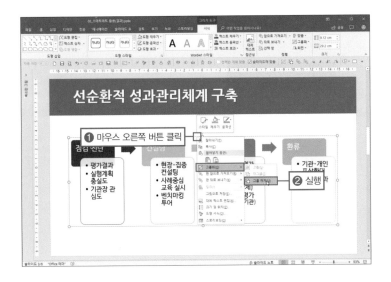

03 스마트아트 그래픽이 도형으로 변경된 것을 확인합니다. 좀 더 편리하게 도형 크기를 조정하거나 삭제할 수 있습니다.

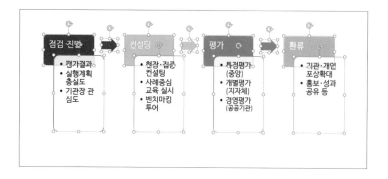

> Tip 스마트아트 그래픽 개체를 도형으로 변경하기 전에 텍스트 창의 내용을 '슬라이드 노트' 영역에 복사해 두면 언제든지 해당 내용을 이용해서 스마트아트 그래픽 개체로 다시 만들 수 있습니다.

④ 스마트아트 그래픽의 레이아웃 변경하기

스마트아트 그래픽의 레이아웃은 언제든지 다른 스마트아트 그래픽 레이아웃으로 바꿀 수 있습니다. 다른 형태로 변경하려는 스마트아트 그래픽을 선택하고 [SmartArt 도구 디자인] 탭-[레이아웃] 그룹에서 '자세히' 아이콘을 클릭합니다. 표시되는 레이아웃 위에 마우스 커서를 가져가면 적용된 모습을 미리 보기로 확인할 수 있습니다.

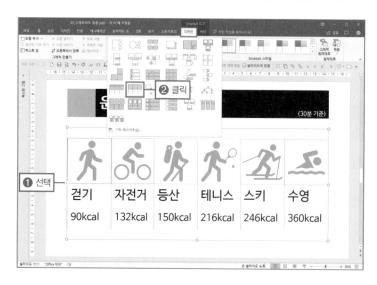

> Tip 더 많은 종류의 스마트아트 그래픽을 사용하려면 [기타 레이아웃]을 선택합니다.

다양한 모양으로 빠르게 변환할 수 있고, 대부분의 서식을 유지한 채 레이아웃을 변경할 수 있는 것은 스마트아트 그래픽의 큰 장점입니다.

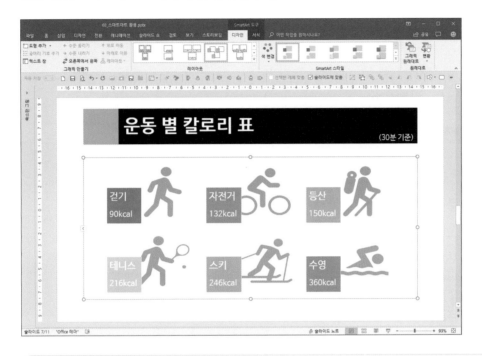

Tip 변경한 레이아웃이 스마트아트 그래픽 유형 중 제한된 수의 도형만 포함할 수 있을 경우, 최대 도형 수를 초과하면 텍스트 창에 입력된 텍스트 내용 중 일부 텍스트만 스마트아트 그래픽에 나타납니다. 표시되지 않는 텍스트 내용은 텍스트 창에서 빨간색 아이콘으로 표시됩니다.

레이아웃을 변경한 다음 저장하기 전에는 항상 빨간색 아이콘으로 표시된 내용이 있는지 확인해야 하며, 이 상태에서 파일을 닫으면 정보가 저장되지 않습니다. 텍스트 창에서 내용의 일부가 빨간색 아이콘으로 표시되면 다른 레이아웃으로 변경해서 텍스트가 모두 표시되도록 만듭니다.

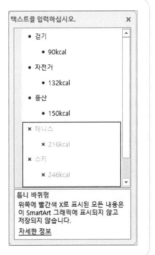

⑤ 입력된 텍스트 자료를 스마트아트 그래픽으로 만들기

텍스트 자료를 스마트아트 그래픽으로 변경하면 시각적으로 표현할 수 있어 효율적인 정보 전달이 가능합니다. 특히 파워포인트나 한글, 워드 등으로 미리 입력되어 있는 텍스트 자료를 도해화해서 표현할 때 편리하게 스마트아트로 만들 수 있습니다.

01 텍스트가 포함된 개체를 선택하고 [홈] 탭-[단락] 그룹-[SmartArt로 변환▼]-[기타 SmartArt 그래픽]을 선택합니다.

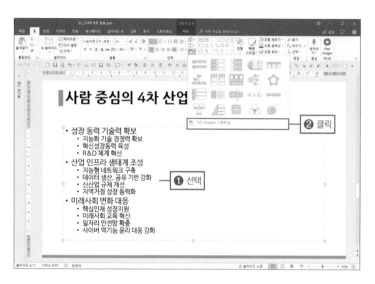

02 [SmartArt 그래픽 선택] 대화상자가 표시되면 입력된 텍스트 양과 항목 수에 따라 가장 잘 어울리는 유형을 찾습니다. '그룹화된 목록형'을 선택하고 [확인] 버튼을 클릭합니다.

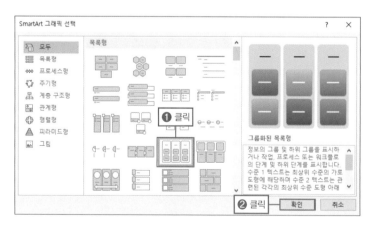

03 [SmartArt 도구 서식] 탭-[SmartArt 스타일] 그룹-[색 변경] 명령을 이용해서 제공되는 색 조합을 선택하거나, 각 도형을 하나씩 선택하면서 서식을 지정합니다.

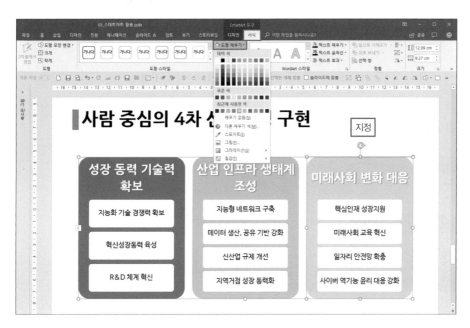

04 텍스트 중 줄 바꿈을 하고 싶은 부분이 있다면, Shift + Enter 키로 줄 바꿈을 합니다.

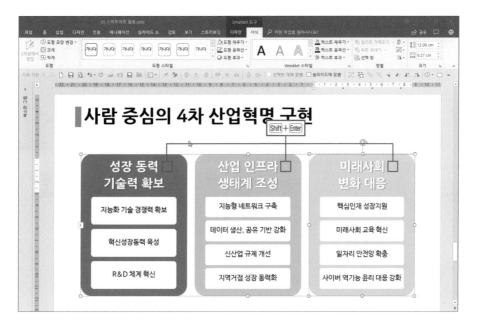

⑥ 그림을 스마트아트 그래픽으로 만들기

그림을 슬라이드에 삽입한 다음 크기를 조정하고 적당한 위치에 배치하는 일은 생각보다 손이 많이 가는 일입니다. 이런 경우, 간단하게 스마트아트 그래픽으로 그림의 배치와 크기 등을 조절할 수 있습니다.

01 삽입된 그림을 모두 선택하고 [그림 도구 서식] 탭-[그림 스타일] 그룹-[그림 레이아웃]을 선택합니다. 이때, 제공되는 스마트아트 그래픽의 레이아웃은 그림 자료를 다루는 형태로 만들어진 것입니다. 제시된 레이아웃 중에서 내용을 표현하기 적절한 형태를 선택합니다.

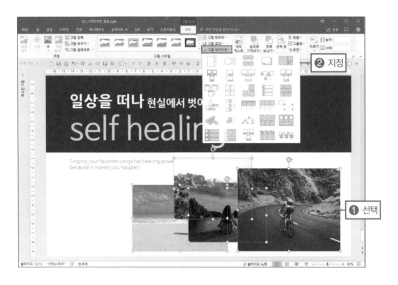

02 그림이 스마트아트로 변경되면 적당한 크기로 조절합니다. 스마트아트 그래픽은 크기를 조절하면 그 안에 포함된 도형이나 텍스트의 크기도 자동으로 조절되어 편리합니다. 그림에 설명을 추가하려면 텍스트 창에서 입력합니다.

표와 차트를 이용한 슬라이드 만들기

많은 텍스트나 수치 자료는 표와 차트를 활용하면 깔끔하게 정리할 수 있습니다. 파워포인트에서는 표와 차트를 수치 자료만을 위한 개체가 아니라 도형을 추가해서 다양하게 활용할 수 있습니다.

Sub 1 표를 이용한 슬라이드 꾸미기

표 개체는 많은 숫자나 텍스트 자료를 정리하는 데 사용하면 좋습니다. 도형을 활용하면 좀더 다양한 표 디자인을 할 수 있습니다.

• 실습 파일 : 03_표 활용하기.pptx, 03_표 활용하기(결과).pptx

1 표 만들기

처음부터 표의 행과 열의 수를 지정해서 표를 만들거나 엑셀이나 한글 자료를 복사하여 붙여넣어도 파워포인트에서 표로 삽입됩니다.

[삽입] 탭-[표] 그룹-[표]를 선택하고 3행 5열의 표를 삽입합니다. 슬라이드에 표가 삽입되면 내용을 입력합니다.

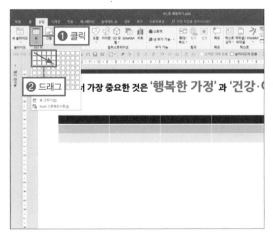
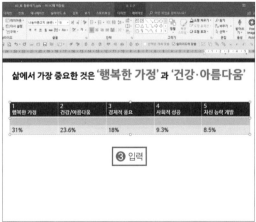

② 표의 음영과 테두리 지정하기

기본형으로 삽입된 표의 서식은 원하는 형태로 지정할 수 있습니다.

01 표의 서식을 직접 지정하기 위해 [표 도구 디자인] 탭-[표 스타일] 그룹에서 [빠른 스타일]의 가장 아래에 있는 [표 지우기]를 선택합니다.

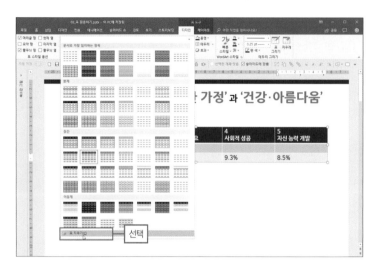

> **Tip 표 관련 지우기 명령**
> • 표 내용 지우기 : 내용을 지울 부분을 블록 지정하고 Delete 키를 누릅니다.
> • 표 서식 지우기 : 표 서식을 모두 지우려면 [표 도구 디자인] 탭-[표 스타일] 그룹-[표 지우기]를 선택합니다.
> • 전체 표 삭제하기 : 삭제하려는 표를 선택하고 Delete 키를 누릅니다.

02 전체 표를 선택하고 [표 도구 디자인] 탭-[표 스타일] 그룹의 [테두리]-[테두리 없음]을 선택합니다.

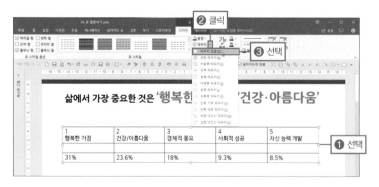

03 [표 도구 디자인] 탭-[테두리 그리기] 그룹에서 펜 두께를 '0.25pt', 펜 색을 '흰색, 배경1, 25% 더 어둡게'로 지정하고, [표 도구 디자인] 탭-[표 스타일] 그룹의 [테두리]-[안쪽 테두리]를 선택합니다.

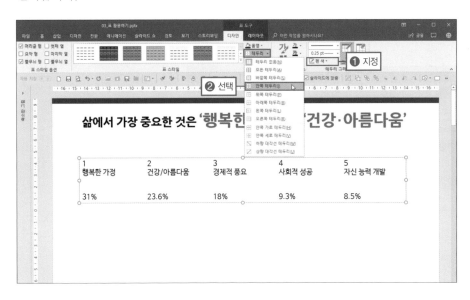

04 표에서 자료의 각 항목 이름이 입력된 첫 번째 행을 강조하기 위해 각각의 셀 색상을 지정하겠습니다. 1행 1열의 셀을 선택한 다음 [표 도구 디자인] 탭-[표 스타일] 그룹-[음영▼]에서 원하는 색상을 지정합니다. 같은 방법으로 1행의 나머지 셀에 음영을 지정합니다.

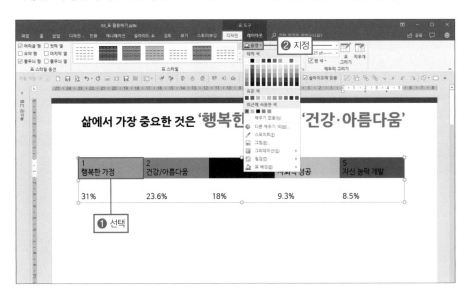

05 세 번째 행에 입력된 수치는 첫 번째 행과 관련된 것임을 나타내기 위해 아래쪽 테두리 색상을 지정하겠습니다. 3행 1열의 셀을 선택합니다. [표 도구 디자인] 탭-[테두리 그리기] 그룹에서 펜 두께를 '6pt', 펜 색을 1행 1열의 셀에 적용된 음영색으로 지정하고, [표 도구 디자인] 탭-[표 스타일] 그룹-[테두리▼]-[아래쪽 테두리]를 선택합니다. 같은 방법으로 3행의 나머지 셀에 아래쪽 테두리를 지정합니다.

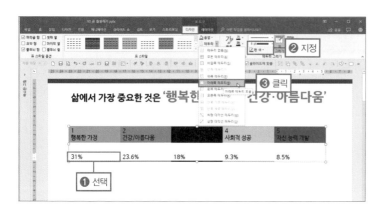

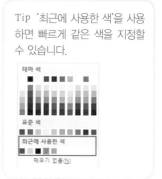

Tip '최근에 사용한 색'을 사용하면 빠르게 같은 색을 지정할 수 있습니다.

③ 표 크기와 셀 높이 지정하기

표의 크기 조절 핸들을 드래그하면 표 전체의 크기를 변경할 수 있습니다. 표에서 셀의 높이와 너비를 지정하는 방법을 살펴보겠습니다.

첫 번째 행에서 임의의 셀을 선택하고, [표 도구 레이아웃] 탭-[셀 크기] 그룹에서 높이를 '3.5cm'로 설정합니다. 같은 방법으로 두 번째 행 높이를 '6cm', 세 번째 행 높이를 '3cm'로 설정합니다.

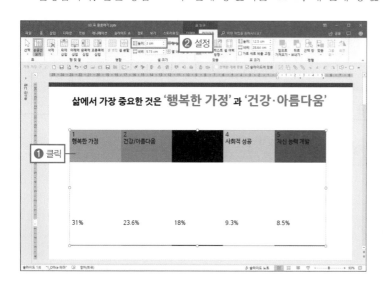

Tip 조절된 행의 높이를 모두 같게 만들고 싶다면, [표 도구 레이아웃] 탭-[셀 크기] 그룹-[행 높이를 같게]를 선택합니다. 행과 열의 경계선을 드래그해서 행 높이와 열 너비를 직접 조절할 수도 있습니다.

4 표 안의 텍스트 서식 지정하기

표에 입력된 텍스트는 기본적으로 왼쪽, 위쪽 맞춤이 되어 있습니다. 표 안에 입력된 내용을 보기 좋게 하고 강조하기 위해 맞춤과 텍스트의 서식을 지정하는 방법을 살펴보겠습니다.

01 표 안의 텍스트 자료를 보기 좋게 정렬하겠습니다. 표 전체를 선택하고 [표 도구 레이아웃] 탭-[맞춤] 그룹-[세로 가운데 맞춤]을 선택합니다.

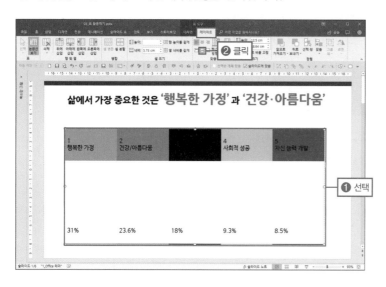

02 세 번째 행을 모두 선택하고 [표 도구 레이아웃] 탭-[맞춤] 그룹-[가운데 맞춤]을 선택합니다.

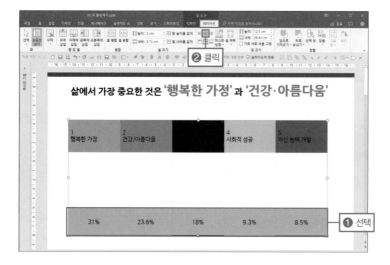

03 서식을 지정할 텍스트를 선택하고 [홈] 탭-[글꼴] 그룹이나 [미니 도구 모음]을 이용해서 원하는 글꼴로 변경하거나 크기, 색을 지정합니다.

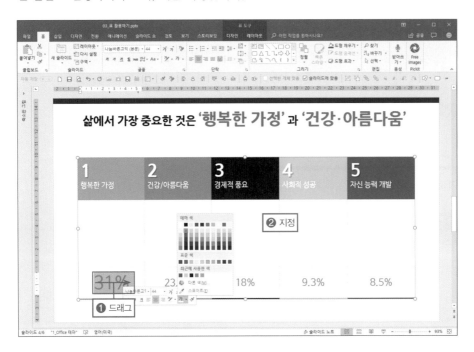

04 작성된 표에 도형이나 이미지를 삽입해서 내용을 보충하고 시각적으로 이해가 쉽도록 활용할 수 있습니다.

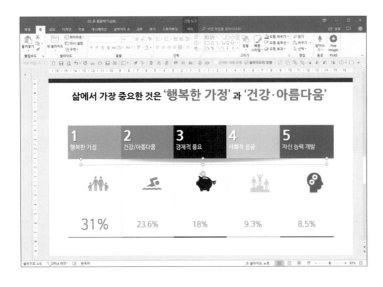

엑셀과 마찬가지로 파워포인트에서도 전문가 수준의 차트를 만들 수 있습니다. 차트 종류와 레이아웃, 차트 스타일만 선택하면 바로 생성 가능합니다. 또한 자주 사용하는 차트를 차트 서식 파일로 저장해 두고 새로운 차트를 만들 때마다 신속하게 적용할 수 있습니다.

• 실습 파일 : 03_차트 활용하기.pptx, 03_차트 활용하기(결과).pptx

☐ 차트 만들고 데이터 수정하기

파워포인트에서의 차트 다루기는 엑셀과 크게 다르지 않습니다. 엑셀에서 작성된 차트를 복사해서 사용해도 되기 때문에 사용자에게 더 편리한 방법을 선택하면 됩니다.

01 슬라이드에 원형 차트를 추가해보겠습니다. [삽입] 탭-[일러스트레이션] 그룹-[차트]를 선택하여 [차트 삽입] 대화상자를 표시합니다. 모든 차트에서 '원형'을 선택하고 [확인] 버튼을 클릭합니다.

02 차트가 삽입되고 기본 데이터를 보여주는 [데이터 편집] 창이 표시됩니다. 간단한 데이터는 [데이터 편집] 창에서 입력해도 되지만, 엑셀 기능을 사용하면서 데이터를 입력하기 위해서는 엑셀을 실행하고 작업하는 것이 편리합니다. 엑셀에서 데이터를 입력하기 위해 'Microsoft Excel에서 데이터 편집' 아이콘을 클릭합니다.

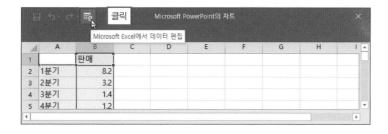

03 엑셀이 열리면 실제 차트로 만들 데이터를 다음과 같이 입력합니다. 입력한 차트 데이터 범위의 오른쪽 아래 모서리 조절점을 위쪽으로 드래그하여 '4분기'를 제외한 데이터를 사용 범위로 지정합니다. 데이터 입력을 마치면 [닫기] 버튼을 클릭합니다.

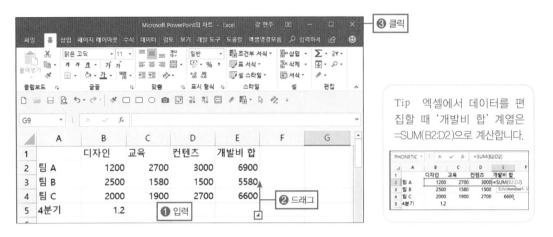

Tip 엑셀에서 데이터를 편집할 때 '개발비 합' 계열은 =SUM(B2:D2)으로 계산합니다.

04 [데이터 편집] 창에 입력된 자료 중 현재 차트에 '개발비 합' 항목만 팀별로 표시해보겠습니다. 정확한 데이터 범위를 지정하기 위해 [차트 도구 디자인] 탭-[데이터] 그룹-[데이터 선택]을 선택합니다. [데이터 편집] 창이 표시되면 A열과 E열만 선택하고, [데이터 원본 선택] 대화상자에서 [확인] 버튼을 클릭합니다.

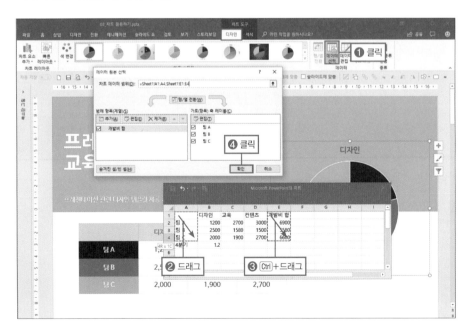

05 추가로 수정할 데이터가 없다면 [데이터 편집] 창의 [닫기] 버튼을 클릭합니다.

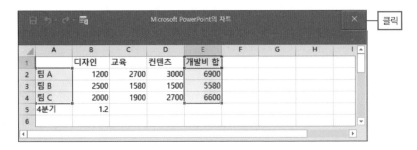

06 [데이터 편집] 창에서 선택한 데이터만 원형 차트에 표시됩니다. 크기 조절 핸들을 이용해서 전체 차트의 크기를 조정하고 원하는 위치에 배치합니다.

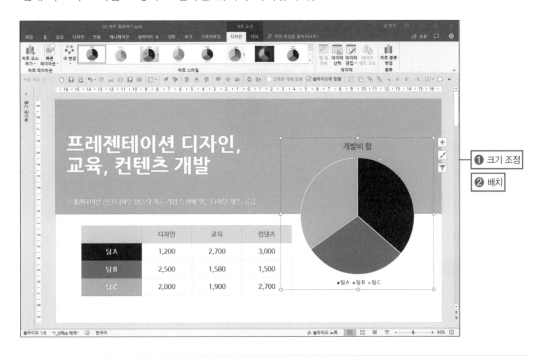

Tip 이미 입력해둔 엑셀 자료나 다른 수치 자료가 있다면 데이터 입력 단계에 복사해서 붙여 넣어도 됩니다. 예제에서도 슬라이드에 만들어져 있는 표의 데이타를 복사해서, 차트 데이터 창에 붙여 넣어 사용할 수 있습니다.

☑ 삽입된 차트를 수정하고 서식 작업하기

파워포인트에서 차트를 삽입하려면 원하는 차트 종류를 선택하고 데이터를 [데이터 편집] 창에 입력하면 됩니다. 차트는 기본 형태로 삽입되며, 사용자가 직접 필요한 차트 요소를 추가하거나 서식을 지정할 수도 있습니다.

01 차트 서식을 지정하기 위해 슬라이드에서 차트를 선택하면 오른쪽에 [차트 요소] 팝업 창이 표시됩니다. 차트 요소 항목 중 '차트 제목'과 '범례'를 체크 해제한 다음 '데이터 레이블'에 체크하고 '기타 옵션'을 선택합니다.

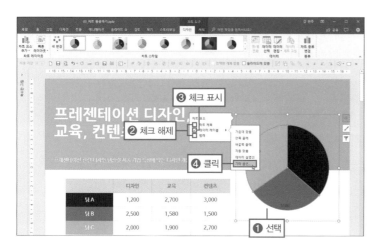

02 [데이터 레이블 서식] 작업창이 표시되면 레이블 내용에서 '항목 이름', '백분율'에 체크하고 레이블 위치를 '가운데'로 지정합니다.

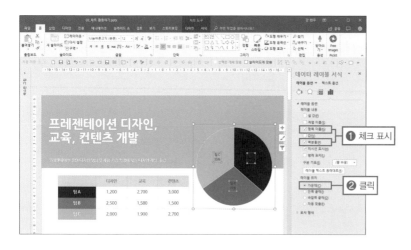

03 차트의 데이터 레이블이 선택된 상태에서 [데이터 레이블 서식] 작업창이나 [홈] 탭-[글꼴] 그룹의 명령을 이용해 글꼴 크기와 색을 변경합니다.

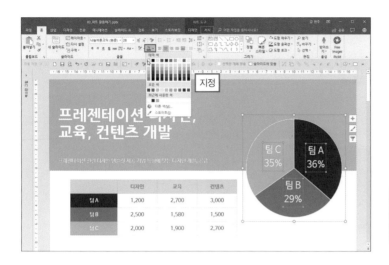

Tip 작업창을 빠르게 표시하려 면 수정할 차트 요소를 더블클 릭합니다.

③ 차트 종류 변경하기

이미 삽입한 차트를 처음부터 다시 작성할 필요 없이 차트 종류를 변경할 수 있습니다. 삽입한 차트에서 데이터 레이블의 각 항목을 수정하는 방법과 차트의 종류를 변경하는 방법을 살펴보겠습니다.

01 슬라이드에 삽입된 차트는 묶은 세로 막대형 차트입니다. 차트에서 필요한 요소만 표시하기 위해 [차트 요소] 팝업 창을 표시하고 차트 요소 항목 중 '축', '기본 가로'에 체크합니다.

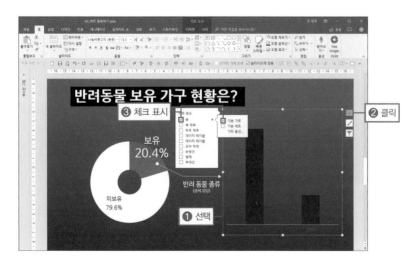

02 데이터 레이블 서식을 변경하기 위해 '데이터 레이블'에 체크하고 '기타 옵션'을 선택합니다.

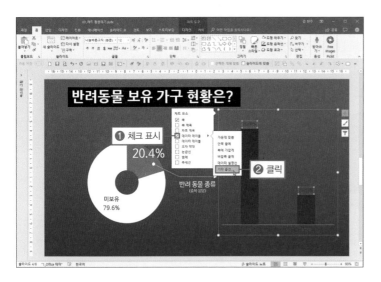

03 [데이터 레이블 서식] 작업창이 표시되면 레이블 내용에서 '값'에 체크하고 레이블 위치를 '안쪽 끝에'로 지정합니다.

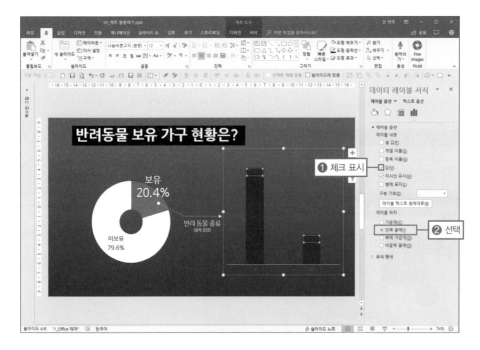

04 차트에서 세로 막대 중 하나를 선택하여 [데이터 계열 서식] 작업창을 표시한 다음 간격 너비를 '55%'로 설정합니다.

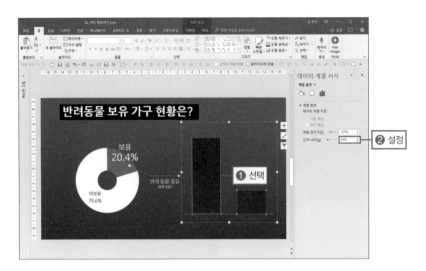

05 [데이터 계열 서식] 작업창에서 '채우기 및 선' 아이콘을 클릭합니다. 채우기에서 '단색 채우기'를 선택하고 색을 '흰색, 배경 1'로 지정합니다. [데이터 레이블 서식] 작업창이나 [홈] 탭-[글꼴] 그룹의 명령을 이용해 가로(항목) 축과 데이터 레이블의 글꼴 색과 크기도 지정합니다.

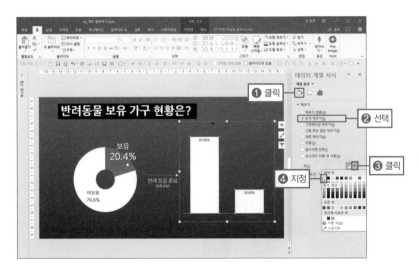

> Tip 계열 중 하나를 마우스 오른쪽 버튼을 클릭하면 표시되는 [미니 도구 모음]의 [채우기] 명령을 이용해도 됩니다. 글꼴 크기는 Ctrl+] 또는 Ctrl+[단축키를 이용해서 지정하는 것이 편리합니다.

06 삽입한 차트의 종류를 변경하기 위해 [차트 도구 디자인] 탭-[종류] 그룹-[차트 종류 변경]을 선택합니다. [차트 종류 변경] 대화상자가 표시되면 모든 차트의 [가로 막대형] 탭 화면에서 '묶은 가로 막대형'을 선택하고 [확인] 버튼을 클릭합니다.

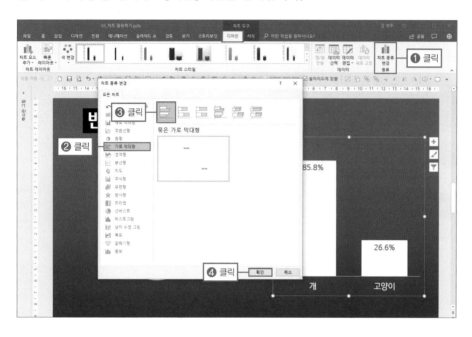

07 세로 막대형 차트가 가로 막대형 차트로 변경됩니다. 차트의 내용을 보충하기 위해 이미지나 도형을 추가하는 방법도 있습니다.

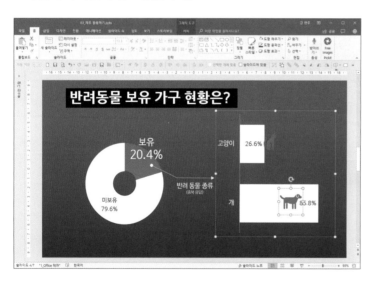

Tip 차트에 아이콘이나 도형을 추가하려면 차트를 선택한 다음 개체를 삽입해야 차트와 함께 이동됩니다.

4 자주 사용하는 차트 서식 다시 사용하기

자주 사용하는 몇 가지 차트 스타일을 저장해두고 필요할 때 사용하면 빠르고 간편하게 차트를 작성할 수 있습니다. 사용자 지정한 차트를 다시 사용할 경우, 차트 서식 파일(*.crtx)로 저장할 수 있습니다.

01 자주 사용하는 스타일의 차트를 준비합니다. 이때, 차트 제목, 데이터 레이블, 눈금선, 채우기 등 차트의 각 요소를 충분히 다듬어 줍니다. 준비된 차트의 테두리를 마우스 오른쪽 버튼으로 클릭하여 [바로 가기] 메뉴를 표시하고 [서식 파일로 저장]을 실행합니다.

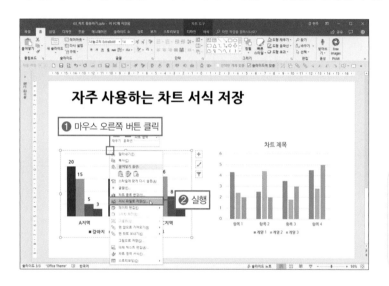

> Tip 차트 도구 리본 메뉴에는 [서식 파일로 저장] 명령이 없으며, 이 명령을 사용하려면 차트 테두리를 마우스 오른쪽 버튼으로 클릭해야 합니다.

02 [차트 서식 파일 저장] 대화상자가 표시되면 저장 경로를 변경하지 않은 상태로 파일 이름을 입력하고 [저장] 버튼을 클릭합니다.

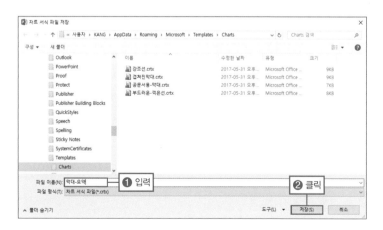

03 서식을 적용할 차트를 선택하고, [차트 도구 디자인] 탭-[종류] 그룹-[차트 종류 변경]을 선택합니다.

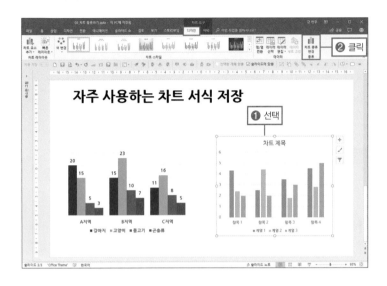

04 [차트 종류 변경] 대화상자가 표시되면 모든 차트의 [서식 파일] 탭 화면에서 적용할 차트 서식을 선택하고 [확인] 버튼을 클릭합니다. 차트 종류를 변경하거나 차트를 삽입할 때 차트용 서식 파일 폴더에 있는 서식을 선택하면 저장한 서식이 바로 적용됩니다.

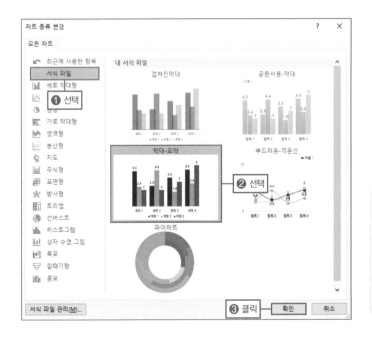

Tip 차트 요소의 사용 여부와 서식을 지정하고 저장해두면, 언제든 저장된 서식을 사용할 수 있습니다. 같은 방법으로 원형이나 막대형, 꺾은선형 등 차트 종류별로 서식을 등록해두면 편리하게 사용할 수 있습니다.

멀티미디어 자료를 이용한 슬라이드 만들기

프레젠테이션을 생동감 있게 진행하기 위해 주제와 관련된 동영상이나 오디오 자료를 활용하는 것도 좋습니다. 파워포인트 기능만으로 슬라이드에 동영상을 삽입하고 재생하는 것뿐만 아니라 전체 영상에서 필요한 부분을 편집하고 동영상에 특수 효과도 지정할 수 있습니다.

Sub 1 동영상 삽입하고 재생하기

미리 준비한 동영상 파일 또는 웹 사이트에서 찾아볼 수 있는 비디오나 애니메이션 GIF 파일은 파워포인트 슬라이드에 추가할 수 있습니다. 슬라이드에 비디오를 삽입해서 재생하는 방법과 비디오 옵션을 알아보겠습니다.

- 실습 파일 : 03_동영상 활용하기.pptx, 03_동영상 활용하기(결과).pptx
- 동영상 출처 : http://pixabay.com

1 준비된 동영상 삽입하기

프레젠테이션 문서에 동영상을 삽입할 때는 인터넷 사이트에 연결하지 않고 직접 문서에 삽입하는 것이 안전합니다. 동영상 파일을 프레젠테이션 문서에 포함해서 관리하면 인터넷 접속 여부나 재생 중에 발생할 수 있는 연결 문제를 방지할 수 있습니다.

01 슬라이드에 동영상을 추가하기 위해 [삽입] 탭-[미디어] 그룹-[비디오]-[내 PC의 비디오]를 선택합니다.

02 [비디오 삽입] 대화상자가 표시되면 준비된 동영상 파일을 선택한 다음 [삽입] 버튼을 클릭합니다.

Tip **비디오 삽입 옵션**

동영상을 프레젠테이션 문서에 삽입할 때 기본 설정은 문서에 포함이지만, 문서에 연결할 수도 있습니다. [비디오 삽입] 대화상자에서 준비된 동영상을 선택한 다음. [삽입] 버튼의 [▼] 부분을 클릭하고 '파일에 연결'을 선택하면 파워포인트 문서와 별도로 동영상 파일을 연결해서 삽입할 수 있습니다.

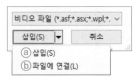

ⓐ 삽입 : 프레젠테이션 문서에 동영상을 포함합니다. 모든 파일이 프레젠테이션 문서에 있으므로 문서가 이동할 때 파일이 손실될 염려가 없지만 파일 크기가 큰 단점이 있습니다.

ⓑ 파일에 연결 : 프레젠테이션 문서와 비디오 파일을 연결합니다. 비디오를 연결하면 프레젠테이션 파일의 크기를 줄일 수 있습니다. 연결 끊김 관련 문제가 발생하지 않도록 하려면 비디오를 프레젠테이션 문서와 동일한 폴더에 복사한 후에 해당 폴더에서 비디오에 연결하는 것이 좋습니다.

---

03 슬라이드에 동영상이 삽입됩니다. 삽입된 동영상의 한쪽 모서리를 드래그하여 원하는 크기로 조정한 다음 내용 확인을 위해 미디어 긴트롤 도구에서 [재생] 버튼을 클릭합니다.

준비된 동영상이 없다면 인터넷 사이트에 있는 동영상을 프레젠테이션 문서에 연결할 수 있습니다. 하지만 재생 도중 발생할 수 있는 광고나 인터넷 연결 관련 문제가 없도록 PC에 다운로드한 다음 삽입해서 사용하는 것이 좋습니다.

❶ [삽입] 탭-[미디어] 그룹-[비디오]-[온라인 비디오]를 선택하고, [비디오 삽입] 대화상자가 표시되면 [YouTube] 항목의 검색 창에 검색어를 입력하고 [Enter] 키를 누릅니다.

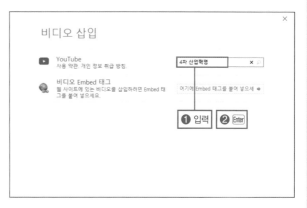

❷ 검색된 동영상 중 마음에 드는 것을 선택하고 [삽입] 버튼을 클릭합니다.

• 전체 화면 재생 : 프레젠테이션 쇼를 진행할 때 동영상이 전체 슬라이드 (화면)에 가득 차도록 재생합니다. [비디오 도구 재생] 탭-[비디오 옵션] 그룹에 포함되어 있습니다.

• 미디어 컨트롤 표시 : 프레젠테이션 쇼가 실행 중인 동영상 화면에 마우스 커서를 위치시키면, 재생 버튼과 현재 비디오 위치가 표시된 [미디어 컨트롤]이 나타납니다. 이 도구를 이용해서 동영상을 일시 정지 또는 다시 재생하거나 볼륨을 조절할 수 있습니다. [슬라이드 쇼] 탭-[설정] 그룹에 포함되어 있습니다.

• 쇼 실행 단축키 : 처음부터 슬라이드 쇼 실행([F5]), 현재 슬라이드부터 쇼 실행([Shift]+[F5])

② 동영상 재생 방법 설정하기

프레젠테이션 쇼를 진행할 때 동영상이 재생되는 방법을 살펴보겠습니다. 파워포인트 2016 버전에서는 동영상이 삽입되면 [마우스 클릭 시]로 재생 시작 옵션이 지정됩니다.

프레젠테이션을 진행할 때 자동으로 동영상이 실행되도록 수정하기 위해 [비디오 도구 재생] 탭-[비디오 옵션] 그룹-[시작]을 클릭하고 목록에서 [자동 실행]을 선택합니다. [슬라이드 쇼] 탭-[슬라이드 쇼 시작] 그룹-[처음부터]를 선택하여 슬라이드 쇼를 진행하면 클릭하지 않아도 자동으로 동영상이 재생되는 것을 확인할 수 있습니다.

Tip **동영상 재생 옵션**

동영상 재생 방법은 삽입된 동영상을 마우스 오른쪽 버튼으로 클릭하면 표시되는 [미니도구 모음]의 [시작]에서 옵션을 선택하여 지정할 수도 있습니다.

ⓐ 마우스 클릭 시 : 슬라이드 쇼 보기에서 마우스를 클릭하면 동영상을 재생합니다.

ⓑ 자동 실행 : 슬라이드가 슬라이드 쇼 보기에 표시될 때 동영상을 재생합니다.

ⓒ 클릭할 때 : 슬라이드 쇼 보기에서 '동영상' 개체를 클릭하면 동영상을 재생합니다.

❸ 동영상에 서식 지정하기

동영상에도 다양하게 서식을 지정하고, 도형이나 텍스트를 오버레이시킬 수 있어서 여러 가지 형태로 활용할 수 있습니다.

■ 밝기/대비 조정하기

사용하려는 영상 자료가 너무 어둡거나 밝은 장소에서 촬영되었다면 [비디오 도구 서식] 탭-[수정] 그룹-[수정▼]을 클릭하고, 현재 동영상의 상태에 따라 원하는 [밝기/대비]를 선택합니다.

■ 컬러 톤 적용하기

[비디오 도구 서식] 탭-[수정] 그룹-[색▼]을 클릭하면 여러가지 컬러 톤을 선택할 수 있습니다. 원하는 컬러 톤을 선택합니다.

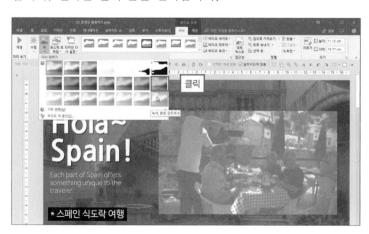

■ 빠른 스타일 적용하기

동영상의 스타일을 변경하려면 [비디오 도구 서식] 탭-[비디오 스타일] 그룹에서 원하는 스타일을 선택합니다.

■ 동영상 모양 변경하기

[비디오 도구 서식] 탭-[비디오 스타일] 그룹-[비디오 셰이프]를 선택한 다음 원하는 모양을 선택하면 동영상 모양을 변경할 수 있습니다. 하지만, 실제 프레젠테이션에서 동영상의 내용 전달이 목적이라면 모양을 변형하는 것 보다는 전체 화면으로 재생하는 것이 효율적입니다.

■ 동영상 일부 영역 자르기

[비디오 도구 서식] 탭-[크기] 그룹-[자르기]를 선택하고 자르기 조절 표식을 원하는 너비와 높이로 드래그합니다.

■ 동영상 서식 되돌리기

- **서식 되돌리기** : [비디오 도구 서식] 탭-[조정] 그룹-[디자인 다시 설정]-[디자인 다시 설정]을 선택합니다.
- **서식, 원본 동영상 크기, 자르기 작업 되돌리기** : [비디오 도구 서식] 탭-[조정] 그룹-[디자인 다시 설정]-[디자인 및 크기 다시 설정]을 선택합니다.
- **동영상 크기만 되돌리기** : [비디오 도구 서식] 탭-[크기] 그룹에서 [작업창 표시] 버튼을 클릭한 다음 표시되는 작업창의 [비디오 형식 지정]에서 크기 항목을 [원래대로]로 지정합니다.

4 동영상 미리 보기 표지 지정하기

동영상을 슬라이드에 삽입했을 때 재생 전에 보이는 미리 보기 화면은 동영상의 첫 화면을 나타냅니다. 미리 보기 화면은 사용자가 원하는 화면으로 지정할 수 있습니다.

01 동영상의 미리 보기 화면으로 사용할 이미지가 준비되어 있다면, [비디오 도구 서식] 탭-[조정] 그룹-[포스터 프레임]-[파일의 이미지]를 선택합니다.

02 준비해둔 이미지를 선택합니다. 포스터 틀이 지정되면 재생 전에 미리 보는 첫 화면이 지정한 화면으로 변경된 것을 확인할 수 있습니다.

> **Tip** 준비한 파일이 없고 동영상에서 한 장면을 미리 보기 화면으로 사용하고 싶다면, 해당 화면 위치에서 재생을 멈추고 [비디오 도구 서식] 탭-[조정] 그룹-[포스터 프레임]-[현재 프레임]을 선택합니다.

⑤ 트리밍으로 동영상 편집하기

동영상 편집 프로그램을 별도로 사용하지 않고 파워포인트 기능만 사용하더라도 동영상에서 광고나 불필요한 부분을 제거할 수 있습니다.

01 슬라이드에 삽입한 동영상을 마우스 오른쪽 버튼으로 클릭하여 [미니 도구 모음]을 표시하고 [트리밍]을 선택합니다.

Tip [비디오 도구 재생] 탭-[편집] 그룹-[비디오 트리밍]을 선택해도 됩니다.

02 [비디오 트리밍] 대화상자가 표시되면 미리 보기 화면을 확인하면서 영상의 시작과 끝 위치를 지정합니다. 미세하게 위치를 지정하려면 [이전 프레임], [다음 프레임] 버튼을 이용해서 움직입니다. 모든 설정을 마치면 [확인] 버튼을 클릭합니다.

영상의 처음 부분과 끝 부분에 몇 초간 서서히 나타났다 사라지는 페이드 효과를 적용하려면 [비디오 도구 재생] 탭-[편집] 그룹-[페이드 지속 시간]을 선택하고 시간을 설정합니다.

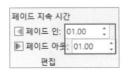

6 화면 녹화 기능 사용하기

파워포인트 2016부터는 동영상 캡처 기능이 포함되어 있어 편리하게 사용할 수 있습니다. 녹화 기능을 이용하면 동영상 녹화뿐만 아니라 컴퓨터 화면의 움직임을 녹화해서 온라인 강의 자료를 만들 수도 있습니다.

01 프레젠테이션에 사용하려는 동영상 자료가 있는 사이트에 접속합니다.

• 동영상 참고 사이트 : KTV 국민방송 https://goo.gl/2KDAVn

02 녹화한 동영상을 추가할 슬라이드를 준비하고 [삽입] 탭 – [미디어] 그룹 – [화면 녹화]를 선택합니다.

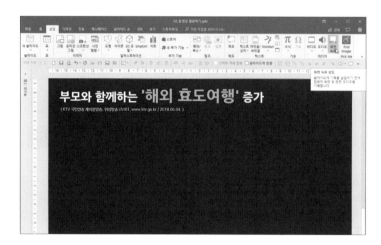

03 기본 사항으로 '오디오 포함'과 '마우스 포인터 기록' 옵션이 선택되어 있습니다. '영역 선택'을 클릭하면 마우스 포인터가 십자 모양으로 바뀝니다. 녹화 하려는 동영상 화면 영역을 드래그하여 선택합니다.

Tip 파워포인트에 기록 화면을 이미 추가한 경우에는 이전 선택 영역이 나타납니다. 해당 선택 영역을 사용해도 되고, 다시 선택하려면 '선택 영역'을 클릭합니다.

04 ⊞+Shift+R 키를 누르거나 [기록] 버튼을 눌러 녹화를 시작합니다.

Tip **녹화 관련 단축키**
- 시작 : ⊞+Shift+R
- 녹음/녹화 일시중지, 재시작 : ⊞+Shift+R
- 종료 : ⊞+Shift+Q

05 녹화가 시작되면 동영상을 재생합니다. 동영상을 먼저 재생하고 녹화를 하면 앞부분을 녹화하지 못하는 경우가 있습니다. 녹화 기능을 시작한 다음 동영상을 재생하고 불필요한 부분은 나중에 잘라내면 됩니다. 녹화가 완료되면 ⊞+Shift+Q 키를 누르거나 [중지] 버튼을 클릭합니다.

> Tip 녹화 도구가 안보이면 화면 위쪽으로 마우스 커서를 위치시키면 나타납니다.

06 슬라이드에 동영상이 삽입됩니다. 영상 앞부분에 지연된 부분이 있다면 [비디오 도구 재생] 탭-[편집] 그룹-[비디오 트리밍]을 이용해서 불필요한 부분을 잘라냅니다.

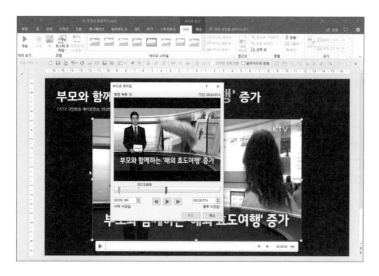

07 녹화된 동영상을 별도의 파일로 저장해서 사용하려면 동영상을 마우스 오른쪽 버튼으로 클릭하여 [바로 가기] 메뉴를 표시하고 [다른 이름으로 미디어 저장]을 실행합니다.

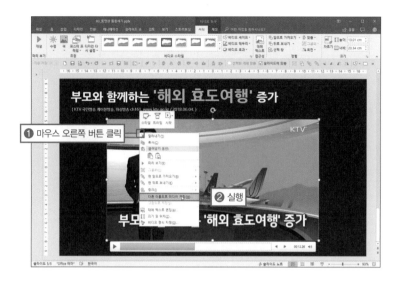

7 미디어 파일이 삽입된 프레젠테이션 문서 관리하기

미디어 파일을 프레젠테이션 문서에서 사용할 때 가장 중요한 점은 다른 장소에서 문제 없이 재생될 수 있도록 관리하는 것입니다. 파일 용량 관리와 문서에 포함 여부 등 프레젠테이션 쇼를 진행할 때 매끄럽게 재생되도록 관리하는 방법을 살펴보겠습니다.

■ 연결한 미디어가 있는 프레젠테이션 문서의 경우

01 문서에 포함되지 않고 연결된 미디어 파일이 있다면 [파일] 탭-[정보] 항목의 [미디어 호환성 최적화] 옵션 요약에서 비디오를 포함해야 한다고 알려줍니다. '연결보기'를 클릭합니다.

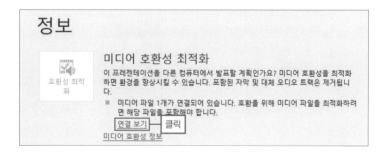

02 [연결] 대화상자에서 포함할 미디어 항목을 선택하고 [연결 끊기] 버튼을 클릭하면 간단하게 비디오를 포함할 수 있습니다. 연결된 미디어 목록에 내용이 사라지면 [닫기] 버튼을 클릭합니다.

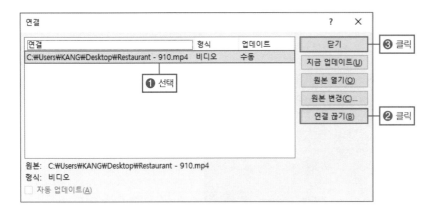

■ 미디어 파일 압축하기

미디어 파일이 포함된 프레젠테이션 문서는 압축하여 재생 성능을 향상시키고 디스크 공간을 절약할 수 있습니다.

01 오디오 또는 비디오 파일이 포함된 프레젠테이션 문서를 열고, [파일] 탭-[정보] 항목의 [미디어 크기 및 성능] 옵션에서 [미디어 압축]을 클릭합니다.

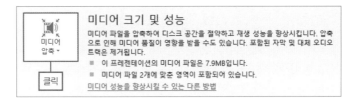

02 비디오 품질을 지정하여 비디오 크기를 설정하고 원하는 품질 항목을 선택합니다.

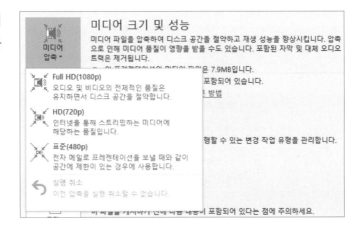

03 [미디어 압축] 대화상자가 표시되면 압축이 완료되기를 잠시 기다리고, 완료되면 [닫기] 버튼을 클릭합니다.

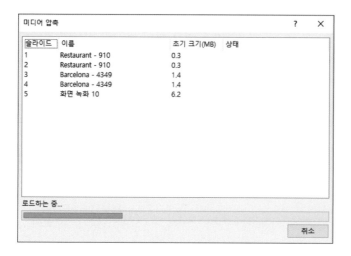

04 처음 미디어 파일보다 줄어든 미디어 파일 크기를 확인합니다.

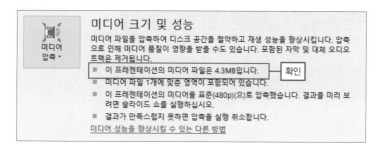

05 슬라이드 쇼를 실행한 다음 품질이 너무 떨어진 것 같다면 압축을 실행 취소할 수 있습니다.

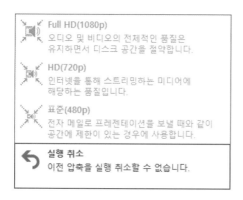

8 동영상 파일 변환하기

프레젠테이션 문서를 작성할 때 동영상을 슬라이드에 삽입하는 방법은 간단하지만, 슬라이드 쇼를 진행할 때 동영상 재생에서 문제가 발생할 가능성이 높습니다. 동영상 재생 관련 문제는 대부분 코덱이나 플레이어 문제인데, 이 부분이 문제없다면 동영상 파일 자체의 이상일 것입니다. 프레젠테이션을 진행하기 전에는 항상 동영상과 글꼴 등이 제대로 나타나는지 미리 확인해야 합니다.

준비된 동영상이 *.flv 파일 형식이라면 파워포인트에 삽입할 수 없습니다. 이렇게 삽입이 되지 않는 형식이거나 삽입 후에 동영상 재생 속도가 느리거나, 소리가 안 나오는 등 문제가 발생할 경우에는 파일을 변환해서 사용하는 것이 필요합니다. 유틸리티를 활용해서 파워포인트에 적합한 동영상 파일 형식으로 변환하는 방법을 살펴보겠습니다.

01 동영상 파일 형식을 변환하는 프로그램을 사용하기 위해 네이버 자료실(http://software. naver.com)에 접속합니다.

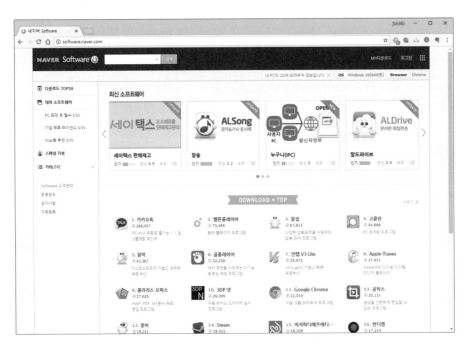

> Tip 프로그램을 다운로드할 때는 공식 프로그램 제작 회사 사이트나, 각 포털의 자료실에서 안전하게 다운로드받는 것이 좋습니다.

02 [카테고리]-[동영상]-[동영상 변환]을 선택합니다. 동영상 변환과 관련된 프로그램이 표시되면 프로그램의 기능과 후기, 사용 범위 등을 살펴보고 적당한 것을 선택합니다. 예제에서는 '샤나인코더'를 선택합니다.

03 프로그램을 직장에서 사용할 경우, 사용 범위가 '개인/기업'인지 확인해야 합니다. 꼼꼼히 살펴본 다음 사용해도 괜찮을 것 같다면 [무료 다운로드] 버튼을 눌러 프로그램을 설치합니다.

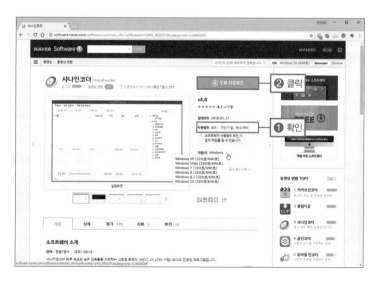

04 프로그램이 설치되면 실행한 다음 [파일 추가] 버튼을 클릭하여 변환하려는 동영상을 목록에 추가하고 [빠른 설정] 버튼을 클릭합니다.

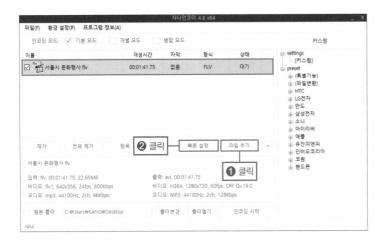

05 [빠른 설정] 대화상자가 표시되면 [인코딩] 탭에서 파일 형식을 'wmv'로 지정하고, 원본 파일 정보를 참고하면서 비트레이트와 사이즈 등을 설정합니다. 이때, 원본 파일보다 큰 화면을 만들거나 비트레이트를 높여도 화질이 좋아지는 것은 아닙니다. 용량만 필요 이상으로 커지므로 원본보다 크게 설정하지 않는 것이 좋습니다.
[영상/자막], [오디오], [기타] 탭의 설정도 필요에 따라 지정합니다. 설정을 마치면 [설정 적용] 버튼을 클릭합니다.

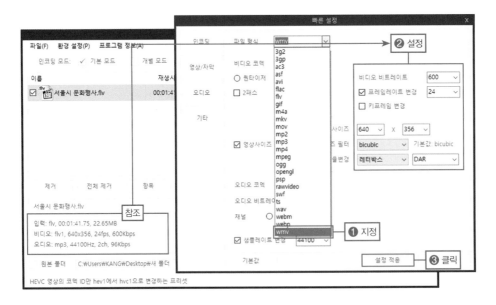

06 화면 아래의 [폴더 변경] 버튼을 클릭하여 변환 결과가 저장될 폴더를 지정하고 [인코딩 시작] 버튼을 클릭합니다.

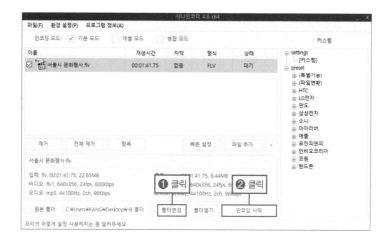

07 인코딩 진행 상황이 화면에 표시된 것을 확인합니다.

Tip 파워포인트에서 지원되는 동영상 파일 형식

파워포인트에서는 *.asf, *.avi, *.mp4, *.m4v, *.mov, *.mpg(*.mpeg), *.wmv, *.swf 등 다양한 동영상 파일 형식을 지원합니다. 삽입한 동영상 파일의 재생에 문제가 생길 경우, 파일 형식을 *.wmv로 변환하면 대부분 문제 없이 재생됩니다. 파워포인트에서는 *.wmv 파일 형식이 아직까지는 가장 문제가 적은 형태입니다.

배경음악이나 효과음을 넣어서 보다 멋진 프레젠테이션 문서를 만들 수 있도록 준비된 음악 파일을 이용하거나 사용자가 직접 소리를 녹음해서 슬라이드에 추가하는 방법을 살펴보겠습니다.

• 실습 파일 : 03_오디오 자료 활용하기.pptx

1 슬라이드에 오디오 삽입하고 재생하기

슬라이드에 오디오를 삽입하는 경우는 주로 프레젠터 없이 자동으로 쇼가 진행되는 상황이거나 특별히 내용 설명을 위해 추가 자료로 준비된 경우일 것입니다. 상황에 따라 오디오 파일을 적절하게 사용하면 완성도 있는 프레젠테이션 쇼를 진행할 수 있습니다.

01 [삽입] 탭-[미디어] 그룹-[오디오▼]-[내PC의 오디오]를 선택합니다. 파일 탐색기에서 사용할 오디오 파일을 찾은 다음 [삽입] 버튼을 클릭합니다.

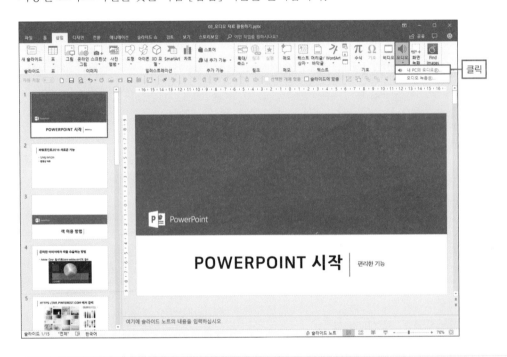

> **Tip** 파워포인트에서 지원되는 오디오 파일 형식
>
> 파워포인트에서는 *.aiff, *.au, *.mid(*.midi), *.mp3, *.wav, *.wma, *.m4a, *.mp4 등 다양한 오디오 파일 형식을 지원합니다.

02 오디오 개체 아이콘과 컨트롤 도구가 슬라이드에 표시됩니다. 기본 보기 화면에서 미리 재생하려면 [오디오 도구 재생] 탭-[미리 보기] 그룹-[재생]을 선택합니다. 또는 삽입된 오디오 개체 아래에 있는 [재생] 버튼을 클릭해도 됩니다.

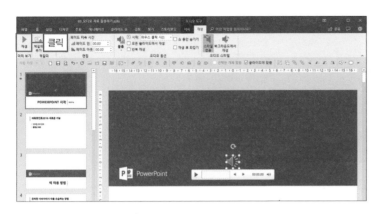

03 오디오 파일은 삽입되면 '마우스 클릭 시'로 재생 시작 옵션이 지정됩니다. 프레젠테이션을 진행할 때 자동으로 오디오가 실행되도록 수정하기 위해 [오디오 도구 재생] 탭-[오디오 옵션] 그룹의 [시작] 목록 중 '자동 실행'을 선택합니다.

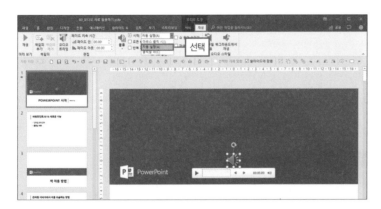

Tip **오디오 재생 옵션**

ⓐ 마우스 클릭 시 : 슬라이드 쇼 보기에서 마우스를 클릭하면 오디오를 재생합니다.

ⓑ 자동 실행 : 슬라이드가 슬라이드 쇼 보기에 표시될 때 오디오를 재생합니다.

ⓒ 클릭할 때 : 슬라이드 쇼 보기에서 오디오 개체를 클릭하면 오디오를 재생합니다.

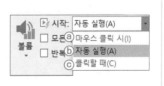

04 [슬라이드 쇼] 보기 화면에서 오디오 개체를 감추기 위해 [오디오 도구 재생] 탭-[오디오 옵션] 그룹에서 '쇼 동안 숨기기' 옵션에 체크합니다.

> **Tip** '마우스 클릭 시' 옵션이 없는 이전 버전에서 '쇼 동안 숨기기' 옵션을 사용할 때 주의할 점
> 오디오 파일의 재생 시작 옵션이 '클릭할 때'로 지정된 상태에서 '쇼 동안 숨기기' 옵션을 사용하면 오디오를 재생할 수 없습니다. 이런 경우에는 오디오를 재생하기 위해 클릭할 다른 종류의 컨트롤 개체를 만들어 사용하면 됩니다.

05 여러 개의 오디오 파일이 추가된 경우, 재생 시작 옵션이 '자동 실행'으로 지정되어 있다면 각 파일이 추가된 순서대로 재생됩니다. 각 파일을 클릭할 때 재생되도록 설정하려면, 오디오 파일을 삽입한 다음 오디오 개체들을 서로 겹치지 않게 배치합니다.

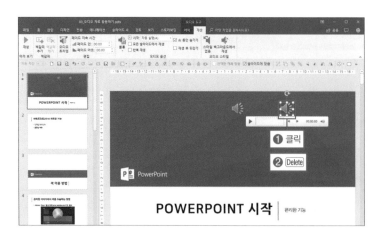

> Tip 삽입된 오디오를 삭제하려면 오디오 개체를 선택한 다음 Delete 키를 누릅니다.

② 전체 슬라이드에 오디오 재생하기

배경음악을 나오도록 설정하고 슬라이드 쇼를 자동으로 진행할 때는 슬라이드가 바뀌더라도 음악이 계속 나오도록 설정해야 합니다. 원하는 슬라이드까지 오디오가 재생되는 방법을 살펴보겠습니다.

01 슬라이드 쇼 진행 상태에서 오디오가 삽입된 슬라이드가 표시되면 오디오 파일이 재생되지만, 다른 슬라이드로 넘어가면 음악이 끊기게 됩니다. 슬라이드 쇼가 끝날 때까지 오디오 파일이 재생되도록 설정하기 위해 삽입된 오디오 개체를 선택하고 [오디오 도구 재생] 탭-[오디오 스타일] 그룹-[백그라운드에서 재생]을 클릭합니다.

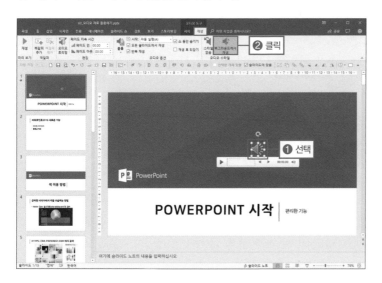

02 화면 아래 상태 표시줄의 보기 바로가기 아이콘 중 '읽기용 보기' 아이콘을 클릭합니다. 슬라이드가 표시되면 자동으로 오디오가 실행되고 다음 슬라이드로 넘어가도 계속 오디오가 재생되는 것을 확인합니다.

03 특정 슬라이드까지만 오디오가 나오도록 수정해 보겠습니다. 삽입된 오디오 개체를 선택하고 [애니메이션] 탭-[고급 애니메이션] 그룹-[애니메이션] 창을 클릭합니다. 파워포인트에 동영상이나 오디오 개체가 삽입되면 자동으로 재생 시작에 관한 애니메이션이 지정되어 있습니다. [애니메이션] 작업창에서 오디오 애니메이션의 목록을 클릭하고, '효과 옵션'을 선택합니다.

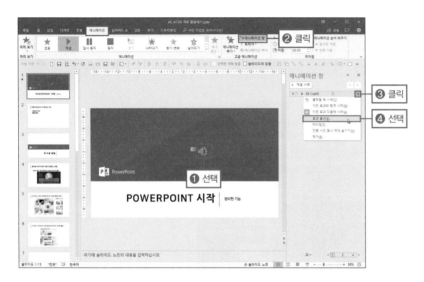

04 [오디오 재생] 대화상자가 표시됩니다. 앞 단계에서 [백그라운드에서 재생] 명령을 선택했기 때문에 처음 슬라이드에서 시작해서 '999' 슬라이드 후에 중지하는 것으로 설정된 것을 확인할 수 있습니다. 이곳에서 '재생 시작'과 '재생 중지'에 관한 값을 지정하고 [확인] 버튼을 클릭하면 특정 슬라이드에서만 오디오가 재생됩니다.

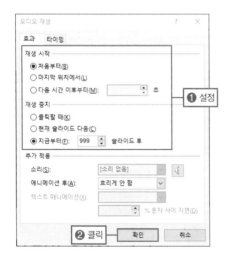

❸ 오디오 트리밍으로 원하는 부분만 사용하기

동영상과 마찬가지로 준비된 오디오 전체를 사용하지 않고, 불필요한 부분을 제거할 경우에 오디오 트리밍 기능을 사용할 수 있습니다.

01 슬라이드의 오디오 개체를 선택하고 [오디오 도구 재생] 탭-[편집] 그룹-[오디오 트리밍]을 선택합니다.

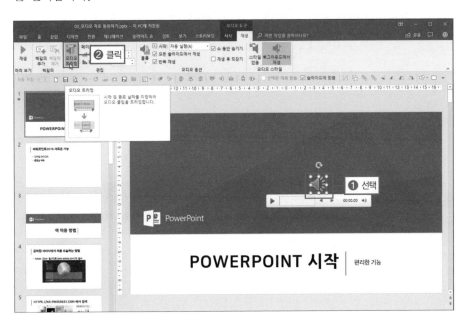

02 [오디오 트리밍] 대화상자가 표시되면 시작 시간과 종료 시간을 설정하고 [확인] 버튼을 클릭합니다. 오디오의 처음 부분과 끝 부분이 몇 초간 서서히 커졌다가, 서서히 작아지는 페이드 효과와 함께 재생하고 싶다면 [오디오 도구 재생] 탭-[편집] 그룹에서 페이드 지속 시간을 설정합니다.

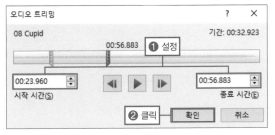

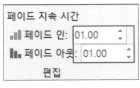

> **Tip** 시작 시간과 종료 시간을 세밀하게 지정하려면 프레임 버튼을 움직여서 설정합니다.

④ 오디오 녹음 후 삽입하기

[오디오 녹음]은 슬라이드에 소리를 직접 녹음해서 삽입하는 기능입니다. 슬라이드에 필요한 설명이나 내용을 녹음해서 사용하는 방법을 살펴보겠습니다.

01 [삽입] 탭-[미디어] 그룹-[오디오▼]-[오디오 녹음]을 선택합니다.

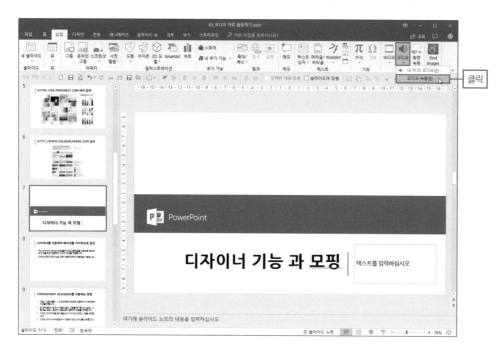

02 [소리 녹음] 대화상자가 표시됩니다. 녹음을 시작하려면 [녹음] 버튼을 클릭합니다.

Tip [오디오 녹음] 기능을 사용하려면 컴퓨터에 사운드 카드, 마이크 및 스피커가 장착되어 있어야 합니다. 먼저 [오디오 녹음] 기능이 사용 가능한지 컴퓨터를 확인합니다.

03 녹음을 모두 마치면, [정지] 버튼을 클릭합니다.

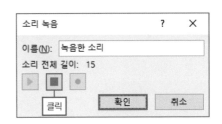

04 녹음된 소리를 [재생] 버튼을 클릭하여 확인할 수 있습니다. 녹음 파일을 사용하려면 파일 이름을 지정하고 [확인] 버튼을 클릭합니다.

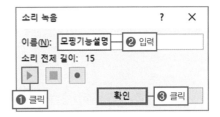

05 [오디오 녹음] 된 개체가 삽입된 것을 확인합니다. [오디오 도구 재생] 탭에서 재생 관련 옵션을 설정할 수 있습니다.

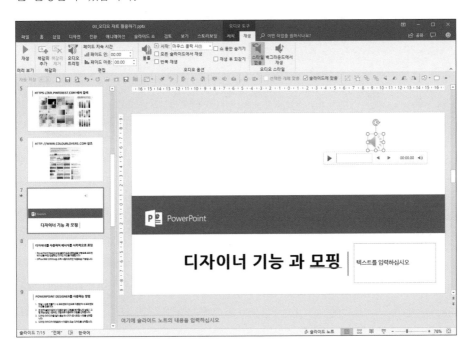

Part 04

프레젠테이션 문서 양식을 만들고 빠르게 작업하기

프레젠테이션 문서를 작성할 때 여러 슬라이드의 디자인을 빠르게 변경하기 위해
반드시 알고 있어야 하는 것이 슬라이드 마스터입니다. 슬라이드 마스터를 이용하면 빠르게
슬라이드를 만들 수 있고, 작업 후 수정 작업도 한번에 할 수 있어 편리합니다.

슬라이드 마스터 이해하기

주로 사용하는 형태의 레이아웃이나 텍스트 개체 틀의 서식들을 미리 설정해 두면 슬라이드를 빠르게 제작할 수 있습니다. 이렇게 프레젠테이션 문서에 관련된 여러 가지 설정 사항을 미리 지정해 두고 슬라이드 제작이나 수정을 편리하게 도와주는 것이 슬라이드 마스터입니다.

Sub 1 슬라이드 마스터 알아보기

슬라이드, 슬라이드 레이아웃, 슬라이드 마스터를 명확하게 구분하고 테마와 서식 등에 관한 용어를 살펴보겠습니다.

1 슬라이드

프레젠테이션 문서에서 만들어지는 한 장 한 장의 페이지입니다.

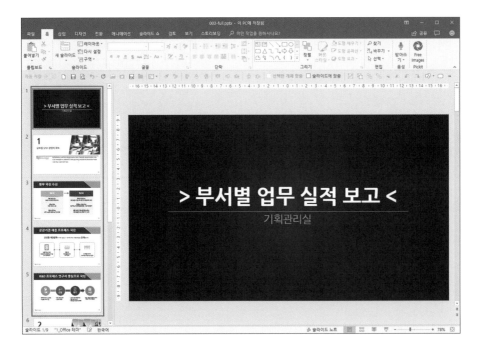

② 슬라이드 레이아웃

슬라이드 마스터에 속한 슬라이드의 형태입니다. 슬라이드 레이아웃은 슬라이드에서 사용하는 제목과 부제목 텍스트, 그림, 표, 차트, 도형, 동영상 등 개체의 배열 형태를 지정합니다.

슬라이드를 작성할 때 처음부터 개체를 하나씩 삽입해서 위치와 크기를 지정하며 만들면 작업 시간이 오래 걸리게 됩니다. 개체의 위치와 크기가 원하는 형태로 지정된 슬라이드 레이아웃을 사용하면 빠르고 쉬운 작업이 가능합니다.

■ 슬라이드 레이아웃의 종류

❶ 표준 레이아웃 : 기본적으로 제공되는 레이아웃입니다.
❷ 사용자 지정 레이아웃 : 사용자가 필요에 따라 직접 만드는 레이아웃입니다.

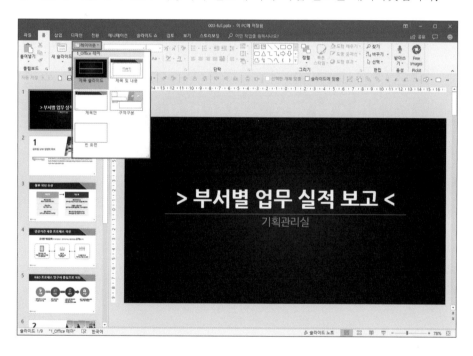

Tip 기본 보기 화면에서 슬라이드 마스터 보기 화면으로 빠르게 전환하는 방법

❶ 기본 보기 → 슬라이드 마스터 보기 화면으로 전환 : Shift+보기 종류 중 '기본 보기' 아이콘 클릭
❷ 슬라이드 마스터 보기 → 기본 보기 화면으로 전환 : 보기 종류 중 '기본 보기' 아이콘 클릭

③ 슬라이드 마스터

슬라이드 마스터는 슬라이드 레이아웃에서 내용을 구성하는 개체 틀의 위치, 크기, 스타일과 배경, 색 테마, 효과, 애니메이션 등의 정보가 저장되는 최상위 슬라이드입니다.

슬라이드 마스터에서는 하위 레이아웃에 공통으로 적용되는 다섯 가지 개체 틀(제목, 텍스트, 날짜, 슬라이드 번호, 바닥글)의 서식, 위치, 크기에 관한 설정과 배경, 프레젠테이션의 테마에 관한 설정을 할 수 있습니다.

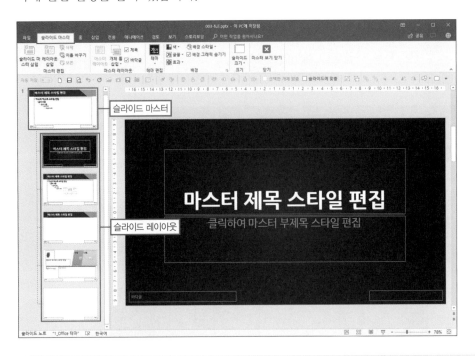

Tip 슬라이드 마스터는 언제 사용해야 할까?

- **여러 장의 슬라이드를 만들 때** : 한 장을 만들기 위해 슬라이드 마스터를 고민할 필요는 없습니다.
- **반복되는 형태의 슬라이드에 빠른 입력을 원할 때** : 여러 장의 슬라이드라도 형태가 반복되지 않는다면 실제로는 한 장을 만드는 일을 여러 번 해야 합니다. 프레젠테이션 문서를 작성할 때 특정 슬라이드 레이아웃이 여러 번 등장한다면 해당 레이아웃을 만들어 놓는 것이 좋습니다. 반복되는 형태의 레이아웃을 슬라이드 마스터로 설정하면 그림의 크기와 위치, 설명 텍스트의 서식을 한 번에 관리할 수 있습니다.
- **통일감 있는 디자인을 관리할 때** : 프레젠테이션 문서 안에 있는 모든 슬라이드에 관련된 여백과 개체의 위치, 글꼴, 색, 배경 등에 관련된 관리를 한번에 할 수 있어 문서에 통일감을 주고 완성도를 높일 수 있습니다.
- **편리한 수정 작업을 원할 때** : 슬라이드 한 장을 잘 만들고, 그 다음 슬라이드부터는 복사 후 내용만 수정해서 사용한다면, 슬라이드 마스터와 차이를 못 느낄 수도 있습니다. 하지만 슬라이드의 수가 늘어나면 제목 개체의 글꼴 크기를 바꾸는 간단한 작업이라도 시간이 오래 걸리게 됩니다. 슬라이드 마스터를 사용해서 만든 슬라이드라면 한번에 모든 슬라이드를 수정할 수 있습니다.

4 테마

테마는 프레젠테이션 문서의 색 구성, 글꼴, 효과 스타일 등이 포함된 통합 디자인 세트입니다. 테마를 적용하면 일관된 디자인으로 통일감 있는 프레젠테이션을 구성할 수 있습니다. 테마에서 제공하는 글꼴이나 색은 지정된 조합 이외의 값을 사용자가 직접 지정할 수 있습니다.

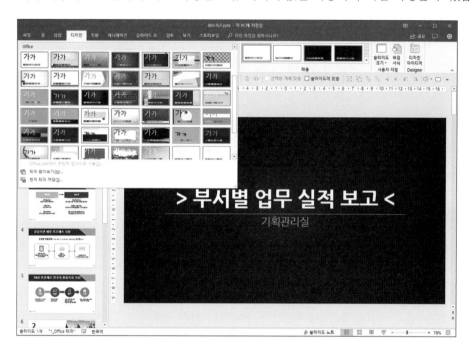

5 서식 파일

서식 파일은 슬라이드 레이아웃과 테마를 조합해서 사용자가 지정한 내용을 캡처한 파일로, 하나 이상의 슬라이드 마스터가 하나의 서식 파일로 저장됩니다.

■ 서식 파일의 종류

❶ **디자인 서식 파일** : 슬라이드의 레이아웃을 지정하는 부분과 테마(슬라이드의 색구성과 글꼴, 배경 등을 지정)로 구성된 슬라이드 마스터에 의해서 프레젠테이션 문서의 디자인에 관련된 설정 사항을 가지고 있습니다.

❷ **내용 서식 파일** : 프레젠테이션 문서의 디자인적인 요소와 함께 실제로 제작된 슬라이드까지 형태를 유지해서 저장되어 있기 때문에 유사한 프레젠테이션을 반복해서 만들 때 사용하면 편리하고 빠르게 작업할 수 있습니다.

슬라이드 마스터에서 설정한 내용은 모든 슬라이드 레이아웃에 반영되며, 글꼴이나 슬라이드 번호 등 기본이 되고 공통적으로 사용할 요소들을 설정합니다. 슬라이드 마스터를 만들기 위한 기본 작업 순서를 살펴보겠습니다.

1 새 프레젠테이션 문서 만들기

새 프레젠테이션 문서를 만들고, [보기] 탭-[마스터 보기] 그룹-[슬라이드 마스터]를 선택합니다.

2 기존 테마를 사용할 것인지 결정하기

기존 테마를 수정해서 슬라이드 마스터를 만들 계획이라면, 첫 단계는 테마를 선택하는 것이 좋습니다. 나중에 선택하면 글꼴 선택이나 슬라이드 레이아웃 삭제 작업을 다시 해야 합니다.

[슬라이드 마스터] 탭-[테마 편집] 그룹-[테마▼]를 클릭하고 원하는 테마를 선택하면 슬라이드 레이아웃에 테마가 적용됩니다. 예제에서는 선택하지 않습니다.

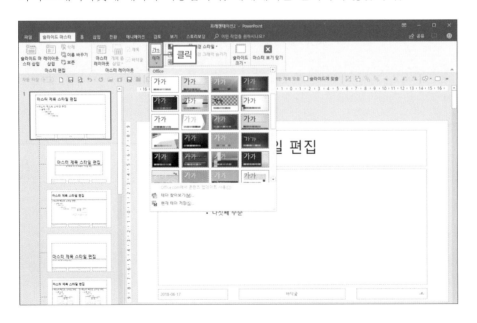

3 테마 색 지정하기

테마 색은 도형, 스마트아트, 표, 차트 등 개체의 윤곽선이나 채우기에 사용되는 색상과 빠른 스타일에 제공됩니다. 그래서 테마 색을 이용하면 문서 전체에 일관된 색상 톤을 유지하기 쉽습니다.

[슬라이드 마스터] 탭-[배경] 그룹-[색▼]을 클릭하고, 원하는 색상 세트를 선택하거나 [색 사용자 지정]을 선택하여 새로 만듭니다.

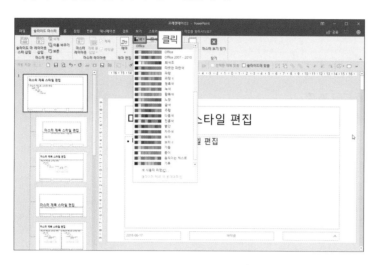

4 테마 글꼴 지정하기

[슬라이드 마스터] 탭-[배경] 그룹-[글꼴]을 클릭하고, 원하는 글꼴 세트를 선택하거나 [글꼴 사용자 지정]을 선택하여 새로 만듭니다.

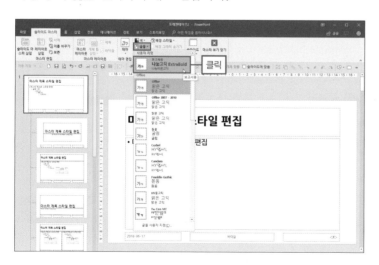

5 용도에 따라 슬라이드 크기 설정하기

슬라이드 크기는 프레젠테이션 문서의 용도에 따라 슬라이드 제작 전에 설정하면 좋습니다.

[슬라이드 마스터] 탭-[크기] 그룹-[슬라이드 크기▼]-[사용자 지정 슬라이드 크기]를 선택하고 슬라이드 크기를 설정합니다.

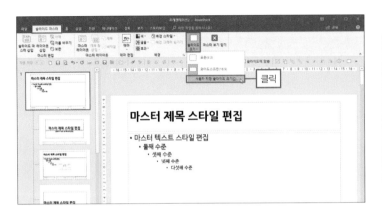

Tip 용도에 따른 슬라이드 크기

- 일반적인 4:3 프로젝트를 이용한 발표 : 표준(4:3)
- 와이드스크린을 이용한 발표 : 와이드스크린(16:9)
- 인쇄용 보고서 작성 : 사용자 지정 슬라이드 크기 → A4 사이즈 등 필요한 크기로 지정합니다.

6 불필요한 슬라이드 레이아웃 삭제하기

파워포인트에서 기본적으로 제공하는 슬라이드 레이아웃 중 필요 없는 레이아웃은 정리하고 작업하면 슬라이드 마스터를 관리하기 편리합니다.

사용하지 않는 슬라이드 레이아웃은 Delete 키를 눌러 삭제할 수 있습니다. 다음 화면에서는 '제목 슬라이드'와 '제목 및 내용' 슬라이드 레이아웃만 남기고 모두 삭제했습니다.

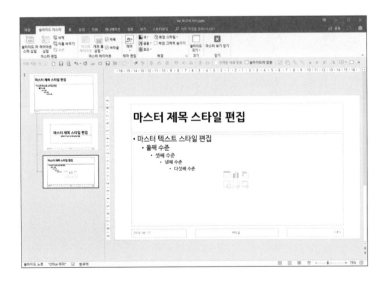

Tip 슬라이드로 제작되어 이미 사용 중인 슬라이드 레이아웃은 삭제할 수 없습니다.

7 안내선 준비하기

슬라이드 마스터를 선택한 다음 Alt+F9 키를 눌러 안내선을 표시하고, 슬라이드에 삽입할 내용들의 외곽 영역을 표시합니다. 슬라이드 마스터에서 삽입한 안내선은 슬라이드 레이아웃에서 삭제 또는 이동되지 않습니다.

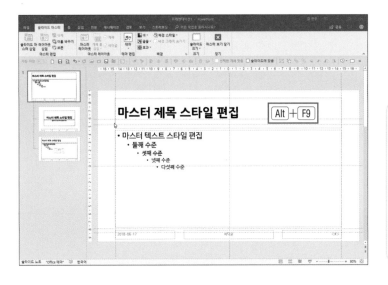

> **Tip 안내선 활용 단축키**
> - 안내선 이동 : 드래그
> - 안내선 추가 : Ctrl 키와 함께 드래그
> - 안내선 삭제 : 슬라이드 영역 밖으로 드래그
> - 안내선 보이기/감추기 : Alt +F9

8 제목과 본문 개체 틀의 텍스트 위치, 서식 지정하기

제목 개체 틀을 선택하고, 안내선에 맞춰 제목 개체 틀의 위치와 글꼴 크기를 지정합니다. 본문 개체 틀의 테두리 부분을 클릭해서 전체 선택하고, 위치와 글꼴 크기를 지정합니다.

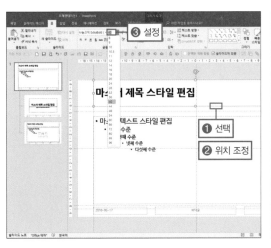

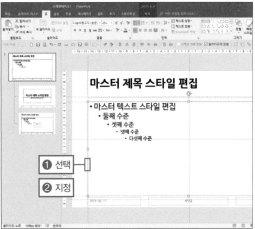

⑨ 본문 개체 틀에서 사용할 텍스트 관련 사항 지정하기

슬라이드 마스터에서 글머리 기호 사용 여부와 모양, 들여쓰기, 단락 간격, 줄 간격 등을 지정하면 슬라이드 작성 단계에서 하나씩 지정할 필요가 없어 효율적인 작업이 가능합니다.

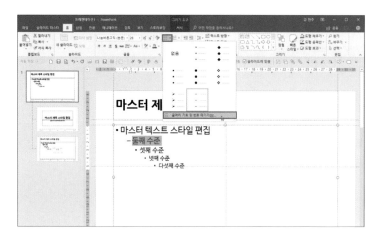

⑩ 슬라이드 번호 사용 설정하기

슬라이드 번호를 사용하려면 먼저, 슬라이드 번호 사용 여부를 설정해야 합니다.

[삽입] 탭-[텍스트] 그룹-[머리글/바닥글]을 선택하여 [머리글/바닥글] 대화상자를 표시합니다. '슬라이드 번호', '제목 슬라이드에는 표시 안 함' 옵션에 체크하고, 로고 이미지로 바닥글을 대신하기 위해 바닥글은 입력하지 않습니다. 필요한 내용을 모두 지정했다면 [모두 적용] 버튼을 클릭합니다.

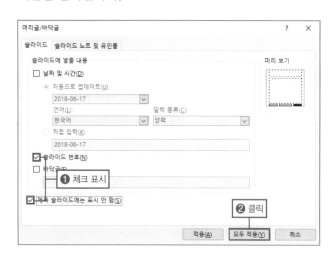

Tip [적용] 버튼을 클릭하면 현재 슬라이드에만 삽입됩니다.

⑪ 슬라이드 번호 위치와 서식 지정하기

머리글/바닥글의 사용을 설정했다면, 서식이나 위치는 슬라이드 마스터에서 지정해야 한번에 모든 슬라이드에 반영됩니다.

01 사용하기로 지정한 슬라이드 번호 위치를 조정합니다. [홈] 탭-[글꼴] 그룹이나 [미니 도구모음]을 이용해서 원하는 글꼴로 변경하거나 크기, 색을 지정합니다.

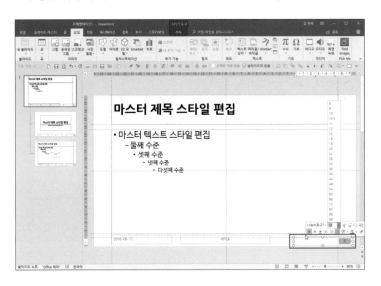

02 예제에서는 로고 이미지를 바닥글 대신 사용하겠습니다. [삽입] 탭-[이미지] 그룹-[그림]을 선택하고, 로고 이미지를 선택한 다음 [삽입] 버튼을 클릭합니다. 그림이 삽입되면 크기를 조정하고 위치를 이동합니다.

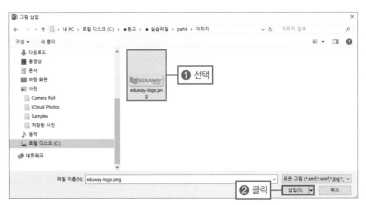

🔢 선과 도형 등을 이용해서 배경 꾸미기

선이나 도형 개체를 삽입해서 슬라이드 마스터의 배경을 꾸밀 수 있습니다.

01 제목과 본문에 구분 선을 넣거나 도형을 삽입해서 배경을 만든 다음 도형을 마우스 오른쪽 버튼을 클릭하여 [바로 가기] 메뉴를 표시하고 [맨 뒤로 보내기]를 실행합니다.

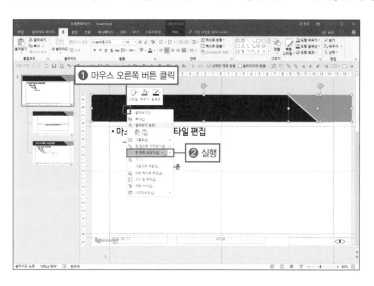

02 삽입된 도형의 색과 텍스트의 색이 어울리지 않는다면 [홈] 탭-[글꼴] 그룹이나 [미니 도구 모음]을 이용해서 텍스트의 색을 수정합니다.

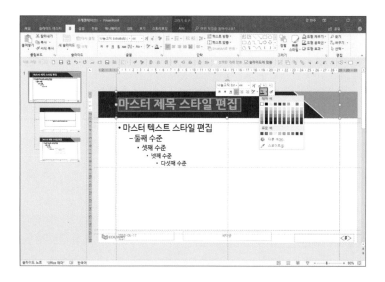

사용자 지정 레이아웃 만들기

슬라이드의 레이아웃을 사용자가 원하는 형태로 지정해서 관리하면 텍스트 입력이나 수정이 훨씬 쉽습니다. 많이 사용하는 슬라이드 유형을 만들고 활용해 보도록 하겠습니다.

Sub ① 특정 슬라이드 레이아웃 수정하기

슬라이드 마스터에서 작업한 내용은 모든 슬라이드 레이아웃에 반영됩니다. 그중에서 특정 슬라이드 레이아웃을 슬라이드 마스터의 지정 내용과 다르게 지정하는 방법을 살펴보겠습니다.

• 실습 파일 : 04_슬라이드 마스터.pptx, 04_슬라이드 마스터(결과).pptx

배경 그래픽 숨기기

'제목 슬라이드' 레이아웃은 일반적으로 프레젠테이션 문서의 첫 페이지에 사용되며, 첫 페이지는 주로 슬라이드 마스터에서 지정한 형태와는 다르게 사용하게 됩니다. 슬라이드 마스터에서 지정한 내용을 개별 레이아웃에서 다르게 사용하는 방법을 살펴보겠습니다.

[보기] 탭-[마스터 보기] 그룹-[슬라이드 마스터]를 클릭합니다. '제목 슬라이드' 레이아웃을 선택하고,[슬라이드 마스터] 탭-[배경] 그룹-[배경 그래픽 숨기기]을 선택합니다.

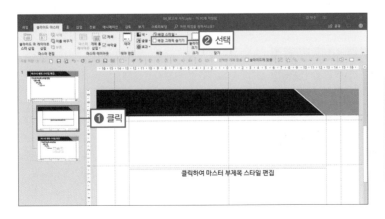

> Tip [배경 그래픽 숨기기] 명령을 사용하면 상위 슬라이드 마스터에 삽입된 그래픽 개체(도형, 그림, 표, 차트 등)가 선택한 레이아웃이나 슬라이드에는 나타나지 않도록 배경 그래픽을 숨깁니다.

② 배경 만들기

그림을 삽입하거나 도형을 삽입해서 제목 슬라이드를 지정할 수 있습니다. 이번에는 배경 색을 바꿔서 지정하겠습니다.

01 [슬라이드 마스터] 탭−[배경] 그룹−[배경 스타일▼]을 클릭하고 제시된 목록에서 원하는 스타일을 선택합니다.

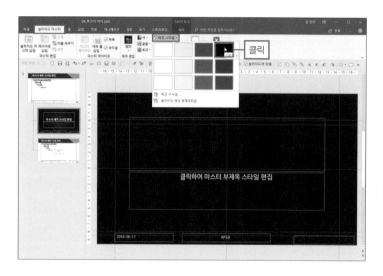

> Tip 슬라이드 배경을 [배경 서식]에서 지정하지 않고, 도형이나 그림을 삽입하고 맨 뒤로 보내서 사용하기도 합니다. 두 방법의 기능에는 차이가 있지만 사용하기 편리한 방법을 선택하면 됩니다.

02 [슬라이드 마스터] 탭−[배경] 그룹−[배경 스타일▼]−[배경 서식]을 선택하여 [배경 서식] 작업창을 표시하고 직접 서식을 지정할 수도 있습니다.

> Tip 작업 창에서 배경 서식을 작업할 때 주의할 점은 [모두 적용] 버튼을 클릭하면 모든 슬라이드 레이아웃의 배경 서식이 변경됩니다. 특정 레이아웃의 변경만 원한다면 서식을 지정하기만 합니다.

③ 제목, 부제목 텍스트 개체 틀 서식 지정하기

배경이 지정되고 보이지 않는 제목과 부제목이 있다면, [홈] 탭-[글꼴] 그룹이나 [미니 도구 모음]을 이용해서 직접 글꼴 크기나 색, 정렬 방법을 지정합니다.

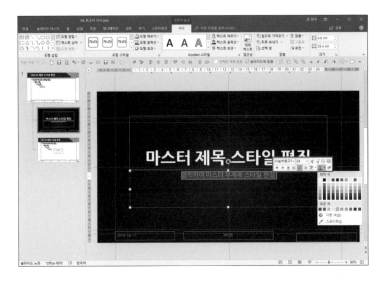

④ 추가하고 싶은 도형이나 그림 삽입하기

슬라이드 배경에 도형이나 이미지를 추가해서 다양하게 꾸밀 수 있습니다. 예제에서는 제목과 부제목 사이에 구분 선을 삽입했습니다.

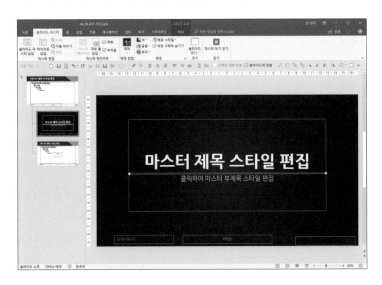

슬라이드 마스터에서 물려받은 개체 틀과 다른 형태의 슬라이드 레이아웃도 만들 수 있습니다. 사용자가 필요한 형태의 레이아웃을 만들고 활용해서 슬라이드 작업을 쉽게 하는 방법을 살펴보겠습니다.

• 실습 파일 : 04_슬라이드 레이아웃 만들기.pptx, 04_슬라이드 레이아웃 만들기(결과).pptx

① 제목만 있는 빈 화면 레이아웃 만들기

슬라이드의 제목 개체 틀은 사용하고, 아래쪽은 도형 작업에 편리한 제목만 있는 레이아웃과 아무것도 없는 빈 화면 레이아웃을 만들어 보겠습니다.

01 새로운 슬라이드 레이아웃을 추가하기 위해, [슬라이드 마스터] 탭 – [마스터 편집] 그룹 – [레이아웃 삽입]을 선택합니다.

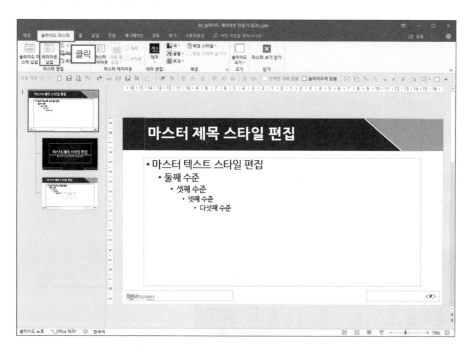

02 추가된 슬라이드 레이아웃에서 마우스 오른쪽 버튼을 클릭하면 표시되는 [바로 가기] 메뉴 중 [레이아웃 이름 바꾸기]를 선택하고, 슬라이드 레이아웃의 이름을 '제목만'으로 변경합니다. 같은 방법으로 슬라이드 레이아웃을 하나 더 추가하고, 이름을 '빈 화면'이라고 지정합니다.

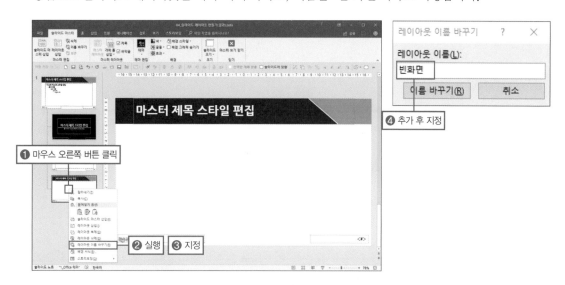

03 빈 화면용으로 사용하기 위해, [슬라이드 마스터] 탭-[마스터 레이아웃] 그룹-[제목] 항목의 선택을 해지하고, [슬라이드 마스터] 탭-[배경] 그룹-[배경 그래픽 숨기기] 항목을 선택합니다.

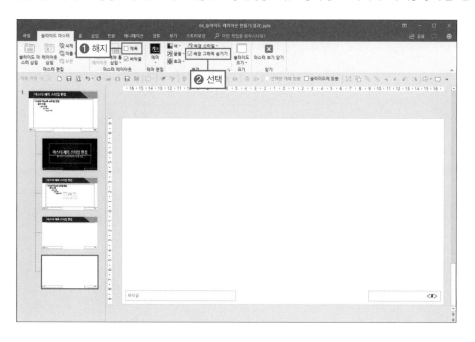

❷ 개체 틀을 추가하는 슬라이드 레이아웃 만들기

슬라이드의 개수가 많을 경우, 구역으로 슬라이드를 관리하면 편리합니다. 다음 화면과 같은 구역 슬라이드 레이아웃을 만들어 보겠습니다.

01 빈 화면 슬라이드 레이아웃을 마우스 오른쪽 버튼으로 클릭하여 [바로 가기] 메뉴를 표시하고 [레이아웃 복제]를 실행합니다.

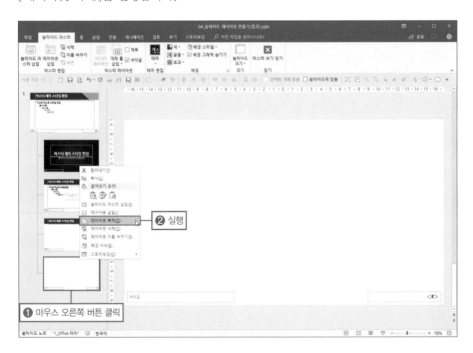

02 [슬라이드 마스터] 탭-[마스터 레이아웃] 그룹-[개체 틀 삽입▼]-[텍스트]를 선택합니다. 번호를 위한 텍스트 개체 틀을 적당한 위치에 드래그해서 삽입합니다.

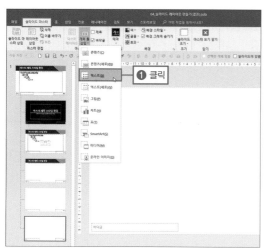
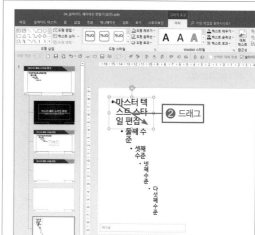

03 수준별 글 목록을 관리하는 형태가 아니기 때문에 개체 안에 표시된 입력 안내 문구를 모두 삭제합니다. 서식을 표시할 수 있는 임의의 텍스트(예제에서는 '#' 기호)를 입력하고, [홈] 탭-[글꼴] 그룹이나 [미니 도구 모음]을 이용해서 글꼴 크기와 색을 지정하여 서식을 만들어 줍니다.

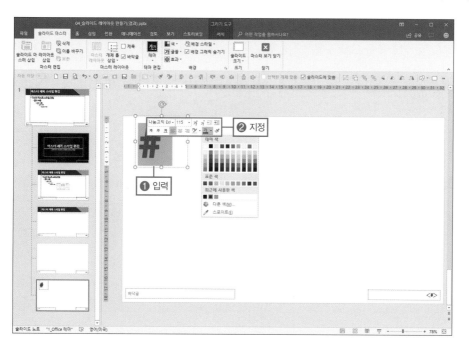

04 같은 방법으로 텍스트 개체 틀을 두 개 더 만듭니다. 서식을 표시할 수 있는 임의의 텍스트를 입력하고, 서식을 만들어 줍니다.

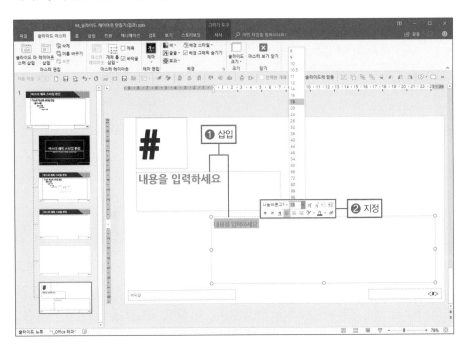

05 [슬라이드 마스터] 탭-[마스터 레이아웃] 그룹-[개체 틀 삽입▼]-[그림]을 선택합니다. 그림을 넣을 위치에 그림 개체 틀을 드래그해서 삽입합니다.

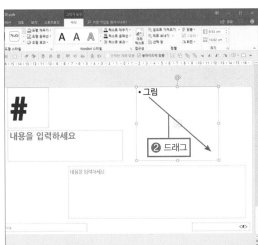

06 그림 개체 틀을 선택하고, [그리기 도구 서식] 탭-[도형 삽입] 그룹-[도형 편집▼]-[도형 모양 변경]에서 '사다리 꼴'을 선택합니다.

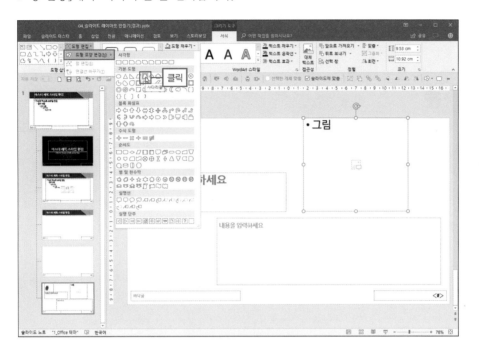

07 Ctrl 키를 누른 채 오른쪽으로 드래그하여 그림 개체 틀을 복사합니다.

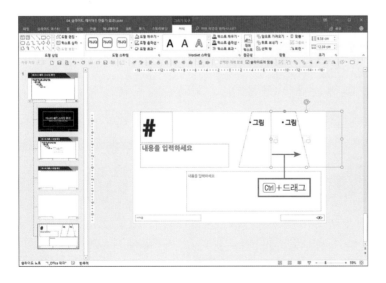

08 [삽입] 탭의 명령을 이용해서 도형이나 그림을 삽입하여 슬라이드를 꾸며줍니다.

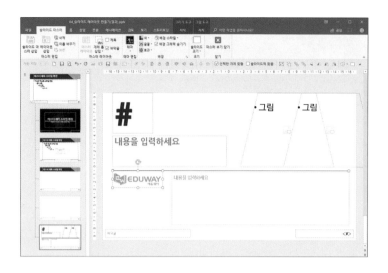

Tip [삽입] 탭의 명령을 이용해 슬라이드 마스터에 삽입된 개체는 슬라이드 작업에서 배경처럼 사용됩니다.

09 [슬라이드 마스터] 탭-[마스터 편집] 그룹-[이름 바꾸기]를 선택합니다. [레이아웃 이름 바꾸기] 대화상자가 표시되면 레이아웃 이름에 '구역 슬라이드'를 입력하고 [이름 바꾸기] 버튼을 클릭합니다. 이름을 지정한 후 [슬라이드] 탭-[닫기] 그룹-[마스터 보기 닫기]를 선택하여 기본 보기화면으로 전환합니다.

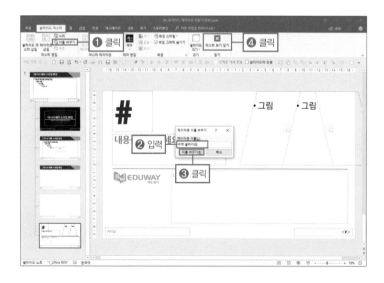

10 [홈] 탭-[슬라이드] 그룹-[새 슬라이드▼]를 클릭하고 새로 만든 사용자 지정 레이아웃을 선택하여 프레젠테이션 문서에 슬라이드를 삽입합니다.

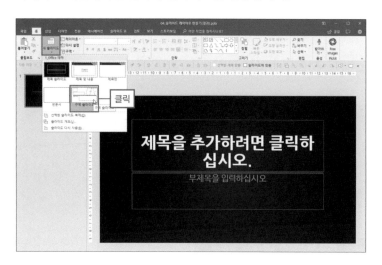

11 개체 틀을 각각 클릭하면서 그림과 텍스트를 삽입합니다. 구역 슬라이드를 여러 개 사용해도 텍스트와 그림만 선택하면 되기 때문에 빠른 문서 작업이 가능합니다. 필요한 만큼 슬라이드를 삽입하면서 작업합니다.

❸ 슬라이드 레이아웃 디자인을 테마로 저장하기

한번 만들어둔 프레젠테이션 문서 파일의 디자인을 다른 파일에서 사용할 경우, 가장 쉬운 방법은 테마를 저장해 두는 것입니다.

01 [디자인] 탭-[테마] 그룹에서 '자세히' 아이콘을 클릭하고, [현재 테마 저장]을 선택합니다.

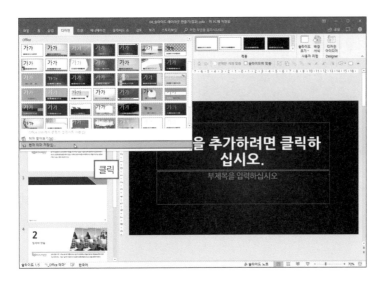

02 [현재 테마 저장] 대화상자가 표시되면, 저장 경로를 변경하지 않고 파일 이름에 테마에 적당한 이름을 입력하고 [저장] 버튼을 클릭합니다.

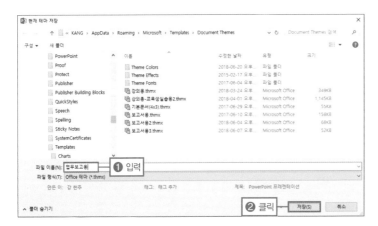

03 저장 경로를 변경하지 않으면, [디자인] 탭-[테마] 그룹-[사용자 지정 테마] 목록에 자동으로 추가됩니다. 빈 문서나 다른 문서를 열고 선택하면 바로 테마가 적용됩니다.

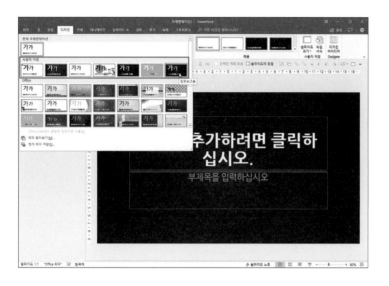

정보를 전달할 때 텍스트 위주 보다는 모바일 기기에 적합한 형태(짧은 글과 이미지 사용)로 구성하면 소통의 효율을 높일 수 있습니다. 요즈음에는 관공서나 여러 기업에서 카드 뉴스를 이용하여 정보를 전달하고 있습니다. 카드 뉴스를 자주 제작한다면, 몇 가지 레이아웃을 만들어 놓고 사용하면 텍스트와 이미지 선택만으로 간단하게 작성할 수 있습니다.

• 실습 파일 : 04_카드 뉴스 만들기.pptx

1 카드 크기 지정하기

대부분의 카드 뉴스는 모바일에 최적화된 형태로 만들게 됩니다. 그래서 주로 정사각형이나 세로 직사각형(스마트폰은 9:16, 스마트패드는 안드로이드 10:16, 애플 3:4 정도가 가장 많이 사용됩니다)으로 제작하게 됩니다. 일반적인 파워포인트의 가로 형태 슬라이드 크기를 1:1 이나 3:4 정도로 변경하는 것이 일반적입니다.

01 [디자인] 탭−[사용자 지정] 그룹−[슬라이드 크기]−[사용자 지정 슬라이드 크기]를 선택하여 [슬라이드 크기] 대화상자를 표시합니다. 너비와 높이에 '20cm'를 입력하고 [확인] 버튼을 클릭합니다.

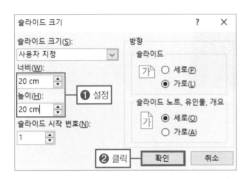

> **Tip 픽셀 단위 슬라이드 크기**
> - 픽셀 단위로 제작하려면 숫자 뒤에 'px' 단위까지 함께 입력하면 변환됩니다.
> - 20cm 이상으로 제작하면 700px(18.52cm, 96dpi) 이상의 크기로 제작 가능합니다.

02 [보기] 탭−[마스터 보기] 그룹−[슬라이드 마스터]를 선택합니다. '제목 슬라이드', '제목 및 내용', '빈 화면' 슬라이드 레이아웃만 남기고 불필요한 레이아웃은 삭제합니다.

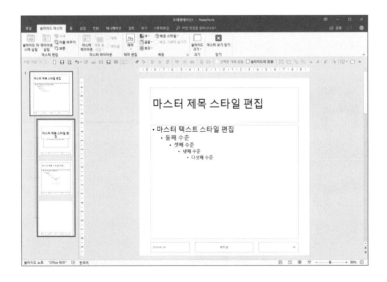

② 카드 뉴스 레이아웃 만들기

카드 뉴스에 자주 사용되는 레이아웃을 미리 만들어 두면 텍스트와 그림만 추가하면 되기 때문에 빠른 작업이 가능합니다.

01 카드 뉴스 첫 페이지를 만들기 위해 슬라이드 레이아웃 형태를 수정하겠습니다. '제목 슬라이드' 레이아웃을 선택하고, 바닥글을 Delete 키를 눌러 삭제하거나 [슬라이드 마스터] 탭-[마스터 레이아웃] 그룹에서 [바닥글] 옵션을 체크 해제하여 없앱니다.

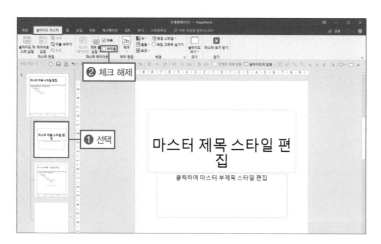

Tip 카드 뉴스의 경우에는 슬라이드 마스터의 영향을 많이 받지 않기 때문에 직접 해당 레이아웃에서 작업하는 것이 효율적입니다.

02 [삽입] 탭-[일러스트레이션] 그룹-[도형▼]을 클릭하고 '사각형'을 선택합니다. 슬라이드 반정도 크기로 드래그하여 삽입합니다.

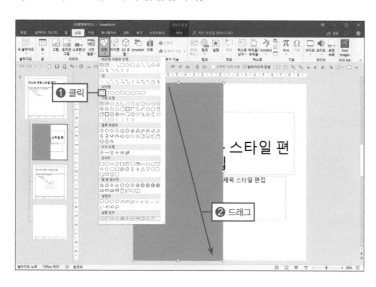

03 삽입한 사각형 개체를 마우스 오른쪽 버튼으로 클릭하여 [바로 가기] 메뉴를 표시하고 [맨 뒤로 보내기]를 실행합니다.

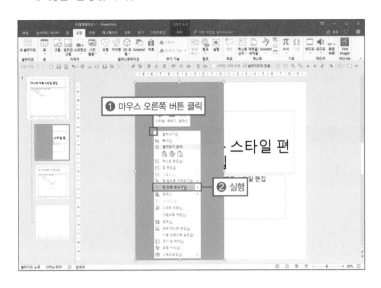

04 제목과 부제목 개체 틀을 이동하고 원하는 형태로 서식을 지정합니다.

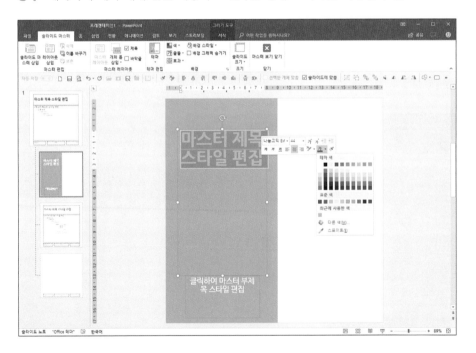

05 [슬라이드 마스터] 탭-[마스터 레이아웃] 그룹-[개체 틀 삽입▼]-[그림]을 선택합니다.

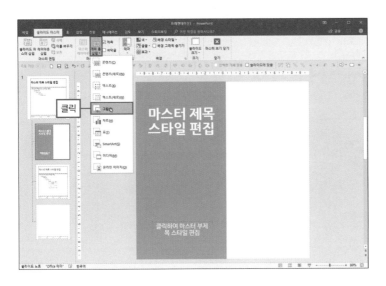

06 슬라이드 나머지 반의 크기만큼 드래그하여 그림 개체 틀을 삽입합니다. 레이아웃을 확인해 보기 위해 [슬라이드] 탭-[닫기] 그룹-[마스터 보기 닫기]를 선택하여 기본 보기 화면으로 전환합니다.

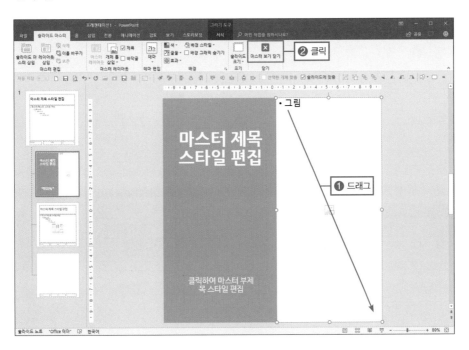

07 제목 슬라이드를 삽입하고, 텍스트 입력과 그림만 선택하면 추가 작업 없이 슬라이드가 작성되는 것을 확인할 수 있습니다. 삽입된 그림 개체는 [그림 도구]를 활용할 수 있습니다.

08 다른 형태의 레이아웃도 작성합니다. 필요하다면 이미 만들어 둔 레이아웃을 복제하고 수정해서 다양하게 활용합니다.

09 레이아웃을 적용한 슬라이드를 추가하면서 내용을 작성하면 빠르게 작업할 수 있고, 글꼴이나 개체 위치 등 수정 작업도 슬라이드 마스터 보기 화면에서 한 번에 수행할 수 있어 편리합니다.

Tip 슬라이드 마스터에서 설정한 내용이 슬라이드를 제작할 때 반영되지 않는다면. [홈] 탭-[슬라이드] 그룹-[다시 설정]을 선택합니다.

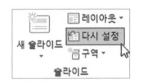

Part 05

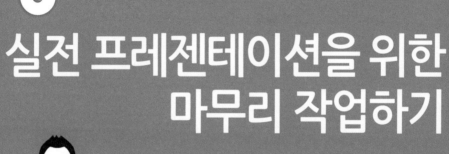

실전 프레젠테이션을 위한
마무리 작업하기

프레젠테이션 진행을 잘 마무리하기 위해 슬라이드 쇼에서 사용하는 기능과 배포와
관련된 사항을 살펴보겠습니다. 그리고, 프레젠테이션에 생동감과 활력을 줄 수 있는
화면 전환 효과와 애니메이션 설정 등의 내용을 알아보겠습니다.

청중을 집중시키는
슬라이드 쇼 진행하기

프레젠테이션을 성공적으로 진행하려면 무엇보다 내용에 관한 정확한 이해가 가장 중요합니다. 그 다음에는 사용하는 프레젠테이션 툴의 슬라이드 쇼 기능을 잘 알고 있어야 합니다. 슬라이드 쇼를 진행하는 방법과 쇼 진행 상태에서 사용하는 기능들을 살펴보겠습니다.

Sub 1 슬라이드 쇼 진행하기

발표를 준비하며 연습할 때 사용할 수 있는 기능과 예기치 않은 상황을 대비할 수 있는 기능 등, 슬라이드 쇼를 진행할 때 청중 앞에서 내용을 잘 전달하기 위한 방법을 살펴보겠습니다.

• 실습 파일 : 05_슬라이드 쇼.pptx

1 슬라이드 쇼 실행하기

프레젠테이션에서 청중이 보게 되는 화면은 슬라이드를 제작하는 화면과는 달리, 슬라이드 내용만 전체 화면으로 보게 됩니다. 이것을 [슬라이드 쇼] 보기 화면이라고 합니다.

01 [슬라이드 쇼] 탭-[슬라이드 쇼 시작] 그룹-[처음부터]를 선택합니다.

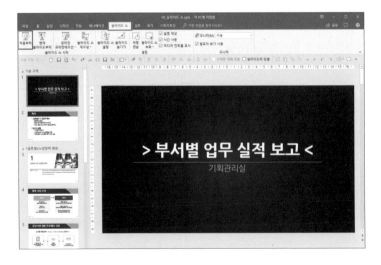

> **Tip 슬라이드 쇼 단축키**
> • 처음부터 슬라이드 쇼 시작
>   : F5
> • 현재 선택된 슬라이드부터
>   슬라이드 쇼 시작 : Shift +
>   F5
> • 슬라이드 쇼 중지 : Esc

02 마우스 왼쪽 버튼을 클릭하거나 Enter 키, Page Down 키 등을 눌러 다음 슬라이드로 이동합니다.

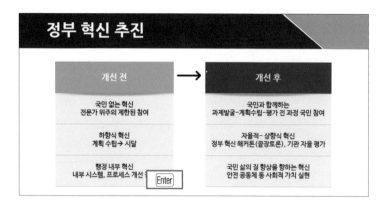

Tip **슬라이드 이동 관련 단축키**
- 이전 슬라이드 : Page up 키, ← 또는 ↑ 방향 키, P 키, Backspace 키
- 다음 슬라이드 : 마우스 왼쪽 버튼, Enter 키, Space 키, N 키, Page Down 키, → 또는 ↓ 키
- 특정 슬라이드로 직접 이동 : 슬라이드 번호 입력 후 Enter

03 슬라이드 쇼 상태에서 마우스 오른쪽 버튼을 클릭하여 [바로 가기] 메뉴를 표시하고 [포인터 옵션]을 실행합니다. 마우스 포인터의 종류와 잉크 색상 등을 지정하여 강조할 부분을 표시합니다.

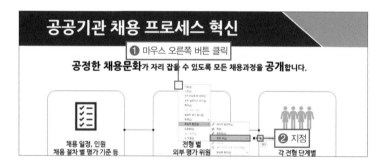

Tip **슬라이드 쇼 포인터 옵션 관련 단축키**
- 펜 : Ctrl+P
- 화면을 흰색으로 설정, 취소 : W
- 슬라이드 확대 : +, Ctrl+마우스 휠 위로
- 슬라이드의 모든 잉크 삭제 : E
- 화면을 검정색으로 설정, 취소 : B
- 슬라이드 축소 : −, Ctrl+마우스 휠 아래로

* 단축키는 한글 입력 상태라면 한/영 키를 눌러 영문 상태에서 키를 눌러야 합니다.

04 슬라이드 쇼 상태에서 화면 왼쪽 아래를 보면 반투명한 도구 모음이 있습니다. 마우스 포인터를 도구 위에 올리면 사용할 수 있도록 선명하게 표시됩니다. 이 도구는 슬라이드 쇼 상태의 화면에서 마우스 오른쪽 버튼을 클릭하면 표시되는 [바로 가기] 메뉴에 있는 명령들입니다.

ⓐ 이전 슬라이드
ⓑ 다음 슬라이드
ⓒ 포인터 옵션
ⓓ 모든 슬라이드 보기
ⓔ 슬라이드 확대
ⓕ 슬라이드 쇼 옵션 더 보기

② 발표자 도구 활용하기

발표자가 PC를 직접 제어하면서 발표할 경우, [발표자 도구]를 활용하는 것이 좋습니다. [발표자 도구]를 사용하면 발표자는 자신만 볼 수 있는 화면에서 슬라이드 쇼를 제어하고, 청중은 주 화면에서 발표자의 슬라이드를 봅니다.

파워포인트 2013 또는 파워포인트 2016을 사용 중일 때 컴퓨터를 프로젝터에 연결하여 슬라이드 쇼를 시작하면 [발표자 보기] 화면이 표시되고, 프로젝터 화면에는 슬라이드만 표시됩니다. [발표자 보기]를 사용하면 발표자는 청중에게는 보이지 않는 슬라이드 노트를 볼 수 있어 발표에 참고할 수 있습니다.

단일 모니터에서 파워포인트를 실행할 경우, [발표자 보기]를 표시하려면 Alt + F5 키를 누릅니다.

❸ 프레젠테이션 진행을 생동감 있게 만드는 확대/축소 기능 활용하기

[확대/축소] 기능을 사용하면 슬라이드 쇼 진행 중에 프레젠테이션에서 특정 슬라이드, 구역 및 부분을 원하는 순서대로 생동감있게 보여줄 수 있습니다.

■ 요약 확대/축소

[요약 확대/축소] 기능을 사용하면 슬라이드 쇼 진행 중에 슬라이드의 한 부분에서 다른 부분으로, 원하는 순서대로 이동할 수 있습니다. 슬라이드 쇼 흐름을 방해하지 않으면서 슬라이드 쇼의 일부를 창의적으로 표현하거나 건너뛸 때 사용하면 좋은 기능입니다.

01 [삽입] 탭-[링크] 그룹-[확대/축소▼]-[요약 확대/축소]를 선택합니다.

02 [요약 확대/축소 삽입] 대화상자가 표시되면 [요약 확대/축소]로 사용할 슬라이드를 선택하고 [삽입] 버튼을 클릭합니다. 프레젠테이션에 구역이 설정된 경우, 각 구역의 첫 번째 슬라이드는 기본적으로 선택되어 있습니다. 특정 구역을 포함하지 않으려면 해당 구역을 선택 취소합니다.

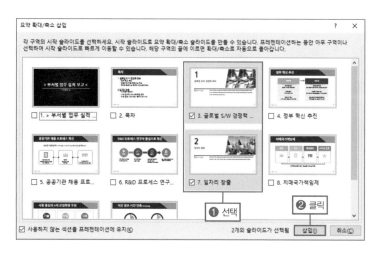

> Tip 파워포인트에서 [요약 확대/축소]에 포함하지 않은 모든 구역을 제거하려면 [요약 확대/축소 삽입] 대화상자의 왼쪽 아래에 있는 '사용하지 않는 섹션을 프레젠테이션에 유지' 옵션의 체크를 해제합니다.

03 [요약 확대/축소]에 포함한 첫 번째 슬라이드 바로 앞에 새 슬라이드가 만들어지면서 [요약 확대/축소]가 표시됩니다. 사용 목적에 맞는 슬라이드의 제목을 입력합니다. [확대/축소]를 선택하면 [확대/축소 도구 서식] 탭이 표시되고, [확대/축소 옵션] 그룹-[요약 편집]을 선택해서 설정 사항을 수정할 수 있습니다.

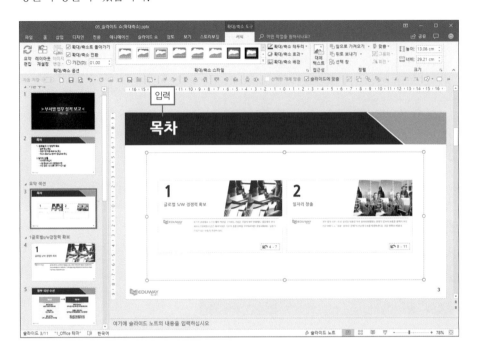

04 [확대/축소]에서 구역이나 슬라이드를 확인한 다음 [확대/축소] 슬라이드로 돌아가려면, [확대/축소 도구 서식] 탭-[확대/축소 옵션] 그룹에서 '확대/축소로 돌아가기' 옵션에 체크되어 있는지 확인합니다. [확대/축소]의 일부를 확인한 후 다음 슬라이드로 넘어가려면, '확대/축소로 돌아가기' 옵션의 체크를 해제합니다.

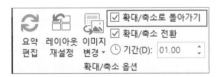

■ 구역 확대/축소

[구역 확대/축소] 기능을 사용하면 프레젠테이션에 이미 설정된 구역에 대한 링크를 설정할 수 있습니다.

01 결과가 표시될 슬라이드를 준비하고 [삽입] 탭-[링크] 그룹-[확대/축소▼]-[구역 확대/축소]를 선택합니다.

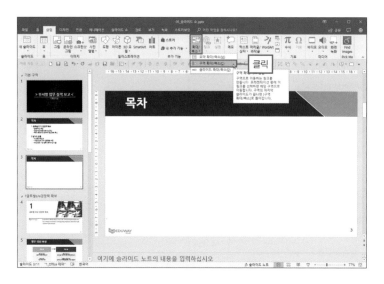

02 [구역 확대/축소 삽입] 대화상자가 표시되면 [구역 확대/축소]로 사용할 슬라이드를 선택하고 [삽입] 버튼을 클릭합니다. 슬라이드에 [구역 확대/축소]가 만들어지면 원하는 위치에 배치합니다.

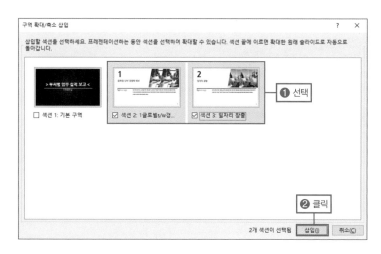

■ 슬라이드 확대/축소

슬라이드가 많지 않은 프레젠테이션일 때 사용하면 좋으며, 각 슬라이드에 링크를 사용할 수 있습니다. 다양한 프레젠테이션 시나리오에 사용할 수 있습니다.

01 결과가 표시될 슬라이드를 준비하고, [삽입] 탭-[링크] 그룹-[확대/축소▼]-[슬라이드 확대/축소]를 선택합니다. [슬라이드 확대/축소]로 사용할 슬라이드를 선택하고 [삽입] 버튼을 클릭합니다.

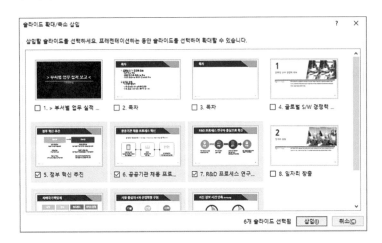

02 슬라이드에 [슬라이드 확대/축소]가 만들어지면 원하는 위치에 배치합니다.

4 원하는 슬라이드만 골라 슬라이드 쇼 재구성하기

같은 프레젠테이션이라도 청중에 따라, 발표 시간에 따라 내용이 조금씩 달라질 수 있습니다. 이때 유용한 기능인 [쇼 재구성]을 설정하는 방법을 알아보겠습니다. 시나리오에 따라 파일을 따로 만들어 관리할 필요 없이, 파일에 있는 슬라이드 중 쇼를 진행할 슬라이드를 선택해서 관리하는 방법입니다.

01 [슬라이드 쇼] 탭-[슬라이드 쇼 시작] 그룹-[슬라이드 쇼 재구성▼]-[쇼 재구성]을 선택합니다. [쇼 재구성] 대화상자가 표시되면, [새로 만들기] 버튼을 클릭합니다.

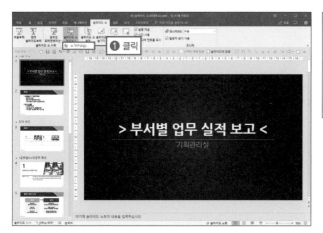

02 [쇼 재구성 하기] 대화상자에서 슬라이드 쇼 이름을 입력하고, 왼쪽에 표시된 슬라이드 목록에서 사용할 슬라이드를 선택한 다음 [추가] 버튼을 클릭합니다. 추가할 슬라이드를 모두 선택하면 [확인] 버튼을 클릭합니다.

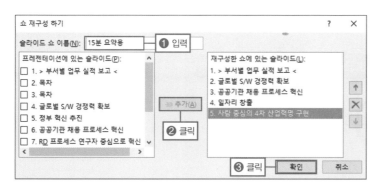

03 재구성한 쇼가 등록된 것을 확인할 수 있습니다. [닫기] 버튼을 클릭합니다. 같은 방법으로 하나의 프레젠테이션 파일을 다양하게 구성해서 사용할 수 있습니다.

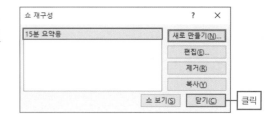

04 재구성한 쇼를 실행하려면, [슬라이드 쇼] 탭-[슬라이드 쇼 시작] 그룹-[슬라이드 쇼 재구성]을 클릭한 다음, 목록에 등록된 슬라이드 쇼를 선택합니다.

5 특정 슬라이드 숨기기

슬라이드 쇼를 진행할 때, 특정 슬라이드만 숨길 수 있습니다. 숨기고 싶은 슬라이드를 선택하고 [슬라이드 쇼] 탭-[설정] 그룹-[슬라이드 숨기기]를 선택합니다. 숨긴 슬라이드는 슬라이드 창에서 흐리게 표시되고, 슬라이드 번호 위에 사선이 표시됩니다. 다시 한 번 [슬라이드 숨기기] 명령을 실행하면 숨기기가 취소됩니다.

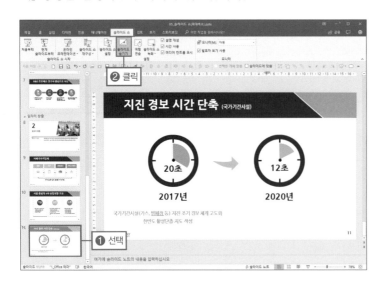

⑥ 슬라이드 쇼 설정

[슬라이드 쇼] 탭-[설정] 그룹-[슬라이드 쇼 설정]을 선택하면 슬라이드 쇼 진행에 관한 여러 가지 옵션을 설정할 수 있습니다.

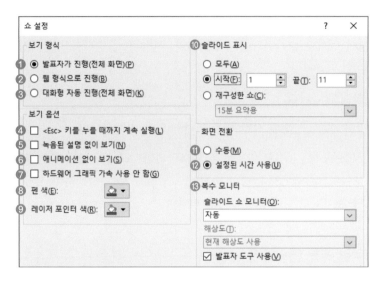

❶ 발표자가 진행(전체 화면) : 일반적인 슬라이드 쇼 보기 화면으로 표시합니다. Enter 키를 누르거나 마우스 클릭으로 다른 슬라이드로 전환하면서 발표할 수 있습니다.

❷ 웹 형식으로 진행 : 인터넷 웹 페이지 형식으로 표시합니다.

❸ 대화형 자동 진행(전체 화면) : 하이퍼링크가 설정된 개체를 클릭하는 방법으로만 슬라이드 쇼를 진행합니다. 슬라이드 쇼 진행 시 Enter 키나 마우스 클릭을 사용할 수 없습니다.

❹ Esc 키를 누를 때까지 계속 실행 : 맨 마지막 슬라이드에서 Enter 키를 눌렀을 때 종료되지 않고 첫 번째 슬라이드로 되돌아와서 계속 실행합니다. 자동으로 슬라이드 쇼를 진행하면서 이 옵션을 설정하면 계속해서 반복 실행됩니다. 전시회나 회의장의 부스에서 프레젠테이션을 무인으로 실행할 때 설정하면 유용합니다.

❺ 녹음된 설명 없이 보기 : 프레젠테이션에 설명을 녹음한 경우, 녹음 없이 슬라이드 쇼를 진행합니다.

❻ 애니메이션 없이 보기 : 지정된 애니메이션을 사용하지 않고 슬라이드 쇼를 진행합니다.

❼ 하드웨어 그래픽 가속 사용 안 함 : 하드웨어 그래픽 가속을 사용하지 않고 슬라이드 쇼를 진행합니다.

❽ **펜 색** : 슬라이드 쇼 진행 상태에서 [Ctrl]+[P] 키를 누르면 펜 기능을 실행합니다. 이때, 펜의 기본 색상을 지정합니다. 펜 기능을 사용해서 밑줄이나 코멘트를 달 수 있습니다.

❾ **레이저 포인트 색** : 슬라이드 쇼 진행 상태에서 [Ctrl] 키를 누른 채 마우스 왼쪽 버튼을 클릭하면 레이저 포인트를 사용할 수 있습니다. 이때, 레이저 포인트의 기본 색상을 지정합니다.

❿ **슬라이드 표시** : 슬라이드 쇼에서 표시할 슬라이드를 지정합니다. 시작과 끝 슬라이드를 지정하거나, 재구성한 쇼를 선택할 수 있습니다.

⓫ **수동** : 화면 전환 시간을 사용하지 않습니다.

⓬ **설정된 시간 사용** : 시간을 설정한 경우, 설정된 시간 동안 화면 전환을 진행합니다.

⓭ **복수 모니터** : 복수 모니터를 사용할 경우, 발표자의 컴퓨터 모니터와 스크린에 표시되는 내용을 다르게 설정합니다. 발표자는 컴퓨터에서 발표할 슬라이드 노트를 보고 진행하고, 청중이 보는 스크린에는 슬라이드만 표시되도록 설정할 수 있습니다.

☷ 성공적인 프레젠테이션을 위한 예행 연습하기

각 슬라이드를 발표하는데 필요한 시간을 알면, 실전에서 늦게 끝나거나 빨리 끝나는 실수를 예방할 수 있습니다. 연습은 성공적인 프레젠테이션을 위한 필수 항목입니다.

01 [슬라이드 쇼] 탭-[설정] 그룹-[예행 연습]을 선택합니다.

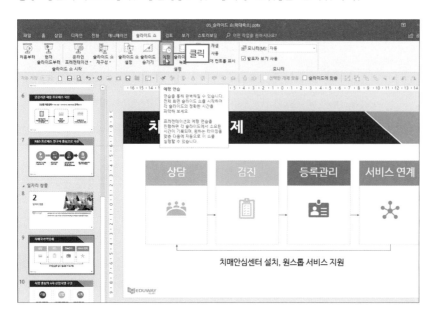

02 슬라이드 쇼 상태가 진행이 되면서, [예행연습] 도구 모음이 화면 왼쪽 위에 표시되고 슬라이드 시간 상자에 프레젠테이션 시간이 기록되기 시작합니다. 실제 발표하는 것과 동일하게 프레젠테이션을 진행합니다. 순수한 쇼 진행 시간만 기록하기 위해 [예행연습 도구 모음]에 있는 '일시 중지' 버튼을 누르거나 '다음 슬라이드' 버튼을 누르면서 진행합니다.

03 마지막 슬라이드까지 진행되어 슬라이드 쇼가 끝나면, 기록된 슬라이드 시간을 사용할 것인지 묻는 대화상자가 표시됩니다. [예] 버튼을 클릭합니다.

04 [여러 슬라이드 보기] 화면에서 확인하면 각 슬라이드의 시간이 표시됩니다. 표시된 시간을 참고하여 실제 프레젠테이션에서 소요되는 시간을 파악할 수 있습니다. 이 시간을 이용해서 슬라이드 쇼를 자동으로 진행하려면, [슬라이드 쇼] 탭-[설정] 그룹에서 '시간 사용' 옵션에 체크합니다. 프레젠테이션에 기록된 슬라이드 시간을 삭제하려면, [슬라이드 쇼] 탭-[설정] 그룹-[슬라이드 쇼 녹화▼]-[지우기]-[모든 슬라이드의 타이밍 지우기]를 선택합니다.

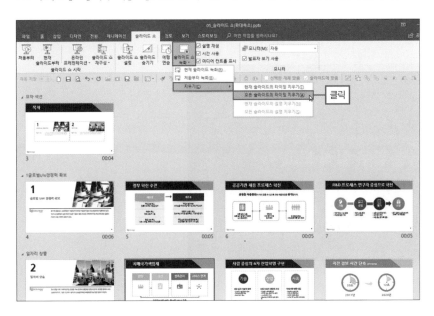

8 슬라이드 쇼 녹화하기

슬라이드 쇼 녹화는 프레젠테이션을 진행하면서 발생하는 마이크를 통한 소리, 발표자의 레이저 포인터의 움직임, 시간 등 모든 것을 저장하는 것입니다.

01 [슬라이드 쇼] 탭-[설정] 그룹-[슬라이드 쇼 녹화] 명령을 클릭합니다.

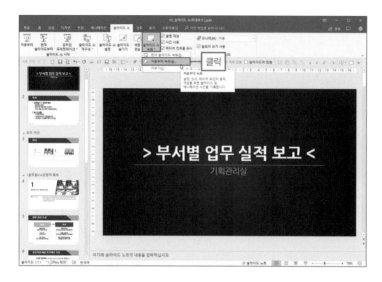

02 슬라이드 쇼 녹화 화면이 표시됩니다. 준비가 되었으면 [녹화 시작] 버튼을 클릭합니다. 설명할 내용을 마이크에 말하고, 레이저 포인터나 펜으로 위치도 가리키면서 프레젠테이션을 진행합니다. 다음 슬라이드로 이동하면서 이 과정을 반복합니다.

03 녹화된 설명을 확인하려면, [기본 보기] 화면에서 각 슬라이드에 삽입된 오디오 개체의 미디어 컨트롤에서 '재생' 아이콘을 클릭합니다.

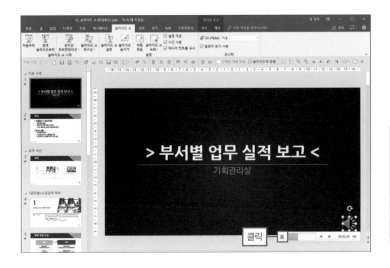

> **Tip** 웹캠이 있는 PC에서 녹화할 경우, 화면 오른쪽 아래에 발표자의 모습이 슬라이드 쇼와 함께 녹화됩니다. 이 상태에서 동영상으로 저장하여 설명 자료용으로 배포할 수 있습니다.

04 슬라이드 쇼를 자동으로 진행하면서 설명을 재생하고 싶다면, [슬라이드 쇼] 탭-[설정] 그룹에서 '설명 재생', '시간 사용' 옵션에 체크합니다.

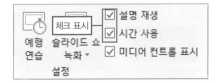

05 설명을 삭제하려면, [슬라이드 쇼] 탭-[설정] 그룹-[슬라이드 쇼 녹화▼]-[지우기]-[모든 슬라이드의 설명 지우기]를 선택합니다.

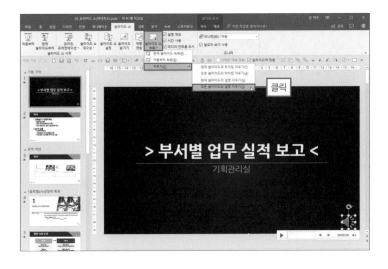

프레젠테이션을 진행할 때 다양한 움직임을 만들어 생동감 있게 할 수 있도록 전환 효과, 하이퍼링크, 애니메이션 기능을 이용하는 방법에 대해 알아보겠습니다.

• 실습 파일 : 05_슬라이드 쇼.pptx, 05_애니메이션.pptx, 05_애니메이션(결과).pptx

1 화면 전환 효과 사용하기

화면 전환은 [슬라이드 쇼 보기] 화면일 때, 한 슬라이드에서 다음 슬라이드로 이동할 때 발생하는 동작 효과를 나타냅니다. 화면 전환 효과는 슬라이드 단위로 적용됩니다.

[전환] 탭-[전환] 그룹에서 원하는 화면 전환 효과를 선택합니다. 더 많은 전환 효과를 표시하려면, [빠른 스타일 목록]에서 '자세히' 아이콘을 클릭합니다.

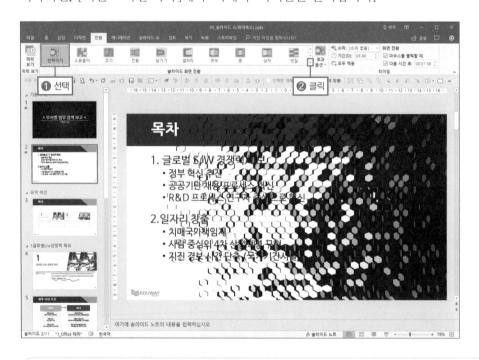

> **Tip** 파워포인트 2016에서 새로운 화면 전환 효과로 모핑이 추가되었습니다. 모핑 효과를 이용하면 파워포인트에서도 프레지처럼 다양한 효과를 만들 수 있습니다.

■ 전환 효과와 효과 옵션

슬라이드 화면 전환 효과 종류를 살펴보면 '전환 효과 없음', '은은한 효과', '화려한 효과', '동적 콘텐츠'의 범주로 나누어져 다양한 전환 효과가 제공되고 있습니다. 효과에 따라 세부적인 설정 사항을 변경하는 효과 옵션이 다르게 표시됩니다.

■ 화면 전환에 소리 추가하기

슬라이드 화면 전환에 효과음을 추가할 수 있습니다. [전환] 탭-[타이밍] 그룹-[소리] 목록에서 원하는 소리 효과를 선택합니다.

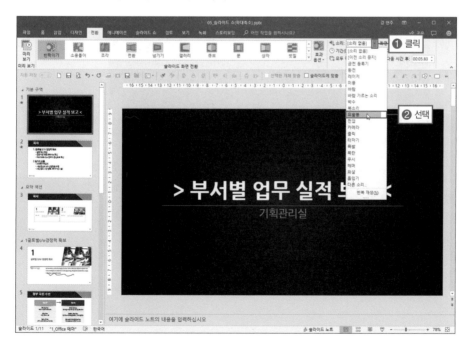

■ 화면 전환 속도 설정과 화면 전환 방법

- 화면 전환 속도 설정 : [전환] 탭–[타이밍] 그룹의 '기간' 오른쪽에 원하는 속도를 입력하거나 선택합니다. 기간을 길게 지정하면 화면이 전환되는 속도가 느려집니다.
- 마우스를 클릭할 때 슬라이드 전환 : [전환] 탭–[타이밍] 그룹에서 '마우스를 클릭할 때' 옵션에 체크합니다.
- 지정된 시간 이후 슬라이드 자동 전환 : [전환] 탭–[타이밍] 그룹에서 '다음 시간 후' 오른쪽에 원하는 시간을 초 단위로 입력합니다.

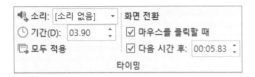

■ 모든 슬라이드에 동일한 화면 전환 효과 지정하기

선택한 화면 전환 효과를 모든 슬라이드에 적용하려면 [전환] 탭–[타이밍] 그룹–[모두 적용]을 선택합니다.

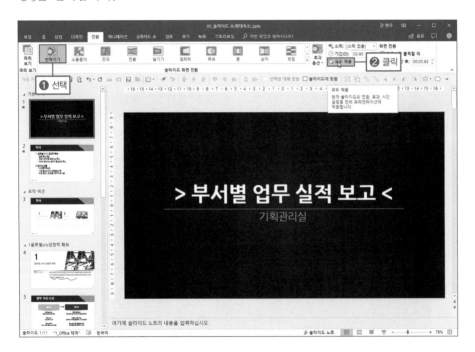

■ 화면 전환 효과 변경하기

화면 효과가 적용된 슬라이드를 선택한 다음, [전환] 탭−[슬라이드 화면 전환] 그룹에서 다른 화면 전환 효과를 선택합니다. 소리와 속도도 다시 지정할 수 있습니다. 선택하면 바로 변경됩니다.

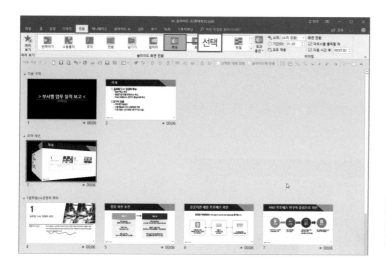

> Tip 화면 전환 효과는 [여러 슬라이드 보기] 화면에서 적용하는 것이 편리합니다.

■ 화면 전환 효과 삭제하기

• 해당 슬라이드의 전환 효과 삭제 : [전환] 탭−[슬라이드 화면 전환] 그룹−[화면 전환 효과]−[없음]을 선택합니다.

• 한 번에 모든 슬라이드에 적용된 전환 효과 삭제 : [전환] 탭−[슬라이드 화면 전환] 그룹−[화면 전환 효과]−[없음]을 선택한 다음. [전환] 탭−[타이밍] 그룹−[모두 적용]을 선택합니다.

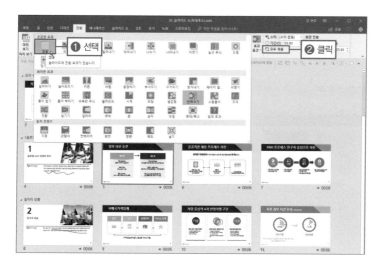

② 프레젠테이션 진행 중 하이퍼링크 이용하기

프레젠테이션을 진행하다 보면 작성된 슬라이드 순서와 다르게 슬라이드나 파일, 웹 페이지 등 다른 위치의 자료를 참조해야 하는 경우가 있습니다. 하이퍼링크는 같은 프레젠테이션의 다른 슬라이드에 연결하거나 다른 프레젠테이션의 슬라이드, 전자 메일 주소, 웹 페이지 또는 다른 종류의 파일에 연결할 때 사용합니다.

■ 같은 프레젠테이션의 슬라이드에 연결하기

현재 프레젠테이션 중인 문서의 슬라이드에 하이퍼링크를 연결하는 방법을 살펴보겠습니다.

01 하이퍼링크로 사용할 텍스트, 도형 또는 그림을 선택하고 [삽입] 탭-[링크] 그룹-[링크]를 클릭합니다.

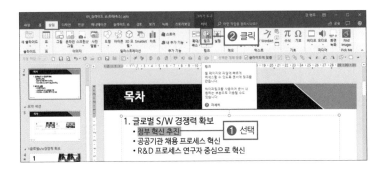

02 [하이퍼링크 삽입] 대화상자의 연결 대상에서 '현재 문서'를 선택합니다. 슬라이드를 작성할 때 제목 개체를 사용했다면, 슬라이드의 제목이 슬라이드 번호 옆에 표시됩니다. 연결할 슬라이드를 선택하고 [확인] 버튼을 클릭합니다.

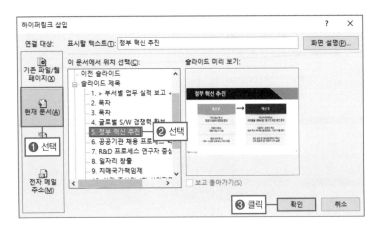

> Tip 이때 사용되는 슬라이드 제목은 '제목' 개체 틀을 사용해서 작성한 슬라이드를 나타냅니다.

■ 하이퍼링크 색상 변경하기

하이퍼링크가 지정되면 텍스트의 색이 바뀌는 것을 확인할 수 있습니다. 이 색은 테마에서 지정된 하이퍼링크 색상입니다. 하이퍼링크 색상을 바꾸는 방법을 살펴보겠습니다.

01 지정된 하이퍼링크 색상을 변경하기 위해 [디자인] 탭-[적용] 그룹-[색]-[색 사용자 지정]을 선택합니다.

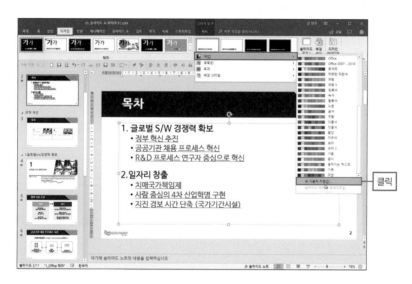

02 [새 테마 색 만들기] 대화상자가 표시되면 아래쪽에 있는 '하이퍼링크', '열어 본 하이퍼링크' 색을 원하는 색으로 지정합니다.

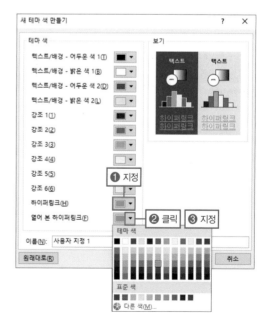

03 하이퍼링크 색상이 변경된 것을 확인합니다.

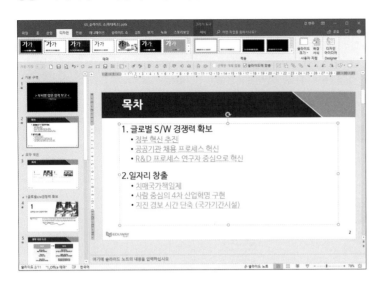

■ 하이퍼링크 편집과 제거하기

하이퍼링크를 지정하려는 텍스트나 개체를 선택하고, 마우스 오른쪽 버튼을 클릭하면 표시되는 [바로 가기] 메뉴에서 하이퍼링크를 지정하거나 편집, 삭제할 수 있습니다.

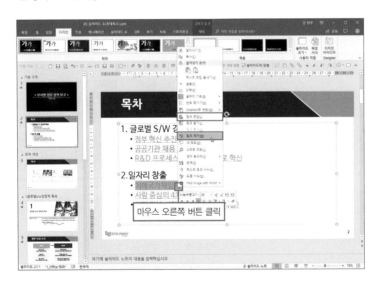

마우스 오른쪽 버튼 클릭

Tip [기본 보기] 화면에서 하이퍼 링크를 따라가 확인하려면 Ctrl 키를 누른 채 클릭합니다.

❸ 청중의 시선을 사로잡는 애니메이션 활용하기

애니메이션은 프레젠테이션을 진행할 때 중요한 사항을 강조하거나 정보의 흐름을 제어하여 청중의 관심을 집중시키는 데 활용하면 좋습니다. 하지만, 너무 화려하고 많은 애니메이션은 주제를 산만하게 만들 수도 있습니다. 효과적으로 내용을 전달하기 위해 적절한 애니메이션을 꼭 필요할 때 적용하는 것이 좋습니다.

■ 애니메이션 추가하기

슬라이드에 삽입된 개체를 발표자의 의도대로 움직이기 위한 애니메이션 효과에 대해 살펴보고, 원하는 효과를 지정하는 방법을 알아보겠습니다.

01 애니메이션을 지정할 개체를 선택하고 [애니메이션] 탭-[애니메이션] 그룹-[나타내기] 범주 중 [닦아내기]를 선택합니다. [나타내기] 범주의 더 많은 애니메이션을 보고 싶다면, 목록 아래쪽의 [추가 나타내기 효과]를 클릭합니다.

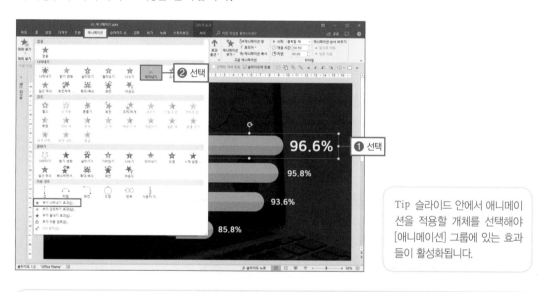

Tip 슬라이드 안에서 애니메이션을 적용할 개체를 선택해야 [애니메이션] 그룹에 있는 효과들이 활성화됩니다.

Tip 애니메이션 효과가 지정된 개체에는 번호가 표시됩니다. 표시되는 번호는 애니메이션이 진행될 때의 순서를 나타내며, 좀 더 정확하게는 클릭하는 횟수를 의미합니다.

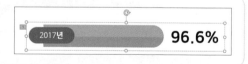

02 적용된 전환 효과에 효과 옵션을 설정하겠습니다. [애니메이션] 탭-[애니메이션] 그룹-[효과 옵션▼]-[왼쪽에서]를 선택합니다.

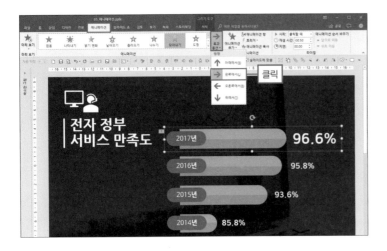

■ 애니메이션 복사하기

추가한 애니메이션은 다른 개체에도 복사해서 사용할 수 있습니다.

애니메이션이 지정된 개체를 선택하고, [애니메이션] 탭-[고급 애니메이션] 그룹-[애니메이션 복사]를 선택합니다. 애니메이션을 지정하려는 개체를 선택하면 동일한 애니메이션이 바로 지정됩니다. 실제 슬라이드 쇼 상태에서 어떻게 진행되는지 확인하기 위해 F5 키를 눌러 슬라이드 쇼를 진행하고, Enter 키나 마우스 클릭으로 정확하게 재생되는지 확인합니다.

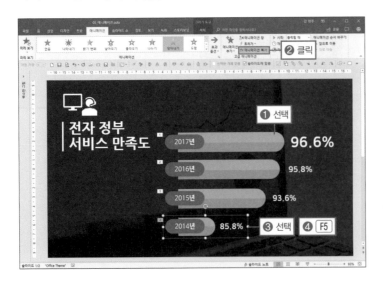

Tip 여러 개체에 동일한 애니메이션을 복사 하려면, [애니메이션 복사] 명령을 더블 클릭합니다.

■ [애니메이션] 창 활용하기

[애니메이션] 창을 활용하면 애니메이션의 전체적인 설정 사항을 쉽게 파악할 수 있습니다. [애니메이션] 탭-[고급 애니메이션] 그룹-[애니메이션 창]을 선택합니다.

[애니메이션] 창이 표시되면 숫자, 아이콘 모양, 별의 색깔, 막대의 길이 등으로 슬라이드에 적용된 애니메이션 스토리를 한눈에 확인할 수 있습니다. 아이콘이 모두 보이도록 경계선에 마우스 커서를 두고 창 크기를 조절합니다.

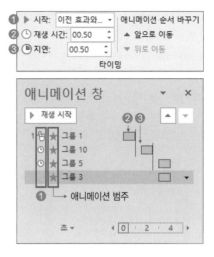

❶ **시작** : 애니메이션의 시작 방법을 설정할 수 있습니다. 시작 방법과 관련된 옵션은 다음과 같습니다.

- **클릭할 때(🖰)** : 슬라이드 클릭 시 해당 번호의 애니메이션 효과가 시작됩니다. [애니메이션] 창의 애니메이션 목록 앞에 클릭 횟수를 나타내는 번호와 클릭할 때 시작을 나타내는 마우스 아이콘이 표시됩니다.
- **이전 효과와 함께(없음)** : 목록에 있는 이전 효과와 동시에 애니메이션 효과가 시작됩니다. 한 번 클릭하면 두 개 이상의 효과가 실행됩니다. 동시에 시작되기 때문에 [애니메이션] 창의 애니메이션 목록 앞에 클릭 횟수를 나타내는 번호는 사라지고, '시작'은 이전 애니메이션 효과 목록을 따릅니다.
- **이전 효과 다음에(🕒)** : 목록에 있는 이전 효과의 재생이 끝나는 즉시 애니메이션 효과가 시작됩니다. 다음 애니메이션 효과를 시작하기 위해 다시 클릭하지 않아도 됩니다. [애니메이션] 창의 애니메이션 목록 앞에 클릭 횟수를 나타내는 번호는 사라지고, '시작'은 시계 아이콘이 표시됩니다. 애니메이션의 재생 위치는 이전 애니메이션 효과가 끝난 뒤쪽에 이어서 표시됩니다.

❷ **재생 시간** : 막대의 길이는 애니메이션의 재생 시간을 나타냅니다. 재생 시간이 길면 애니메이션 속도가 느리게 진행됩니다. 즉, 재생 시간으로 애니메이션의 속도를 조정합니다.

❸ **지연** : 하나의 애니메이션 효과가 끝나고 다음 애니메이션 효과가 시작되는 사이의 간격을 의미합니다. 선택한 애니메이션에 지연 시간을 적용하려면 지연 항목에 몇 초 후에 애니메이션이 실행되는지 입력합니다.

■ 다양한 애니메이션 종류와 범주

애니메이션 효과에는 크게 네 가지의 범주가 있고, 그 중 [나타내기], [강조], [끝내기]에는 [기본 효과], [은은한 효과], [온화한 효과], [화려한 효과]의 네 종류로 다양한 효과가 제공됩니다. 하나의 개체에 한 개의 애니메이션을 사용하거나 여러 애니메이션을 조합할 수 있습니다.

❶ ★ 나타내기 (초록색 별 아이콘)
프레젠테이션에서 화면에 개체를 나타낼 때 사용하는 효과입니다.

❷ ★ 강조 (노랑색 별 아이콘)
프레젠테이션에서 개체를 강조할 때 사용하는 효과입니다.

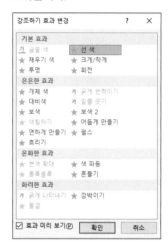

❸ ★ 끝내기 (빨강색 별 아이콘)
프레젠테이션에서 화면에 있는 개체를 사라지게 할 때 사용하는 효과입니다.

❹ ∞ 이동 경로
프레젠테이션에서 개체가 움직이는 경로를 지정할 때 사용하는 효과입니다.

■ 애니메이션 삭제하기

　지정된 애니메이션 효과를 삭제하려면, 삭제할 애니메이션 효과가 포함된 개체를 선택한 다음 [애니메이션] 탭-[애니메이션] 그룹-[없음]을 선택합니다. 또는 [애니메이션] 창에서 효과 목록 중 삭제하려는 목록을 선택하고 Delete 키를 누릅니다.

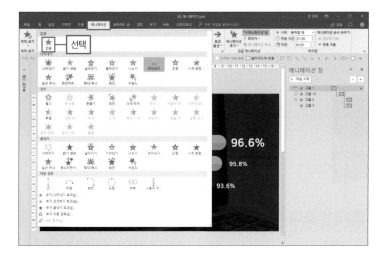

■ 적용된 애니메이션 수정하기

　수정할 애니메이션을 선택한 다음 [애니메이션] 탭-[애니메이션] 그룹에서 다른 종류의 애니메이션을 선택하면 바로 변경됩니다. 애니메이션 시작이나 시간과 관련된 설정은 [애니메이션] 탭-[타이밍] 그룹에서 변경합니다.

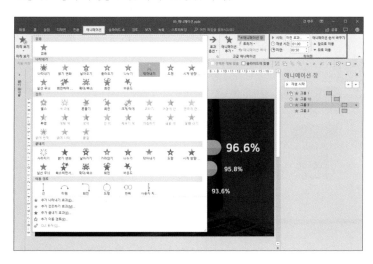

■ 같은 개체에 여러 개의 애니메이션을 적용하기

하나의 개체에 여러 애니메이션을 중복할 수 있습니다. 개체를 선택하고 [애니메이션] 탭-[고급 애니메이션] 그룹-[애니메이션 추가] 명령을 이용하면 같은 개체에 여러 개의 애니메이션을 지정할 수 있습니다.

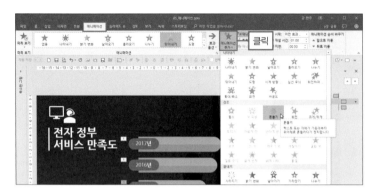

4 개체에 따라 달라지는 애니메이션 효과 옵션 알아보기

애니메이션 효과는 대상이 되는 개체에 따라 지정할 수 있는 [효과 옵션]이 조금씩 다릅니다. 사용하는 방법은 동일하니, 스마트아트 그래픽 개체를 예를 들어 애니메이션을 지정하고 효과 옵션을 수정해 보겠습니다.

01 스마트아트 그래픽 개체를 선택하고, [애니메이션] 탭-[애니메이션] 그룹-[추가 나타내기 효과]를 선택합니다.

02 [나타내기 효과 변경] 대화상자가 표시됩니다. 표시된 목록에서 애니메이션 효과 항목을 선택하면 화면에 적용된 모습을 미리 볼 수 있습니다. 적용할 애니메이션을 선택하고 [확인] 버튼을 클릭합니다.

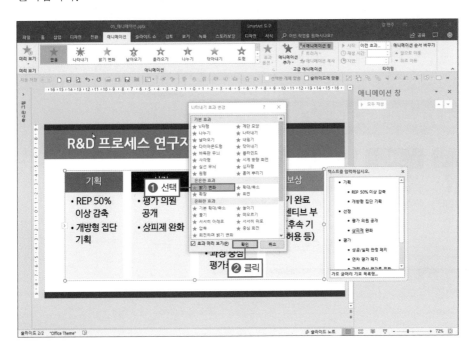

03 [애니메이션] 탭-[애니메이션] 그룹-[효과 옵션▼]-[수준(한 번에)]를 선택합니다.

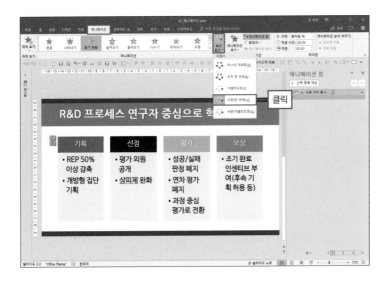

04 [애니메이션] 작업창의 목록을 확장하면, 애니메이션이 수준별로 진행될 수 있도록 슬라이드 쇼를 진행할 때 두 번의 클릭으로 나누어 내용을 표시하는 것을 알 수 있습니다.

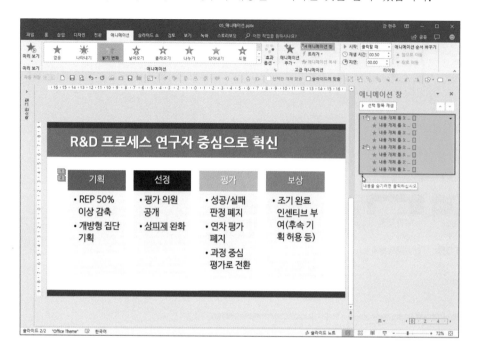

05 [애니메이션] 창에 등록된 애니메이션 목록에서 애니메이션 오른쪽 끝에 있는 [▼] 버튼을 클릭하거나, 마우스 오른쪽 버튼을 클릭하면 표시되는 [바로 가기] 메뉴에서 [효과 옵션]을 실행합니다. 애니메이션의 효과 옵션 대화상자가 표시되면 좀 더 세밀하게 옵션을 지정할 수 있습니다.

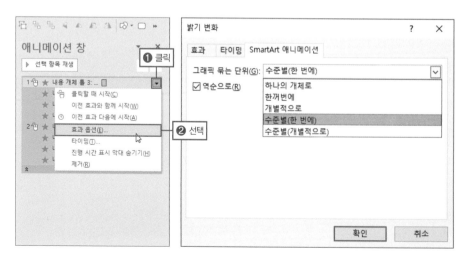

5 이동 경로 애니메이션 효과 지정하기

애니메이션 효과를 지정할 때 사용자가 직접 개체가 움직이는 경로를 지정할 수 있습니다.

01 슬라이드에 삽입된 자동차 개체를 선택하고, [애니메이션] 탭-[애니메이션] 그룹-[애니메이션 목록] 중 [이동 경로] 범주에서 [사용자 지정 경로]를 선택합니다.

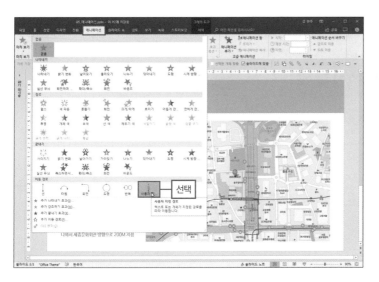

02 마우스 포인터가 십자 모양으로 바뀌면 경로를 표시합니다. 시작 지점은 녹색, 종료 지점은 빨강색으로 표시되는 것을 확인할 수 있습니다.

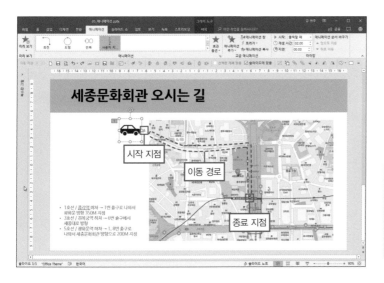

> **Tip 이동 경로 그리는 방법**
> - 직선 그리기 : 클릭
> - 곡선 그리기 : 드래그
> - 경로 종료 : 더블클릭 또는
>   Esc

03 이동 경로 방향 변경, 이동 경로의 개별 지점 편집, 애니메이션 잠금(다른 사용자가 애니메이션을 변경할 수 없도록 만들기) 또는 잠금 해제 등과 같은 작업을 수행하려면 [애니메이션] 탭 – [애니메이션] 그룹 – [효과 옵션▼]을 클릭하고 원하는 옵션을 선택합니다.

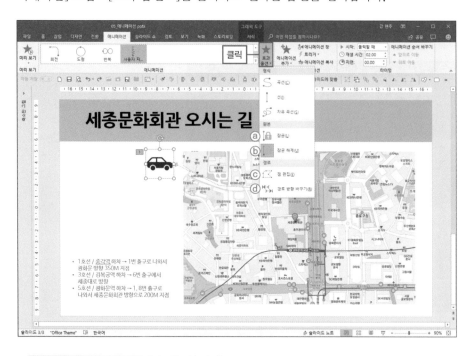

Tip **이동 경로 효과 옵션**

ⓐ 잠금 : 이동 경로가 개체를 움직여도 원래의 경로가 변경되지 않습니다.

ⓑ 잠금 해제 : 이동 경로가 개체를 움직이면 따라 움직입니다. 원래의 경로가 변경됩니다.

ⓒ 점 편집 : 경로를 수정합니다.

ⓓ 경로 방향 바꾸기 : 시작과 종료 지점을 변경합니다.

Sub ③ 목적에 맞는 인쇄물 준비와 문서 점검하기

프레젠테이션 문서는 사용 목적에 따라 인쇄 형태를 지정할 수 있습니다. 완성한 프레젠테이션 문서를 인쇄하고 목적에 알맞은 인쇄 형태를 설정하는 방법을 살펴본 다음, 어디에서든 문제없이 잘 실행되고 안전하게 배포하기 위해 점검해야 할 사항을 알아보겠습니다.

• 실습 파일 : 05_인쇄.pptx

1 인쇄 명령 살펴보기

인쇄에 관련된 작업은 [파일] 탭 – [인쇄(Ctrl+P)]를 선택하면 표시되는 화면에서 모두 설정할 수 있으며, 인쇄되는 모양을 미리 확인할 수 있어서 편리합니다.

■ 복사본 부수와 프린터 설정하기

[파일] 탭 – [인쇄] 화면에서 '복사본' 오른쪽에 인쇄할 부수를 입력합니다. 사용하는 프린터가 여러 대인 경우, [프린터] 항목에서 사용할 프린터를 지정합니다. 컬러로 인쇄하려면 반드시 컬러 프린터를 선택해야 합니다. 자주 사용하는 프린터를 기본 프린터로 지정하고 사용하면 편리합니다.

■ 인쇄할 슬라이드 지정 옵션

❶ 모든 슬라이드 인쇄 : 전체 프레젠테이션 문서에 포함된 슬라이드를 인쇄합니다.

❷ 선택 영역 인쇄 : [인쇄] 명령을 실행하기 전에 슬라이드를 선택한 경우, 선택한 슬라이드만 인쇄합니다.

❸ 현재 슬라이드 인쇄 : [기본 보기] 화면에서 프레젠테이션 문서를 확인할 때, 현재 화면에 보이는 슬라이드만 인쇄합니다.

❹ 범위 지정 : 인쇄할 특정 슬라이드를 직접 입력합니다.

❺ 구역 : 프레젠테이션에 구역이 설정된 경우, 특정 구역에 포함된 슬라이드만 인쇄합니다.

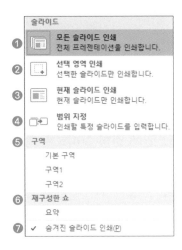

❻ 재구성한 쇼 : 프레젠테이션 문서의 슬라이드를 재구성한 경우, 해당하는 재구성에 포함된 슬라이드만 인쇄합니다.

❼ 숨겨진 슬라이드 인쇄 : 프레젠테이션 문서에 숨겨진 슬라이드가 있을 경우, 숨겨진 슬라이드를 포함하여 인쇄합니다.

■ 인쇄 모양 선택 옵션

❶ 전체 페이지 슬라이드 : 용지 한 장에 하나의 슬라이드를 인쇄합니다.

❷ 슬라이드 노트 : 슬라이드 노트를 인쇄합니다.

❸ 개요 : 프레젠테이션 문서의 [개요] 창에 보이는 내용을 인쇄합니다.

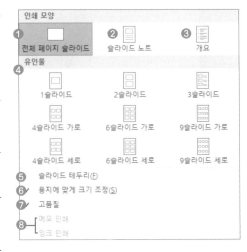

❹ 유인물 : 유인물에 들어가는 슬라이드의 개수를 지정해서 인쇄합니다. 유인물 한 페이지에 들어가는 슬라이드의 수가 네 개 이상이 되면 가로와 세로로 지정 가능합니다.

❺ 슬라이드 테두리 : 인쇄할 슬라이드의 테두리를 지정합니다.

➏ 용지에 맞게 크기 조정 : 인쇄 용지에 맞게 크기를 조정하여 빈 여백을 최소화합니다.

➐ 고품질 : 텍스트나 개체에 적용된 그림자 효과까지 인쇄합니다.

➑ 메모 및 잉크 표시 인쇄 : 메모가 삽입되어 있거나 잉크가 저장되어 있는 경우, 메모와 잉크를 포함하여 인쇄합니다.

■ 인쇄 부수 선택 옵션

프레젠테이션 문서의 인쇄 부수와 관련된 옵션을 설정할 수 있습니다. [한 부씩 인쇄]를 선택하면 여러 부를 인쇄할 때 한 부씩 인쇄됩니다.

■ 컬러 선택 옵션

인쇄할 색상을 지정할 수 있습니다. 컬러, 회색조, 흑백 등 원하는 색상을 지정합니다. 사용 중인 프린터가 컬러 인쇄를 지원하지 않을 경우, 컬러로 인쇄할 수 없습니다.

Tip 인쇄할 슬라이드 범위 지정하는 방법

[파일] 탭-[인쇄] 화면의 설정에서 [모든 슬라이드 인쇄]를 클릭하면 [슬라이드] 범주가 표시됩니다. [범위 지정] 옵션을 선택하면 직접 인쇄 범위를 입력할 수 있습니다. 예를 들어, '1,3-5'를 입력하면 1, 3, 4, 5번에 해당하는 슬라이드가 인쇄됩니다.

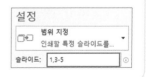

❷ 보고를 위한 슬라이드 인쇄하기

대부분의 경우, 프레젠테이션을 진행할 때 청중에게 유인물 형태의 자료를 배포합니다. 하지만, 중요한 의사 결정자에게 보고할 때는 한 페이지에 하나의 슬라이드를 인쇄하게 됩니다. 보고를 위한 슬라이드를 인쇄하는 방법을 살펴보겠습니다.

01 슬라이드를 한 장씩 인쇄하기 위해 [파일] 탭−[인쇄] 화면의 설정에서 [전체 페이지 슬라이드]를 선택합니다. 이때, '슬라이드 테두리', '용지에 맞게 크기 조정', '고품질' 옵션에 체크합니다.

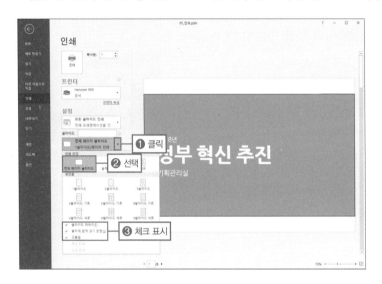

> Tip A4 용지에 슬라이드를 꽉 채워 인쇄하려면, 먼저 슬라이드 크기를 A4 사이즈로 조정해야 합니다.

02 슬라이드의 인쇄물에 페이지 번호와 머리글, 바닥글을 지정하려면, [파일] 탭−[인쇄] 화면 아래쪽의 '머리글 및 바닥글 편집'을 클릭합니다.
[머리글/바닥글] 대화상자가 표시되면 [슬라이드] 탭에서 '슬라이드 번호', '바닥글', '제목 슬라이드에는 표시 안 함' 옵션에 체크하고 바닥글 내용을 입력합니다. 모든 설정을 마치면 [모두 적용] 버튼을 클릭합니다.

> Tip 슬라이드 번호나 바닥글의 서식이나 위치를 변경하려면, [슬라이드 마스터] 보기 화면에서 지정합니다.

③ 발표자를 위한 슬라이드 노트 인쇄하기

청중이 바라보는 슬라이드 화면에는 표시되지 않지만 발표자가 알고 있어야 하는 내용을 참고 자료로 활용하려면, 각 슬라이드의 슬라이드 노트에 보충 자료를 입력해두면 좋습니다.

01 [기본 보기] 화면에서는 슬라이드 노트에 텍스트만 입력할 수 있습니다. 슬라이드 노트에 슬라이드 내용과 관련된 표나 그림, 차트 등을 삽입하려면, [보기] 탭-[프레젠테이션 보기] 그룹-[슬라이드 노트]를 선택하여 [슬라이드 노트] 보기 화면 상태에서 내용을 입력합니다.

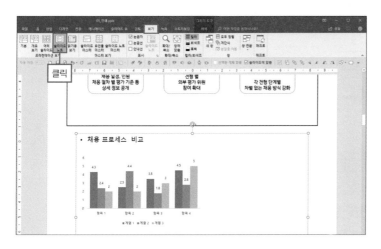

02 작성한 슬라이드 노트를 인쇄하기 위해 [파일] 탭-[인쇄] 화면에서 [슬라이드 노트]를 선택합니다.

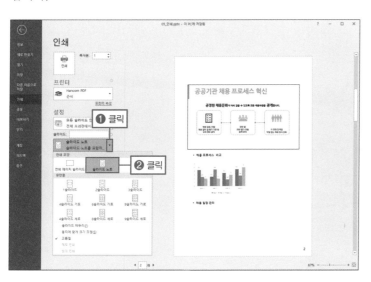

03 슬라이드 노트의 인쇄물에 페이지 번호와 머리글, 바닥글을 지정하겠습니다. [파일] 탭−[인쇄] 화면 아래쪽의 '머리글 및 바닥글 편집'을 클릭하여 [머리글/바닥글] 대화상자를 표시합니다. [슬라이드 노트 및 유인물] 탭에서 '페이지 번호', '머리글' 옵션에 체크한 다음 머리글 내용을 입력합니다. 모든 설정을 마치면 [모두 적용] 버튼을 클릭합니다.

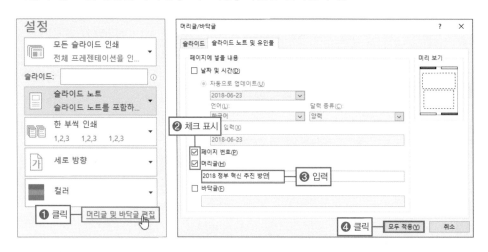

④ 청중을 위한 슬라이드 유인물 인쇄하기

프레젠테이션을 진행할 때 청중을 위해 유인물을 준비할 수 있습니다.

[파일] 탭−[인쇄] 화면에서 [3슬라이드 유인물]을 선택합니다. '슬라이드 테두리' 옵션을 지정하고 인쇄하면 유인물이 인쇄되는 것을 확인 할 수 있습니다.

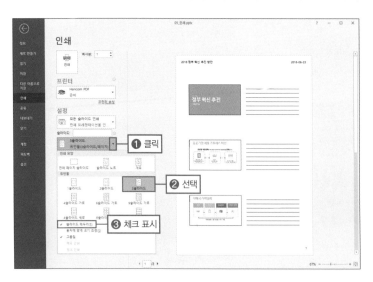

> **Tip** 슬라이드 노트와 유인물 인쇄물에 페이지 번호, 머리글, 바닥글은 한 곳에서 설정하면 같이 사용합니다. 사용하지 않으려면 다시 [머리글/바닥글] 대화상자에서 설정한 내용을 삭제합니다.

5 슬라이드 번호 변경하기

슬라이드 번호를 사용하면 '제목' 슬라이드를 제외한, 두 번째 슬라이드부터 슬라이드 번호를 사용하기 때문에 슬라이드 번호가 2번으로 표시됩니다. 실제로는 두 번째 슬라이드이지만, 1번으로 슬라이드 번호를 변경하는 방법을 살펴보겠습니다.

01 [디자인] 탭-[사용자 지정] 그룹-[슬라이드 크기]-[사용자 지정 슬라이드 크기]를 선택합니다.

02 [슬라이드 크기] 대화상자가 표시되면 슬라이드 시작 번호 항목을 '0'으로 설정하고 [확인] 버튼을 클릭합니다.

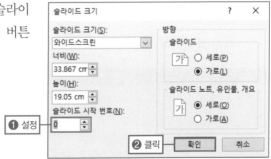

Tip **슬라이드 번호 표시와 관련된 명령 위치**

- 슬라이드 번호 사용 여부를 설정 : [삽입] 탭-[텍스트] 그룹-[머리글/바닥글]
- 슬라이드 번호 개체 틀의 위치와 서식을 지정 : [슬라이드 마스터] 보기 화면의 슬라이드 마스터에서 슬라이드 번호 개체 틀의 위치와 서식 지정
- 슬라이드 시작 번호를 원하는 번호로 설정 : [디자인] 탭-[사용자 지정] 그룹-[슬라이드 크기]-[사용자 지정 슬라이드 크기]

⑥ 배포 전 문서 점검하기

프레젠테이션 문서를 완성한 다음 다른 사람에게 전달하거나 게시판에 첨부하기 전에 불필요한 자료가 배포되지 않고, 내용이 문제없이 보이도록 꼼꼼하게 점검해야 합니다.

■ 프레젠테이션 보호하기

파일을 배포하기 전에 문서에 암호를 지정하거나 최종본으로 표시해서 전달할 수 있습니다.

[파일] 탭-[정보]-[프레젠테이션 보호▼]를 클릭합니다. [프레젠테이션 보호] 명령의 옵션은 다음과 같습니다.

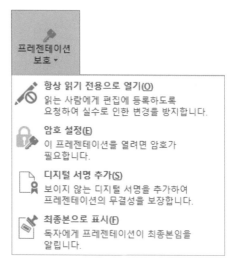

❶ 항상 읽기 전용으로 열기

사용자의 실수로 내용이 변경되는 것을 방지하기 위해 읽기 전용으로 문서를 열도록 설정합니다. 이 옵션은 보안 기능을 가지고 있지 않으며, 파일을 열었을 때 표시되는 [메시지 표시줄]에서 [계속 편집] 버튼을 클릭하면 편집할 수 있습니다.

❷ 암호 설정

문서에 대한 열기 암호를 설정합니다. [암호 설정]을 선택하면 [문서 암호화] 대화상자가 표시됩니다. 설정할 암호를 입력하고 다시 한 번 확인합니다. 암호를 삭제할 때는 아무것도 입력하지 않고 설정하면 됩니다.

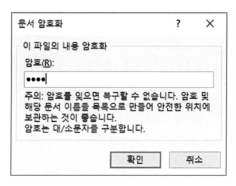 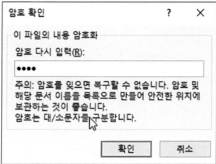

❸ 디지털 서명 추가

표시 또는 표시되지 않는 디지털 서명을 추가합니다. 디지털 서명은 컴퓨터 암호화를 사용하여 문서, 전자 메일 메시지, 매크로와 같은 디지털 정보를 인증하며, 서명을 입력하거나 신뢰성, 무결성 및 거부할 수 없음을 설정하는 서명 이미지를 사용하여 만듭니다.

❹ 최종본으로 표시

문서를 읽기 전용으로 만듭니다. [최종본으로 표시]를 선택하면 입력, 편집 명령 및 언어 교정 표시가 비활성화 또는 해제됩니다. '최종본으로 표시' 명령을 사용하면 프레젠테이션의 완료된 버전을 공유하고 있음을 다른 사용자들에게 손쉽게 알릴 수 있습니다. 이 옵션은 보안 기능을 가지고 있지 않으며, 파일을 열었을 때 표시되는 [메시지 표시줄]에서 [계속 편집] 버튼을 클릭하면 편집할 수 있습니다.

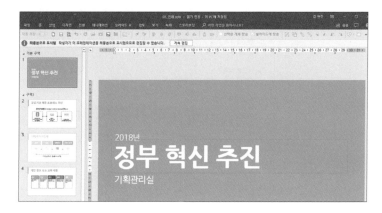

■ 프레젠테이션 검사하기

파워포인트 2016에서 작성한 프레젠테이션 문서와 이전 버전의 파워포인트 간 호환성 문제를 알아보고, 미리 해당 문제를 해결하는 방법을 점검합니다. 또한 다른 사람에게 파일을 전달할 때 불필요한 정보가 전달되지 않도록 확인합니다.

[파일 탭]-[정보]-[문제 확인▼]을 클릭합니다. [문제 확인] 명령의 옵션은 다음과 같습니다.

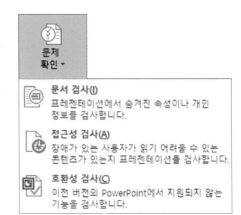

❶ 문서 검사

문서에 포함된 메모나 주석, 속성 및 개인 정보, 숨김으로 지정된 슬라이드 정보, 슬라이드 노트 내용을 삭제할 수 있습니다. 슬라이드 노트 내용처럼 별도로 전달할 필요는 없지만 발표자에게 필요한 내용이라면, 원본이 지워지지 않도록 다른 사람에게 전달할 파일을 복사해서 작업해야 합니다.

[문서 검사]를 선택하면 [문서 검사] 대화상자가 표시됩니다. 삭제하려는 항목의 확인란에 체크하고 [검사] 버튼을 클릭합니다. 삭제할 정보가 검사되면 [모두 제거] 버튼이 표시됩니다. [모두 제거] 버튼을 클릭하면 지워집니다.

❷ 접근성 검사

[맞춤법 검사기]에서 잠재적 맞춤법 오류에 대한 경고가 표시되는 것과 유사합니다. [접근성 검사]에서는 파일의 접근성 문제에 대한 경고가 표시되며, 장애가 있는 사용자가 콘텐츠에 액세스하지 못하게 하는 잠재적 문제를 수정할 수 있습니다.

❸ 호환성 검사

작성한 프레젠테이션 문서를 파워포인트 97 – 2003 파일 형식으로 저장하기 전에 손실되는 기능은 없는지 확인할 수 있습니다.

[호환성 검사]를 선택하면 [호환성 검사] 대화 상자가 표시됩니다. 손실되는 기능의 내용을 확인한 후 문제점을 미리 점검하고 [확인] 버튼을 클릭합니다.

7 다양한 사용 목적에 맞게 저장하기

프레젠테이션 문서를 사용 목적에 맞게 다양한 방식으로 저장하는 방법을 살펴보겠습니다.

■ PDF/XPS 문서로 저장하기

프레젠테이션 문서를 PDF/XPS 문서로 저장하면 서식이나 글꼴을 유지하면서 파일을 수정할 수 없도록 하고, 쉽게 공유 또는 인쇄할 수 있습니다.

01 [파일] 탭-[내보내기]-[PDF/XPS 문서 만들기]를 선택한 다음 [PDF/XPS 만들기] 버튼을 클릭합니다.

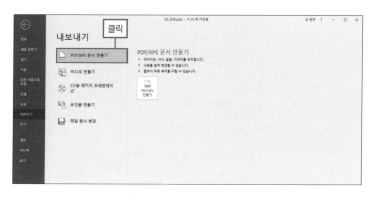

02 [PDF 또는 XPS로 게시] 대화상자가 표시되면 게시할 파일의 저장 위치를 지정합니다. 파일 이름에 프레젠테이션의 이름을 입력하거나 기본 파일 이름을 그대로 사용한 다음 게시 옵션을 설정하기 위해 [옵션] 버튼을 클릭합니다.

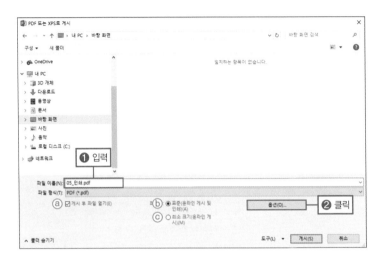

03 [옵션] 대화상자가 표시되면 인쇄할 페이지를 설정하고, 게시 옵션을 선택합니다. 모든 설정을 마치면 [확인]을 클릭하여 대화상자를 닫고 [PDF 또는 XPS로 게시] 대화상자의 [게시] 버튼을 클릭합니다.

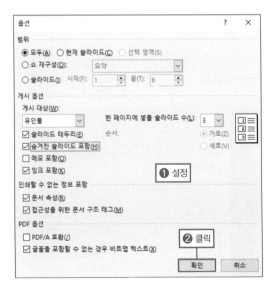

■ 비디오로 저장하기

프레젠테이션 문서를 비디오로 만들어 저장하면 쉽게 배포할 수 있고, 받는 사람도 쉽게 볼 수 있습니다. 프레젠테이션 문서 파일을 비디오로 저장하는 방법을 살펴보겠습니다.

01 프레젠테이션 문서를 비디오로 저장하기 위해 [파일] 탭-[내보내기]-[비디오 만들기]를 선택합니다.

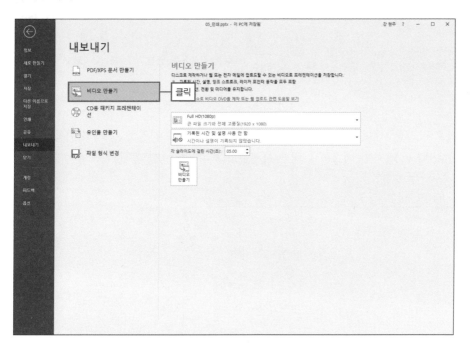

02 비디오 품질과 크기 옵션을 지정하기 위해 [비디오 만들기]에서 [프레젠테이션 품질] 펼침 목록을 클릭하고 다음 옵션 중 하나를 선택합니다.

03 [기록된 시간 및 설명 사용] 펼침 목록을 클릭하고 다음 옵션 중 하나를 선택합니다. 설정을 마치면 [비디오 만들기] 버튼을 클릭합니다.

Tip 각 슬라이드는 기본적으로 5초씩 표시됩니다. 슬라이드 표시 시간을 변경하려면 [각 슬라이드에 걸리는 시간(초)]의 값을 수정합니다.

04 [다른 이름으로 저장] 대화상자가 표시되면 파일의 저장 위치를 지정하고, 파일 이름에 비디오 이름을 입력하거나 기본 파일 이름을 그대로 사용합니다. [저장] 버튼을 클릭하여 대화상자를 닫습니다.

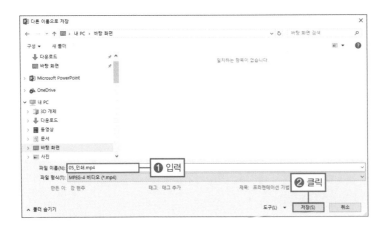

05 프레젠테이션을 비디오로 만들어 저장하는 과정이 진행됩니다. 프레젠테이션 분량과 내용에 따라 비디오 생성 시간이 오래 걸릴 수 있습니다. 화면 아래의 상태 표시줄에서 진행 과정을 확인하면서 기다립니다. 새로 만든 비디오를 재생하려면, 지정한 폴더 위치로 이동한 다음 파일을 더블클릭합니다.

■ 파워포인트 쇼로 저장하기

프레젠테이션 문서를 열면 슬라이드 쇼가 바로 실행되는 형식으로 저장할 수 있습니다.

01 [파일] 탭-[내보내기]-[파일 형식 변경]을 선택한 다음 [파워포인트 쇼 (*.ppsx)]를 더블클릭합니다.

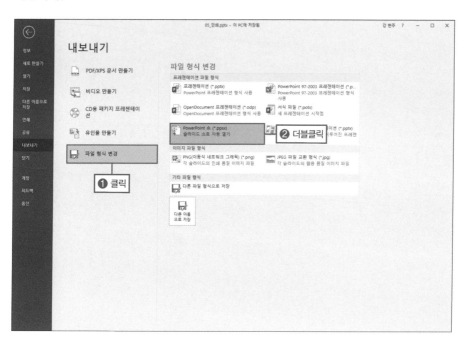

02 [다른 이름으로 저장] 대화상자가 표시되면 파일의 저장 위치를 지정하고, 파일 이름을 입력하거나 기본 파일 이름을 그대로 사용합니다. [저장] 버튼을 클릭하여 대화상자를 닫습니다.

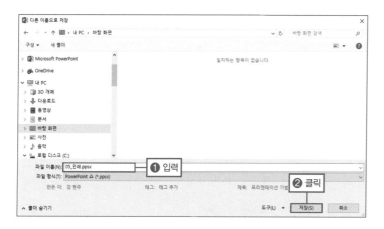

■ 수정할 수 없는 그림으로 저장하기

프레젠테이션 문서의 내용을 수정할 수 없는 한 장의 그림 형태로 저장할 수 있습니다.

01 [파일] 탭-[내보내기]-[파일 형식 변경]을 선택한 다음 [파워포인트 그림 프레젠테이션
(*.pptx)]을 더블클릭합니다.

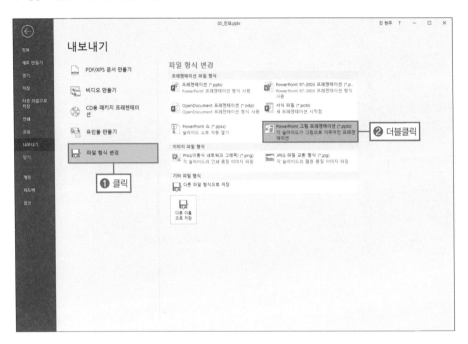

02 [다른 이름으로 저장] 대화상자가 표시되면 파일의 저장 위치를 지정하고, 파일 이름을 입력하
거나 기본 파일 이름을 그대로 사용합니다. [저장] 버튼을 클릭하여 대화상자를 닫습니다.

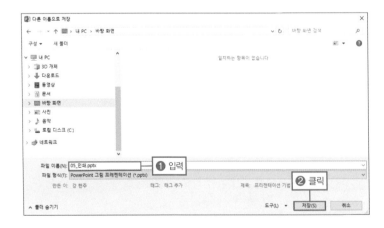

03 지정한 위치에 저장되었다는 안내 메시지가 나오면 [확인] 버튼을 클릭합니다.

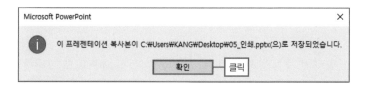

04 저장된 파일을 열면, 슬라이드의 내용은 같지만 하나의 이미지 형태로 만들어진 것을 확인할 수 있습니다.

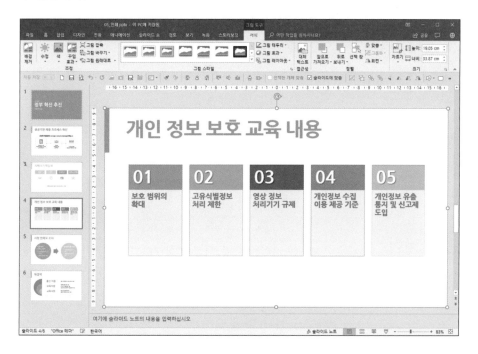

■ 그림으로 저장하기

슬라이드를 한 장씩 이미지로 만들 수 있습니다. 특히 카드 뉴스 같은 슬라이드를 이미지로 만들 때 편리합니다.

01 [파일] 탭–[내보내기]–[파일 형식 변경]을 선택한 다음 [PNG(이동식 네트워크 그래픽) (*.png)]또는 [JPEG 파일 교환 형식 (*.jpg)]을 더블클릭합니다.

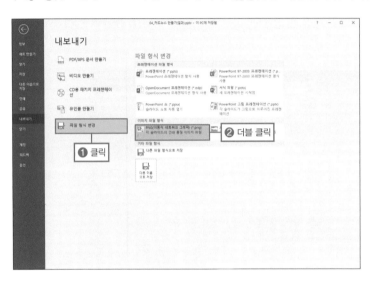

02 [다른 이름으로 저장] 대화상자가 표시되면 파일의 저장 위치를 지정하고, 파일 이름을 입력하거나 기본 파일 이름을 그대로 사용합니다. [저장] 버튼을 클릭하여 대화상자를 닫습니다. 지정한 파일 이름은 결과 그림이 저장될 폴더 이름으로 사용됩니다.

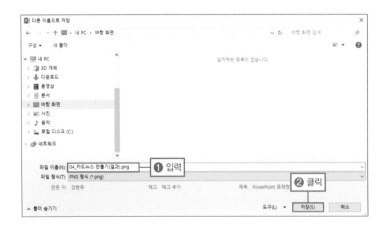

03 프레젠테이션 파일의 모든 슬라이드를 그림으로 저장하려면, [모든 슬라이드] 버튼을 클릭합니다. [현재 슬라이드만] 버튼을 클릭하면 현재 슬라이드 한 장만 그림으로 저장합니다.

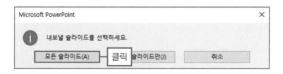

04 지정한 위치에 저장되었다는 안내 메시지가 나오면 [확인] 버튼을 클릭합니다.

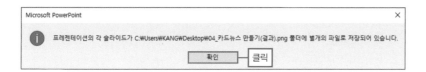

05 윈도우 탐색기로 저장 위치를 확인하면, 각각의 슬라이드가 그림으로 저장된 것을 확인할 수 있습니다.

Index _색인

Index_색인

Index _색인

한 권으로 끝내는 엑셀

참~ 쉽죠잉!

EDUWAY
에듀웨이

가장 쉽게 배우는 오피스 입문서

한 권으로 끝내는 엑셀 파워포인트

2020년 7월 10일 1판 2쇄 인쇄
2020년 7월 20일 1판 2쇄 발행

지 은 이 | 강현주, 조성근

펴 낸 곳 | (주)에듀웨이
주   소 | 14542 경기도 부천시 원미구 송내대로 265번길 59, 6층 603호(상동, 한솔프라자)
대표전화 | 032) 329-8703
팩   스 | 032) 329-8704
등   록 | 제387-2013-000026호
홈페이지 | www.eduway.net

북디자인 | 앤미디어
인   쇄 | 상지사 P&B
제   본 | 상지사 제본

Copyright©에듀웨이 R&D 연구소, 2017. Printed in Seoul, Korea
Illust Designed by Freepik

이 도서의 국립중앙도서관 출판예정도서목록(CIP)은 서지정보유통지원시스템 홈페이지(http://seoji.
nl.go.kr)와 국가자료공동목록시스템(http://www.nl.go.kr/kolisnet)에서 이용하실 수 있습니다.(CIP제어
번호: CIP2018029328)

책값은 뒤표지에 있습니다.

ISBN   979-11-86179-28-4

직장인을 위한 필수 프로그램, 엑셀을 쉽게 배우는 방법

엑셀은 직장인이라면 누구나 배워야 하는 필수 프로그램입니다. 각종 계산서는 물론 양식을 만들 때도 엑셀을 이용하는 사용자가 대부분입니다. 기본적인 계산 기능부터 표 데이터베이스, 매크로 등 다양한 기능을 사용할 수 있게 되면서 엑셀은 단순한 스프레드시트가 아닌 사회생활을 할 때 반드시 익혀야 할 종합 사무 지원 프로그램으로 거듭났습니다.

엑셀은 결코 배우기 힘든 프로그램이 아닙니다. 초보자가 힘들어 하는 함수도 엑셀 2016에서는 쉽고 빠르게 작성할 수 있도록 반자동 기능이 지원되며, 자동 사용되는 함수는 몇 번의 클릭만으로 작성이 가능합니다.

꼭 필요한 핵심 엑셀 기능 사용 노하우

엑셀을 가장 빠르게 익히는 방법은 자신이 직접 수식을 짜서 작업해 보는 것입니다. 엑셀에서 제공하는 기능은 셀 수 없이 많지만 정작 자신이 업무에서 자주 사용하는 형식은 열댓 가지 내외이기 때문입니다. 자신이 자주 사용하는 형식의 엑셀 수식을 만들어 연습해 보면 해당 형식의 엑셀에는 전문가 수준이 될 수 있습니다.

견디기 힘들면 차라리 즐기라는 말처럼, 엑셀을 배워야 하는 상황이라면 보다 즐거운 상황에서 익힐 수 있는 방법을 찾는 것이 효율적입니다. 이 책을 처음부터 끝까지 모두 따라해 보기 보다는 자신이 배워야 할 부분만 우선 찾아 익히는 방법을 추천합니다. 그렇게 하면 어느새 엑셀에 자신감이 붙은 자신을 발견할 수 있을 것입니다.

이 책에서는 엑셀의 기본적인 기능부터 엑셀 2016의 새로운 기능에 이르기까지 다양한 기능을 수록하였습니다. 엑셀을 처음 배우시는 분이라면 도입 부분을 차근차근 익히고 이미 이전 버전의 엑셀을 익힌 분이라면 새로운 기능을 찾아 좀 더 실력을 쌓을 수 있습니다.

이 책이 완성되기까지 격려의 말을 아끼지 않았던 희수에게 감사의 말을 전하며, 이 책을 학습하는 분들이 엑셀을 업무에 자유자재로 활용할 수 있기를 바랍니다.

저자 조성근

이 책은 엑셀 2016의 기본 기능부터 기능 예제를 쉽게 학습할 수 있도록 구성되어 있습니다. 함수를 비롯한 기본 기능을 탄탄히 익혀 효율적인 업무를 위한 워크시트를 작성해 보세요.

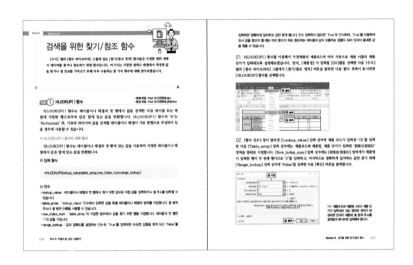

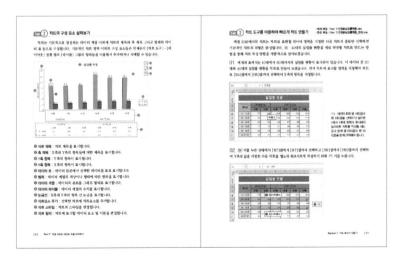

• 이론 : 엑셀의 여러 기능을 활용한 워크시트 관리 방법을 설명합니다. 초보자도 쉽게 활용할 수 있도록 기초부터 탄탄하게 알려 줍니다.

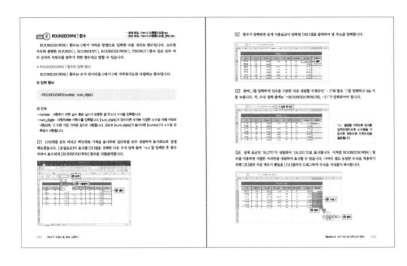

• 실습 예제 : 엑셀의 핵심 기능을 상세한
  튜토리얼로 설명합니다.

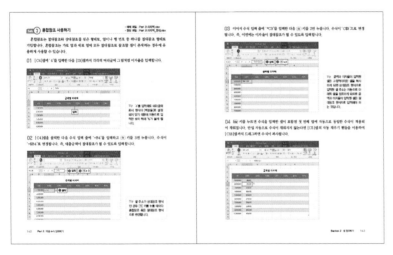

• 팁 : 추가 설명과 알아두면 좋은 내용을
  설명합니다.

• 실습 파일 다운로드 •

이 책은 실습 파일을 제공하며, 에듀웨이 홈페이지(www.eduway.net) 메인 화면의 [단행본 자료실]에서 실습 파일을 다운로드하여 사용하세요. 검색 창에 '한 권으로 끝내는 엑셀 파워포인트'를 입력한 다음 [검색] 버튼을 클릭하면 실습 파일이 검색됩니다.

Contents _목차

Contents _목차

Contents _목차

Part 01

엑셀 2016 시작하기

엑셀 2016은 국내에서 대부분의 사용자가 사용하고 있는 스프레드시트입니다.
여기서는 엑셀 2016의 새로운 기능과 화면 구성 등 기본적인 프로그램 사용 방법과
자신만의 환경을 설정하는 방법에 대해 알아보겠습니다.

엑셀 2016이란

같은 엑셀 2016을 사용하더라도 사용자마다 작업 스타일은 모두 다르기 마련입니다. 어떤 사용자는 Enter 키를 눌렀을 때 셀이 아래로 이동하기를 바라고, 또 어떤 사용자는 Enter 키를 눌렀을 때 셀이 오른쪽으로 이동하기를 바랍니다. 이러한 경우 엑셀 2016의 옵션 설정을 통해 자신에게 가장 적합한 환경을 만들 수 있습니다.

 엑셀 2016의 시스템 요구 사양

엑셀 2016은 윈도우 7 서비스팩 1 이상의 운영체제에서 사용이 가능합니다. 그러므로 기본적으로 윈도우 7을 설치할 수 있는 시스템 사양이라면 오피스 2016도 설치가 가능하다는 의미를 담고 있습니다. 단, 그래픽 카드는 DirectX 10의 그래픽 가속 기능이 있는 제품을 사용하는 것이 좋습니다.

엑셀 2016을 사용하기 위한 시스템 요구 사항은 다음과 같습니다.

구성 요소	요구 사항
컴퓨터 및 프로세서	1GHz 프로세서 이상
메모리	2GB 이상
하드 디스크	3GB의 사용 가능한 디스크 공간
광학디스크 드라이브	DVD-ROM 드라이브
디스플레이	모니터 해상도 1024x768 이상
운영 체제	Windows® 7 서비스팩 1 이후에 개발된 운영체제
그래픽	그래픽 가속화 기능이 있는 DirectX 10 그래픽 카드
.NET	.NET 3.5 이상 설치
계정	마이크로소프트 계정

Sub 2 오피스 2016 제품군

엑셀 2016은 단독으로 구매하여 사용할 수는 없으며, 오피스 2016 제품군에 포함되어 있는 프로그램입니다. 오피스 2016 제품군은 가정에서 사용하는 Home 제품군과 기업에서 사용하는 Business 제품군으로 구분하여 판매됩니다. 제품군에 따라 일부 제품이 포함되거나 빠져 있을 뿐, 기능은 모두 동일한 제품들입니다.

구분	제품군	Word	Excel	PPT	oneNote	Outlook	Publisher	Access
Home	Office 365 Home	○	○	○	○	○	○	○
	Office 365 Personal	○	○	○	○	○	○	○
	Office Home & Student 2016	○	○	○	○			
	Office Home & Student 2016 for Mac	○	○	○	○			
Business	Office Home & Business 2016	○	○	○	○	○		
	Office Home & Business 2016 for Mac	○	○	○	○	○		
	Office Professional 2016	○	○	○	○	○	○	○

Sub 3 엑셀 2016의 새로운 기능

엑셀 2016의 특징은 이전 버전에 비해 보다 신속하게 결과 값을 산출하고 시각적으로 진보된 화면을 제공한다는 점입니다. 또한 여러 사용자가 하나의 엑셀 문서를 공동으로 작업하는 협업 기능이 강화되고 전문적인 데이터 분석 기능이 제공되는 것이 특징이라 할 수 있습니다.

1 공동 작업(Co-Authoring) 기능

여러 사용자들이 실시간으로 공동으로 엑셀 문서를 작성하고 공유하며 각자의 편집 화면을 하나의 문서에서 확인하여, 하나의 엑셀 파일을 여러 사용자가 동시에 작업하는 것이 쉬워졌습니다.

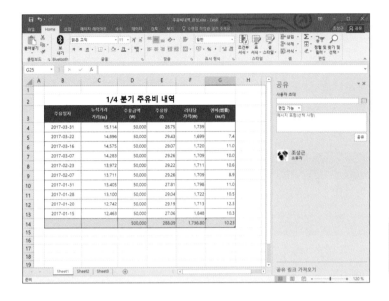

2 'Tell me' 기능

엑셀 2016의 탭 오른쪽 끝에는 항상 '수행할 작업을 알려주세요.'라는 문구가 뜨는데, 이곳에 수행할 작업을 입력하면 해당하는 작업 목록이 표시되어 선택할 수 있게 됩니다. 자주 사용하지 않는 기능이라면 리본의 위치를 기억하기보다 'Tell me' 기능을 이용하여 수행하는 것이 빠르고 편리합니다.

③ 진보된 자동 채우기

엑셀 2016에서는 보다 진보된 자동화된 채우기 기능을 제공합니다. 기존에 단순히 계산식을 채우던 기능에서 나아가 이메일 주소를 분석하여 자동으로 이름을 입력하는 등 일정한 형식을 갖춘 셀 데이터를 분석하여 자동으로 채워주는 기능을 제공합니다.

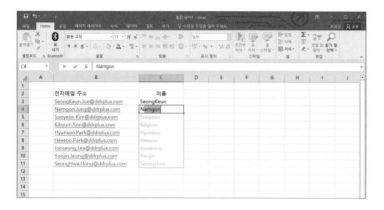

④ 빠른 분석과 쉬운 계산식 입력

기존에는 선택한 영역의 계산을 일일이 함수를 입력하거나 [수식] 탭 화면의 자동 계산 입력 기능을 이용해야 했으나 엑셀 2016에서는 선택한 영역의 데이터를 쉽고 빠르게 계산할 수 있는 도구 상자가 제공됩니다. 도구 상자를 이용하면 선택한 영역의 값에 대표적인 계산 함수를 빠르게 적용할 수 있습니다.

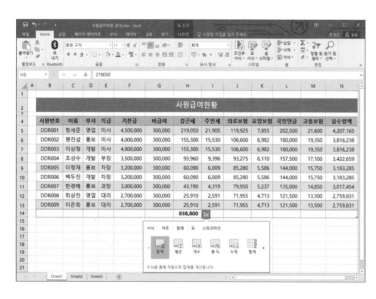

5 추천 차트와 새로운 6가지 차트

엑셀 2016에서는 사용자가 통합 문서에서 선택한 영역에 적합한 차트를 자동으로 찾아주는 [추천 차트]와 새로운 6가지의 차트가 추가되어 더욱 다양한 차트를 사용할 수 있게 되었습니다.

추천 차트를 이용하면 문서에 어울리는 차트가 어떤 것인지 고민하지 않아도 엑셀에 가장 최적화된 차트를 찾아줍니다. 단, 자신이 원하는 방향으로 추천 차트를 만들려면 선택된 영역의 데이터가 완성된 상태여야 합니다.

Sub 4 엑셀 2016 설치 및 정품 인증

엑셀 2016을 설치한 후에는 반드시 정품 인증을 등록해야 모든 기능을 사용할 수 있습니다. 정품 인증을 하지 않을 경우, 프로그램을 실행할 때마다 정품 등록 안내문구가 표시됩니다.

01 엑셀 2016 설치 파일을 실행합니다. 엑셀 2016의 소프트웨어 저작권에 대한 내용이 표시되면 [동의함] 옵션상자를 체크한 다음 [계속] 버튼을 클릭합니다.

02 설치 유형을 선택 후 프로그램 선택 화면이 표시되면 설치하지 않을 프로그램 상자를 클릭합니다. 바로가기 메뉴가 표시되면 [사용할 수 없음] 항목을 선택합니다. 같은 방법으로 설치하지 않을 프로그램을 설정한 다음 [지금 설치] 버튼을 클릭합니다.

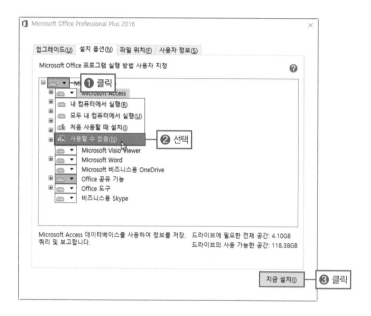

03 설치가 모두 끝나고 설치 완료 화면이 표시되면 [닫기] 버튼을 클릭하여 설치 과정을 마칩니다.

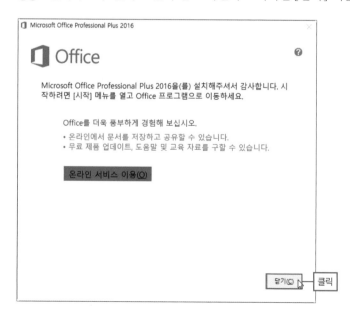

04 엑셀 2016 프로그램을 실행한 후 새 문서를 하나 만듭니다. 새 문서 창에서 [파일] 탭을 클릭한 다음 [계정] 힝목을 선택합니다.

Tip 새 문서 만드는 방법은 Section 2를 참고해 주세요.

05 [계정] 화면이 표시되면 [제품 키 변경] 항목을 선택한 다음 제품 키 입력상자가 표시되면 제품 키를 입력합니다.

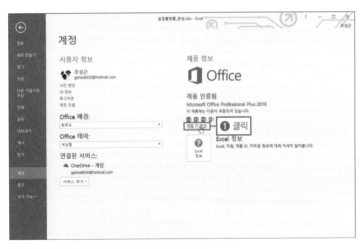

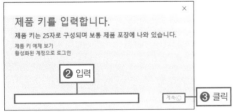

오피스 2016을 설치하면 이전의 버전에서처럼 [Microsoft Office 2016]과 같은 폴더는 만들어지지 않고 각각의 프로그램이 개별적으로 등록됩니다.

1 시작 메뉴를 이용하여 엑셀 2016 실행하기

윈도우의 시작 버튼을 클릭한 다음 [Excel 2016]을 선택하면 엑셀 2016을 실행시킬 수 있습니다.

2 엑셀 2016을 시작 메뉴에 고정시키기

시작 메뉴에서 [Excel 2016] 항목을 오른쪽 클릭하면 시작 메뉴의 타일 메뉴에 등록하여 빠르게 실행시킬 수 있습니다.

③ 탐색기를 이용하여 엑셀 실행하기

탐색기에서 엑셀로 만든 파일을 더블클릭하거나 Enter 키를 눌러도 엑셀 2016이 실행되어 해당 파일이 열립니다.

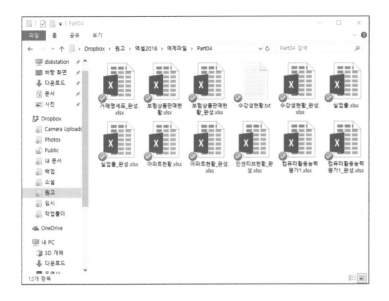

④ 엑셀 종료하기

엑셀 2016을 끝낼 때는 [파일] 탭을 클릭한 후 [닫기] 버튼을 클릭하거나 프로그램의 [창 닫기] 버튼을 클릭하면 됩니다. 엑셀 2016을 종료하거나 문서를 닫을 때 아직 저장되지 않는 내용이 있는 경우, 저장할 것인지 확인하는 대화상자가 표시됩니다.

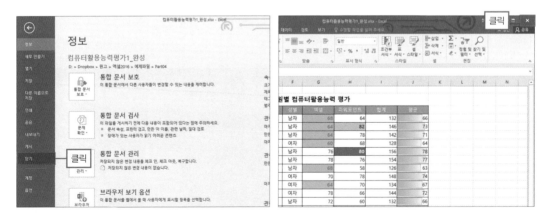

엑셀 2016에서는 기본적인 구성은 엑셀 2013과 유사하나 리본 메뉴의 구성이 조금씩 달라지고 'Tell me' 기능이 추가된 것이 특징입니다. 엑셀 2016의 화면은 어떻게 구성되어 있는지 알아보겠습니다.

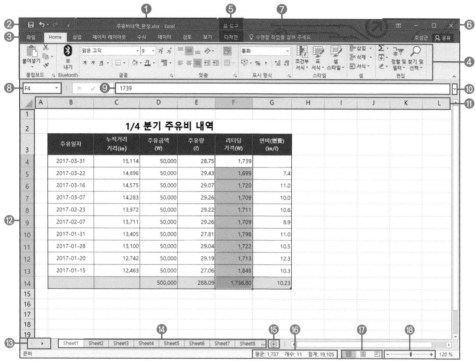

❶ **제목 표시줄** : 엑셀 문서 제목이 표시되는 곳입니다. 아직 저장하지 않은 상태라면 '통합 문서'라는 이름 뒤에 만든 순서대로 번호가 붙게 됩니다. 저장한 이후에는 문서 이름이 표시됩니다.

❷ **빠른 실행 도구 모음** : 엑셀 2016에서 자주 사용되는 기능을 빠르게 실행할 수 있도록 모은 곳입니다. 빠른 실행 도구 모음에서 사용할 수 있는 기능은 옵션 설정을 통해 변경할 수 있습니다.

❸ **Microsoft Office backstage** : 오피스 2007에서의 오피스 버튼과 유사하지만 보다 많은 기능을 제공합니다. 화면에는 [파일] 탭으로 표시되며 파일 작업과 문서 관리, 옵션 설정 등을 할 수 있습니다.

❹ **리본 메뉴** : 기능별로 일곱 개의 탭으로 구성되며, 각 메뉴를 클릭하면 해당 탭 화면으로 전환됩니다. 리본 탭 화면의 기능은 옵션 설정을 통해 변경할 수 있습니다. 또한 리본 탭을 더블클릭하거나 [리본 메뉴 축소] 버튼(▲)을 클릭하면 리본 메뉴를 화면에서 숨길 수 있습니다.

❺ 정황 탭 : 그림이나 표, 데이터 관리 등이 작업을 할 때 해당 기능에 대한 추가 기능이 해당 탭으로 표시됩니다. 편집 과정이 끝나면 탭 또한 사라집니다.

❻ 창 조절 버튼 : 창을 최소화하거나 최대화할 수 있고 엑셀 2016을 끝내기 위한 버튼이 제공됩니다.

❼ Tell me : 입력한 단어와 유사하거나 관련된 기능을 직접 수행할 수 있습니다. 검색 상자에 입력한 단어와 동일하거나 관련있는 기능을 자동으로 찾을 수 있습니다.

❽ 이름 상자 : 기본적으로는 현재 선택된 상태의 셀 주소가 표시되며 셀의 범위를 설정하는 동안은 셀 크기가 표시됩니다. 또한 일정한 범위의 셀을 선택한 다음 해당 범위에 이름을 부여할 수가 있습니다.

❾ 수식 입력 줄 : 수식을 입력하는 곳입니다. 셀을 선택했을 때는 입력한 데이터나 수식이 표시됩니다.

❿ 수식 입력 줄 확장 : 수식 입력 또는 데이터 입력이 여러 줄인 경우 수식 입력 창을 확장하여 표시합니다.

⓫ 열 머리글 : 열 이름이 표시되는 곳입니다. 최대 16,384개의 열을 만들 수 있으며 열 머리글을 클릭하면 해당 열이 모두 선택됩니다.

⓬ 행 머리글 : 행 이름이 표시되는 곳입니다. 최대 1,048,576개의 행을 만들 수 있으며 행 머리글을 클릭하면 해당 행이 모두 선택됩니다.

⓭ 워크시트 이동 버튼 : 화면에 보이지 않는 워크시트로 이동하기 위한 버튼입니다.

⓮ 시트 탭 : 워크시트의 탭들이 표시되며 탭을 선택하면 해당 워크시트가 표시됩니다. 워크시트의 순서는 변경할 수 있으며, 기존 워크시트를 복사하거나 삭제할 수 있습니다.

⓯ 워크시트 삽입 : 버튼을 클릭하면 새로운 워크시트가 만들어집니다.

⓰ 상황 표시줄 : 현재의 작업 현황을 표시합니다. 숫자로 된 셀을 여러 개 선택한 상태에서는 평균값과 개수 및 합계 등 자동 계산된 결과가 표시됩니다.

⓱ 페이지 보기 도구 : 엑셀의 화면을 [기본], [페이지 레이아웃], [페이지 나누기 미리 보기]로 구분하여 표시할 수 있게 합니다.

⓲ 화면 확대/축소 슬라이더 바 : 엑셀 화면을 확대하거나 축소할 수 있는 슬라이더 바를 제공합니다. 슬라이더 바를 드래그하거나 [+]와 [−] 버튼을 이용하여 배율을 조정할 수 있습니다.

[빠른 실행 도구 모음]과 [미니 도구모음]은 엑셀 2016에서 효율적인 작업을 위해 자주 사용하는 기능을 빠르게 사용할 수 있는 도구입니다. [미니 도구모음]은 셀을 마우스 오른쪽 클릭했을 때 바로가기 메뉴와 함께 표시되며, 글꼴 관련 작업과 표시 형식을 설정할 수 있습니다.

미니 도구모음을 표시하기 위해 적용하려는 셀을 선택한 다음 마우스 오른쪽 버튼을 클릭합니다. 미니도구 모음과 바로가기 메뉴가 표시되면 글꼴이나 셀 배경 색·표시 형식 등 자주 사용하는 기능을 적용할 수 있습니다.

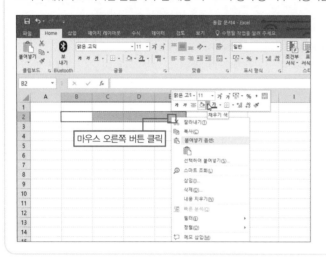

Sub 7 리본 메뉴 사용하기

리본 메뉴는 엑셀 2013부터 도입된 기능으로, 비슷한 유형의 기능을 단락으로 묶어 사용자가 명령어를 몰라도 쉽게 기능을 찾아 수행할 수 있도록 만든 사용자 인터페이스입니다. 엑셀 2016에서는 기존 리본 메뉴와 유사하지만 스마트 검색과 같은 좀 더 다양하고 진화된 기능을 제공합니다.

1 [파일] 탭

엑셀 문서를 열거나 저장하는 등의 파일 작업과 현재 작업 중인 문서에 대한 정보 그리고 인쇄와 옵션 설정, 도움말 지원 등의 작업을 할 수 있습니다.

2 [홈] 탭

엑셀 2016을 실행했을 때 기본적으로 표시되는 화면으로, 엑셀 작업에서 가장 자주하는 편집 기능과 서식 설정 기능이 포함되어 있습니다.

❶ [클립보드] 그룹 : 선택한 영역을 복사하거나 잘라내고 다시 붙이는 등 클립보드를 이용한 작업과 관련된 아이콘들이 제공됩니다. 확장 버튼을 클릭하면 클립보드에 저장된 내용들이 표시되어 선택적으로 엑셀 문서에 삽입할 수 있게 합니다.

❷ [글꼴] 그룹 : 글꼴과 글꼴 크기 · 글꼴색 등 글꼴 작업과 관련된 아이콘들이 제공되며 확장 버튼을 클릭하면 [셀 서식] 창의 [글꼴] 탭 화면이 표시됩니다.

❸ [맞춤] 그룹 : 셀 안에서의 데이터 정렬 방법을 설정할 수 있는 아이콘들로 구성되며 여러 셀을 병합하여 하나의 셀로 만드는 기능도 제공합니다. 확장 버튼을 클릭하면 [셀 서식] 창의 [맞춤] 탭 화면이 표시됩니다.

❹ [표시 형식] 그룹 : 백분율 · 통화 · 콤마 등 셀 데이터의 표시 형식을 설정하는 아이콘들로 구성되어 있으며, 확장 버튼을 클릭하면 [셀 서식] 창의 [표시 형식] 탭 화면이 표시됩니다.

❺ [스타일] 그룹 : 조건부 서식과 표 서식 그리고 셀 스타일을 설정할 수 있는 항목들로 구성되어 있습니다.

❻ [셀] 그룹 : 행이나 열을 삽입하거나 삭제하기 위한 항목과 셀과 시트의 서식을 설정할 수 있는 항목으로 구성되어 있습니다.

❼ [편집] 그룹 : 자동 합계나 채우기 · 정렬 및 필터 등 셀 편집과 정렬 및 검색과 관련된 항목들로 구성되어 있습니다.

③ [삽입] 탭

엑셀 문서에 표나 그림 · 도형 · 차트 등의 요소를 삽입하기 위한 도구들로 구성되어 있습니다.

❶ [표] 그룹 : 엑셀 문서에 표와 피벗테이블을 삽입하기 위한 항목으로 구성되어 있습니다.

❷ [일러스트레이션] 그룹 : 엑셀 문서에 그림이나 클립아트 · 도형 · 스크린 샷 등의 일러스트레이션 요소를 삽입할 수 있는 항목들로 구성되어 있습니다.

❸ [추가 기능] 그룹 : 옵션의 추가 기능 관리에 의해 선택된 추가 기능들이 표시됩니다.

❹ [차트] 그룹 : 엑셀 문서에 차트를 삽입할 수 있는 항목들로 구성되어 있습니다. 차트의 형태에 따라 각각의 차트를 클릭하면 세부적인 차트의 형태를 선택할 수 있으며, 확장 버튼을 클릭하면 [차트 삽입] 창이 열립니다.

❺ [투어] 그룹 : 3D 데이터 시각화 도구를 제공합니다. 3D 맵을 사용해 지구본 또는 사용자 지정 지도에 지리 및 시간에 따른 데이터를 보여줄 수 있습니다.

❻ [스파크라인] 그룹 : 선택한 영역에 스파크라인 차트를 삽입할 수 있는 항목들로 구성되어 있습니다.

❼ [필터] 그룹 : 피벗 테이블의 데이터를 재구성할 수 있는 슬라이서 기능이 제공됩니다.

❽ [링크] 그룹 : 선택한 텍스트나 객체에 인터넷 사이트나 문서, 전자메일 주소 등을 연결합니다.

❾ [텍스트] 그룹 : 엑셀 문서에 텍스트 상자를 삽입하고 머리글과 바닥글 및 워드아트를 삽입할 수 있는 항목들로 구성되어 있습니다.

❿ [기호] 그룹 : 현재 선택 중인 셀에 수식이나 기호를 삽입할 수 있는 항목들로 구성되어 있습니다.

4 [페이지 레이아웃] 탭

엑셀 문서의 테마 및 인쇄를 위한 페이지 설정과 시트 옵션 등 화면과 인쇄 페이지 설정과 관련된 도구들이 제공됩니다.

❶ [테마] 그룹 : 엑셀 문서의 일관성 있는 디자인을 유지하기 위한 테마 기능을 사용할 수 있습니다. 테마의 종류 및 테마에 사용된 글꼴과 효과 등을 설정할 수 있는 항목들로 구성되어 있습니다.

❷ [페이지 설정] 그룹 : 용지의 여백이나 크기 · 용지의 방향 등 인쇄를 위한 용지 설정과 관련된 기능들로 구성됩니다.

❸ [크기 조정] 그룹 : 인쇄할 때의 크기를 설정하기 위한 항목들로 구성되어 있습니다.

❹ [시트 옵션] 그룹 : 인쇄할 때 시트의 눈금선 표시 방법 등 시트 인쇄와 관련된 기능들로 구성됩니다.

❺ [정렬] 그룹 : 도형이나 텍스트 상자 · 워드아트 등의 개체 순서를 설정하고 정렬시킬 수 있는 항목들로 구성되어 있습니다.

⑤ [수식] 탭

함수를 삽입하고 수식을 분석하는 등 수식과 관련된 도구들로 구성되어 있습니다.

❶ [함수 라이브러리] 그룹 : 각종 함수를 삽입할 수 있는 항목들로 구성되어 있습니다. 각 분야의 함수를 클릭하면 세부 함수를 삽입할 수 있습니다.

❷ [정의된 이름] 그룹 : 엑셀 문서에서 선택한 영역의 이르을 정의하고 정의된 이름을 관리하는 등 이름과 관련된 항목들로 구성되어 있습니다.

❸ [수식 분석] 그룹 : 참조 셀을 표시하고 수식을 표시하는 등 수식의 관계를 분석하고 관리하는 기능들로 구성되어 있습니다.

❹ [계산] 그룹 : 수식 계산의 시간을 설정하고 현재 시트를 계산하는 등 계산과 관련된 항목들로 구성되어 있습니다.

⑥ [데이터] 탭

엑셀 문서로 외부 데이터를 가져오거나 데이터를 필터링하여 필요한 데이터만 추출하는 등 데이터를 추출하고 관리하기 위한 도구들로 구성되어 있습니다.

❶ [외부 데이터 가져오기] 그룹 : 액세스 데이터베이스나 웹으로부터 엑셀문서로 외부 데이터를 가져오기 위한 항목들로 구성되어 있습니다.

❷ [가져오기 및 변환] 그룹 : 엑셀 2016에서 새롭게 도입된 그룹으로 데이터 수집 및 모양 지정 관련 기능과 관련된 항목을이 제공됩니다.

❸ [연결] 그룹 : 엑셀 문서에 삽입된 외부 데이터의 갱신과 새로운 외부 데이터를 연결하는 작업 등 외부 데이터의 연결 작업과 관련된 항목들이 제공됩니다.

❹ [정렬 및 필터] 그룹 : 일정한 기준에 의해 데이터를 정렬시키거나 필요한 데이터만을 추출하는 등 데이터 정렬과 필터 설정과 관련된 기능들로 구성되어 있습니다.

❺ [데이터 도구] 그룹 : 중복된 데이터를 제거하거나 유효한 데이터만 입력하게 하는 등 데이터 입력 및 관리를 위한 항목들로 구성되어 있습니다.

❻ [예측] 그룹 : 기존 데이터를 이용해 향후 예측을 할 수 있습니다.

❼ [윤곽선] 그룹 : 일정한 범위의 셀들을 하나의 그룹으로 만들거나 그룹을 해제하고 부분합을 구하는 기능을 제공합니다.

7 [검토] 탭

셀 데이터의 내용을 확인하고 맞춤법을 검사하거나 메모를 입력하는 등 데이터를 검토하기 위한 항목들이 제공됩니다.

❶ [언어 교정] 그룹 : 맞춤법 검사나 동의어 사전 등 입력된 텍스트의 교정을 위한 항목들로 구성되어 있습니다.

❷ [정보 활용] 그룹 : 단어를 선택한 다음 버튼을 클릭하면 웹에서 가장 관련성 높은 검색 결과를 찾을 수 있습니다.

❸ [언어] 탭 : 한글을 한자로 변환하거나 번역 기능 등 언어 변환과 관련된 기능들로 구성되어 있습니다.

❹ [메모] 탭 : 선택한 셀에 메모를 추가하거나 숨기는 등 메모와 관련된 항목들로 구성됩니다.

❺ [변경 내용] 그룹 : 시트 보호와 통합 문서 보호 등 내용 변경을 방지하거나 변경 내용을 추적하는 등 내용의 변경 작업과 관련된 기능들이 제공됩니다.

8 [보기] 탭

화면의 배율 설정 및 화면 표시 방법 등을 설정할 수 있는 도구와 매크로를 실행할 수 있는 매크로 버튼이 제공됩니다.

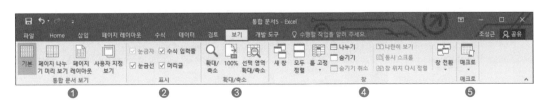

❶ [통합 문서 보기] 그룹 : 페이지 레이아웃 화면이나 전체 화면 등 화면의 보기 방법에 대한 설정 항목들로 구성되어 있습니다.

❷ [표시] 그룹 : 눈금선이나 수식 입력 줄 등 화면의 표시 방법에 관한 설정 항목들이 제공됩니다.

❸ [확대/축소] 그룹 : 화면의 배율을 설정하거나 일부분을 확대 할 수 있는 항목들로 구성되어 있습니다.

❹ [창] 그룹 : 창을 나누거나 다른 창으로 전환하는 등 창과 관련된 작업을 수행하는 항목들로 구성되어 있습니다.

❺ [매크로] 그룹 : 매크로를 실행할 수 있는 매크로 버튼이 제공됩니다.

⑨ [개발 도구] 탭

기본적인 환경에서는 표시되지 않으며 [Exel 옵션] 창의 [리본 사용자 지정] 설정을 통해서 표시할 수 있습니다. [개발 도구] 탭 화면에서는 매크로 및 VBA를 만들고 편집할 수 있는 도구들이 제공됩니다.

❶ [코드] 그룹 : 매크로 및 VBA를 작성하고 편집할 수 있는 항목들로 구성되어 있습니다.

❷ [추가 기능] 그룹 : 레이블 인쇄 마법사나 분석 도구와 같이 기본적으로 제공되지 않는 기능을 추가할 수 있는 항목들로 구성되어 있습니다.

❸ [컨트롤] 그룹 : 엑셀 문서에 각종 컨트롤을 삽입하고 정렬시킬 수 있는 항목들로 구성되어 있습니다.

❹ [XML] 그룹 : 엑셀 문서의 XML 맵을 관리할 수 있는 항목들로 구성되어 있습니다.

⑩ [정황] 탭

도형, 그림, 차트 등 엑셀 문서에 삽입된 객체를 선택하면 해당 객체를 편집할 수 있는 정황 탭이 표시됩니다. 정황 탭에서는 객체의 속성을 이용하여 표현 방법을 변경할 수 있습니다.

[개발 도구] 탭에서는 매크로나 VBA 등 자동화 기능을 사용할 수 있지만 매크로와 VBA가 문서의 보안과도 관련이 있는 만큼, 기본적인 화면에서는 표시되지 않고 [Excel 옵션] 창을 통해 리본 메뉴의 구성을 변경해야만 표시할 수 있습니다.

[파일]-[옵션]-[리본 사용자 지정] 항목을 선택하면 리본 메뉴 표시항목이 표시되는데, 여기서 [개발 도구] 옵션 상자를 체크한 후 [확인] 버튼을 클릭하면 [개발 메뉴]가 표시됩니다.

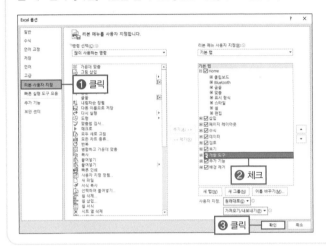

Sub 8
화면 확대 및 축소하기

오피스 계열의 프로그램들은 모두 동일한 화면 확대/축소 방법을 사용할 수 있는데, 화면을 확대하거나 축소시킬 때 [확대/축소 슬라이더 바]와 마우스 사용의 두 가지 방법을 사용할 수 있습니다. 실제 작업에서는 [확대/축소 슬라이더 바]보다는 키보드와 마우스를 이용한 화면 확대/축소 방법을 자주 사용하게 됩니다.

1 화면 확대/축소 버튼을 이용하여 화면 조정하기

엑셀 2016 창의 오른쪽 하단에 있는 화면 [+] 버튼 및 [-] 버튼을 클릭할 때마다 화면이 확대되거나 축소됩니다.

▲ 100% 적용 화면

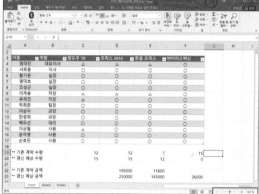

▲ 120% 적용 화면

2 화면 배율을 직접 입력하여 화면 조정하기

확대/축소 버튼 오른쪽에 위치한 현재 배율 버튼을 클릭하면 원하는 화면 배율을 직접 입력할 수 있습니다.

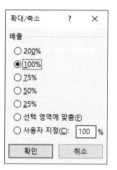

Tip **키보드와 마우스를 이용하며 화면 배율 조정하기**

키보드의 Ctrl 키를 누른 상태에서 마우스의 가운데 휠 버튼을 돌리면 화면 배율이 조정됩니다. 휠 버튼을 위로 올리면 화면이 커지고, 휠 버튼을 내리면 화면이 작아집니다. 실제 대부분의 작업에서는 이러한 키보드와 마우스를 이용하여 화면 배율을 조정하게 됩니다.

Sub ⑨ 빠른 실행 도구 모음 사용하기

엑셀 2016의 화면 상단에는 작업 중 자주 사용하게 되는 기능을 모아 빠른 실행 도구 모음으로 제공합니다. 기본적으로 [저장] 버튼과 [실행 취소] 그리고 [다시 실행]의 3가지 버튼이 제공되는 데, 이 외에 자신이 자주 사용하게 되는 기능이 있다면 빠른 실행 도구 모음에 버튼을 추가하여 사용할 수 있습니다.

▉ 빠른 실행 도구 모음에 카메라 도구 삽입하기

　빠른 실행 도구 모음은 [파일]-[옵션]-[빠른 실행 도구 모음] 항목을 클릭하여 도구 모음을 변경할 수 있습니다. 빠른 실행 도구 모음은 자주 사용하는 기능을 빠르게 사용하기 위한 기능이므로, 너무 많은 버튼을 등록하기 보다는 작업 중 수시로 사용하게 되는 기능을 중심으로 등록하면 작업에 많은 도움을 받을 수 있습니다.

01 [파일]-[옵션] 항목을 선택한 다음 [옵션] 창이 표시되면 [빠른 실행 도구 모음] 메뉴를 선택합니다. [빠른 실행 도구 모음] 화면에서 [명령 선택] 상자를 열어 [리본 메뉴에 없는 명령]을 선택합니다.

02 [리본 메뉴에 없는 명령] 목록이 표시되면 [카메라] 항목을 선택한 다음 [추가] 버튼을 클릭하고 [확인] 버튼을 클릭합니다.

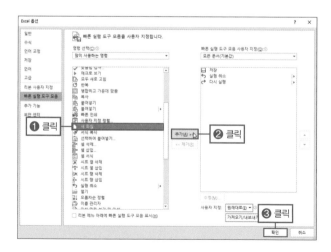

03 [빠른 실행 도구 모음에 [카메라] 항목이 삽입되어 있는 것을 확인할 수 있습니다.

② 빠른 실행 도구 모음 위치 변경하기

빠른 실행 도구 모음은 기본적으로 리본 메뉴의 위쪽에 위치하고 있지만 사용자의 설정에 의해 리본 메뉴의 아래쪽에 위치시킬 수 있습니다.

01 빠른 실행 도구 모음의 위치를 변경하려면 [빠른 실행 도구 모음 사용자 지정] 버튼(▼)을 클릭한 다음 바로가기 메뉴에서 [리본 메뉴 아래에 표시]를 선택합니다.

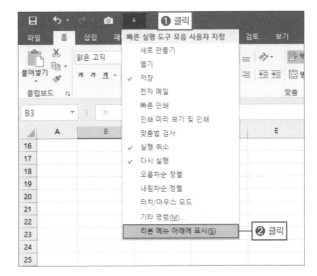

02 빠른 실행 도구 모음의 위치가 리본 메뉴 하단으로 변경됩니다. 다시 원래 위치로 변경하려면 같은 방법으로 [리본 메뉴 위에 표시]를 선택하면 됩니다.

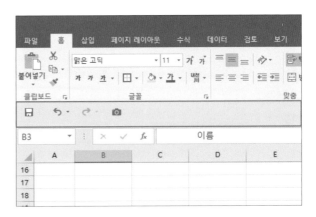

엑셀 2016 문서 만들기

엑셀 2016에서는 새로운 문서를 만들 때 빈 문서를 만드는 방법과 예제 서식 파일을 이용하여 만드는 방법이 있습니다. 예제 서식 파일을 이용하면 양식과 서식이 미리 정의되어 있으므로 내용 작성만으로 빠르게 문서를 완성할 수 있는 장점이 있습니다.

Sub 1 새 엑셀 통합 문서 만들기

[새 통합 문서]는 아무런 내용이 삽입되어 있지 않은 빈 문서입니다. [새 통합 문서]를 만들 때는 [파일] 탭을 이용하는 방법과 단축키를 이용하는 방법을 사용할 수 있습니다. 또한 미리 만들어 둔 서식 파일을 이용하여 기본적인 형태의 엑셀 문서를 이용하여 작업을 할 수도 있습니다.

1 새 통합 문서 만들기

[파일] 탭 화면에서 [새로 만들기] 항목을 선택하면 새로운 엑셀 통합 문서를 만들 수 있습니다. 또한 단축키인 Ctrl + N 키를 누르면 빠르게 새 문서를 만들 수 있습니다.

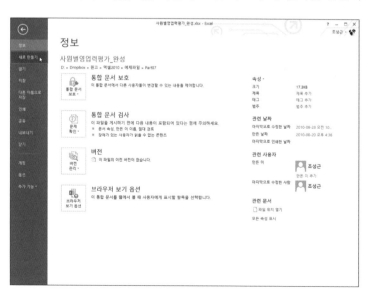

☑ 서식 파일을 이용하여 통합 문서 만들기

서식 파일이란 미리 작성해 둔 통합 문서로, 기본적인 형태의 문서를 이용하여 빠르게 통합 문서를 완성해 나갈 수 있는 템플릿 파일이라고 할 수 있습니다. [파일]-[새로 만들기] 화면에서 표시되는 서식 파일을 클릭하면 선택한 서식 파일이 열립니다.

Tip **서식 파일 다운로드하기**

엑셀 2016에서는 기본적으로 제공되는 서식 파일 이외에 Office.com을 통해서 서식 파일을 다운로드하여 사용할 수 있습니다. [새로 만들기] 화면이 표시되면 [온라인 서식 파일 검색] 상자에 검색할 서식이나 문서 형식을 입력한 다음 [검색] 버튼을 클릭하면 서식 파일을 찾아 사용할 수 있습니다.

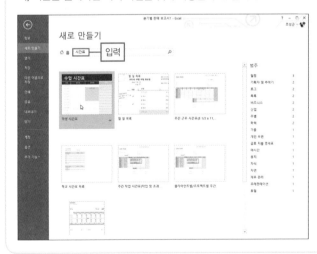

엑셀 2016에서는 문서를 만들고 저장하는 방법이 간편하고 빠릅니다. 문서를 열 때는 엑셀 2016 내에서 [파일] 탭을 이용하는 방법과 단축키를 이용하는 방법 그리고 탐색기에서 문서를 더블클릭하여 여는 방법을 사용할 수 있습니다.

01 [파일] 탭 화면을 클릭한 다음 [열기] 항목을 선택합니다.

02 'Onedrive'나 네트워크 혹은 내 컴퓨터 등 문서가 위치한 곳을 지정한 다음 [찾아보기] 항목을 선택합니다.

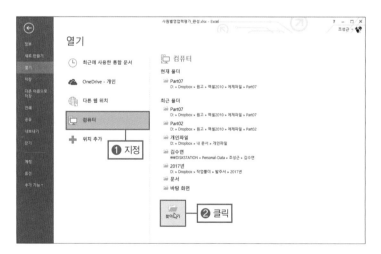

03 [열기] 대화상자가 표시되면 작업할 통합 문서가 저장되어 있는 폴더를 선택한 다음 불러올 통합문서를 더블클릭하거나 선택 후 [열기] 버튼을 클릭합니다. [열기] 대화상자에서 [파일 유형] 상자를 열면 다른 유형의 문서를 엑셀 프로그램으로 불러올 수 있습니다.

Tip **엑셀 문서를 읽기 전용으로 열기**

엑셀 통합 문서를 수정하면 안 되는 경우에는 읽기 전용으로 열어 데이터를 안전하게 보전할 수 있습니다. 엑셀 통합 문서를 읽기 전용으로 열면 읽을 수만 있고 수정을 할 수 없지만 다른 이름으로 복사본 저장은 할 수 있습니다. 엑셀 문서를 읽기 전용으로 열려면 [열기] 버튼의 확장 버튼을 클릭한 후 바로가기 메뉴에서 [읽기 전용으로 열기] 항목을 선택하면 됩니다.

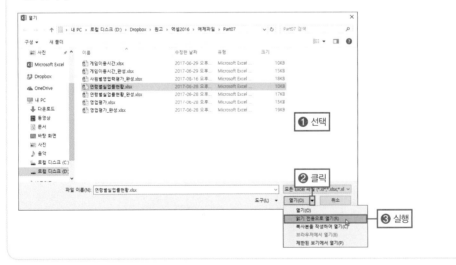

통합 문서를 저장할 때 현재 작업 중인 통합 문서가 아직 저장되기 전이라면 저장하기 위한 대화상자가 표시되지만, 이미 한 번 이상 저장한 통합 문서라면 대화상자는 표시되지 않고 현재 통합 문서의 이름으로 저장이 됩니다.

① 통합 문서 저장하기

[파일]-[저장] 항목을 선택하면 현재 문서가 저장됩니다. 처음 저장하는 경우에는 파일 이름을 입력하는 대화상자가 표시되며, 한 번 저장한 이후에는 다시 표시되지 않습니다. 대부분 작업 중에는 단축키인 Ctrl + S 키를 이용하여 작업 중인 문서를 저장하게 됩니다.

② 다른 이름으로 저장하기

작업 중인 문서를 다른 이름으로 저장하려고 할 때는 [파일]-[다른 이름으로 저장] 항목을 선택하면 됩니다. 다른 이름으로 저장할 때는 별도의 단축키가 없으므로 [파일] 탭을 클릭하여 저장해야만 합니다.

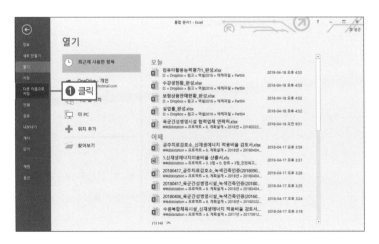

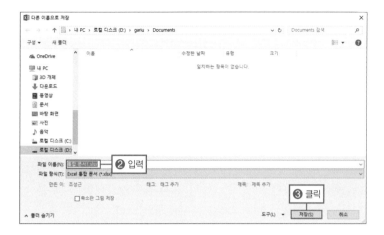

③ 다른 형식의 문서로 저장하기

[다른 이름으로 저장] 대화상자에서 [파일 형식] 상자를 열면 엑셀 2016 문서를 하위 문서로 저장하거나 다른 형식의 문서로 저장할 수 있습니다.

④ 엑셀 통합 문서에 암호 걸어두기

혹시나 발생할 수도 있는 문서 유출에 대비하여 보안을 유지해야 할 통합 문서에는 암호를 설정해두는 것이 안전합니다. 엑셀 2016에서는 읽기와 쓰기 모두에 각각 암호를 설정할 수 있어 보안과 수정 방지에 효과적으로 사용할 수 있습니다.

엑셀 문서에 암호를 설정하려면 [다른 이름으로 저장] 대화상자의 [도구] 버튼을 클릭한 다음 [일반 옵션] 상자에서 열기 암호와 쓰기 암호를 각각 설정하면 됩니다.

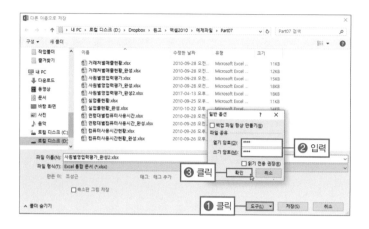

5 자동 복구 정보 저장 간격 설정하기

자동 복구 정보는 엑셀 통합 문서를 저장하지 않은 상황에서 예기치 않은 상황으로 프로그램이 종료된 경우 파일을 복구하기 위한 정보입니다. 자동 복구 정보는 기본적으로 일정한 간격으로 작업 중인 엑셀 통합 문서에 저장되며, [저장] 설정 화면의 [자동 복구 정보 저장 간격] 입력 상자에 입력된 시간 간격에 따라 자동으로 저장됩니다. 프로그램이 예기치 않게 종료된 경우에는 다음 프로그램 실행 시 마지막으로 저장된 자동 복구 정보에 의해 복구된 화면이 표시됩니다.

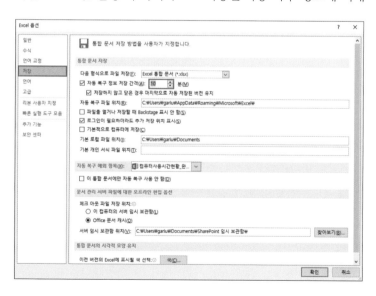

윈도우 10을 사용하는 사용자의 경우에는 운영체제의 프린터에 [Microsoft Print to PDF] 드라이버가 설치되어 있습니다. 그러므로 엑셀 문서를 PDF로 저장하려면 [인쇄] 화면에서 프린터를 [Microsoft Print to PDF]로 선택하면 작업한 문서를 PDF 문서로 저장할 수 있습니다.

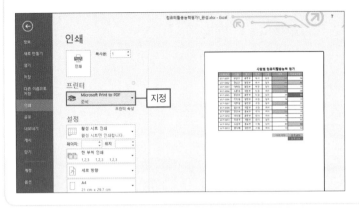

Sub ④ 엑셀 2016 환경 설정하기

엑셀 2016의 옵션 설정을 통해 자신만의 작업 환경을 설정하는 방법을 알아보겠습니다.

① [일반] 화면

문서 작성자 이름 및 기본 글꼴, 선택 영역의 도구모음 표시 방법 등을 설정할 수 있습니다.

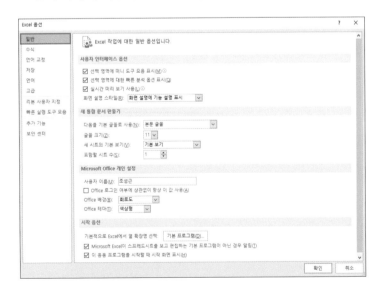

② [수식] 화면

통합 문서의 계산 방법 및 수식 작업, 오류 검사 규칙 등을 설정할 수 있습니다.

③ [언어 교정] 화면

자동 고침 옵션을 설정하고 맞춤법 검사를 설정할 수 있습니다.

4 [저장] 화면

자동 저장 간격 설정 및 기본 저장 위치 등 문서 저장과 관련된 내용을 설정할 수 있습니다.

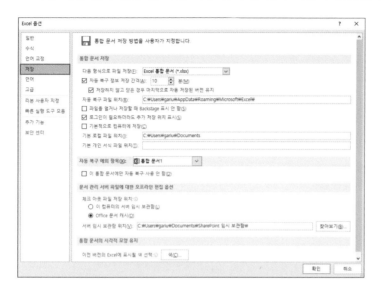

5 [언어] 화면

문서 작성에 사용할 언어를 설정할 수 있습니다. 한국과 영어 이외에 다른 언어는 해당 언어를 선택한 다음 [추가] 버튼을 클릭하여 설치할 수 있습니다.

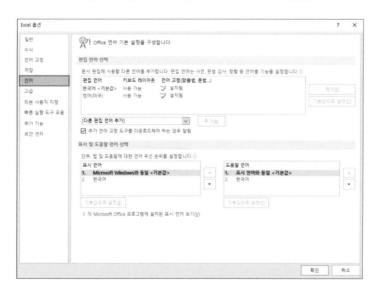

6 [고급] 화면

셀의 진행 방향과 채우기 핸들 사용 설정 등 엑셀 문서 작성 시 자신만의 작업 스타일을 설정할 수 있는 다양한 기능을 설정할 수 있습니다.

7 [리본 사용자 지정] 화면

리본 메뉴의 표시되는 항목을 편집할 수 있고, 추가적으로 [개발도구] 탭의 표시 유무를 설정할 수 있습니다.

8 [빠른 실행 도구 모음] 화면

프로그램 상단에 표시되는 빠른 실행 도구 모음의 표시 항목을 설정할 수 있습니다.

9 [추가 기능] 화면

분석 도구, 해 찾기 기능 등 엑셀 2016의 추가 기능을 설치할 수 있습니다.

엑셀 문서 출력하기

　엑셀 2016 프로그램은 계산을 주목적으로 하는 프로그램이기 때문에 문서 작성에 최적화된 워드프로세서에 비해 문서 작성 기능이 다양하지는 않습니다. 대신 엑셀 통합문서를 쉽게 인쇄할 수 있도록 다양한 인쇄 환경을 설정할 수 있고, 실제 인쇄할 용지 크기보다 큰 통합 문서를 용지에 적합한 크기로 줄여주는 등 인쇄를 위한 편의 기능이 다양하게 제공됩니다.

Sub 1 프린터 설정 및 인쇄 미리보기

　동일한 통합 문서를 작업하더라도 어느 곳에서 출력하는가에 따라 인쇄가 다르게 출력될 수 있습니다. 이것은 작업하는 PC에 연결된 프린터가 각기 다르기 때문인데, 사용자 자신이 원하는 상태로 인쇄하기 위해서는 인쇄하기 전에 프린터를 설정해야 합니다. 여기서는 컬러 프린터를 이용하여 흑백으로 인쇄하는 방법을 알아보겠습니다.

01 인쇄할 통합 문서를 연 상태에서 [파일] 탭을 클릭합니다. [파일] 탭 화면이 표시되면 탐색 창에서 [인쇄] 항목을 선택합니다.

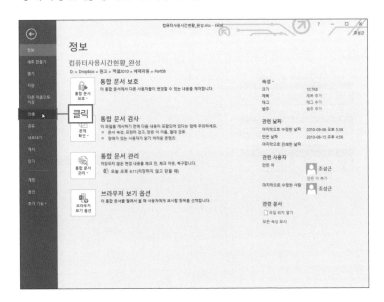

> Tip 어떤 탭 화면에서라도 인쇄 단축키인 Ctrl + P 키를 누르면 인쇄로 전환됩니다.

02 [인쇄] 화면이 표시됩니다. 인쇄 화면의 오른쪽에는 인쇄 미리보기 화면이 표시되어 인쇄 시 통합 문서가 어떻게 인쇄될 지 알 수 있습니다. 인쇄 미리보기 화면을 자세히 확인하려면 화면을 확대하여 확인할 수 있습니다. 인쇄 미리보기 화면의 오른쪽 하단에 있는 [페이지 확대/축소] 버튼 (🖼)을 사용하면 미리보기 화면을 확대 및 축소하여 표시할 수 있습니다.

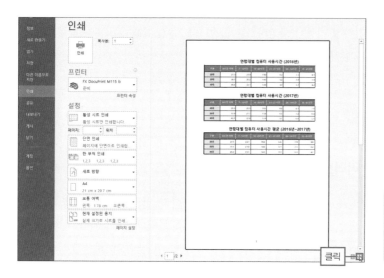

> **Tip** 인쇄 미리보기 화면이 확대된 상태에서 화면을 이동하려면 수직 및 수평 스크롤바를 드래그하면 됩니다.

03 인쇄 미리보기 화면에서는 용지의 여백을 확인할 수도 있습니다. 인쇄 미리보기 화면의 오른쪽 하단에 있는 [여백 표시] 버튼(▥)을 클릭하면 인쇄되지 않는 여백 화면을 확인할 수 있습니다. 화면에 가는 선이 표시되어 현재 용지에 여백이 어떻게 설정되어 있는지 표시해 줍니다.

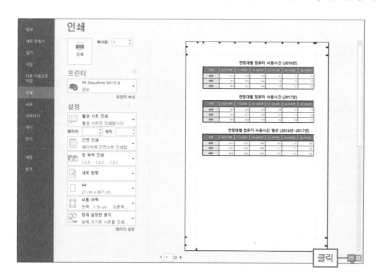

04 출력하기 위해 [프린터] 상자를 클릭하여 출력한 프린터를 선택합니다.

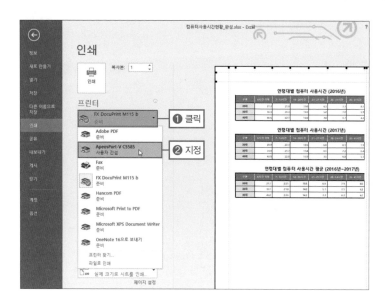

Tip 자신의 PC에 연결된 프린터가 한 대 뿐이라면 프린터를 선택할 필요가 없지만 네트워크 프린터나 PDF 파일을 만들 경우에는 여러 대의 프린터 중에서 선택해야 합니다.

05 프린터가 선택되면 선택한 프린터의 속성을 설정하기 위해 [프린터 속성] 항목을 클릭합니다.

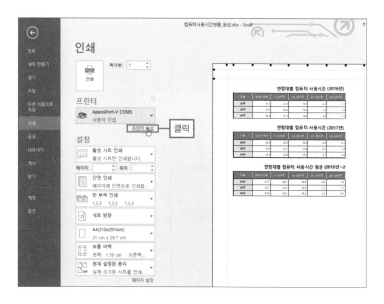

06 선택한 프린터의 프린터 속성 창이 열리면 출력물의 크기 및 출력 옵션을 설정합니다.

Tip 프린터 속성 창은 프린터마다 다르게 표시되므로 표시되는 탭의 이름도 다를 수 있습니다.

07 프린터 설정을 완료한 후 [인쇄] 버튼을 클릭하면 인쇄 미리보기 화면에 표시된 형태로 인쇄가 진행됩니다.

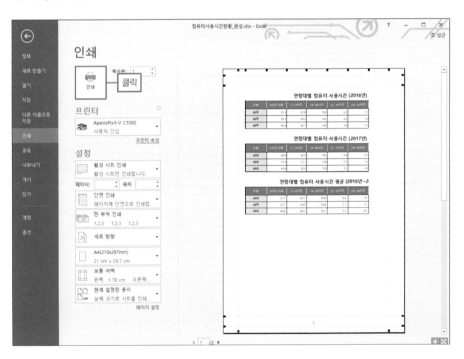

통합 문서의 인쇄할 때 용지의 방향과 용지의 여백을 설정하는 방법을 알아보겠습니다. 페이지 레이아웃 탭 화면에서 용지 방향과 용지 여백을 설정하지 않았더라도 인쇄 화면에서 용지 방향과 용지 여백을 설정하여 인쇄할 수 있습니다.

01 용지 방향과 용지 여백을 설정하기 위해 [파일] 탭을 클릭한 다음 [파일] 탭 화면이 표시되면 탐색 창에서 [인쇄] 항목을 선택합니다.

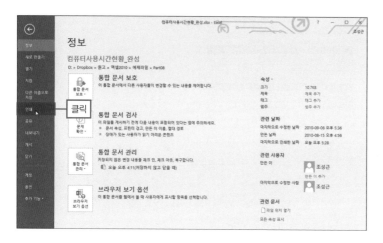

02 [인쇄] 화면이 표시되면 [용지 방향] 상자를 클릭하여 엽니다.

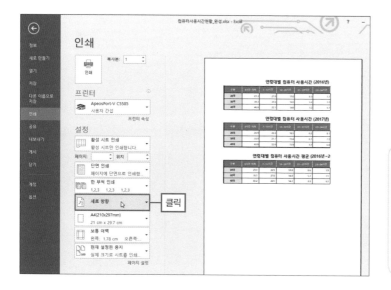

> Tip 페이지 레이아웃 탭에서의 용지 방향은 화면에서 설정하는 용지 방향이므로 통합 문서에 저장이 되지만, 인쇄에서의 용지 방향은 인쇄 시에만 적용되므로 통합 문서에 저장되지 않습니다.

03 [용지 방향]을 '가로 방향'으로 설정하면 인쇄 미리보기 화면에서도 용지 방향이 변경되어 표시됩니다.

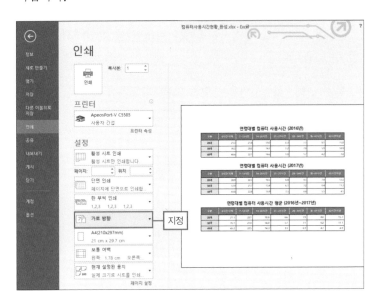

04 용지의 여백을 설정하기 위해 [용지 여백] 상자를 클릭하여 엽니다. 용지 여백 목록이 표시되면 여백을 넓게 설정하기 위해 [넓게] 항목을 선택합니다.

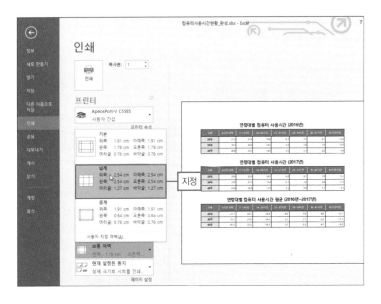

05 인쇄 미리보기 화면에서 여백이 넓게 적용된 것을 확인할 수 있습니다.

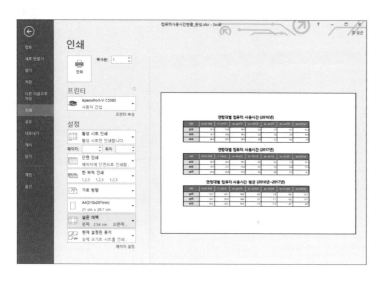

Sub ③ **용지 크기에 맞게 인쇄하기**

통합 문서를 작성하다 보면 본의 아니게 용지 크기보다 크게 작성되는 경우가 종종 있습니다. 이런 경우 애써 용지 크기에 맞도록 셀의 크기를 무리하게 줄이거나 글꼴 크기를 변경하기보다는 인쇄 화면에서 인쇄 크기를 설정하면 쉽게 용지 크기에 맞게 인쇄를 할 수 있습니다.

01 [인쇄] 화면이 표시되면 인쇄 미리보기 화면에 현재 통합 문서의 인쇄 화면이 일부가 잘린 채표시됩니다. 현재 통합 문서를 한 페이지에 인쇄하기 위해 [인쇄 크기] 상자를 클릭하여 엽니다.

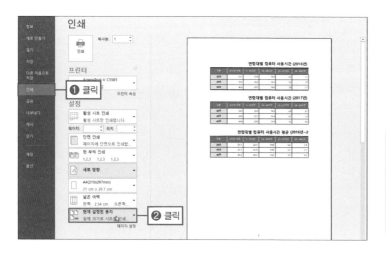

> **Tip** 인쇄 미리보기 화면에서 문서가 잘려 표시되더라도 문서 내용은 모두 인쇄됩니다. 즉, 1페이지에서 일부 잘린 시트가 인쇄되고 2페이지에서 나머지 부분이 인쇄됩니다.

02 [인쇄 크기] 목록에서 [한 페이지에 시트 맞추기] 항목을 선택합니다.

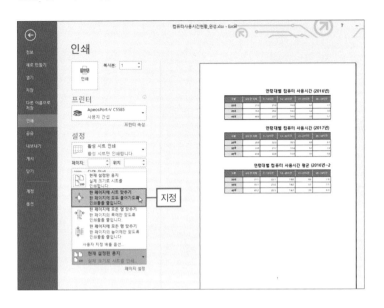

03 인쇄 미리보기 화면에 통합 문서의 가로 폭이 용지의 가로 크기에 맞도록 축소되어 표시되는 것을 확인할 수 있습니다. 이제 [인쇄] 버튼을 클릭하면 용지 크기에 맞게 통합 문서가 인쇄됩니다.

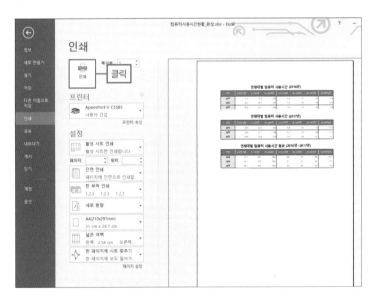

엑셀 통합 문서가 여러 페이지인 경우, 각 페이지마다 머리글과 바닥말을 삽입하여 동일한 문구를 표시할 수 있습니다. 머리글과 바닥글을 작성할 때는 [머리말/바닥글 도구] 정황 탭이 표시됩니다.

01 머리글과 바닥글을 작성하기 위해 [삽입] 탭을 클릭합니다. [삽입] 탭 화면이 표시되면 [텍스트] 그룹에 있는 [머리글/바닥글] 아이콘을 클릭합니다.

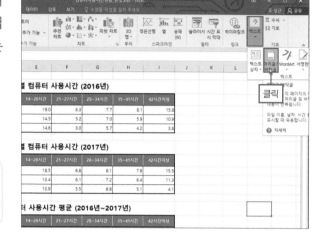

> Tip 머리글과 바닥글은 [보기] 탭 화면에서 [페이지 레이아웃] 아이콘을 클릭해도 작성할 수 있습니다.

02 [머리글/바닥글 도구] 정황 탭이 표시되면 우선 머리말을 입력할 위치를 클릭합니다. 머리말은 화면 상단의 왼쪽, 가운데 그리고 오른쪽에 입력할 수 있습니다.

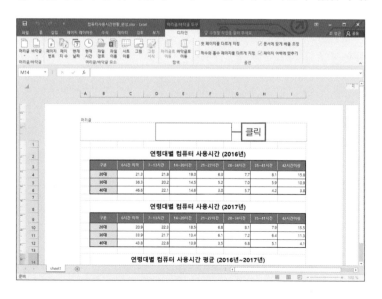

03 머리말 입력상자가 표시되면 머리말을 입력합니다. 머리말을 입력한 후에 꼬리말로 이동하기 위해 정황 탭 도구에서 [바닥글로 이동] 아이콘을 클릭합니다.

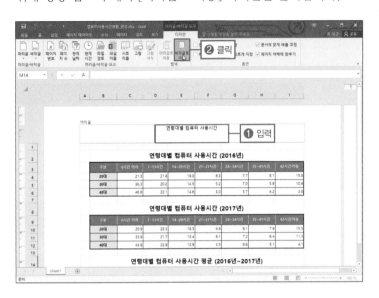

Tip 머리말의 글꼴이나 글꼴 크기 등은 [홈] 탭을 클릭하여 변경할 수 있습니다. 글꼴 설정 후 다시 [머리글/바닥글 도구] 정황 탭을 표시하려면, 녹색으로 표시된 [머리글/바닥글 도구] 정황 탭을 클릭하면 됩니다.

04 바닥글 화면이 표시되면 바닥글 위치를 클릭한 다음 문구를 삽입하거나 [머리글/바닥글 도구] 정황 탭 도구의 [머리글/바닥글 요소] 그룹에서 삽입할 항목을 선택합니다.

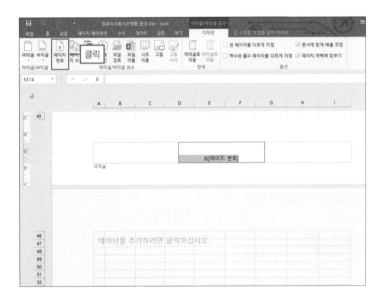

05 바닥글 요소를 삽입한 후에 머리글과 바닥글을 확인하기 위해 [파일] 탭을 클릭합니다.

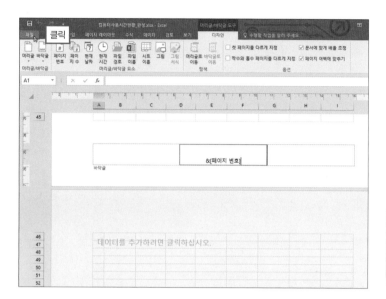

Tip [보기] 탭 화면의 [페이지 레이아웃] 아이콘을 클릭해도 현재 문서의 머리글과 바닥글을 확인할 수 있습니다.

06 [파일] 탭 화면이 표시되면 탐색 창에서 [인쇄] 항목을 선택합니다. [인쇄] 화면이 표시되면 인쇄 미리보기 화면에 입력한 머리글과 바닥글이 표시되는 것을 확인할 수 있습니다.

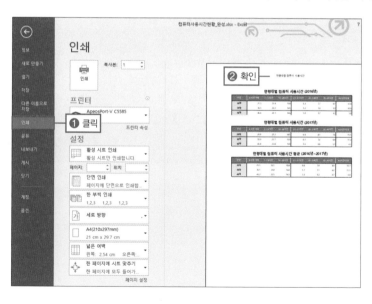

Part 02

셀 데이터 입력 및
서식 적용하기

스프레드시트의 형식이 셀을 이용한 계산이기 때문에 엑셀 또한 모든 계산 및 입력 단위가
셀을 통해 이루어지게 됩니다. 엑셀에서는 하나의 셀 안에 데이터를 입력할 수 있고, 여러 셀을 합쳐
데이터를 입력할 수도 있어 자유로운 데이터 입력 방식을 이용하여 다양한 표현을 할 수 있습니다.

엑셀의 시작, 셀 다루기

스프레드시트에서의 기본 단위는 셀입니다. 엑셀 또한 대부분의 작업이 셀에서 진행되며, 셀은 하나의 데이터가 입력되는 공간입니다. 엑셀에서는 이러한 셀에 입력된 데이터를 이용하여 계산하거나 표현을 하게 됩니다. 여기서는 셀을 선택하는 방법과 셀에 데이터를 입력하는 방법에 대해 알아보겠습니다.

 엑셀과 셀

엑셀의 기본 단위는 셀(Cell)입니다. 셀은 격자 형태로 표시되며 격자무늬의 하나의 사각형이 하나의 셀을 나타냅니다. 각각의 셀은 고유의 주소를 가지고 있으며 절대참조, 상대참조, 혼합참조 형식으로 셀 주소를 입력할 수 있습니다.

1 셀(Cell)이란

셀은 열 주소와 행 주소를 합친 고유한 주소를 가집니다. 예를 들어 [D5]셀은 4번째 열인 'D'열과 5번째 행이 교차하는 지점인 'D5'를 셀 주소로 갖게 됩니다. 이러한 셀들이 모여 하나의 시트를 완성하게 되는데, 엑셀에서는 이러한 시트를 '워크시트(WorkSheet)'라고 부릅니다.

엑셀 통합 문서에서는 기본적으로 1개의 워크시트가 만들어지는데, 기본 생성되는 워크시트 외에도 사용자가 원하는 만큼 추가해서 워크시트를 생성할 수 있습니다.

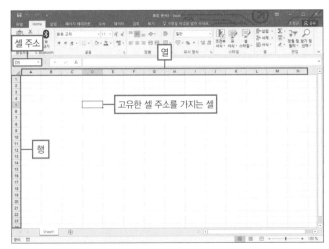

▲ 각각의 셀은 고유한 셀 주소를 가진다.

2 절대참조와 상대참조, 혼합참조

엑셀의 셀 주소를 입력할 때는 절대참조 주소와 상대참조 주소를 사용할 수 있습니다. 그리고 이 둘을 혼합한 혼합참조라는 주소도 자주 사용합니다. 절대참조 주소에는 열과 행 앞에 각각 '$' 기호를 붙이게 되며, 상대참조 주소는 아무런 기호를 붙이지 않습니다. 혼합참조 주소는 열이나 행 하나에만 '$' 기호를 붙이는 형태를 말합니다.

다음 표와 같이 주소에 '$' 기호를 붙이면 해당 주소는 어떠한 경우에도 해당 위치를 참조합니다. 즉, 1유로화 당 원화는 항상 [F13]셀의 값을 참조한다는 의미입니다.

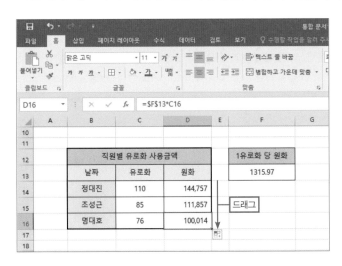

그래서 나중에 배울 자동 채우기를 이용하여 나머지 셀에 수식을 복사해도 [F13]셀의 값 위치를 항상 참조하기 때문에 정상적인 값을 구할 수 있습니다.

반면, [F13]셀의 주소를 절대참조가 아닌 상대참조로 입력하게 되면, 그림에서 보는 바와 같이 전혀 다른 값이 입력되거나 오류가 발생됩니다. 그 이유는 자동 채우기를 하거나 수식을 복사하게 되면 상대참조 주소는 열이나 행이 변경됨에 따라 해당 열과 행의 주소를 자동으로 변경하기 때문입니다.

수식에서 셀 주소를 입력할 때는 절대참조 주소를 입력해야 하는지 상대참조 주소를 입력해야 하는지 잘 판단해야 합니다. 조건부 수식과 같이 열은 고정시켜 두고 행만 상대참조로 입력해야 하는 경우에는 혼합참조 주소를 입력하기도 합니다.

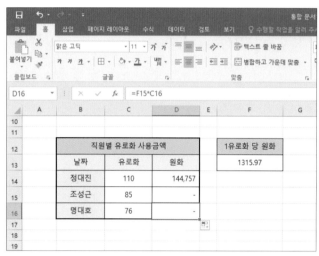

▲ 셀 주소를 잘못된 참조 형식으로 입력하면 오류가 발생한다.

Sub 2 셀 선택하기

특정한 셀에 데이터를 입력하기 위해서는 먼저 해당 셀을 선택해야 합니다. 엑셀 2016에서는 편리하고 빠른 방법을 사용하여 셀을 선택할 수 있도록 다양한 방법의 셀 선택 기능을 제공하고 있습니다.

1 마우스를 이용한 셀 선택 방법

셀 주소에 관계없이 특정 데이터가 있는 셀을 선택하거나 데이터를 입력하기 위해 셀을 선택해야 할 경우에는 마우스를 이용하여 해당 셀을 클릭하면 됩니다. 선택된 셀은 테두리가 진하게 표시되어 현재 선택된 셀임을 표시하고, 이름 상자에 선택한 셀의 주소가 표시됩니다.

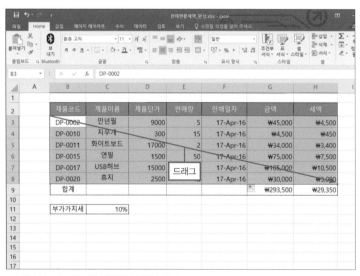

2 마우스를 이용한 영역 선택 방법

표를 만들거나 차트 작성, 피벗테이블 작성 등 셀의 일정 영역을 선택해야 할 경우에는 처음 시작되는 셀을 클릭한 다음 대각선 방향의 마지막 셀까지 드래그하면 됩니다. 영역으로 선택된 셀들은 하나의 셀을 선택했을 때와는 달리 옅은 회색으로 선택 영역이 표시됩니다.

▲ 마우스를 드래그하면 일정 영역을 선택할 수 있다.

3 Shift 키를 이용한 구간 선택 방법

키보드를 이용하여 영역을 선택할 수 있습니다. 우선 영역의 시작 셀을 클릭한 다음 Shift 키를 누른 채로 대각선 방향의 마지막 셀을 클릭하면 시작 셀과 마지막 셀 사이에 있는 가상의 사각형 안에 포함된 셀들이 모두 선택됩니다.

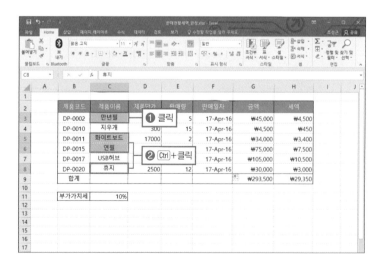

4 Ctrl 키를 이용한 개별 셀 선택 방법

일정한 영역이 아닌 일부 셀들만을 골라서 선택해야 하는 경우에는 Ctrl 키를 사용합니다. 우선 처음 선택하는 셀을 클릭한 상태에서 다음 셀을 클릭할 때는 Ctrl 키를 누른 채로 선택합니다. 이렇게 하면 처음 선택된 셀이 해제되지 않고 선택 상태를 유지하게 됩니다.

5 모든 셀 선택 방법

현재 워크시트 안의 모든 셀을 한꺼번에 선택해야 하는 경우에는 [모든 셀 선택] 버튼( )을 클릭합니다. 현재 워크시트에 입력된 데이터의 글꼴 등을 한꺼번에 변경하고자 할 때 유용하게 사용할 수 있습니다.

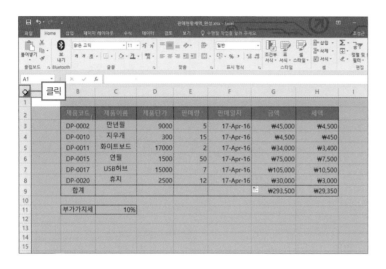

6 열 및 행 전체 선택 방법

한 행이나 한 열의 모든 데이터를 한꺼번에 수정해야 할 경우에는 행 혹은 열 전체를 선택해야 합니다. 이런 경우에는 선택하려는 행이나 열의 머리글을 클릭하면 됩니다.

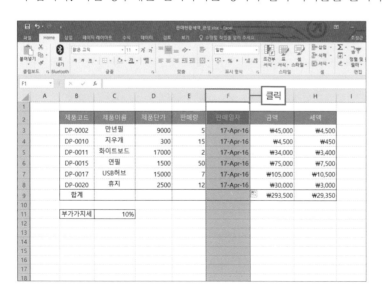

> **Tip 여러 개의 열/행 선택하기**
>
> Ctrl 키를 누른 채로 행 머리글이나 열 머리글을 클릭하면 여러 개의 행과 열을 동시에 선택할 수 있습니다.

7 이름 상자를 이용한 셀 선택 방법

셀을 선택하면 선택된 셀의 주소가 이름 상자에 표시됩니다. 이를 반대로 생각하면 이름 상자에 셀 주소를 입력하면 해당 셀이 선택된다는 말과 같습니다. 즉, 이름 상자에 'H9'을 입력하면 'C13' 주소를 가진 셀이 선택됩니다.

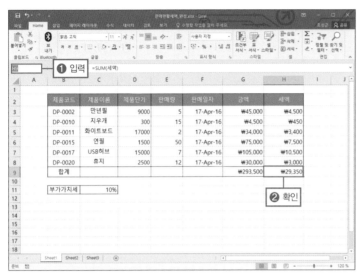

▲ 이름 상자에 셀 주소를 입력하면 해당 셀이 선택된다.

8 단축키를 이용한 셀 선택 방법

현재 선택된 셀에서 근접해 있는 셀로 이동할 때는 마우스보다 키보드의 방향키를 이용하는 것이 빠르고 간편합니다.

단축키	내용
Ctrl + ←, →, ↓, ↑	입력한 방향의 데이터가 입력된 마지막 셀로 이동
Ctrl + Home	[A1]셀로 이동
Alt + Page up	한 화면 왼쪽으로 이동
Alt + Page Down	한 화면 오른쪽으로 이동
Ctrl + Page up	한 화면 위쪽으로 이동
Ctrl + Page Down	한 화면 아래쪽으로 이동

Sub 3 셀에 이름 정의하기

워크시트에서 선택된 영역을 자주 사용해야 하는 경우에는 선택 영역을 하나의 셀 이름으로 정의할 수 있습니다. 정의된 이름은 언제든지 불러내어 선택 영역을 다시 활용할 수 있습니다. 셀 이름은 선택 영역을 설정하는 기능뿐만 아니라 선택 영역의 각 항목을 묶는 역할도 수행합니다.

1 셀 혹은 선택된 범위에 이름 정의하기

이름을 정의할 셀 혹은 셀 범위를 선택한 다음 [이름 상자]에 정의할 이름을 입력하고 Enter 키를 누르면 이름이 정의됩니다. 이름을 정의하는 이유는 선택한 셀이 어떤 내용인지 사용자가 쉽게 확인할 수도 있고, 셀 이름을 이용하여 사용자 목록이나 규칙을 설정할 수도 있기 때문입니다.

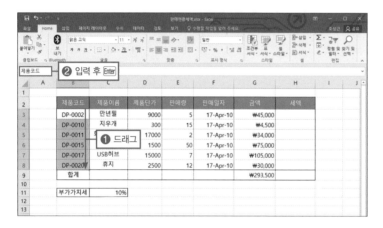

사전에 정의된 이름은 [이름 상자]이 확장 버튼을 클릭하면 나열되며, 나열된 이름 상자를 선택하면 사전에 정의된 선택 상태로 셀이 표시됩니다.

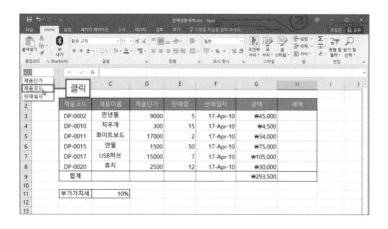

② 정의된 이름 편집하기

정의된 이름은 [이름 관리자] 대화 상자를 이용하여 편집할 수 있습니다. [수식] 탭의 [정의된 이름] 그룹에서 [이름 관리자] 버튼을 클릭하면 [이름 관리자] 대화 상자를 불러낼 수 있습니다. [이름 관리자] 대화 상자에서는 정의된 이름을 다른 이름으로 바꾸거나 셀의 범위를 재지정할 수 있고, 정의된 이름을 삭제할 수도 있습니다.

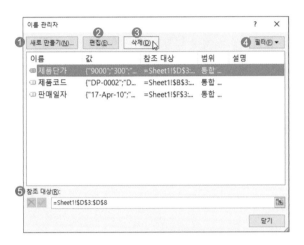

❶ 새로 만들기 : [정의된 이름]을 새로 만듭니다.
❷ 편집 : [정의된 이름]의 셀 범위를 다시 설정합니다.
❸ 삭제 : 목록에서 선택한 [정의된 이름]을 삭제합니다.
❹ 필터 : 조건에 맞는 [정의된 이름]을 표시할 수 있습니다.
❺ 참조 대상 : 목록에서 선택한 [정의된 이름]의 셀 범위가 표시됩니다.

Sub ④ 셀 크기 변경하기

셀에 입력된 텍스트의 크기가 변경되거나 길이가 긴 경우에는 셀의 높이와 너비를 알맞은 크기로 설정해주는 작업이 필요합니다. 엑셀 2016에서는 셀의 크기가 기본적으로 모두 동일하게 설정되지만, 경우에 따라 자유롭게 셀의 높이와 너비를 변경할 수가 있습니다.

① 마우스를 이용하여 셀 높이/너비 조정하기

마우스를 이용하여 행과 열 머리글의 경계선에 마우스 커서를 가져가면 마우스 포인터가 '✛' 모양으로 변경됩니다. 이때, 행 또는 열 머리글의 경계선을 클릭한 다음 조정하려는 크기로 드래그 앤 드롭하면 행과 열의 크기를 조정할 수 있습니다. 행과 열의 경계선을 드래그하는 동안 스크린 팁 형식으로 조정하고 있는 셀의 크기를 표시해 줍니다.

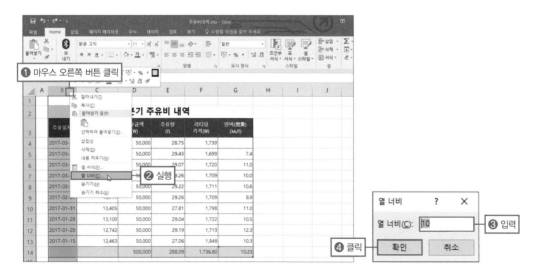

2 셀 크기를 직접 입력하기

셀의 높이나 너비를 특정한 수치에 맞추어 설정하려면 직접 행과 열의 수치를 입력하여 설정할 수 있습니다. 셀 크기를 수치에 의해 설정하려면 먼저 행이나 열의 머리글을 오른쪽 클릭한다음 바로가기 메뉴에서 '열 너비'나 '행 높이'를 선택합니다. 그런 다음 표시되는 대화상자에서셀의 크기를 입력하면 셀의 크기를 직접 조정할 수 있습니다.

입력한 데이터 길이에 맞추어 자동으로 셀 너비 조정하기

셀 크기보다 셀에 입력한 데이터 길이가 긴 경우에는 데이터 일부가 보이지 않게 되거나 데이터가 기호로 표시됩니다. 이런 경우에는 데이터가 보이지 않는 셀의 열 머리글 경계선을 더블클릭하면 자동으로 해당 열에서 가장 긴 데이터 길이에 맞추어 셀 너비가 조정됩니다.

❶ 셀 너비를 조정할 열 머리글의 경계선 부분을 더블클릭합니다.

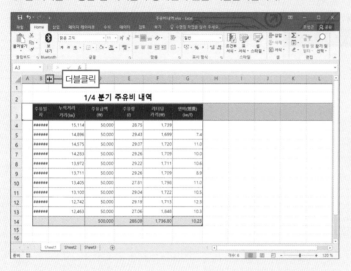

❷ 셀 너비가 해당 열에서 가장 긴 데이터의 길이에 맞추어 자동으로 설정됩니다.

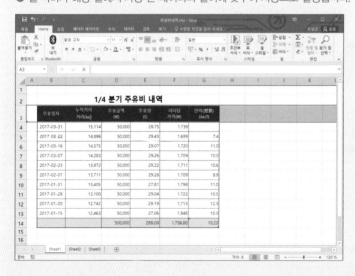

워크시트(Work Sheet) 다루기

셀에 입력된 데이터로 이루어진 하나의 작업 단위를 워크시트라고 부릅니다. 통합 문서에서 화면에 보이는 작업 공간이 워크시트라고 할 수 있습니다. 하나의 통합 문서에는 1개 이상의 워크시트를 포함하고 있으며 이러한 워크시트들은 간 워크시트 간에 참조를 통해 수식을 만들 수 있기도 합니다.

Sub 1 워크시트(Work Sheet) 전환 및 선택하기

셀이 엑셀 작업의 기본이 되는 단위라면 워크시트는 통합 문서의 기본이 되는 단위입니다. 즉, 셀이 모여 하나의 워크시트가 완성되고 이러한 워크시트가 모여 하나의 통합 문서를 이루게 됩니다.

1 워크시트 전환하기

현재 워크시트에서 화면에 표시된 다른 워크시트로 전환하고자 할 때는 해당 워크시트를 클릭합니다. 워크시트가 많은 경우에는 모든 워크시트가 보이지 않게 되므로 [시트 이동 도구]를 사용하여 워크시트의 표시 위치를 변경할 수 있습니다.

2 워크시트 선택

2개 이상의 워크시트를 한꺼번에 선택하려면 Ctrl 키나 Shift 키를 사용합니다. 연속적인 여러 개의 워크시트를 선택하려면 첫 번째 워크시트를 클릭한 다음 Shift 키를 누른 상태에서 마지막 워크시트를 선택합니다. 이에 반해 연속적이지 않은 워크시트를 여러 개 선택하려면, 하나의 워크시트를 선택한 다음 Ctrl 키를 누른 채 선택하려는 워크시트를 차례로 클릭하면 됩니다.

Sub 2 **워크시트 이름 변경하기**

워크시트는 기본적으로 'Sheet1, Sheet2, Sheet3'의 이름이 붙게 되는데, 필요에 따라 워크시트의 이름은 사용자가 언제든지 변경할 수 있습니다. 워크시트의 이름은 워크시트 탭을 더블클릭하면 쉽게 변경할 수 있습니다.

1 워크시트를 더블클릭하기

이름을 변경하려는 워크시트의 탭을 더블클릭합니다. 워크시트의 이름을 입력할 수 있는 상태가 되면 새로운 이름을 입력합니다.

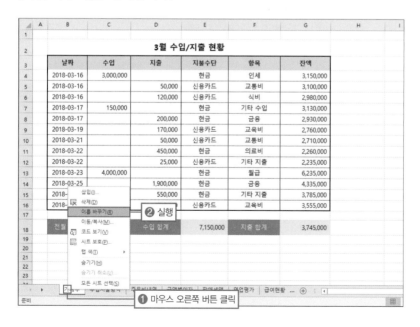

날짜	수입	지출	지불수단	항목	잔액
			3월 수입/지출 현황		
2018-03-16	3,000,000		현금	인세	3,150,000
2018-03-16		50,000	신용카드	교통비	3,100,000
2018-03-16		120,000	신용카드	식비	2,980,000
2018-03-17	150,000		현금	기타 수입	3,130,000
2018-03-17		200,000	현금	금융	2,930,000
2018-03-19		170,000	신용카드	교육비	2,760,000
2018-03-21		50,000	신용카드	교통비	2,710,000
2018-03-22		450,000	현금	의료비	2,260,000
2018-03-22		25,000	신용카드	기타 지출	2,235,000
2018-03-23	4,000,000		현금	필급	6,235,000
2018-03-25		1,900,000	현금	금융	4,335,000
2018-03-25		550,000	현금	기타 지출	3,785,000
2018-03-26		230,000	신용카드	교육비	3,555,000
전월 잔액	150,000	수입 합계		7,150,000	지출 합계	3,745,000

2 바로가기 메뉴를 이용하여 이름 변경하기

워크시트 탭을 더블클릭하는 방법 이외에 바로가기 메뉴를 이용해도 워크시트 이름을 변경할 수 있습니다. 이름을 변경하려는 워크시트 탭을 오른쪽 클릭한 다음 바로가기 메뉴가 표시되면 [이름 바꾸기]를 선택합니다.

Sub ③ 워크시트 이동 및 복사

통합 문서 안에서 워크시트의 순서는 언제든지 변경이 가능합니다. 워크시트의 순서가 변경되더라도 통합 문서의 내용 자체는 변경되지 않으며, 기존 워크시트를 복사하여 현재 통합 문서 및 다른 통합 문서에 붙여 넣을 수 있습니다.

1 드래그앤 드롭으로 워크시트 이동 및 복사하기

이동하려는 워크시트를 클릭한 상태에서 이동하려는 위치로 드래그 앤 드롭하면 워크시트 위치가 지정한 위치로 변경됩니다. Ctrl 키를 누른 채로 드래그 앤 드롭을 하면 선택한 워크시트가 지정한 위치로 복사됩니다.

구분	4.0%	4.5%	5.0%	5.5%	6.0%	6.5%	7.0%
			금액별 이자액				
1,000,000	40,000	45,000	50,000	55,000	60,000	65,000	70,000
2,000,000	80,000	90,000	100,000	110,000	120,000	130,000	140,000
3,000,000	120,000	135,000	150,000	165,000	180,000	195,000	210,000
4,000,000	160,000	180,000	200,000	220,000	240,000	260,000	280,000
5,000,000	200,000	225,000	250,000	275,000	300,000	325,000	350,000
6,000,000	240,000	270,000	300,000	330,000	360,000	390,000	420,000
7,000,000	280,000	315,000	350,000	385,000	420,000	455,000	490,000
8,000,000	320,000	360,000	400,000	440,000	480,000	520,000	560,000
9,000,000	360,000	405,000	450,000	495,000	540,000	585,000	630,000
10,000,000	400,000	450,000	500,000	550,000	600,000	650,000	700,000

Ctrl+드래그

가계부 | 수입지출항목 | 주유비내역 | 금액별이자 | 판매세액 | Sheet3 ... ⊕

준비

2 바로가기 메뉴를 이용하여 워크시트 이동 및 복사하기

이동하려는 워크시트의 탭을 오른쪽 클릭한 다음 바로가기 메뉴가 표시되면 [이동/복사] 항목을 선택합니다. [이동/복사] 대화상자가 열리면 목록에서 복사된 워크시트가 위치할 지점을 선택한 다음 [확인] 버튼을 클릭합니다. 여기서 [복사본 만들기] 확인 상자를 체크하면 선택한 워크시트가 지정한 위치에 복사되어 하나가 더 만들어지게 됩니다.

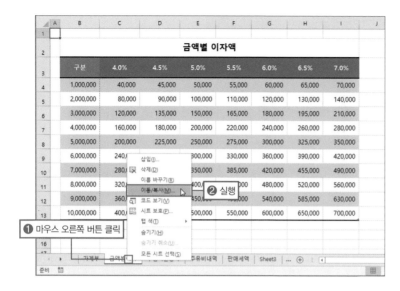

> **Tip 다른 통합 문서로 워크시트를 이동하거나 복사하기**
>
> 선택한 워크시트를 다른 통합 문서로 이동하거나 복사하려면 [이동/복사] 대화상자에서 [대상 통합 문서] 상자를 열어
> 복사하거나 이동하려는 통합 문서를 선택한 다음 워크시트의 위치를 선택하면 됩니다.

Sub 4 새로운 워크시트 삽입

엑셀 통합 문서에는 기본적으로 3개의 워크시트가 제공되지만 얼마든지 새로운 워크시트를
만들 수 있습니다. 또한 더 이상 사용하지 않는 워크시트라면 통합 문서에서 삭제할 수도 있습
니다.

1 [워크시트 삽입] 버튼을 이용하여 새로운 워크시트 만들기

워크시트를 가장 빠르게 만드는 방법은 [워크시트 삽입] 버튼을 이용하는 것입니다. 새로운
워크시트를 만드려면 마지막에 위치한 워크시트의 오른쪽에 있는 [워크시트 삽입] 버튼(🔲)을
클릭합니다.

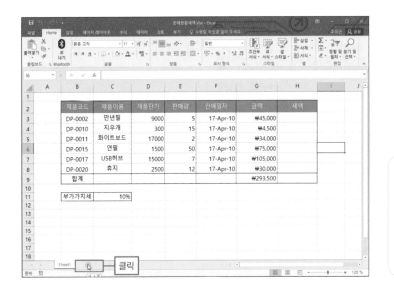

2 바로가기 메뉴를 이용하여 새로운 워크시트 만들기

새로운 워크시트를 삽입하려는 위치의 워크시트의 탭을 오른쪽 클릭한 다음 바로가기 메뉴에서 [삽입] 항목을 선택하면 새로운 워크시트가 만들어집니다. 이 경우에는 기본적인 빈 화면의 워크시트뿐만 아니라 서식 파일을 선택하여 새로운 워크시트를 만들 수 있습니다.

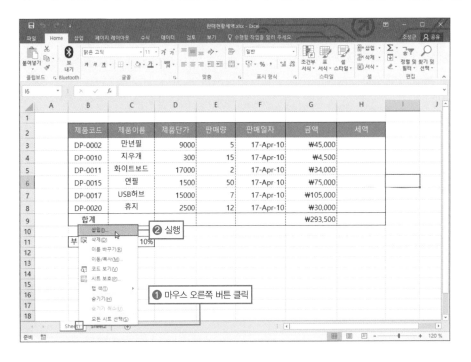

Sub ⑤ 워크시트 삭제하기

워크시트를 삭제하게 되면 워크시트 안에 포함되어 있는 모든 셀의 데이터가 함께 삭제되므로 워크시트를 삭제할 때는 다시 한 번 워크시트의 내용을 확인한 다음 삭제하는 것이 좋습니다.

1 바로가기 메뉴를 이용하여 워크시트 삭제하기

삭제하려는 워크시트의 탭을 오른쪽 클릭한 다음 바로가기 메뉴가 표시되면 [삭제] 항목을 선택합니다. 삭제하려는 워크시트에 데이터가 저장된 경우에는 워크시트를 삭제할 것인지 다시한 번 확인하는 대화상자가 열리게 됩니다. 이 대화상자에서 [삭제] 버튼을 클릭하게 되면 선택한 워크시트가 삭제됩니다.

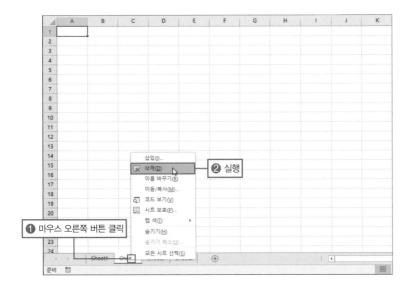

② 리본 메뉴를 이용하여 워크시트 삭제하기

삭제하려는 워크시트가 열려있는 상태에서 [홈] 탭의 [셀] 그룹에서 [삭제]-[시트 삭제] 항목을 선택하면 열려있는 워크시트가 삭제됩니다.

Sub 6 화면에서 워크시트 숨기고 다시 표시하기

여러 개의 워크시트 중 자주 사용하지 않는 워크시트라면 일시적으로 화면에서 표시되지 않도록 하여 작업 효율을 높일 수 있습니다. 이렇게 숨겨진 워크시트는 언제든지 다시 표시할 수 있습니다. 워크시트를 화면에서 숨기는 방법에 대해 알아보겠습니다.

① 워크시트 숨기기

화면에서 숨기려는 워크시트 탭을 오른쪽 클릭한 다음 바로가기 메뉴가 표시되면 [숨기기] 항목을 선택합니다. 선택한 워크시트가 화면에서 사라집니다.

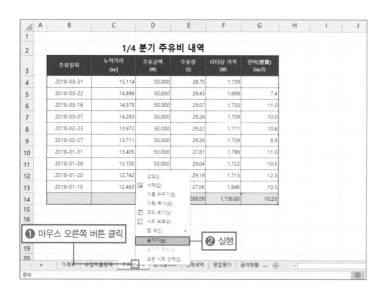

② 숨겨진 워크시트 표시하기

[홈] 탭의 [셀] 그룹에서 [서식]−[숨기기 및 숨기기 취소]−[시트 숨기기 취소] 항목을 선택하면 [숨기기 취소] 대화 상자가 표시되는데, 이 대화상자에서 표시하려는 워크시트를 선택한 다음 [확인] 버튼을 클릭하면 다시 선택한 워크시트가 표시됩니다.

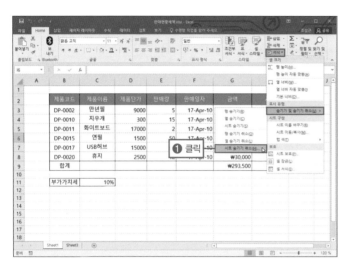

Tip 리본 메뉴를 이용하여 워크시트 숨기고 다시 표시하기

임의의 워크시트 탭을 마우스 오른쪽 클릭한 다음 [숨기기 취소] 항목을 선택해도 숨겨진 워크시트를 화면에 표시할 수 있습니다.

Sub ⑦ 워크시트 및 통합 문서 보호하기

워크시트의 내용을 보존하고 사용자 실수로 내용이 변경되는 것을 방지하려면 워크시트 보호 기능을 사용하면 됩니다. 워크시트 보호 기능을 사용하면 워크시트를 편집하려 할 때마다 암호를 물어보게 하여 워크시트의 내용을 보호할 수 있습니다.

☐ 워크시트 내용 보호 및 해제하기

내용을 보호하려는 워크시트의 탭을 오른쪽 클릭한 다음 바로가기 메뉴가 표시되면 [시트 보호] 항목을 선택합니다. 시트 보호를 해제할 때 사용할 암호를 입력한 다음 [워크시트에서 허용할 내용] 목록에서 워크시트 보호 내용을 선택하면 됩니다.

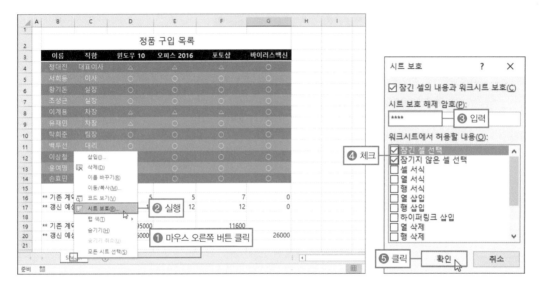

보호된 워크시트는 내용을 변경할 수 없습니다. 보호된 워크시트를 다시 해제하려면 잠겨있는 워크시트를 화면에 표시한 상태에서 [검토] 탭의 [변경 내용] 그룹에서 [시트 보호 해제] 버튼을 클릭합니다. 이어서 [시트 보호 해제] 대화상자가 열리면 입력상자에 시트 보호 잠금 해제를 위한 암호를 입력하면 됩니다.

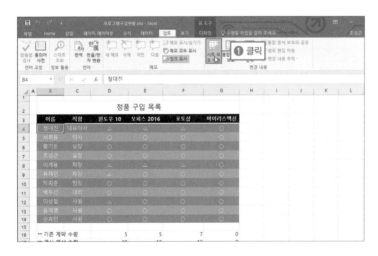

❷ 통합 문서 보호 및 해제하기

통합 문서 보호 기능을 사용하면 기존 워크시트의 위치는 물론 워크시트의 삭제나 새로운 워크시트의 삽입도 할 수 없게 됩니다. 보호할 통합 문서를 연 상태에서 [검토] 탭의 [변경 내용] 그룹에서 [통합 문서 보호] 버튼을 클릭합니다. 이어서 [구조 및 창 보호] 대화상자가 열리면 [보호할 대상]으로 '구조' 항목을 선택한 다음 [암호] 입력상자에 암호를 입력한 후 [확인] 버튼을 클릭하면 현재 열려있는 통합 문서가 보호됩니다.

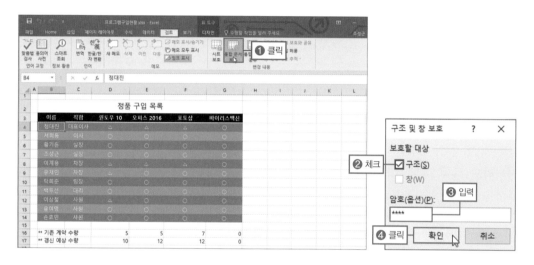

보호되어 있는 통합 문서를 해제시키기 위해 [검토] 탭의 [변경 내용] 그룹에서 [통합 문서 보호] 버튼을 클릭합니다. [통합 문서 보호 해제] 대화상자가 열리면 [암호] 입력 상자에 암호를 입력한 다음 [확인] 버튼을 클릭하면 보호된 통합 문서가 해제됩니다.

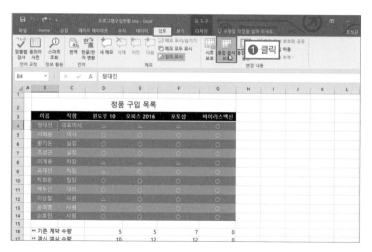

데이터 입력 및 편집

엑셀 2016에서 처리할 수 있는 데이터에는 숫자나 날짜와 같은 수치 데이터와 텍스트 데이터 그리고 수식이 있습니다. 즉, 어떠한 데이터라도 엑셀 2016에서 처리할 수 있지만 표시 방법에는 데이터마다 조금씩 차이가 있습니다. 여기서는 셀에 데이터를 입력하는 방법과 입력된 데이터의 편집 방법에 대해 알아보겠습니다.

 수치 데이터 입력하기

엑셀 2016에서는 모든 데이터가 셀 단위로 입력됩니다. 화면에서 여러 셀에 걸쳐 입력되었다 하더라도 실제 그 데이터가 가지는 셀 주소는 하나입니다. 엑셀 2016에서는 입력된 데이터의 유형을 파악하여 자동으로 설정해 줍니다. 단, 실제로는 숫자 데이터이지만 텍스트 데이터처럼 사용하려면 숫자 데이터 앞에 아포스트로피(')를 입력하면 됩니다.

	A	B	C	D	E
1					
2		숫자 데이터		문자데이터	
3		380,000		650000	
4		350,000		600000	
5		350,000		600000	
6		320,000		500000	
7		320,000		500000	
8					

▲ 숫자 데이터는 오른쪽으로 정렬되고 문자 데이터는 왼쪽으로 정렬된다.

셀에 입력할 수 있는 수치 데이터는 숫자와 날짜 그리고 시간과 같이 연산이 가능한 데이터입니다. 수치 데이터는 기본적으로 오른쪽을 기준으로 입력이 되며, 12자리가 넘어가면 지수 형태로 표시됩니다. 수치 데이터는 부호나 통화기호와 함께 사용할 수 있으며 수치 데이터 앞에 텍스트가 입력되면 텍스트 데이터로 인식됩니다.

숫자는 일반적인 숫자와 통화에 사용되는 숫자 그리고 회계에 사용되는 숫자로 구분할 수 있으며 각각 콤마(,)의 사용 유무와 소수점의 처리 방법에 따라 표시 방법이 결정됩니다.

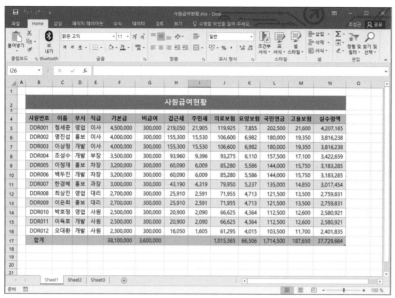

▲ 숫자의 용도에 따라 표시 방법을 달리 할 수 있다.

텍스트 입력하기

　셀에 입력되는 텍스트에는 모든 언어를 입력할 수 있으며 특수문자도 텍스트에 포함됩니다. 텍스트는 연산에 사용되지는 않지만 함수를 이용하여 인수의 일부분으로 사용될 수 있습니다. 텍스트는 기본적으로 왼쪽으로 정렬되어 입력되며 [홈] 탭의 [맞춤] 그룹의 정렬 도구를 사용해서 셀에서의 텍스트의 위치를 설정할 수 있습니다.

▲ 정렬 방법에 따른 텍스트의 위치

한글과 영문은 키보드의 [한/영] 키를 이용하여 전환한 다음 입력할 수 있으며, 한글은 1글자, 영문은 2글자에 해당하는 폭을 차지합니다. 표시된 셀보다 긴 텍스트를 입력하면 셀 범위를 넘어서 표시가 되지만 [셀 서식] 창의 [맞춤] 탭에서 [텍스트 줄 바꿈]을 설정한 경우에는 셀의 너비에 맞추어 텍스트가 자동 줄 바꿈이 적용됩니다.

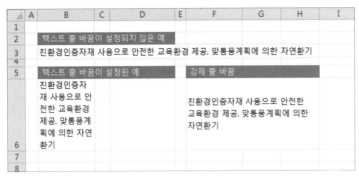

▲ 줄 바꿈 설정에 따라 셀 안에서의 텍스트 표시 방법이 달라진다.

하나의 셀 안에서 여러 줄의 텍스트를 입력할 때는 줄을 바꿀 때 [Alt]+[Enter] 키를 누르면 되며, 한 줄로 입력된 텍스트를 자동 줄 바꿈 상태로 변경하려면 [홈] 탭의 [맞춤] 그룹에서 [텍스트 줄 바꿈] 버튼(🖼)을 클릭하면 됩니다. 한 줄로 텍스트가 입력된 경우 셀의 오른쪽 열 경계를 더블 클릭 하면 자동으로 입력된 텍스트의 길이에 맞추어 셀 너비가 조정됩니다.

Sub ③ 한자 입력하기

한자는 먼저 한글을 입력한 다음 한자로 변환하여 사용합니다. 한자로 변환하는 방법에는 한 글자씩 변환하는 방법과 한 단어 단위로 변환하는 방법이 있습니다.

한자를 한 글자씩 변환하려면 먼저 수식 입력 줄에 한자로 변환하려는 글자를 입력한 다음 키보드의 [한자] 키나 오른쪽 [Ctrl] 키를 누릅니다. 이어서 입력한 한글의 발음에 해당하는 한자 목록이 표시되면 목록에서 한자를 마우스로 클릭하거나 방향키를 이용해서 이동한 다음 [Enter] 키를 누릅니다. 이때, 글자를 입력한 직후가 아닌 입력한 후에 수식 입력 줄을 클릭하여 한자로 변환하려고 하면 한자 목록이 아닌 [한글/한자 변환] 창이 열리게 됩니다.

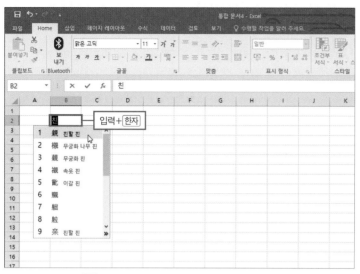

▲ 글자를 입력한 다음 [한자] 키를 누르면 한글을 한자로 변환할 수 있다.

글자를 단어 단위로 한자로 변환하려면, 먼저 변환할 단어를 수식 입력 줄에 입력한 다음 입력한 단어를 드래그하여 선택하거나 변환할 단어 바로 앞에 커서를 위치한 후 [한자] 키를 누릅니다. 이어서 [한글/한자 변환] 창이 열리면 [한자 변환] 상자에서 변환할 한자를 선택한 다음 [변환] 버튼을 클릭합니다. 만일 변환할 한자가 목록에 없다면 [고급 기능] 버튼을 클릭하여 새로운 한자 단어를 등록하여 사용할 수 있습니다.

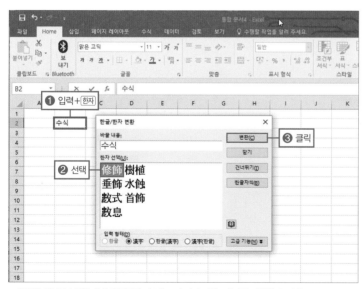

▲ 입력한 단어를 선택한 상태에서 [한자] 키를 누르면 단어 단위로 한자를 변환할 수 있다.

특수문자는 키보드에 없는 기호를 입력할 때 사용합니다. 특수문자를 입력하는 방법에는 리본 메뉴의 [기호] 버튼을 클릭하여 입력하는 방법과 한글을 입력한 다음 특수문자로 변환하는 방법이 있습니다.

리본 메뉴를 이용하여 특수문자를 입력하려면 [삽입] 탭의 [기호] 그룹에서 [기호] 버튼 (Ω 기호)을 클릭한 후 표시되는 [기호] 창에서 삽입하려는 기호를 선택 후 [삽입] 버튼을 클릭하면 됩니다.

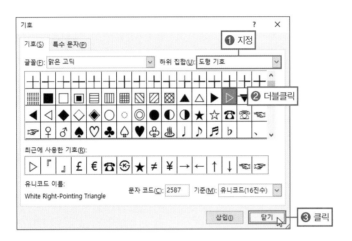

알아두면 좋아요

한글 자음에 해당하는 특수 문자 목록

수식 입력 줄에 한글의 자음을 입력한 다음 한자 키 또는 오른쪽 Ctrl 키를 누르면 다음과 같은 기호를 선택하여 입력할 수 있습니다.

❶ ㄱ에 있는 특수 문자 : 문장 부호

공백 ！ ＇ ，．／：；？＾＿｀｜￣、。·‥…¨‥〃―‖＼∼´～˘˘¨° ˙ ¸˛¡¿

❷ ㄴ에 있는 특수 문자 : 괄호

＂（）［］｛｝‘’“”〔〕〈〉《》「」『』【】

❸ ㄷ에 있는 특수 문자 : 수학 기호 및 부호

＋－＜＝＞±×÷≠≤≥∞∴♂♀∠⊥⌒∂∇≡≒≪≫√∽∝∵∫∬∈∋⊆⊇⊂⊃∪∩
∧∨￢⇒⇔∀∃∮∑∏

④ [ㄹ]에 있는 특수 문자 : 단위

$ % ₩ F ′ ″ ℃ Å ¢ £ ¥ ¤ ℉ ‰ ?? ㎕ ㎖ ㎗ ℓ ㎘ ㏄ ㎣ ㎤ ㎥ ㎦ ㎙ ㎚ ㎛ ㎜ ㎝ ㎞ ㎟ ㎠ ㎡ ㎢ ㏊ ㎍ ㎎ ㎏ ㏏ ㎈ ㎉ ㏈ ㎧ ㎨ ㎰ ㎱ ㎲ ㎳ ㎴ ㎵ ㎶ ㎷ ㎸ ㎹ ㎀ ㎁ ㎂ ㎃ ㎄ ㎺ ㎻ ㎼ ㎽ ㎾ ㎿ ㎐ ㎑ ㎒ ㎓ ㎔ Ω ㏀ ㏁ ㎊ ㎋ ㎌ ㏖ ㏅ ㎭ ㎮ ㎯ ㏛ ㎩ ㎪ ㎫ ㎬ ㏝ ㏐ ㏓ ㏃ ㏉ ㏜ ㏆

⑤ [ㅁ]에 있는 특수 문자 : 도형

& * @ § ※ ☆ ★ ○ ● ◎ ◇ ◆ □ ■ △ ▲ ▽ ▼ → ← ↑ ↓ ↔ 〓 ◁ ◀ ▷ ▶ ♤ ♠ ♡ ♥ ♧ ♣ ⊙ ◈ ▣ ◐ ◑ ▒ ▤ ▥ ▨ ▧ ▦ ▩ ♨ ☏ ☎ ☜ ☞ ¶ † ‡ ↕ ↗ ↙ ↖ ↘ ♭ ♩ ♪ ♬ ㉿ ㈜ № ㏇ ™ ㏂ ㏘ ℡ ?? ª º

⑥ [ㅂ]에 있는 특수 문자 : 선 그리기

─ │ ┌ ┐ ┘ └ ├ ┬ ┤ ┴ ┼ ━ ┃ ┏ ┓ ┛ ┗ ┣ ┳ ┫ ┻ ╋ ┠ ┯ ┨ ┷ ┿ ┝ ┰ ┥ ┸ ╂ ┒ ┑ ┚ ┙ ┖ ┕ ┎ ┍ ┞ ┟ ┡ ┢ ┦ ┧ ┩ ┪ ┭ ┮ ┱ ┲ ┵ ┶ ┹ ┺ ┽ ┾ ╀ ╁ ╃ ╄ ╅ ╆ ╇ ╈ ╉ ╊

⑦ [ㅅ]에 있는 특수 문자 : 한글 원문자

㉠ ㉡ ㉢ ㉣ ㉤ ㉥ ㉦ ㉧ ㉨ ㉩ ㉪ ㉫ ㉬ ㉭ ㉮ ㉯ ㉰ ㉱ ㉲ ㉳ ㉴ ㉵ ㉶ ㉷ ㉸ ㉹ ㉺ ㉻ ㈀ ㈁ ㈂ ㈃ ㈄ ㈅ ㈆ ㈇ ㈈ ㈉ ㈊ ㈋ ㈌ ㈍ ㈎ ㈏ ㈐ ㈑ ㈒ ㈓ ㈔ ㈕ ㈖ ㈗ ㈘ ㈙ ㈚ ㈛

⑧ [ㅇ]에 있는 특수 문자 : 영문 및 숫자 원문자

ⓐ ⓑ ⓒ ⓓ ⓔ ⓕ ⓖ ⓗ ⓘ ⓙ ⓚ ⓛ ⓜ ⓝ ⓞ ⓟ ⓠ ⓡ ⓢ ⓣ ⓤ ⓥ ⓦ ⓧ ⓨ ⓩ ① ② ③ ④ ⑤ ⑥ ⑦ ⑧ ⑨ ⑩ ⑪ ⑫ ⑬ ⑭ ⑮ ⒜ ⒝ ⒞ ⒟ ⒠ ⒡ ⒢ ⒣ ⒤ ⒥ ⒦ ⒧ ⒨ ⒩ ⒪ ⒫ ⒬ ⒭ ⒮ ⒯ ⒰ ⒱ ⒲ ⒳ ⒴ ⒵ ⑴ ⑵ ⑶ ⑷ ⑸ ⑹ ⑺ ⑻ ⑼ ⑽ ⑾ ⑿ ⒀ ⒁ ⒂

⑨ [ㅈ]에 있는 특수 문자 : 숫자 기호

0 1 2 3 4 5 6 7 8 9 ⅰ ⅱ ⅲ ⅳ ⅴ ⅵ ⅶ ⅷ ⅸ ⅹ Ⅰ Ⅱ Ⅲ Ⅳ Ⅴ Ⅵ Ⅶ Ⅷ Ⅸ Ⅹ

⑩ [ㅊ]에 있는 특수 문자 : 분수와 제곱

½ ⅓ ⅔ ¼ ¾ ⅛ ⅜ ⅝ ⅞ ^{1} ^{2} ^{3} ^{4} ^{n} $_{1}$ $_{2}$ $_{3}$ $_{4}$

⑪ [ㅋ]에 있는 특수 문자 : 한글 자모음

ㄱ ㄲ ㄳ ㄴ ㄵ ㄶ ㄷ ㄸ ㄹ ㄺ ㄻ ㄼ ㄽ ㄾ ㄿ ㅀ ㅁ ㅂ ㅃ ㅄ ㅅ ㅆ ㅇ ㅈ ㅉ ㅊ ㅋ ㅌ ㅍ ㅎ ㅏ ㅐ ㅑ ㅒ ㅓ ㅔ ㅕ ㅖ ㅗ ㅘ ㅙ ㅚ ㅛ ㅜ ㅝ ㅞ ㅟ ㅠ ㅡ ㅢ ㅣ

⑫ [ㅌ]에 있는 특수 문자 : 한글 고어

ㅥ ㅦ ㅧ ㅨ ㅩ ㅪ ㅫ ㅬ ㅭ ㅮ ㅯ ㅰ ㅱ ㅲ ㅳ ㅴ ㅵ ㅶ ㅷ ㅸ ㅹ ㅺ ㅻ ㅼ ㅽ ㅾ ㅿ ㆀ ㆁ ㆂ ㆃ ㆄ ㆅ ㆆ ㆇ ㆈ ㆉ ㆊ ㆋ ㆌ ㆍ ㆎ

⑬ [ㅍ]에 있는 특수 문자 : 영문 알파벳

ABCDEFGHIJKLMNOPQRSTUVWXYZabcdefghijklmnopqrstuvwxyz

⑭ [ㅎ]에 있는 특수 문자 : 로마자

Α Β Γ Δ Ε Ζ Η Θ Ι Κ Λ Μ Ν Ξ Ο Π Ρ Σ Τ Υ Φ Χ Ψ Ω α β γ δ ε ζ η θ ι κ λ μ ν ξ ο π ρ σ τ υ φ χ ψ ω

날짜와 시간은 연산할 수 있는 수치 데이터에 포함되지만 표현은 텍스트와 함께 표시될 수 있습니다. 날짜를 텍스트처럼 사용하고 싶을 때는 사용자 임의대로 입력하면 되지만 날짜와 시간을 위해 연산을 해야 할 경우에는 날짜와 시간의 형식에 맞게 입력해야 합니다. 날짜와 시간을 형식에 맞게 입력하면 엑셀 2016에서는 자동으로 데이터 형식을 인식하여 표시 형식을 설정합니다.

날짜는 연도와 월 그리고 일을 하이픈(–)으로 구분하여 '2016 – 10 – 13' 형식으로 입력해야 합니다. 각 요소를 빗금(/)으로 구분하여 '2016/10/13'의 형식으로도 입력할 수 있으나 이러한 형식은 입력 후 자동으로 '2016 – 10 – 13' 형식으로 변경됩니다. 또한 시간은 콜론(:)을 사용해서 시간과 분, 초를 구분하여 '17:35'의 형식으로 입력하며 엑셀 2016에서는 입력된 시간을 자동으로 '오후 05:35'의 형식으로 표시합니다.

	A	B	C	D
1				
2		날짜 형식	2018-03-13	
3		표시 형식	2018년 3월 13일 화요일	
4		시간 형식	오전 11:28:00	
5		오늘 날짜	2018-03-13	
6		현재 시간	11:28 AM	
7				

▲ 날짜와 시간은 입력 형식대로 입력해야 엑셀 2016에서 인식할 수 있다.

날짜와 시간을 입력할 때 오늘 날짜와 현재 시간을 자동으로 입력하는 방법이 있습니다. 셀을 선택한 상태에서 Ctrl + ; 키를 누르면 오늘 날짜가 입력되고 Shift + Ctrl + ; 키를 누르면 현재 시간이 입력됩니다.

직접 연산에 사용되지는 않지만 입력된 셀의 데이터에 주석을 달아야 하는 경우에는 메모 기능을 사용할 수 있습니다. 메모를 삽입할 셀을 오른쪽 클릭한 다음 바로가기 메뉴에서 [메모 삽입] 항목을 선택하면 셀에 메모를 삽입할 수 있습니다. 셀 메모가 삽입되면 셀의 오른쪽 상단에 빨간색 삼각형의 메모 표식이 표시되며, 메모 표식 위에 마우스 커서를 가져가면 메모의 내용을 확인할 수 있습니다.

A	B	C	D	E	F	G
1						
2			사원급여현황			
3	사원번호	이름	부서	직급	기본급	수당
4	DDR001	정세준	영업	이사	4,500,000	650,000
5	DDR002	명진섭	홍보	이사	4,000,000	600,000
6	DDR003	이상정	개발	이사	4,000,000	600,000
7	DDR004	조성수			3,500,000	500,000
8	DDR005	이정재			3,200,000	500,000
9	DDR006	백두진			3,200,000	500,000
10	DDR007	한경혜	홍보	과장	3,000,000	250,000
11	DDR008	최상진	영업	대리	2,700,000	250,000
12	DDR009	이은희	홍보	대리	2,700,000	250,000

(셀 메모: 2010-12-05 퇴사 예정)

▲ 메모 표식 위로 마우스를 가져가면 메모 내용을 확인할 수 있다.

Sub 7 셀 데이터 복사 및 잘라내어 붙이기

셀을 복사하거나 잘라내어 붙이는 경우 셀에 입력된 데이터는 물론 채우기 색과 글자색 그리고 양식까지 모든 서식이 복사되거나 이동됩니다. 그러나 셀 데이터가 복사되거나 이동되더라도 셀의 높이와 너비는 유지되지 않습니다.

셀을 복사하는 방법은 복사할 영역을 선택한 다음 [홈] 탭의 [클립보드] 그룹에서 [복사] 버튼(📋)을 클릭하거나 복사 단축키인 Ctrl+C 키를 누릅니다. 셀이 복사된 상태에서는 선택 영역이 점선으로 표시되며 새로운 셀을 선택하고 [홈] 탭의 [클립보드] 그룹에서 [붙여넣기] 버튼(📋)을 클릭하거나 붙여넣기 단축키인 Ctrl+V 키를 누르면 복사된 셀 영역이 붙여집니다. 셀을 붙여 넣은 후에는 붙여넣기 옵션 상자가 표시되며, 붙여넣기 옵션 상자를 클릭하면 원본이나 수식, 서식 등을 선택하여 붙일 수 있습니다.

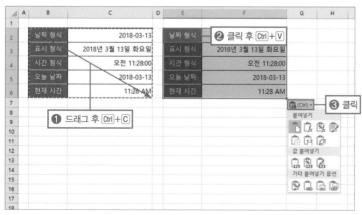

▲ 복사할 선택 영역은 점선으로 표시되며 붙여진 후에는 붙이기 방법을 선택할 수 있다.

잘라내기 방법 또한 복사할 때의 방법과 동일합니다. 먼저 잘라낼 영역을 선택한 다음 [홈] 탭의 [클립보드] 그룹에서 [잘라내기] 버튼(✂)을 클릭하거나 잘라내기 단축키인 Ctrl + X 키를 누릅니다. 잘려질 영역이 점선으로 표시되면 새로운 셀을 선택한 다음 [홈] 탭의 [클립보드] 그룹에서 [붙여넣기] 버튼(📋)을 클릭하거나 붙여넣기 단축키인 Ctrl + V 키를 누르면 잘려진 셀 영역이 붙여집니다.

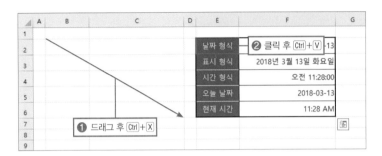

Sub 8 셀 데이터 이동하기

셀 데이터는 셀에 입력된 데이터는 물론 채우기 색이나 테두리 선과 같은 모든 서식을 포함합니다. 셀 데이터를 이동한 결과는 잘라낸 후 붙이는 결과와 동일하지만 좀 더 간단하고 빠르게 작업할 수 있다는 점에서 자주 사용하게 되는 기능입니다.

셀 데이터를 이동하려면 먼저 이동시키려는 영역을 선택한 다음 선택 영역의 경계 위에 마우스를 가져갑니다. 마우스 커서가 네 방향 커서(✛)로 바뀌면 경계를 클릭한 채 이동하려는 위치로 드래그한 다음 드롭을 하면 셀 데이터가 이동됩니다.

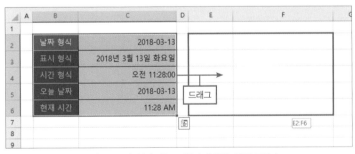

▲ 선택 영역의 경계 위에 마우스를 가져가면 마우스 커서가 네 방향 커서로 바뀐다.

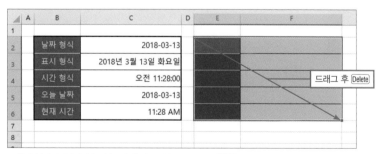

▲ 선택 영역의 경계를 이동하려는 위치로 드래그 앤 드롭한다.

Sub 9 셀 데이터 삭제하기

　셀을 지운다는 의미는 셀에 입력된 데이터만을 삭제한다는 의미와 셀 자체를 삭제한다는 의미로 구분할 수 있습니다. 데이터만을 지우게 되면 데이터는 지워지지만 셀은 그대로 남게 되므로 셀에 설정된 채우기 색이나 글자 색 등과 같은 셀 서식이나 테두리 선, 표시 형식 등은 그대로 남게 됩니다. 반면, 셀을 지운다는 의미는 셀 자체를 삭제한다는 의미이므로 셀에 입력된 데이터는 물론 셀에 설정된 모든 서식과 설정 내용을 함께 제거하게 합니다. 셀을 제거함에 따라 아래쪽이나 오른쪽에 위치한 셀들은 제거한 셀의 크기만큼 이동하게 되므로 셀을 제거할 때는 이 점을 항상 주의해야 합니다.

　셀에 입력된 데이터 중 데이터 전부를 삭제하고자 할 때는 셀을 선택한 다음 Delete 키를 누르거나 선택 영역을 오른쪽 클릭한 다음 바로가기 메뉴에서 [내용 지우기] 항목을 선택합니다. 또한 셀에 입력된 데이터 중 일부를 지우고자 할 때는 셀을 선택한 다음 수식 입력 줄에서 내용을 수정하면 됩니다.

▲ 셀에 입력된 데이터만을 지우고자 할 때는 셀을 선택한 다음 Delete 키를 누른다.

이에 반해 셀 전부를 삭제하고자 할 때는 삭제하려는 셀 범위를 지정한 다음 [홈] 탭의 [편집] 그룹에서 [지우기] 버튼(✐▾)을 클릭한 다음 바로가기 메뉴에서 [모두 지우기] 항목을 선택하면 됩니다. 셀 데이터는 그대로 유지한 채 채우기 색이나 테두리 선과 같은 서식만을 지우고자 할 때는 같은 방법으로 [홈] 탭의 [편집] 그룹에서 [지우기] 버튼(✐▾)을 클릭한 다음 바로가기 메뉴에서 [서식 지우기] 항목을 선택하면 됩니다.

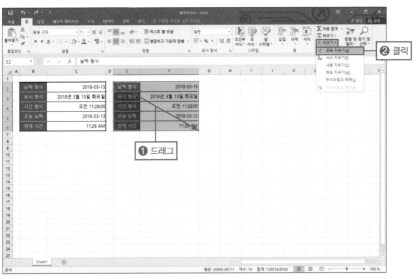

▲ [모두 지우기] 항목을 이용하면 선택 영역의 모든 셀을 삭제할 수 있다.

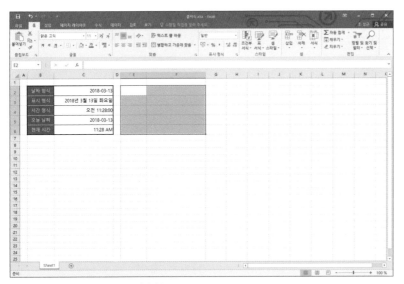

▲ 선택영역의 데이터 및 양식이 모두 삭제된다.

기존 셀 사이에 새로운 행이나 새로운 열을 삽입할 때는 머리글의 바로가기 메뉴를 이용합니다. 먼저 새로운 행을 삽입하려면 새로운 행이 삽입될 아래쪽 행의 머리글을 오른쪽 클릭한 다음 바로가기 메뉴에서 [삽입] 항목을 선택합니다. 이때, 삽입하려는 행의 위쪽에 행에 채우기 색이나 글자 색, 테두리 선 등의 서식이 설정되어 있다면 서식이 그대로 유지된 채 새로운 행이 만들어집니다.

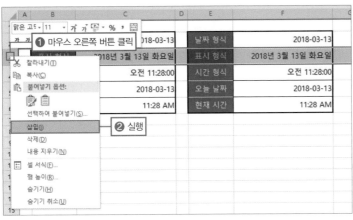

▲ 삽입하려는 행의 아래쪽 행을 선택한 상태에서 행을 삽입해야 한다.

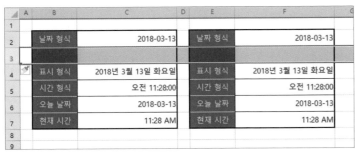

▲ 선택한 행의 위쪽에 새로운 행이 삽입된다.

새로운 열을 삽입할 때도 마찬가지 방법으로 새로운 열이 삽입된 오른쪽 열을 오른쪽 클릭한 다음 바로가기 메뉴에서 [삽입] 항목을 선택합니다. 행을 삽입했을 때와 마찬가지로 서식이 설정되어 있는 셀 사이에 새로운 열을 삽입하면 서식이 그대로 복사된 채 새로운 열이 만들어집니다.

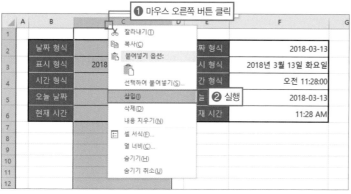

▲ 삽입하려는 열의 오른쪽 열을 선택한 상태에서 열을 삽입해야 한다.

▲ 선택한 열의 왼쪽에 새로운 열이 삽입된다.

Sub 11 열 및 행 삭제하기

행이나 열 단위로 삭제를 해야 하는 경우에는 삭제하려는 행 머리글이나 열 머리글을 오른쪽 클릭한 다음 바로가기 메뉴에서 [삭제] 항목을 선택합니다. 행과 열 단위로 삭제가 되면 선택 행과 열에 있던 모든 셀들이 삭제되며 아래쪽이나 오른쪽에 있던 셀들이 삭제된 행이나 열의 크기만큼 이동하게 됩니다.

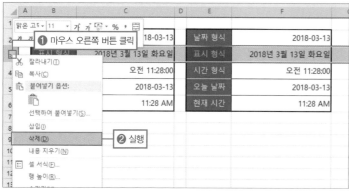

▲ 행이나 열 단위로 삭제하려는 경우는 머리글을 클릭한 다음 삭제를 시도한다.

여러 행이나 여러 열을 한꺼번에 삭제하려는 경우에도 먼저 행 머리글이나 열 머리글을 드래그하거나 Ctrl 키를 누른 채로 머리글을 클릭하여 삭제할 대상을 선택한 다음 오른쪽 클릭한 후 바로가기 메뉴에서 [삭제] 항목을 선택합니다.

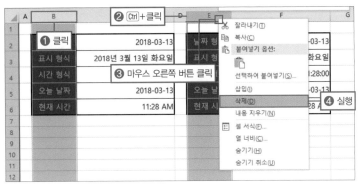

▲ Ctrl 키를 누른 채로 머리글을 클릭하면 여러 개의 행과 열을 한꺼번에 삭제할 수 있다.

Sub 12 채우기 핸들을 이용한 연속 데이터 채우기

동일한 패턴의 데이터를 채우거나 연속적인 데이터를 입력해야 하는 경우에는 채우기 핸들을 이용하여 빠르게 데이터를 입력할 수 있습니다. 채우기 핸들을 이용한 자동 채우기 기능을 이용하면 여러 셀에 같은 데이터를 빠르게 입력할 수 있을 뿐만 아니라 연속적인 숫자나 수식을 쉽게 채울 수 있습니다.

1 연속 데이터 입력하기

다양한 셀 데이터 형식 중 일부 데이터는 '1, 2, 3, 4, 5 …'와 같은 형식이나 'T001, T002, T003 …'과 같은 연속적인 데이터 형식을 가지게 됩니다. 이런 데이터는 일일이 입력할 필요 없이 채우기 핸들을 이용하면 쉽게 데이터 입력이 가능합니다. 입력한 셀의 오른쪽 하단 모서리에 채우기 핸들이 표시되는데, 이 핸들을 채울 위치까지 드래그 앤 드롭하면 자동으로 연속 데이터가 입력됩니다.

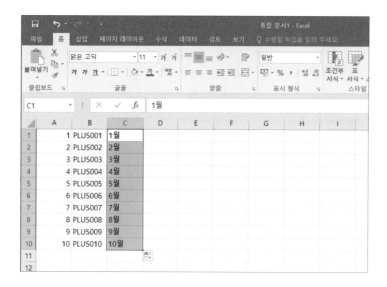

② 채우기 핸들을 이용한 셀 데이터 복사하기

일정한 영역에 동일한 데이터를 채워야 할 경우에는 채우기 핸들을 이용하면 쉽게 동일한 데이터를 채울 수 있습니다. 복사할 데이터가 있는 셀의 자동 채우기 핸들을 복사할 위치까지 드래그 앤 드롭합니다. 자동 채우기 선택 상자에서 [셀 복사]를 선택하면 셀 데이터가 복사됩니다.

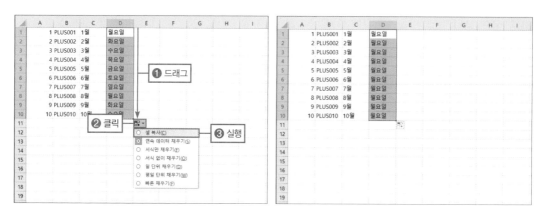

③ 자동 채우기를 이용한 수식 복사하기

채우기 핸들은 연속적인 데이터뿐만 아니라 데이터의 패턴이나 수식을 파악하여 동일한 형태로 데이터를 채울 수 있습니다. 이러한 채우기 핸들을 이용한 수식 복사 기능을 이용하면 아무리 복잡한 수식이라도 간단하게 나머지 셀에 데이터를 채울 수 있게 됩니다. 셀 데이터를 복사하는 방법과 동일하게 복사할 수식이 있는 셀의 자동 채우기 핸들을 복사할 위치까지 드래그 앤 드롭하면 기존 수식을 복사하여 연산할 결과를 표시해 줍니다.

01 다음 표는 현재 누적거리에서 이전 누적거리를 뺀 거리를 주유량으로 나누어 연비를 산출하려고 합니다. [G5]셀에 연비를 산출하고자 하는 수식을 입력합니다.

	주유일자	누적거리 거리(km)	주유금액 (₩)	주유량 (ℓ)	리터당 가격 (₩)	연비(燃費) (km/ℓ)
	1/4 분기 주유비 내역					
4	2018-03-31	15,114	50,000	28.75	1,739	
5	2018-03-22	14,896	50,000	29.43	1,699	=(C4-C5)/E5
6	2018-03-16	14,575	50,000	29.07	1,720	
7	2018-03-07	14,283	50,000	29.26	1,709	
8	2018-02-23	13,972	50,000	29.22	1,711	
9	2018-02-07	13,711	50,000	29.26	1,709	
10	2018-01-31	13,405	50,000	27.81	1,798	
11	2018-01-28	13,100	50,000	29.04	1,722	
12	2018-01-20	12,742	50,000	29.19	1,713	
13	2018-01-15	12,463	50,000	27.06	1,848	

입력

02 [G5]셀의 자동 채우기 핸들을 수식을 채울 셀까지 드래그 앤 드롭합니다.

	주유일자	누적거리 거리(km)	주유금액 (₩)	주유량 (ℓ)	리터당 가격 (₩)	연비(燃費) (km/ℓ)
	1/4 분기 주유비 내역					
4	2018-03-31	15,114	50,000	28.75	1,739	
5	2018-03-22	14,896	50,000	29.43	1,699	7.4
6	2018-03-16	14,575	50,000	29.07	1,720	
7	2018-03-07	14,283	50,000	29.26	1,709	
8	2018-02-23	13,972	50,000	29.22	1,711	
9	2018-02-07	13,711	50,000	29.26	1,709	
10	2018-01-31	13,405	50,000	27.81	1,798	
11	2018-01-28	13,100	50,000	29.04	1,722	
12	2018-01-20	12,742	50,000	29.19	1,713	
13	2018-01-15	12,463	50,000	27.06	1,848	

드래그

03 수식이 복사되어 각 열의 연비가 모두 입력됩니다. 이처럼 자동 채우기 핸들을 이용하여 수식을 복사하면 셀이 변경될 때마다 상대적으로 셀을 참조하여 수식을 채워줍니다.

4 사용자 지정 목록을 작성하여 자동 채우기

엑셀 2016에서 '월요일'을 입력하고 채우기 핸들을 이용하면 자동으로 '월요일, 화요일, 수요일 …'의 데이터가 입력됩니다. 이것은 미리 사용자 지정 목록에서 일정한 데이터 패턴을 만들어 두었기 때문인데, 사용자 지정 목록을 사용하면 자주 사용하는 연속적인 텍스트를 만들어 빠르게 데이터를 채울 수 있습니다.

01 사용자 지정 목록을 설정하기 위해 [파일] 탭-[옵션]-[고급]-[일반] 항목을 차례로 선택한 다음 [사용자 지정 목록 편집] 버튼을 클릭합니다.

02 [사용자 지정 목록] 창이 열립니다. 새로운 사용자 지정 목록을 만들기 위해 [목록 항목] 상자에 '대표이사, 이사, 부장, 차장, 과장, 대리, 주임, 사원'을 입력한 다음 [추가] 버튼을 클릭합니다. [확인] 버튼을 클릭하고 [옵션] 창을 닫습니다.

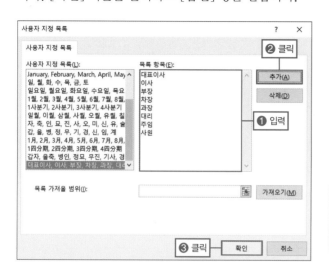

Tip 사용자 지정 목록을 삭제하려면 [사용자 지정 목록] 상자에서 삭제하려는 항목을 선택한 다음 [삭제] 버튼을 클릭하면 됩니다.

03 임의의 셀에 '대표이사'를 입력한 다음 채우기 핸들을 드래그 앤 드롭하면 앞서 작성했던 사용자 목록이 자동으로 입력되는 것을 확인할 수 있습니다.

셀 서식 및 정렬하기

엑셀에 입력되는 데이터는 단지 숫자만 있는 것이 아니라 문자, 날짜, 개수 등 다양한 형식의 요소들이 입력됩니다. 엑셀에서는 셀에 입력되는 데이터의 유형을 설정함으로써 각 요소의 입력 형식을 제한할 수 있습니다. 여기서는 여러 개의 셀을 병합하는 방법과 셀에서의 텍스트 방향을 설정하여 문서의 형태를 만드는 방법에 대해 알아보겠습니다.

Sub 1 표시 형식 알아보기

셀에 입력되는 숫자나 문자를 어떤 형태로 표시할 것인지 설정하는 것이 표시 형식입니다.

1 표시 형식 변경하기

엑셀 2016에서는 셀에 입력되는 데이터의 형식을 자동으로 판독하여 표시 형식을 설정합니다. 사용자가 임의로 표시 형식을 변경하려면, 선택한 셀의 바로가기 메뉴에서 [셀 서식]을 선택하여 셀의 표시 형식을 변경할 수 있습니다.

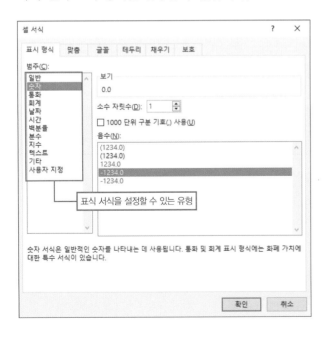

표식 서식을 설정할 수 있는 유형

엑셀 2016에서는 다음과 같은 형태의 표시 형식을 사용할 수 있습니다.

표시 형식	입력	적용	설명
일반	12345	12345	숫자나 텍스트를 표시
숫자	12345	12,345	숫자를 표시하며 자리수 표시 가능
통화	12345	₩12,345	숫자 앞에 통화 기호 표시
회계	12345	₩ 12,345	셀의 맨 앞에 통화 기호 표시
간단한 날짜	08–16	2016–08–16	'연도–월–일'을 숫자로만 표시
자세한 날짜	08–16	2016년 8월 16일 월요일	'연도–월–일–요일'을 한글로 표시
시간	09:50	오전 9:50:00	'오전/오후–시–분–초'로 표시
백분율	0.05	5%	'100'을 곱하고 백분율 기호 표시
분수	0.5	1/2	소수점을 분수로 변환
지수	1234567890	1.E+09	숫자의 자릿수를 지수로 표시
기타	12345678901	(123)4567–8901	주민등록번호나 전화번호 형식 표시

② 표시 형식 제한하기

주민등록번호나 생년월일과 같이 일정한 규칙을 가진 데이터를 입력해야 하는 경우에는 표시 형식을 제한하여 설정할 수 있습니다.

셀을 오른쪽 클릭하여 표시되는 바로가기 메뉴에서 [셀 서식]을 선택한 다음 [표시 형식] 탭에서 입력할 데이터 유형을 선택하면, 셀 입력 시 설정한 데이터 유형과 형식으로 입력을 제한합니다.

③ 리본 메뉴를 이용한 표시 형식 설정하기

대부분의 표시 형식은 [홈] 탭의 [표시 형식]에서 선택할 수 있습니다.

❶ 표시 형식 선택 상자 : 현재 셀의 표시 형식을 선택한 표시 형식으로 변경합니다.
❷ 회계 표시 형식 : 현재 셀에 '₩, ¥, £, $'와 같은 통화 기호를 표시합니다.
❸ 백분율 스타일 : 현재 셀의 값을 백분율로 표시합니다. '%' 기호가 뒤에 붙게 되고 입력된 수치에 '100'이 곱해진 값이 적용됩니다.
❹ 쉼표 스타일 : 숫자가 4자리 이상인 경우 뒤쪽에서부터 3자리마다 콤마(,)가 표시됩니다.
❺ 자릿수 줄임 : 현재 셀의 소수점 자릿수를 한 자리씩 줄입니다. (0.55 → 0.5)
❻ 자릿수 늘림 : 현재 셀의 소수점 자릿수를 한 자리씩 늘립니다. (0.5 → 0.55)
❼ 셀 서식 : 표시 형식 : [셀 서식] 창의 [표시 형식] 탭을 표시합니다.

④ 사용자 임의의 표시 형식 만들기

엑셀 2016에서는 사용자 표시 형식을 만들 때 서식 기호를 사용하여 표시 형식을 설정합니다. 서식 기호를 사용하면 사용자가 원하는 거의 모든 형태의 표시 형식을 설정할 수 있습니다.

사용자 지정 형식을 만들려면 [셀 서식]이 표시 형식에 최대 4개의 구역을 세미콜론(;)으로 구분하여 작성하게 되며, 4개의 구역은 [양수, 음수, 0, 텍스트]의 순서로 서식을 설정합니다.

〈POSITIVE〉;〈NEGATIVE〉;〈ZERO〉;〈TEXT〉
[예] [빨강]#,##0;[파랑]#,##0.00;0.00;@ "원"

사용자 지정 형식에 모든 구역을 사용할 필요는 없으나 각 구역이 2개 이상 사용될 때는 반드시 순서에 따라 서식을 설정해야 합니다. 예를 들어 음수와 텍스트만으로 사용자 지정 형식을 만들고자 할 때는 [음수, 텍스트]의 순서로 작성해야 합니다.

■ 숫자 자릿수 표시

• 0 : 입력한 숫자의 자릿수가 설정한 자릿수보다 적으면 무의미한 '0'을 표시합니다.

서식기호	입력	적용
#.00	2.5	2.50
000	2	002

- # : '0'과 동일한 자릿수 표시자이지만 무의미한 '0'을 표시하지 않습니다.

서식기호	입력	적용
#.##	2.55	2.55
#.##	2.5	2.5
#.#	2.54	2.5

- ? : '0'과 동일한 규칙을 적용하지만 소수점을 기준으로 양 방향에 '0' 대신 공백이 추가되어 소수점을 기준으로 정렬합니다.

서식기호	입력
0.0?	2.55
	2.5

- , : 숫자 뒷자리에서 3자리마다 콤마(,)를 표시합니다. 마지막에 콤마를 붙이면 콤마의 개수만큼 마지막 3자리를 자릅니다.

서식기호	입력	적용
#,##0	12345	12,345
#,##0,	12000	12
#,##0,,	12000000	12
000000-0000,"***"	6707131056215	670713-1056***

■ 텍스트 포함 표시 형식

- 숫자와 텍스트 함께 표시 : 금액이나 숫자 뒤에 텍스트를 표시하고자 할 때는 텍스트가 삽입될 위치에 큰 따옴표(" ")를 이용하여 텍스트를 입력합니다.

서식기호	입력	적용
#,##0 "원"	123000	123,000 원
#.00 "%"	12.5	12.50 %
₩-#,##0" 부족"	-12300	-₩-12,300 부족
₩#.0" %인상";₩-#.0" %인하"	-5.4	₩-5.4 %인하
₩#.0" %인상";₩-#.0" %인하"	3.8	₩3.8 %인상

> Tip 단. '$, (. :, ^, ', {, <, =, −, /,), !, &, ~, },)'의 기호와 공백은 큰 따옴표를 사용하지 않고도 화면에 표시됩니다.

- @ : 셀에 입력된 텍스트를 지정합니다.

서식기호	입력	적용
@ "사원"	이상수	이상수 사원
"☎"* @	011-9755-6930	☎ 011-9755-6930
"오전" @"반"	근무	오전 근무반

- * : 다음에 오는 문자를 반복하여 열 너비를 채웁니다.

서식기호	입력	적용
**0	12345	**************12345
0*-	12345	12345-------------
*0	12345	00000000000 12345

■ 색 지정 표시 형식

• [색 이름] : 서식을 색으로 표시하려면 '검정, 녹색, 흰색, 파랑, 자홍, 노랑, 녹청, 빨강'의 8가지 색 이름을 대괄호 안에 입력하며 반드시 서식의 가장 앞에 위치해야 합니다.

서식기호	입력	적용
[빨강]#,##0	12345	12,345
[파랑]#.00 "%"	12.4	12.40 %

■ 조건 지정 표시 형식

• [조건] : 지정한 조건에 만족하는 숫자에만 서식을 적용합니다. 조건은 대괄호 안에 입력하고, 조건식 다음에 서식을 입력합니다.

서식기호	입력	적용
[파랑][=0]"합격";[빨강][=1]"불합격"	1	불합격
[빨강][>125]↑#,##0;[파랑][<125]↓#,##0	122	↓122

■ 날짜 표시 형식

• yy/yyyy : [연도]를 두 자리(yy) 혹은 네 자리(yyyy)로 표시합니다.

• m/mm/mmmm : [월]을 한자리(m) 혹은 두 자리(mm)와 영문(mmmm)으로 표시합니다. [연도] 표시 다음에 표시된 'm/mm/mmmm'은 자동으로 월 서식으로 인식합니다.

• d/dd : [일]을 한 자리(d) 혹은 두 자리(dd)로 표시합니다.

• ddd/dddd : [요일]을 영문자 세 자리(ddd) 혹은 전체(dddd)로 표시합니다.

• h/hh : [시각]을 한 자리(h) 또는 두 자리(hh)로 표시합니다.

• m/mm : [분]을 한 자리(m) 또는 두 자리(mm)으로 표시합니다. [시각] 표시 다음에 표시된 'm/mm/mmmm'은 자동으로 분 서식으로 인식합니다.

• s/ss : [초]를 한 자리(s) 또는 두 자리(ss)로 표시합니다.

서식기호	입력	적용
h"시" mm"분"	7:40	7시 40분
yyyy-mm-dd h:mm AM/PM	2010/08/22 7:40	2010-08-22 7:40 AM
dd"일" mmmm, dddd	2010-08-22	22일 August, Sunday
yyyy"年" mm"月" dd"日"	2010-8-22	10年 08月 22日

여러 개의 셀을 하나의 셀로 병합할 때 주의 할 점은 두 개 이상의 셀을 병합 시 첫 번째 셀에 있는 데이터만 남고 나머지 셀의 내용은 사라지게 됩니다. 그러므로 먼저 셀 병합을 통해 셀 서식을 설정한 다음 데이터를 입력해야 데이터를 다시 입력하는 번거로움을 줄일 수 있습니다.

1 셀 병합의 형태 살펴보기

셀을 병합할 때 가장 쉽고 빠른 방법은 리본 메뉴를 이용하는 것입니다. 리본 메뉴를 이용하면 셀을 다양한 형태로 병합할 수 있습니다. 또한 여러 셀 서식 작업을 한꺼번에 수행할 때는 [셀 서식] 창을 통해서도 셀을 병합할 수 있습니다.

■ 병합하고 가운데 맞춤(▦)

선택한 여러 개의 셀을 하나의 셀로 병합한 후 가로 방향과 세로 방향으로 가운데 맞춤을 설정합니다.

셀 병합 전	셀 병합 후
셀 병합 후	셀 병합 후
가운데 맞춤	

■ 전체 병합(▦)

선택한 영역에서 각 행의 셀들을 병합하며 정렬 기능은 수행하지 않습니다.

셀 병합 전		셀 병합 후
전체	병합	전체
전체	병합	전체

■ 셀 병합(▦)

선택한 셀들을 하나의 셀로 병합하며 정렬 기능은 수행하지 않습니다.

셀 병합 전	셀 병합 후
셀 병합	셀 병합
셀 병합	

■ 셀 분할(▦)

병합된 셀을 원래의 상태로 분할합니다.

셀 분할 전	셀 분할 후
셀 분할	셀 분할

Sub ③ 셀 정렬하기

셀에 입력된 데이터를 가로 방향 혹은 세로 방향의 일정한 위치로 정렬시키는 기능입니다. 셀 정렬은 데이터의 입력 위치보다 우선합니다. 예를 들어 숫자는 기본적으로 셀의 오른쪽에 정렬되어 입력되지만, 셀 정렬 기능을 이용하여 왼쪽으로 바꾸면 표시 유형과 관계없이 왼쪽으로 정렬됩니다.

셀 정렬은 리본 메뉴의 [홈] 탭에서 [맞춤] 그룹의 정렬 도구를 이용하여 사용할 수 있으며, 선택된 한 개 이상의 셀에 모두 적용됩니다.

⒈ 가로 정렬

선택한 셀의 데이터를 왼쪽이나 오른쪽 혹은 가운데로 위치시킵니다.

⒉ 세로 정렬

선택한 셀의 데이터를 위쪽이나 아래쪽 혹은 중간으로 위치시킵니다.

위쪽		
	중간	
		아래쪽

> Tip 셀의 텍스트 방향 설정하기
>
> 셀의 텍스트 방향은 [셀 서식]의 [맞춤] 탭 화면에서 설정할 수 있습니다. 텍스트 방향을 이용하면 텍스트를 세로로 입력할 수 있습니다.
>
>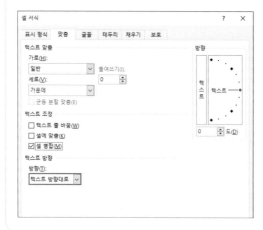

Sub ④ 셀 테두리 만들기

셀 테두리를 만드는 방법에는 리본 메뉴를 이용하는 방법과 [셀 서식]을 이용하는 방법이 있습니다. 리본 메뉴는 한 가지 형식의 테두리를 빠르게 작성할 때 유용하고 [셀 서식]의 [테두리] 화면에서는 여러 형태의 테두리를 한꺼번에 처리할 수 있습니다.

1 셀 서식을 이용하여 셀 테두리 만들기

테두리를 만들고자 하는 셀을 선택한 다음 마우스 오른쪽 클릭을 통해 바로가기 메뉴에서 [셀 서식] 항목을 선택합니다. 이어서 표시되는 [셀 서식] 대화 상자에서 [테두리] 탭을 클릭하면 선택한 셀의 테두리를 설정할 수 있습니다.

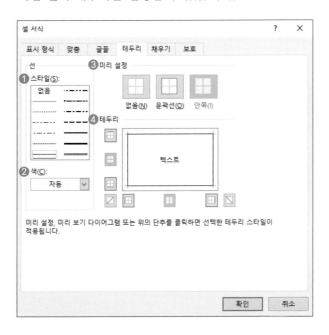

❶ 선 스타일 : 선의 유형을 선택합니다. 테두리를 만들 때는 먼저 선 스타일을 선택합니다. 선의 스타일에는 직선과 점선, 이중선 등이 제공됩니다.

❷ 선 색상 : 테두리의 선 색상을 선택합니다.

❸ 미리 설정 : 한꺼번에 테두리를 설정합니다. 테두리 없음과 바깥쪽 그리고 안쪽의 테두리를 한꺼번에 설정합니다.

❹ 테두리 설정 : 선택한 선 스타일과 선 색상에 의해 지정하는 위치의 버튼을 클릭하면 테두리가 생성됩니다.

② 리본 메뉴를 이용하여 셀 테두리 만들기

테두리를 만들 영역을 선택한 상태에서 리본 메뉴의 [홈] 탭 화면에서 [글꼴] 그룹의 [테두리] 도구를 이용하면 개별적인 테두리를 쉽게 만들 수 있습니다.

01 리본 메뉴를 이용하여 셀 테두리를 만들려면 먼저 테두리를 만들 셀을 선택한 다음 [테두리] 도구의 확장 버튼을 열어 테두리 형태를 선택하면 됩니다. 만일 테두리의 형태나 두께를 다르게 하려면 먼저 테두리 상자의 하단에 있는 테두리 두께와 형태를 설정한 후 테두리를 지정합니다.

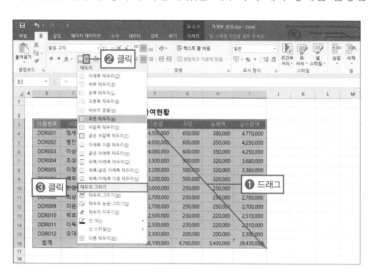

02 선택한 영역에 테두리가 만들어진 것을 확인합니다.

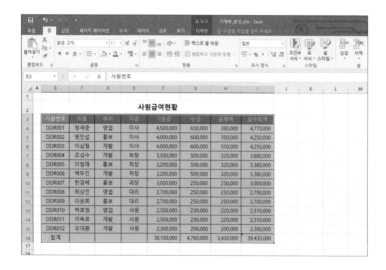

③ 셀에 대각선 입력하기

하나의 셀을 대각선으로 구분하여 만들어야 하는 경우에는, 대각선을 삽입하고자 하는 셀을 선택한 다음 [셀 서식]의 [테두리] 탭 화면에서 삽입하고자 하는 좌우 대각선 버튼을 클릭하면 됩니다.

01 대각선을 입력하려는 셀을 오른쪽 클릭한 다음 [셀 서식]을 선택합니다.

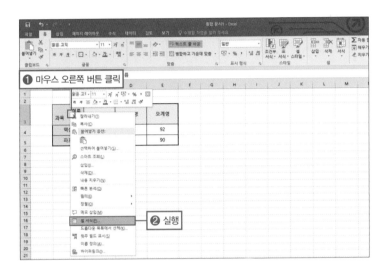

02 [셀 서식] 상자가 표시되면 선 스타일에서 직선을 선택한 다음 대각선 버튼을 클릭합니다.

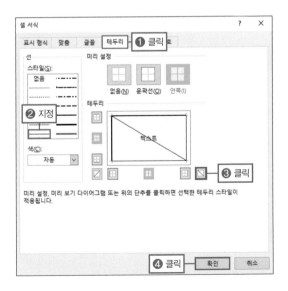

03 선택한 셀에 대각선이 표시됩니다.

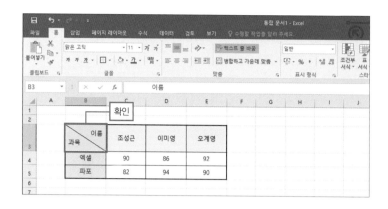

양식에서 특정 셀을 강조하는 가장 효과적인 방법은 셀 배경을 설정하는 것입니다. 셀 배경은 셀 내용을 돋보이게 하려는 것인 만큼 셀 배경으로 인해 셀 내용을 파악하기 힘들지 않도록 셀 배경과 글꼴 색을 조화롭게 설정하는 것이 중요합니다.

▓ 도구 모음을 이용하여 셀 배경 설정하기

가장 쉽게 셀의 배경색을 설정하는 방법은 도구 모음을 이용하는 것입니다. [홈] 탭의 [글꼴] 그룹에서 [채우기 색] 버튼(🖌▾)의 확장 버튼을 클릭하면 원하는 셀 배경색을 설정할 수 있습니다.

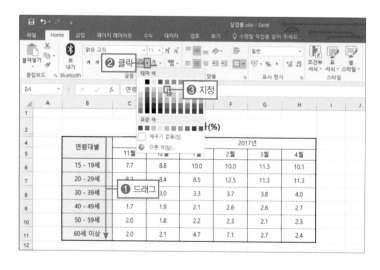

② 셀 배경에 패턴을 사용하기

선택한 셀의 배경으로 무늬를 지정해
야 할 경우가 있습니다. 셀 배경으로 무늬
를 지정하고자 할 때는 [셀 서식] 창의 [채
우기] 탭 화면에서 [무늬 색]과 [무늬 스타
일]을 설정하면 됩니다.

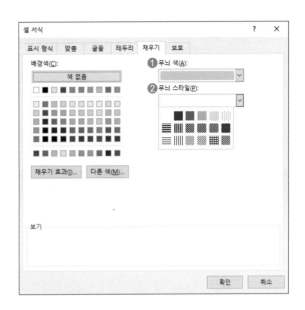

❶ 무늬 색 : 채울 무늬의 색상을 선택합
니다.
❷ 무늬 스타일 : 채울 무늬의 형태를 선택
합니다.

③ 셀 배경으로 그라데이션을 사용하기

선택한 셀에 그라데이션을 채워야 할 경우에는, [셀
서식] 창의 [채우기] 탭 화면에서 [채우기 효과] 버튼을
클릭한 다음 [채우기 효과] 대화 상자에서 그라데이션
의 두 가지 색상과 방향을 설정해 주면 됩니다.

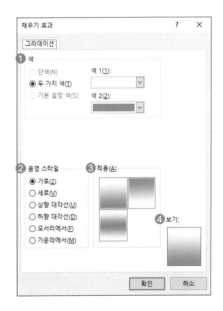

❶ 색 : 그라데이션에 사용할 첫 번째 색상과 두 번째
색상을 선택합니다.
❷ 음영 스타일 : 그라데이션의 방향을 선택합니다.
❸ 적용 : 세부적인 그라데이션의 방향을 설정합니다.
❹ 보기 : 설정한 그라데이션의 모양을 미리 확인할 수
있습니다.

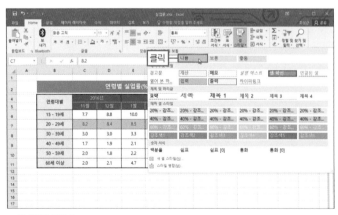

Sub 6 셀 스타일 적용하기

셀 배경 색이 셀을 강조하는 효과를 가진다면 셀 스타일은 셀의 성격에 맞는 배경색과 글꼴색 그리고 테두리의 3가지 스타일을 모두 적용한 것을 말합니다. 엑셀 2016에서는 미리 설정되어 있는 셀 스타일을 이용하여 같은 성격의 셀에 빠르게 셀 스타일을 적용하여 셀을 강조할 수 있습니다.

01 셀 스타일을 변경하려면 [홈] 탭의 [스타일] 그룹에서 [셀 스타일] 버튼(▣)을 클릭합니다.

▲ 셀 스타일 적용 전

02 표시되는 셀 스타일 상자에서 적용하려는 셀 스타일을 선택하면 스타일이 적용됩니다.

▲ 셀 스타일 적용 후

다른 셀에 설정되어 있는 셀 서식을 동일하게 적용해야 할 경우에는 서식을 다시 설정할 필요 없이 서식 복사 기능을 이용하여 서식을 복제할 수 있습니다. 서식 복사는 셀의 배경색과 글꼴 속성 및 테두리 등 셀에 적용된 모든 서식이 복사됩니다.

01 [C9]셀에 적용된 서식을 복사하기 위해 먼저 [C9]셀을 선택하고 [홈] 탭-[클립보드] 그룹-[서식 복사]를 클릭합니다.

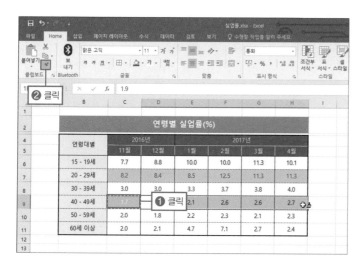

Tip 서식 복사를 하려면 먼저 복사할 서식 원본이 있는 셀을 선택해야 합니다.

02 복사된 서식을 적용할 셀을 선택하거나 드래그하면 선택한 셀에 복사된 서식이 적용됩니다.

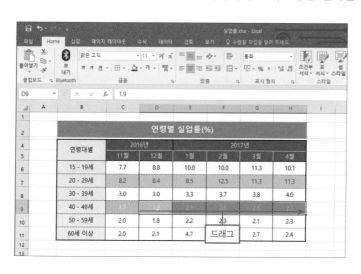

Tip 조건부 서식이 적용된 셀 서식은 서식 복사를 이용하여 셀 서식을 복제할 수 없습니다.

엑셀 2016에서는 표의 스타일과 영역만 설정해주면 쉽게 표를 만들 수 있습니다. 또한 단순히 양식이 아닌 기능적인 표를 삽입할 수 있으며, 작성된 표의 세부 스타일은 사용자 자신이 자유롭게 설정할 수 있습니다. 또한 필요한 경우 사용자가 직접 새로운 표 스타일을 만들어 사용할 수 있습니다.

1 표 도구와 셀 테두리의 다른 점

테두리를 이용하여 만든다는 점에서 표와 셀 테두리는 동일하게 표시되지만, 가장 큰 차이점은 스타일을 적용할 수 있는가에 있습니다. 단순하게 셀 테두리를 이용하여 만든 화면은 각각의 셀에 테두리만 표시되는 형식이지만, 표를 이용하여 만들면 표 전체에 셀 배경색과 선 색상, 글꼴 등의 스타일을 일괄적으로 설정할 수 있습니다. 그러므로 간단한 표는 셀 테두리를 이용하고, 복잡하고 전문적인 형태의 표는 [표] 도구를 이용하여 작성하는 것이 바람직합니다.

3월 수입/지출 현황

날짜	수입	지출	지불수단	항목	잔액
2018-03-16	3,000,000		현금	인세	3,150,000
2018-03-16		50,000	신용카드	교통비	3,100,000
2018-03-16		120,000	신용카드	식비	2,980,000
2018-03-17	150,000		현금	기타 수입	3,130,000
2018-03-17		200,000	현금	금융	2,930,000
2018-03-19		170,000	신용카드	교육비	2,760,000
2018-03-21		50,000	신용카드	교통비	2,710,000
2018-03-22		450,000	현금	의료비	2,260,000
2018-03-22		25,000	신용카드	기타 지출	2,235,000
2018-03-23	4,000,000		현금	월급	6,235,000
2018-03-25		1,900,000	현금	금융	4,335,000
2018-03-25		550,000	현금	기타 지출	3,785,000
2018-03-26		230,000	신용카드	교육비	3,555,000

◀ 셀 테두리로 만든 표

3월 수입/지출 현황

날짜	수입	지출	지불수단	항목	잔액
2018-03-16	3,000,000		현금	인세	3,150,000
2018-03-16		50,000	신용카드	교통비	3,100,000
2018-03-16		120,000	신용카드	식비	2,980,000
2018-03-17	150,000		현금	기타 수입	3,130,000
2018-03-17		200,000	현금	금융	2,930,000
2018-03-19		170,000	신용카드	교육비	2,760,000
2018-03-21		50,000	신용카드	교통비	2,710,000
2018-03-22		450,000	현금	의료비	2,260,000
2018-03-22		25,000	신용카드	기타 지출	2,235,000
2018-03-23	4,000,000		현금	월급	6,235,000
2018-03-25		1,900,000	현금	금융	4,335,000
2018-03-25		550,000	현금	기타 지출	3,785,000
2018-03-26		230,000	신용카드	교육비	3,555,000

◀ [표] 도구로 만든 표

② 표 도구를 이용하여 표 만들기

[삽입] 탭 화면의 [표] 그룹에서 [표] 도구(▦)를 이용하여 새로운 표를 만들 수 있습니다. [표] 도구를 이용하여 표를 만드려면 먼저 표를 삽입할 셀 범위를 선택한 다음 [표] 도구 버튼을 클릭하면 됩니다. 셀 범위를 지정하지 않은 경우 셀 범위를 입력하는 대화상자가 표시되며, 셀 범위를 지정한 경우에는 자동으로 선택한 범위가 입력됩니다.

01 표를 삽입할 셀 범위를 지정한 다음 [삽입] 탭의 [표] 도구 버튼을 클릭합니다.

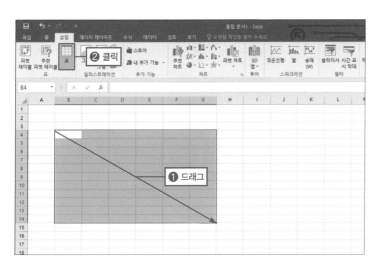

02 표가 삽입됩니다.

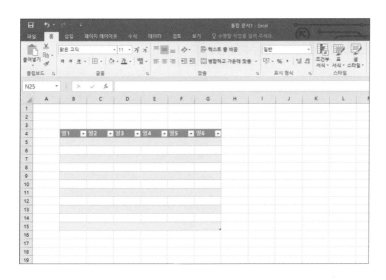

❸ 표 스타일 변경하기

[표] 도구를 이용하여 표를 만드는 이유는 표에 스타일을 쉽게 적용할 수 있기 때문입니다. 표 스타일은 표의 머리말과 각 셀에 규칙이 적용된 색상과 강조를 설정하여 표 전체의 형식을 균일하게 적용합니다.

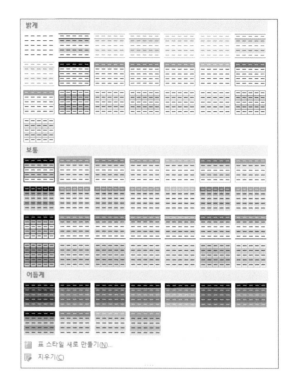

01 [표] 도구로 만든 표에 스타일을 적용하려면, 작성한 표를 선택한 상태에서 [홈] 탭의 [스타일] 그룹에서 [표 서식] 버튼을 클릭하거나 [디자인] 정황 탭의 [표 스타일] 상자에서 확장 버튼을 클릭합니다.

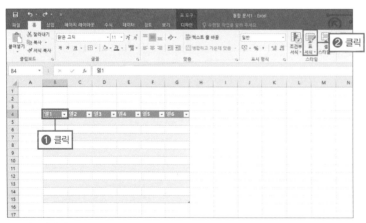

▲ 스타일 변경 전

02 스타일 상자가 표시되면 적용할 스타일을 선택합니다.

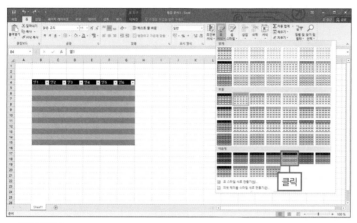

▲ 스타일 변경 후

4 표 데이터 정렬 및 필터

[표] 도구를 이용하여 작성한 표는 기본적으로 머리말이 표시되며, 머리말에는 각 행의 내용을 정해진 순서로 재배열하거나 원하는 내용만 표시할 수 있는 정렬과 필터 기능이 제공됩니다.

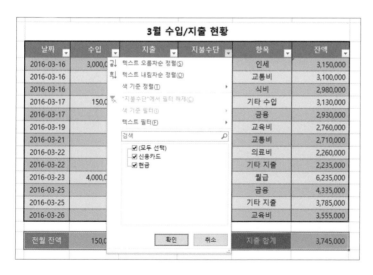

Part 03

엑셀 수식 입력하기

다양한 작업을 할 수 있는 것이 엑셀의 장점이지만, 우리가 엑셀을 사용하는 가장 큰 목적은 복잡한 계산을 자동으로 빠르게 처리하기 위함입니다. 엑셀을 사용하여 이러한 결과 값을 얻기 위해서는 사용자가 계산 과정을 입력하는 과정이 필요합니다. 이렇게 계산을 위해 입력하는 식을 수식이라고 하며, 엑셀에서는 수식 입력에 따라 실시간으로 결과 값을 표시해줍니다.

엑셀 수식이란

엑셀의 기본은 강력한 계산 기능에 있습니다. 수식은 결과 값을 얻기 위해 사용자가 입력하는 계산식이며, 엑셀에서는 쉽고 빠르게 계산할 수 있는 다양한 수식 입력 방법을 제공합니다. 여기서는 결과 값을 얻기 위한 수식의 입력 방법에 대해 알아보겠습니다.

 **수식의 이해**

엑셀에서는 숫자 혹은 문자와 수식을 구분하기 위해 수식 앞에는 반드시 '='을 입력해야 합니다. 즉, 수식 입력 줄에 'A5*B5'라고 입력을 하면 [A5]셀의 값과 [B5]셀의 값을 곱하라는 의미가 아니라 그냥 문자인 'A5*B5'로 인식을 합니다. 그러므로 [A5]셀의 값과 [B5]셀의 값을 곱한 결과 값을 표시하려면 수식 입력 줄에 '=A5*B5'을 입력해야 하는 것입니다.

또한 수식을 입력할 때는 연산자를 이용하여 계산을 수행하게 됩니다. 기본적인 수식의 형태는 다음과 같습니다.

= A5 * B5

여기서 '='은 수식 입력을 시작하는 수식 기호이며 'A5'와 'B5'는 피연산자입니다. 피연산자는 숫자를 직접 입력할 수도 있고 셀 주소를 입력할 수 있습니다. 셀 주소를 입력하면 셀 주소에 있는 값을 가져와 계산하게 됩니다. 이러한 피연산자를 이용하여 계산을 하기 위해 두 개 이상의 피연산자 사이에 연산자를 입력하여 수식을 완성하게 됩니다.

즉, 수식을 다시 한 번 정리하면 다음과 같이 설명할 수 있습니다.

=	피연산자	연산자	피연산자

좀 더 이해를 돕기 위해 수식의 예를 몇 가지 들자면,

❶ 피연산자로 셀 주소를 입력하는 형태

: =(A5+B5)*C4/D3

❷ 피연산자로 셀 주소와 숫자를 함께 입력하는 형태

: =(A5+55)*C4/10

❸ 숫자만으로 수식을 입력하는 형태

: = 43500*0.45/100

❹ 함수를 이용하여 수식을 입력하는 형태

: =SUM(A5:A10)

Sub ② 연산자를 이용한 수식

앞서 수식을 입력할 때는 피연산자 사이에 연산자를 입력하여 계산을 구한다고 했습니다. 일반적으로 우리가 알고 있는 연산자에는 '+, −, *, /'가 있지만, 엑셀에서는 이러한 연산자 이외에 좀 더 다양한 연산자를 제공합니다.

1 수학 연산자

일반적인 연산자와 더불어 엑셀에서는 다음과 같은 수학 연산자를 사용할 수 있습니다.

우선순위	기호	설명
1	(−)	입력 값을 음수로 변환
2	%	입력 값을 백분율로 변환
3	^	지수(거듭제곱)를 사용
4	*	곱하기
	/	나누기
5	+	더하기
	−	빼기

2 비교 연산자

두 개의 피연산자를 비교하여 참 또는 거짓의 값을 얻기 위해 사용하는 연산자로, 주로 IF 함수를 사용할 때 자주 사용됩니다.

기호	설명
A5 = B5	[A5]셀의 값과 [B5]셀의 값은 같다.
A5 〈 B5	[A5]셀의 값이 [B5]셀의 값 미만이다.
A5 〈= B5	[A5]셀의 값이 [B5]셀의 값 이하이다.
A5 〉 B5	[A5]셀의 값이 [B5]셀의 값을 초과한다.
A5 〉= B5	[A5]셀의 값이 [B5]셀의 값 이상이다.
A5 〈〉 B5	[A5]셀의 값과 [B5]셀의 값은 같지 않다.
A5 〉〈 B5	

3 참조 연산자

참조 연산자는 계산에 사용되는 참조 셀의 범위를 지정할 때 사용됩니다.

기호	내용	설명
A5 : B5	[A5]셀에서 [B5]셀까지	연속적인 셀 범위 지정
A5 : A7, B5 : B7	[A5]셀에서 [A7]셀까지와 [B5]셀에서 [B7]셀까지	떨어져 있는 셀 범위 지정
A1 : D1 B2 : F5	[A1]셀에서 [D1]셀까지	두 개의 셀 범위가 교차하는 범위 지정

4 문자열 연산자

두 개 이상의 문자열을 연결하여 한 개의 문자열로 만들고자 할 때 사용하며 '&' 연산자를 사용합니다. 아래의 예제에서 [A5]셀에 '1,000'이라는 값이 있었다면 결과는 '1,000원'이 됩니다.

기호	내용
[A5] & "원"	[A5]셀의 값과 "원"을 연결

Sub ③ 수식 입력과 채우기

• 예제 파일 : Part 3\판매현황.xlsx
• 완성 파일 : Part 3\판매현황_완성.xlsx

수식을 입력할 때는 숫자나 셀 주소를 이용하게 되는데, 셀 주소를 입력할 때는 직접 셀 주소를 입력하거나 참조 셀을 클릭해서 입력할 수 있습니다. 또한 엑셀을 이용하여 수식을 작성하다 보면 입력 값만 다를 뿐 수식은 동일하게 작성되는 경우가 있습니다. 이런 경우에는 수식을 매번 입력할 필요 없이 자동 채우기 기능을 이용하여 수식을 복사하면 쉽게 수식을 입력할 수 있습니다.

01 '제품단가'와 '판매량'을 곱한 값을 '금액' 셀에 입력하고자 합니다. 우선 수식 입력줄에 '=D3'을 입력합니다.

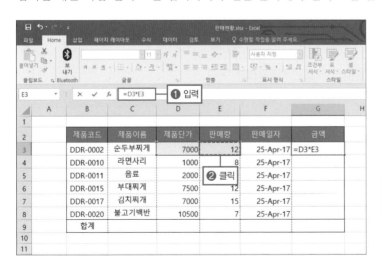

Tip 수식 입력 줄에서 셀 주소를 입력하면 자동으로 입력한 셀 테두리가 파란색으로 표시되어 셀 주소를 올바르게 입력했는지 사용자가 확인할 수 있습니다.

02 수식 입력 줄의 '=D3' 뒤에 '*'를 입력한 다음 [E3]셀을 클릭하면 자동으로 클릭한 셀 주소가 주소 입력 줄에 입력되어 '=D3*E3' 수식이 완성됩니다. 이처럼 수식 입력 줄에서 셀 주소를 입력할 때는 직접 셀 주소를 입력하거나 셀을 클릭해서 셀 주소를 입력할 수 있습니다.

Tip 수식 입력 과정에서 셀을 클릭하면 선택한 셀 주소가 입력되고 선택한 셀의 테두리가 점선으로 표시됩니다.

03 Enter 키를 누르면 입력한 수식의 결과 값이 표시됩니다. 즉, 직접 값을 입력하지 않아도 셀 주소만으로 계산이 가능한 것입니다.

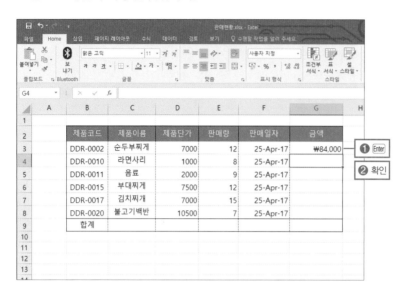

04 [G4]셀에서 [G8]셀까지는 모두 [G3]셀과 동일한 형태의 수식을 사용합니다. 이런 경우에는 자동 채우기 기능을 사용하여 수식을 복사하면 됩니다. [G3]셀의 자동 채우기 핸들을 [G8]셀까지 드래그합니다.

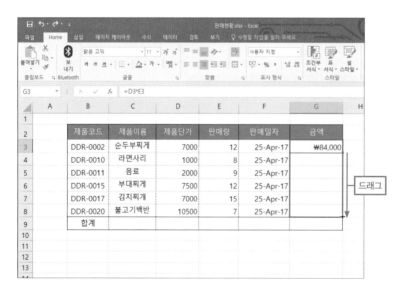

05 [G4]셀에서 [G8]셀까지 수식이 복사되어 결과 값이 표시됩니다.

	A	B	C	D	E	F	G	H
1								
2		제품코드	제품이름	제품단가	판매량	판매일자	금액	
3		DDR-0002	순두부찌게	7000	12	25-Apr-17	₩84,000	
4		DDR-0010	라면사리	1000	8	25-Apr-17	₩8,000	
5		DDR-0011	음료	2000	9	25-Apr-17	₩18,000	
6		DDR-0015	부대찌게	7500	12	25-Apr-17	₩90,000	
7		DDR-0017	김치찌개	7000	15	25-Apr-17	₩105,000	
8		DDR-0020	불고기백반	10500	7	25-Apr-17	₩73,500	
9		합계						
10								
11								

06 이번에는 셀 주소의 값에 따라 수식이 적용된 결과가 어떻게 변하는지 확인해 보겠습니다. [E3]셀의 값을 '5'로 변경합니다.

	A	B	C	D	E	F	G	H
1								
2		제품코드	제품이름	제품단가	판매량	판매일자	금액	
3		DDR-0002	순두부찌게	7000	5	25-Apr-17	₩84,000	
4		DDR-0010	라면사리	1000	8	25-Apr-17	₩8,000	
5		DDR-0011	음료	2000	9	25-Apr-17	₩18,000	
6		DDR-0015	부대찌게	7500	12	25-Apr-17	₩90,000	
7		DDR-0017	김치찌개	7000	15	25-Apr-17	₩105,000	
8		DDR-0020	불고기백반	10500	7	25-Apr-17	₩73,500	
9		합계						
10								
11								

변경

07 [E3]셀의 값을 변경함과 동시에 [G3]셀의 값도 변경되는 것을 알 수 있습니다. 이처럼 직접 값을 입력하지 않고 셀 주소를 이용하면 셀 주소의 값이 변경됨에 따라 자동으로 수식이 적용된 셀의 값도 변경됩니다.

	A	B	C	D	E	F	G	H
1								
2		제품코드	제품이름	제품단가	판매량	판매일자	금액	
3		DDR-0002	순두부찌게	7000	5	25-Apr-17	₩35,000	
4		DDR-0010	라면사리	1000	8	25-Apr-17	₩8,000	
5		DDR-0011	음료	2000	9	25-Apr-17	₩18,000	
6		DDR-0015	부대찌게	7500	12	25-Apr-17	₩90,000	
7		DDR-0017	김치찌개	7000	15	25-Apr-17	₩105,000	
8		DDR-0020	불고기백반	10500	7	25-Apr-17	₩73,500	
9		합계						
10								
11								
12								
13								
14								

확인

　자동 수식은 사용자가 직접 수식을 입력하지 않아도 선택한 범위의 값을 계산하여 합계를 구하거나 평균을 구하는 등 자주 사용하는 수식을 자동으로 계산하여 수식을 입력해주는 기능입니다. 지동 수식에 사용할 수 있는 연산은 '합계, 평균, 숫자 개수, 최대값, 최소값'이 있으며 이외에도 사용자가 자주 사용하는 임의의 함수를 추가하여 자동 수식에 적용할 수 있습니다.

01 자동 수식을 사용하려면 먼저 수식을 적용할 셀 범위를 지정해야 합니다. [G3]셀에서 [G8]셀까지 선택합니다.

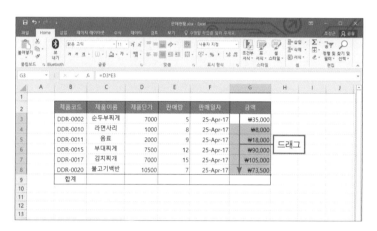

Tip 자동 수식을 이용하지 않아도 선택한 범위의 합계와 평균은 항상 엑셀 2016 프로그램 하단에 있는 상황표시줄에 표시됩니다.

02 [홈] 탭의 [셀] 그룹에서 [자동 수식] 버튼의 확장 버튼을 클릭한 다음 자동 수식 목록에서 [합계]를 선택합니다.

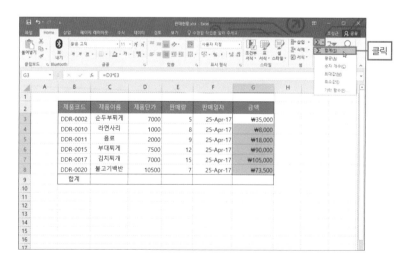

03 [G9]셀에 [G3]셀부터 [G8]셀까지의 합계가 계산되어 입력됩니다. 즉, 자동 수식에 의해 [G3]셀에서 [G8]셀까지의 합계를 구하는 '=SUM(G3:G8)'이라는 함수가 입력됩니다. 이처럼 자동 수식을 사용하면 선택한 셀 범위의 합계나 평균 등 자주 사용하는 수식을 쉽게 입력할 수 있습니다.

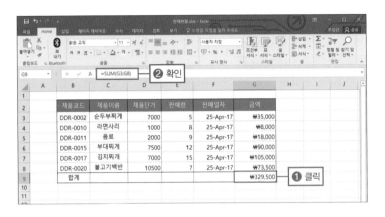

• 예제 파일 : Part 3\판매현황세액.xlsx
• 완성 파일 : Part 3\판매현황세액_완성.xlsx

Sub ⑤ 셀 이름을 설정하고 수식에 이용하기

앞서 셀에 대해 설명할 때 셀이나 셀 범위에 대해 이름을 부여할 수 있다고 했습니다. 셀에 이름을 부여하면 수식을 입력할 때 길고 복잡한 셀 주소를 간단한 이름으로 입력할 수 있어 매우 편리합니다. 이번에는 셀과 셀 범위에 이름을 부여하여 수식에 적용하는 방법에 대해 알아보겠습니다.

01 우선 셀에 이름을 부여해 봅니다. 셀이나 셀 범위에 이름을 부여하는 방법에는 두 가지가 있는데, 먼저 이름 상자를 이용하여 이름을 부여해 보겠습니다. [C11]셀을 선택하고 이름 상자에 '부가세'를 입력합니다. 이제부터 수식 입력 줄에 '부가세'를 입력하면 [C11]셀의 값이 적용됩니다.

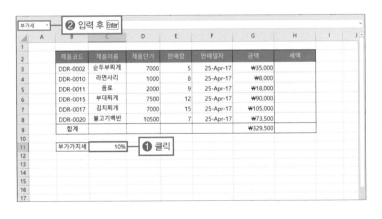

Tip 수식 입력 줄에 셀 이름을 입력할 때는 특별한 기호 없이 셀 이름을 입력해주면 됩니다. 단, 셀 이름은 수식 입력 과정에서만 인식하며 수식 형식이 아닌 셀 이름만 입력하면 문자로 인식하게 되니 주의해야 합니다.

02 [H3]셀을 클릭한 다음 수식 입력 줄에 '=G3*부가세'를 입력하고 [Enter] 키를 누릅니다.

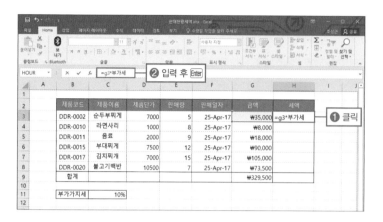

03 [G3]셀의 값에 '부가세'의 이름을 가진 [C11]셀의 값이 곱해진 값이 [H3]셀에 표시됩니다. 이처럼 셀 이름을 사용하면 셀 주소를 잘못 입력할 우려도 없고 길이도 짧아져 편리합니다.

04 [H3]셀의 자동 채우기 핸들을 이용하여 [H8]셀까지 드래그합니다.

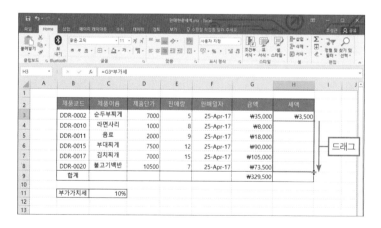

05 [H3]셀의 수식이 나머지 셀에 복사되어 자동으로 입력됩니다. 셀 이름은 특정 셀의 값을 참조하는 것이므로 수식 복사에도 적용이 되는 것입니다.

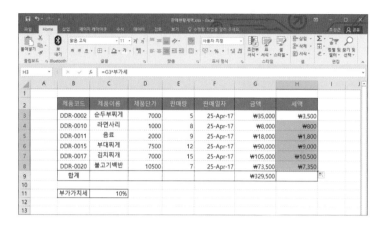

06 셀 범위에 이름을 정의하여 수식에 적용하는 방법을 알아보겠습니다. [H3]셀에서 [H8]셀까지 선택된 상태에서 [수식] 탭의 [정의된 이름] 그룹에서 [이름 정의] 버튼을 클릭합니다.

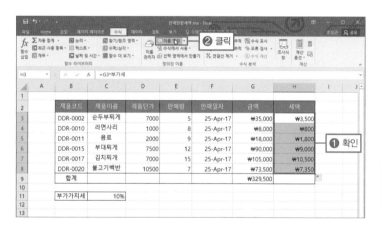

Tip 정의된 셀 이름들은 [이름 관리자] 대화상자를 통해 셀 범위를 편집하거나 셀 이름을 삭제할 수 있습니다.

07 [새 이름] 창이 열리면 [이름] 입력상자에 '세액'을 입력한 다음 [확인] 버튼을 클릭합니다.

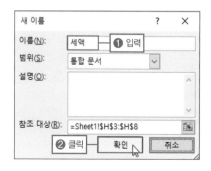

08 다시 워크시트가 표시되면 [H9]셀에 '=SUM(세액)'을 입력한 다음 Enter 키를 누릅니다.

Tip 셀 이름을 사용하지 않으면 [H9]셀에 '=SUM(H3:H8)'이라고 입력해야 하지만, [H3]셀에서 [H8]셀까지의 범위를 '세액'이라고 이름을 정의했으므로 합계가 구해지는 것입니다.

09 [H3]셀에서 [H8]셀까지의 합계가 구해집니다. 이처럼 셀 이름은 하나의 셀뿐만 아니라 셀 범위까지도 정의하여 수식에 이용할 수 있으며, 셀 이름을 이용하면 셀 주소를 잘못 입력할 우려를 없앨 수 있는 장점도 가지고 있습니다.

여러 개의 셀 이름을 동시에 만들어야 하는 경우에는 일일이 셀 범위를 지정할 필요 없이 [선택 영역에서 만들기] 기능을 이용하여 셀 이름을 쉽게 만들 수 있습니다. 예제에서 [제품코드]와 [제품이름] 그리고 [제품단가] 영역을 각각 셀 이름으로 정의하고, 각각의 [제품코드]에 따른 [제품이름]과 [제품단가]를 셀 이름으로 정의해보겠습니다.

01 [B2]셀에서 [D8]셀까지를 선택하여 셀 범위를 지정합니다.

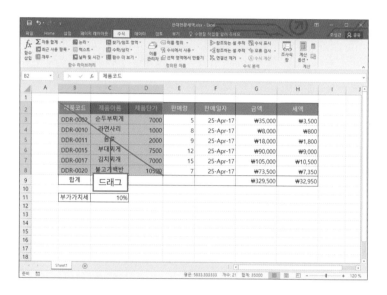

02 [수식] 탭의 [정의된 이름] 그룹에서 [선택 영역에서 만들기] 버튼을 클릭합니다.

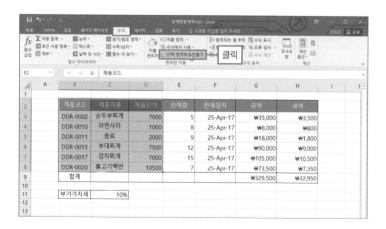

03 [선택 영역에서 이름 만들기] 창이 열리면 [첫 행]과 [왼쪽 열] 옵션 상자를 체크한 다음 [확인] 버튼을 클릭합니다.

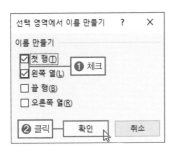

Tip 옵션 상자는 각각의 셀 이름을 지정하는 항목입니다. 즉, '첫 행' 옵션 상자를 체크하면 첫 행의 내용을 셀 이름으로 지정하고 첫 행을 제외한 해당 열의 셀들을 하나의 셀 이름으로 정의합니다. 마찬가지로 '왼쪽 열'을 선택하면 왼쪽 첫 번째 셀의 내용이 셀 이름으로 지정되며 왼쪽 열을 제외한 해당 행의 셀들이 하나의 셀 이름으로 지정됩니다.

04 화면에는 아무런 변화가 없지만 각각의 셀 범위가 셀 이름으로 지정된 상태입니다. 셀 이름을 확인하기 위해 이름 상자를 열어 'DDR_0010' 항목을 선택합니다.

05 [C4]셀에서 [D4]까지 선택 범위로 지정됩니다. 즉, [C4]셀에서 [D4]까지 선택 범위가 왼쪽 열의 'DDR_0010'이라는 셀 이름으로 정의된 것입니다.

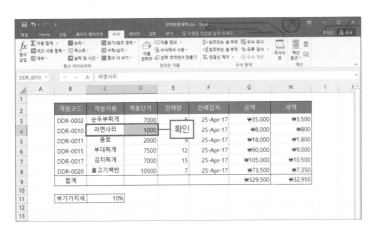

06 이번에는 이름 상자를 열어 '제품이름' 항목을 선택합니다.

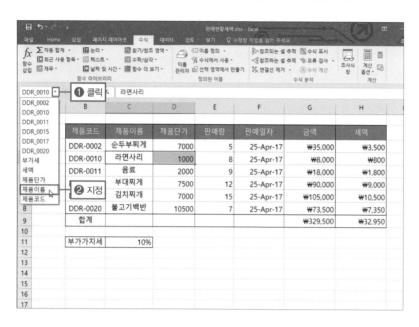

07 [C3]셀에서 [C8]셀까지 선택됩니다. 마찬가지로 [C3]셀에서 [C8]까지 선택 범위가 첫 행의 '제품이름'이라는 셀 이름으로 정의된 것입니다.

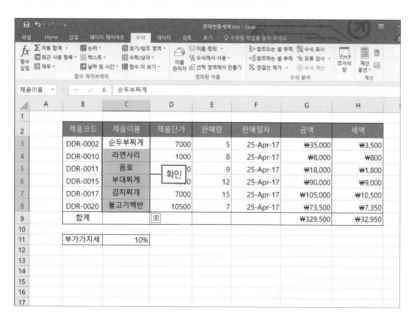

셀 참조하기

셀 참조란 수식 입력 줄에 수식을 입력할 때 숫자를 입력하지 않고 데이터가 입력된 셀 주소를 입력하는 것을 말합니다. 셀 참조를 사용하면 자동 채우기 핸들을 이용하여 동일한 수식을 복사할 수 있어 유용합니다. 셀 참조는 셀 주소의 변경 형태에 따라 상대참조와 절대참조, 혼합참조로 구분됩니다. 여기서는 각각의 셀 참조를 적용하는 방법에 대해 알아보겠습니다.

Sub ① 상대참조 사용하기

• 예제 파일 : Part 3\주유비내역.xlsx
• 완성 파일 : Part 3\주유비내역_완성.xlsx

상대참조란 수식이 입력된 셀을 변경하더라도 참조한 셀의 위치가 그에 맞게 자동으로 변경되는 셀 참조 방식입니다. 즉, 수식에서 참조한 셀의 위치가 변경되더라도 참조한 셀의 위치를 수식에 자동으로 반영하기 때문에 결과 값은 변화가 없게 됩니다. 엑셀 2016에서 기본적으로 사용하는 셀 참조 방식이 상대참조입니다.

01 먼저 셀의 위치가 이동되기 전에 수식을 확인해 봅니다. [G5]셀을 선택하면 '(C4−C5)/E5'의 수식이 입력되어 있는 것을 확인할 수 있습니다.

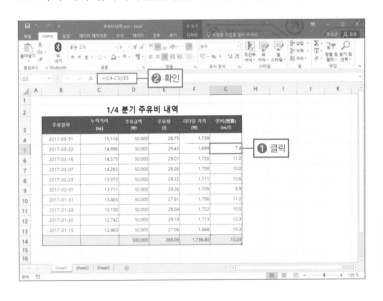

Tip 수식 입력 줄에서 상대참조를 한 셀 주소에는 아무런 기호를 붙이지 않습니다.

02 [D]열의 머리글을 오른쪽 클릭한 다음 바로가기 메뉴가 표시되면 [삽입] 항목을 선택합니다.

03 [C]열 다음에 새로운 열이 삽입됩니다. 새로운 열이 삽입됨에 따라 [H]열에서 참조하던 [E]열이 [F]열로 바뀐 것을 알 수 있습니다.

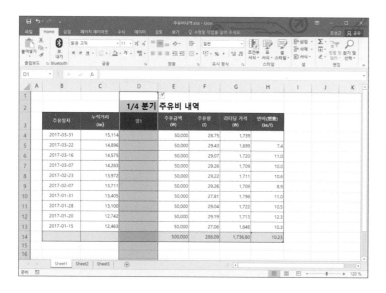

Tip 열 머리글의 바로가기 메뉴를 이용하여 열을 삽입하면 선택한 열의 오른쪽에 새로운 열이 삽입되지만 셀의 바로가기 메뉴에서 열을 삽입하면 선택한 행의 왼쪽에 새로운 열이 삽입됩니다.

04 [D3]셀에 '운행거리'를 입력하고 [D4]셀에 '=C4−C5'를 입력하여 운행거리를 계산합니다.

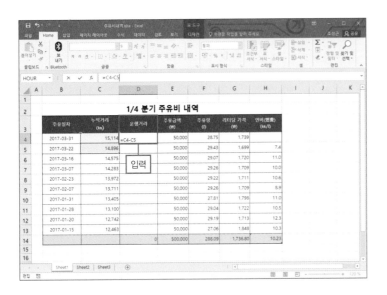

05 자동으로 나머지 셀에도 같은 수식이 적용되어 채워집니다.

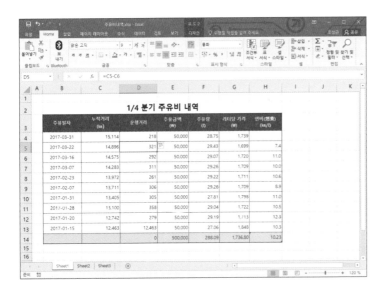

06 [D13]셀은 다음 셀이 없어 계산할 수 없으므로 값을 지웁니다.

07 다시 [H5]셀을 선택하면 표시되는 값은 변화가 없지만 수식 입력 줄에 표시되는 수식은 '=(C4–C5)/F5'로 처음의 '=(C4–C5)/E5' 수식에서 참조되는 셀 주소가 변경된 것을 확인할 수 있습니다. 이처럼 상대참조를 사용하면 수식에서 참조하는 셀의 주소가 변경되더라도 셀 위치를 기억하여 수식에 자동으로 반영합니다.

여러 줄에 걸쳐 상대적인 셀을 참조하려면 상대참조를 사용해야 하는 반면, 하나의 셀을 여러 수식에서 참조하려면 절대참조를 사용해야 합니다. 절대참조는 셀 주소를 기억하게 되므로 수식 입력 줄에서 절대참조로 참조한 셀 주소가 변경되면 수식의 결과도 달라지게 됩니다.

01 평수를 ㎡로 환산하기 위해 [C5]셀에 '=B5*C12'를 입력합니다. [C12]셀에는 평수를 ㎡로 환산하기 위한 환산지수가 입력되어 있습니다.

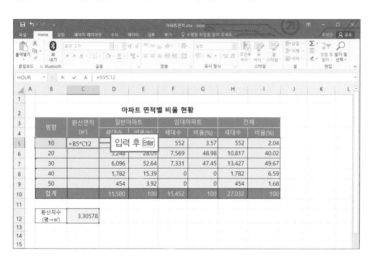

02 [C5]셀에 ㎡로 환산된 값이 표시됩니다.

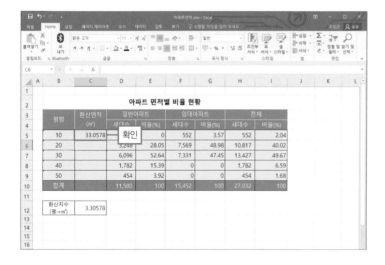

03 수식을 복사하기 위해 [C5]셀의 자동 채우기 핸들을 이용하여 [C9]셀까지 드래그합니다.

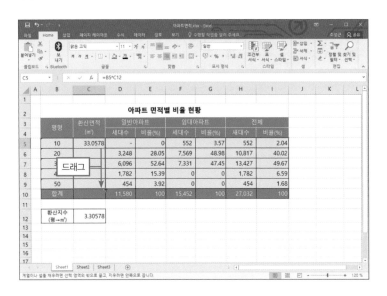

04 [C6]셀에서 [C9]셀까지의 환산 면적이 '0'으로 표시됩니다. 이것은 수식이 복사됨에 따라 환산지수의 셀 주소를 비어 있는 셀로 참조하기 때문입니다. 이처럼 하나의 셀을 여러 수식에서 참조할 때는 상대참조를 사용하면 오류가 발생합니다.

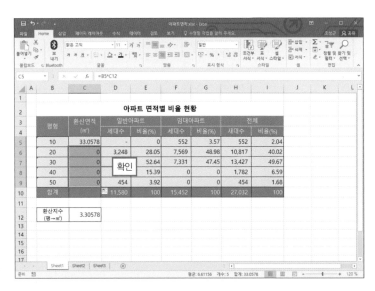

05 잘못 설정된 수식을 지우기 위해 [C6]셀부터 [C9]셀까지 선택한 다음 선택 영역을 오른쪽 클릭한 후 바로가기 메뉴에서 [내용 지우기] 항목을 선택합니다.

Tip [내용 지우기]는 셀 서식은 그대로 유지한 채 셀에 입력된 데이터만 삭제하는 기능으로, 키보드의 Delete 키를 누르는 것과 동일한 효과를 나타냅니다.

06 [C5]셀을 선택한 다음 수식 입력 줄의 'C12' 다음에 커서를 위치시키고 F4 키를 누릅니다. 'C12' 셀 주소가 '$C$12'로 변경됩니다. 즉, 상대참조 주소가 절대참조 주소로 변경된 것입니다.

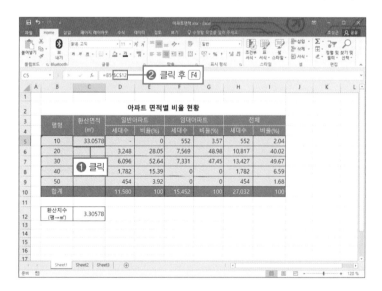

수식 입력 줄에서 셀 주소를 입력할 때 셀 주소 뒤에 커서를 위치시키고 F4 키를 누를 때마다 [절대참조] → [혼합참조] → [상대참조]의 형태로 변경됩니다.

즉, 'C12'라는 수식 뒤에 커서를 위치시키고 F4 키를 누를 때마다 다음과 같은 순서로 참조 셀 주소가 변경됩니다.

$$C12 \rightarrow \$C\$12 \rightarrow C\$12 \rightarrow \$C12 \rightarrow C12$$

이 중에서 열과 행 번호에 '$' 기호가 각각 붙은 셀 주소를 [절대참조]라고 하며, 열과 행 번호 중 한 개에만 '$' 기호가 붙은 것을 [혼합참조]라고 부릅니다. 일반적으로 사용하는 [상대참조]는 '$' 기호를 붙이지 않습니다.

07 Enter 키를 누르면 상대참조를 사용했을 때와 동일한 환산 면적이 입력됩니다. 그러나 수식을 복사했을 때는 결과가 달라지게 됩니다. 수식을 복사하기 위해 [C5]셀의 자동 채우기 핸들을 이용하여 [C9]셀까지 드래그합니다.

평형	환산면적(㎡)	일반아파트		임대아파트		전체	
		세대수	비율(%)	세대수	비율(%)	세대수	비율(%)
10	33.0578	-	0	552	3.57	552	2.04
20		3,248	28.05	7,569	48.98	10,817	40.02
30			52.64	7,331	47.45	13,427	49.67
40			15.39	0	0	1,782	6.59
50		454	3.92	0	0	454	1.68
합계		11,580	100	15,452	100	27,032	100

환산지수(평→㎡) 3.30578

08 상대참조 주소를 입력했을 때와는 달리 각각의 평수를 환산지수로 곱한 환산 면적이 제대로 입력됩니다. 즉, 수식을 복사하더라도 절대참조 주소를 사용했기 때문에 동일한 값을 적용할 수 있는 것입니다.

아파트 면적별 비율 현황

평형	환산면적(㎡)	일반아파트		임대아파트		전체	
		세대수	비율(%)	세대수	비율(%)	세대수	비율(%)
10	33.0578	-	0	552	3.57	552	2.04
20	66.1156	3,248	28.05	7,569	48.98	10,817	40.02
30	99.1734		52.64	7,331	47.45	13,427	49.67
40	132.2312	1,782	15.39	0	0	1,782	6.59
50	165.289	454	3.92	0	0	454	1.68
합계		11,580	100	15,452	100	27,032	100

Tip 수식 복사를 하면 셀의 서식도 복사가 되기 때문에 셀의 배경색도 원본 셀의 배경색으로 설정됩니다.

• 예제 파일 : Part 3\이자액.xlsx
• 완성 파일 : Part 3\이자액_완성.xlsx

Sub 3 혼합참조 사용하기

혼합참조는 절대참조와 상대참조를 섞은 형태로, 열이나 행 번호 중 하나를 절대참조 형태로 기입합니다. 혼합참조는 가로 열과 세로 열에 모두 절대참조로 참조할 셀이 존재하는 경우에 유용하게 사용할 수 있습니다.

01 [C3]셀에 '4'를 입력한 다음 [I3]셀까지 각각의 머리글에 그림처럼 이자율을 입력합니다.

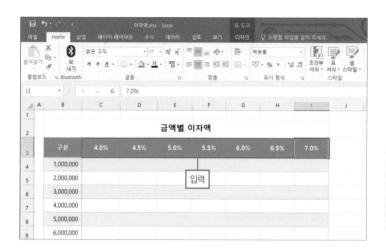

Tip '4'를 입력해도 머리글의 표시 형식이 [백분율]로 설정되어 있기 때문에 자동으로 입력한 숫자 뒤에 '%'가 붙게 됩니다.

02 [C4]셀을 클릭한 다음 수식 입력 줄에 '=B4'를 입력하고 F4 키를 3번 누릅니다. 수식이 '=$B4'로 변경됩니다. 즉, 대출금액이 절대참조가 될 수 있도록 입력합니다.

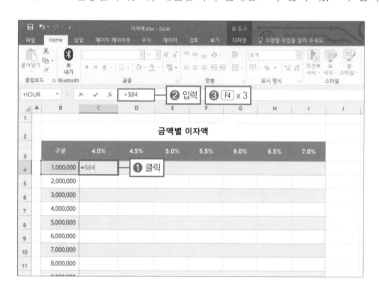

Tip 셀 주소가 상대참조 형식인 경우 F4 키를 누를 때마다 혼합참조 혹은 절대참조 형식으로 변경됩니다.

03 이어서 수식 입력 줄에 '*C3'를 입력한 다음 F4 키를 2번 누릅니다. 수식이 'C$3'으로 변경됩니다. 즉, 이번에는 이자율이 절대참조가 될 수 있도록 입력합니다.

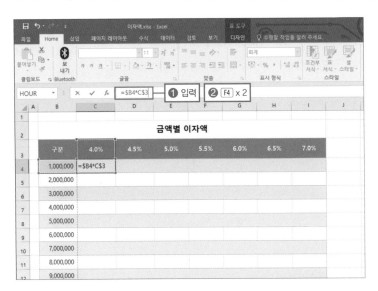

Tip 금액과 이자율이 입력된 셀은 고정적이지만 셀을 복사하게 되면 상대참조 형식으로 입력된 셀 주소는 자동으로 아래쪽 셀을 참조하게 되므로 금액과 이자율이 입력된 셀은 절대참조 형식으로 입력해야 하는 것입니다.

04 Enter 키를 누르면 수식을 입력한 셀이 포함된 첫 번째 열에 자동으로 동일한 수식이 적용되어 채워집니다. 만일 자동으로 수식이 채워지지 않는다면 [C5]셀의 자동 채우기 핸들을 이용하여 [C13]셀까지 드래그하면 수식이 복사됩니다.

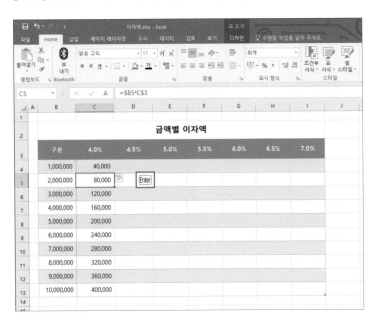

05 나머지 셀에 수식을 복사하기 위해 [C4]셀에서 [C13]셀까지 선택합니다.

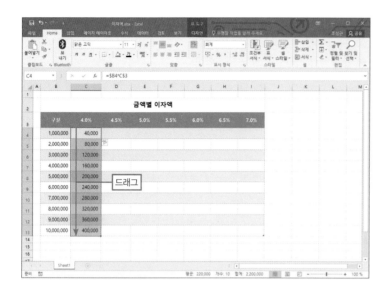

06 [C4]셀에서 [C13]셀까지 선택된 상태에서 자동 채우기 핸들을 이용하여 [I13]셀까지 드래그합니다.

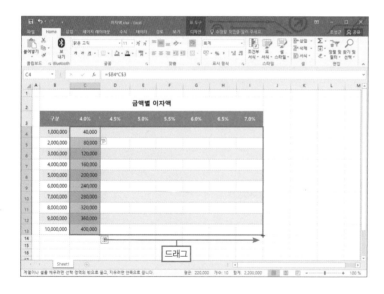

07 수식이 복사되어 금액이 표시되면 자동 채우기 옵션 상자를 클릭한 다음 바로가기 메뉴에서 [서식 없이 채우기] 항목을 선택합니다.

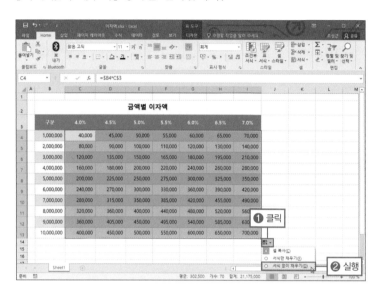

08 혼합참조를 이용한 금액별 이자율이 완성됩니다. 이처럼 가로 방향과 세로 방향으로 모두 참조해야 할 셀이 있는 경우에는 혼합참조를 사용해야 오류가 발생하지 않습니다.

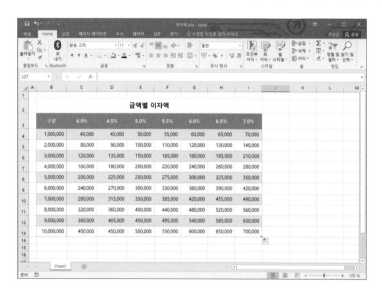

Sub 4 참조 셀 추적하기

• 예제 파일 : Part 3\아파트면적2.xlsx

입력한 수식에서 오류가 발생하는 경우는 입력한 수식 중 잘못된 셀 주소를 참조하기 때문입니다. 수식이 많은 경우 참조한 셀을 일일이 찾기란 어려우므로, 이런 경우에는 참조 셀을 추적하여 잘못 입력된 셀을 쉽게 찾을 수 있습니다. 즉, 참조 셀 추적 기능을 이용하여 현재 셀에서 참조하거나 참조되는 셀을 표시하면, 수식에서의 셀 참조 관계를 쉽게 알 수 있습니다.

01 [C5]셀에서 참조되고 있는 셀을 표시하기 위해 [C5]셀을 선택한 다음 [수식] 탭의 [수식 분석] 그룹에서 [참조되는 셀 추적] 버튼을 클릭합니다.

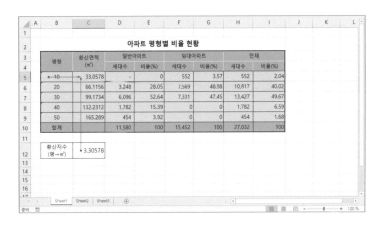

02 [B5]셀과 [C12]셀에서 [C5]셀로 화살표가 표시됩니다. 즉, [B5]셀과 [C12]셀의 값을 이용해서 수식이 만들어졌음을 알 수 있습니다. 이처럼 참조 셀 추적 기능을 이용하면 현재 셀에서 참조하고 있는 셀을 쉽게 확인할 수 있습니다.

Tip 참조 셀 추적은 셀의 수식 관계를 표시하는 기능으로 참조선이 표시된 상태에서는 참조선도 인쇄가 가능합니다.

03 참조 표시선을 화면에서 사라지게 하려면 [수식] 탭의 [수식 분석] 그룹에서 [연결선 제거] 버튼을 클릭합니다.

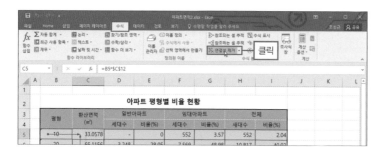

04 참조 표시선이 사라지면 이번에는 [C12]셀을 선택한 다음 [수식] 탭의 [수식 분석] 그룹에서 [참조하는 셀 추적] 버튼을 클릭합니다.

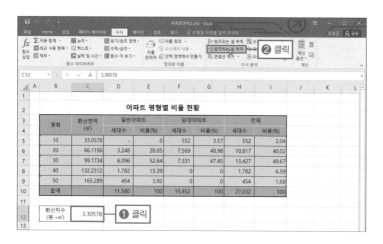

> Tip [참조하는 셀 추적] 기능은 선택한 셀이 다른 셀에서 어떻게 참조되고 있는지 확인하는 기능입니다.

05 [C12]셀에서 [C5]셀과 [C9]셀까지의 각 셀로 참조 표시선이 표시됩니다. 즉, [C12]셀이 [C5]셀에서 [C9]셀까지의 영역에서 참조되고 있음을 확인할 수 있습니다.

Part 04

조건부 서식과
데이터 응용하기

조건부 서식을 사용하면 찾고자 하는 데이터를 다른 데이터와 구별되도록 표시할 수 있습니다.
여기서는 조건부 서식을 이용하여 조건에 맞는 셀의 서식을 변경하거나
그래프를 표시하는 방법에 대해 알아보겠습니다.

조건부 서식으로 데이터 찾기

조건부 서식이란 조건에 맞는 셀을 다른 셀과 구분되도록 셀 서식을 적용하는 것을 말합니다. 조건부 서식을 사용하면 원하는 데이터를 빠르게 찾아볼 수 있습니다. 여기서는 다양한 조건부 서식을 이용하여 데이터를 찾는 방법을 알아보겠습니다.

Sub ① 조건부 서식이란

조건부 서식은 선택한 범위에 있는 셀의 값이 일정한 기준을 만족하거나 설정한 조건에 부합하는 셀들만을 다른 서식으로 표현하여 내가 찾고자 하는 데이터를 찾는 기능입니다.

사원별 컴퓨터활용능력 평가

사원번호	이름	부서	직급	성별	엑셀	파워포인트	합계	평균
ECP-0001	변성진	총무부	이사	남자	68	80	148	74
ECP-0002	정남곤	영업부	이사	남자	64	82	146	73
ECP-0003	이해창	영업부	부장	남자	64	78	142	71
ECP-0004	조준애	개발부	차장	여자	74	68	142	71
ECP-0005	정성현	총무부	차장	남자	76	80	156	78
ECP-0006	전진영	영업부	과장	남자	78	76	154	77
ECP-0007	이무영	영업부	과장	남자	68	58	126	63
ECP-0008	김신애	개발부	과장	여자	70	52	122	61
ECP-0009	강인숙	홍보부	대리	여자	64	70	134	67
ECP-0010	이미영	총무부	대리	여자	52	66	118	59
ECP-0011	위성국	개발부	대리	남자	72	60	132	66
ECP-0012	조성국	홍보부	사원	남자	80	82	162	81
ECP-0013	정지혜	영업부	사원	여자	70	64	134	67

◀ 조건부 서식이 적용되기 전의 워크시트

사원별 컴퓨터활용능력 평가

사원번호	이름	부서	직급	성별	엑셀	파워포인트	합계	평균
ECP-0001	변성진	총무부	이사	남자	68	64	132	66
ECP-0002	정남곤	영업부	이사	남자	64	82	146	73
ECP-0003	이해창	영업부	부장	남자	64	78	142	71
ECP-0004	조준애	개발부	차장	여자	60	68	128	64
ECP-0005	정성현	총무부	차장	남자	76	80	156	78
ECP-0006	전진영	영업부	과장	남자	78	76	154	77
ECP-0007	이무영	영업부	과장	남자	68	58	126	63
ECP-0008	김신애	개발부	과장	여자	70	78	148	74
ECP-0009	강인숙	홍보부	대리	여자	64	70	134	67
ECP-0010	이미영	총무부	대리	여자	78	66	144	72
ECP-0011	위성국	개발부	대리	남자	72	60	132	66
ECP-0012	조성국	홍보부	사원	남자	80	82	162	81
ECP-0013	정지혜	영업부	사원	여자	70	64	134	67

◀ 조건부 서식이 적용된 후의 워크시트

① 조건부 서식의 규칙 알아보기

조건부 서식은 셀 배경과 글꼴 서식을 이용하여 구분하게 할 수도 있고 셀에 그래프나 아이콘을 삽입하여 표시할 수 있습니다. 또한 조건을 설정할 때는 일정 기준을 설정하거나 수식을 이용하여 직접 셀에 입력된 데이터의 조건을 설정할 수 있습니다.

즉, 조건부 서식에서 조건을 설정하고 표현하는 방법에는 다음의 6가지가 있습니다.

• 셀 강조 규칙 : 선택한 범위의 셀 중에서 설정한 조건에 맞는 셀의 배경과 글꼴 서식을 이용하여 셀을 강조합니다.

• 상위/하위 규칙 : 선택한 범위의 셀 중에서 설정한 조건의 범위에 있는 셀의 배경과 글꼴 서식을 이용하여 셀을 강조합니다.

• 데이터 막대 : 선택한 범위의 입력 값 중에서 가장 큰 값을 기준으로 막대그래프를 표시합니다.

• 색조 : 한 가지 색에서 다른 색으로의 변화를 이용하여 데이터의
  분포를 표시합니다.

• 아이콘 집합 : 선택한 범위의 값을 화살표, 기호 등으로 표시하여
  데이터의 등락이나 분포를 표시합니다.

• 새 서식 규칙 : 수식을 이용하여
  데이터의 분포나 위치를 표시합
  니다.

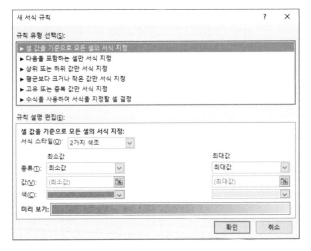

• 예제 파일 : Part 4\사원급여현황.xlsx
• 완성 파일 : Part 4\사원급여현황_완성.xlsx

Sub 2 **중복된 값을 찾아 표시하기**

조건부 서식을 이용하면 선택된 영역의 특정 조건에 맞는 셀들을 찾아 표시할 수 있습니다. 여기서는 선택된 범위에서 중복된 값을 찾아 셀을 표시해 보겠습니다.

01 [C4]셀에서 [C16]셀까지 드래그하여 선택한 다음 [홈] 탭의 [스타일] 그룹에서 [조건부 서식] 버튼(▦)을 클릭하고 [셀 강조 규칙]-[중복 값] 항목을 선택합니다.

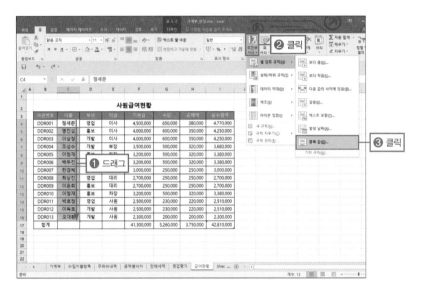

02 [중복 값] 대화 상자가 표시되면 적용할 서식을 선택한 다음 [확인] 버튼을 클릭합니다.

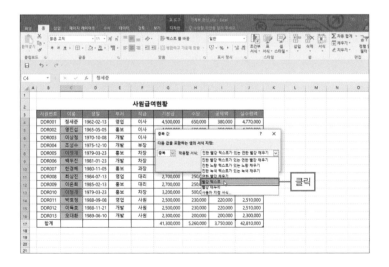

03 중복된 값이 포함된 셀이 설정한 서식으로 표시됩니다.

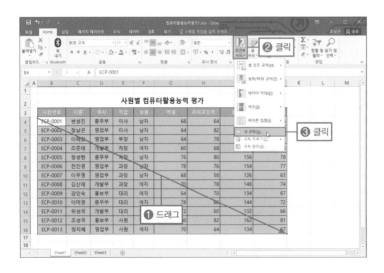

・예제 파일 : Part 4\컴퓨터활용능력평가.xlsx
・완성 파일 : Part 4\컴퓨터활용능력평가_완성.xlsx

Sub 3 한 가지 조건에 맞는 행 강조하기

조건부 서식을 조금 더 이해하기 위해 예제를 들어 설명하겠습니다. 다음과 같이 점수가 입력되어 있는 표에서 엑셀 점수가 '70점' 미만인 경우, 행 전체를 강조하는 방법에 대해 알아보겠습니다.

01 조건부 서식이 적용될 범위를 선택한 상태에서 [홈] 탭의 [스타일] 그룹에서 [조건부 서식] 버튼()을 클릭한 다음 [새 규칙] 항목을 선택합니다.

02 [새 서식 규칙] 창이 열리면 [규칙 유형 선택] 상자에서 [수식을 사용하여 서식을 지정할 셀 결정] 항목을 선택한 다음 수식 입력 상자에 '=$G4<70'을 입력하고 서식을 설정하기 위해 [서식] 버튼을 클릭합니다. 수식 '=$G4<70'은 [G]열의 4행부터 범위에 있는 셀을 검사하여 70 미만인 값만 찾게 하는 것입니다.

Tip 셀 주소 입력 시 주의사항

조건부 서식의 수식 입력 시 셀 주소를 입력할 때는 열의 주소는 고정적인 주소를 의미하는 '$'를 붙여야 하지만 행 주소는 선택된 영역 전체를 적용해야 하므로 상대참조 주소를 입력해야 합니다. 그러므로 선택된 G열의 모든 데이터에 조건부 서식을 적용하려면 '$G4'와 같이 열은 절대참조 주소를 입력하고 행은 상대참조 주소를 입력해야 합니다.

03 [셀 서식] 창이 열리면 [채우기] 탭을 클릭한 다음 셀 배경색을 선택하고 [확인] 버튼을 클릭합니다. 이전 화면이 표시되면 다시 한 번 [확인] 버튼을 클릭합니다.

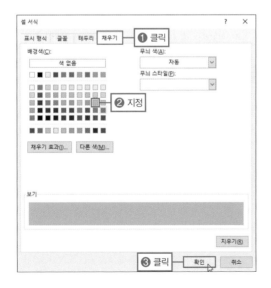

04 엑셀 점수가 70점 미만인 행 전체가 강조되어 표시됩니다. 이처럼 행 전체를 강조할 때는 수식을 이용하게 되며 수식을 입력할 때 함수를 사용하면 더욱 정확하고 다양한 범위를 지정할 수 있습니다.

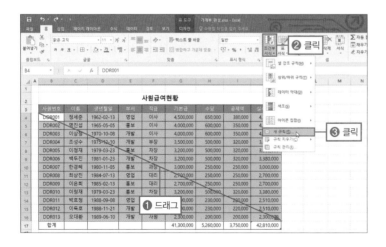

• 예제 파일 : Part 4\사원급여현황2.xlsx
• 완성 파일 : Part 4\사원급여현황2_완성.xlsx

Sub 4 **여러 가지 조건에 맞는 행 강조하기**

수식을 잘 이용하면 여러 가지 조건에 부합하는 행을 찾아 표시할 수 있습니다. 수식에 대한 설명은 다음 파트에서 자세히 설명할 것이므로, 여기서는 어떻게 이중 조건부 서식을 적용할 수 있는지 그 방법만 확인하도록 합시다.

01 다음 표에서 '홍보부'에 근무하면서 기본급이 '300만 원' 이상인 직원들만 표시되도록 설정해 보겠습니다. 조건부 서식이 적용될 범위를 선택한 상태에서 [홈] 탭의 [스타일] 그룹에서 [조건부 서식] 버튼(圖)을 클릭합니다. 조건부 서식 상자가 표시되면 [새 규칙]을 선택합니다.

02 [새 서식 규칙] 대화 상자에서 규칙 유형으로 [수식을 사용하여 서식을 지정할 셀 설정]을 선택한 다음 수식 입력 상자에 '=and($G4>3000000,$E4="홍보")'을 입력합니다. 즉, 선택된 영역 중 G열의 데이터에서 300백만이 넘으면서, E열에서 '홍보'라는 텍스트가 포함된 셀을 찾으라는 의미입니다. [서식] 버튼을 클릭합니다.

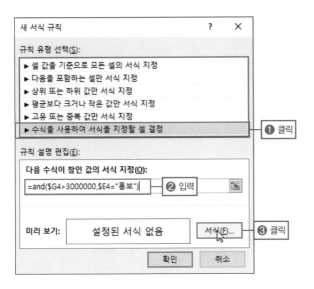

03 [셀 서식] 대화 상자에서 셀 배경 및 텍스트 색상 등 서식을 설정한 다음 [확인] 버튼을 클릭합니다.

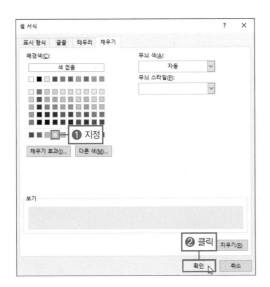

04 입력한 두 가지 조건에 만족하는 값이 포함된 셀이 설정한 서식으로 표시됩니다. 이처럼 조건부 서식을 사용하면 값을 변경하지는 않지만 자신이 찾고자 하는 셀을 쉽게 표시할 수 있습니다.

• 예제 파일 : Part 4\보험상품판매현황.xlsx
• 완성 파일 : Part 4\보험상품판매현황_완성.xlsx

Sub ⑤ 아이콘 집합 적용하기

값의 등락이나 범위에 따라 알맞은 아이콘을 표시하면 데이터의 분포를 한 눈에 알 수 있습니다. [아이콘 집합] 조건부 서식은 값의 등락을 화살표로 표시하거나 값의 분포를 아이콘 색으로 표시하여 값을 표시합니다.

01 선택한 범위의 값에 따라 화살표의 방향이 달라지도록 [아이콘 집합] 조건부 서식을 적용해 보겠습니다. 먼저 아이콘을 표시할 셀 범위를 선택합니다.

02 [홈] 탭의 [스타일] 그룹에서 [조건부 서식] 버튼(圖)을 클릭한 다음 [아이콘 집합]−[3방향 화살표(컬러)] 항목을 선택합니다. 여기서는 값의 증감 유무만 판단하지만, 만일 값의 증감 폭까지 확인하고자 할 때는 [데이터 막대] 조건부 서식을 사용하는 것이 더 효과적일 수 있습니다.

03 선택한 셀의 왼쪽에 화살표 아이콘이 표시됩니다. 그런데 여기서는 값이 양수이면 녹색 위쪽 화살표를 표시하고 음수인 경우에는 빨간색 아래쪽 화살표 그리고 '0'인 경우에는 노란색 오른쪽 화살표로 표시하고자 합니다. 이런 경우 각 화살표의 범위를 다시 지정하면 됩니다.

04 화살표의 범위를 변경하기 위해 [홈] 탭의 [스타일] 그룹에서 [조건부 서식] 버튼(▦)을 클릭한 다음 [규칙 관리] 항목을 선택합니다.

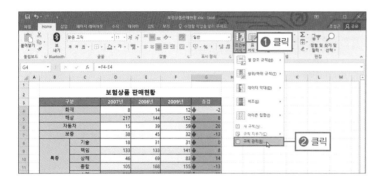

05 [조건부 서식 규칙 관리자] 창이 열리면 [아이콘 집합] 조건부 서식을 선택한 상태에서 [규칙 편집] 버튼을 클릭합니다.

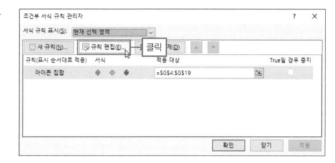

06 [서식 규칙 편집] 창이 열리면 [종류] 상자를 열어 '숫자'로 변경하고 그림처럼 [값] 입력 상자에 '1'과 '0'을 입력한 다음 [확인] 버튼을 클릭합니다.

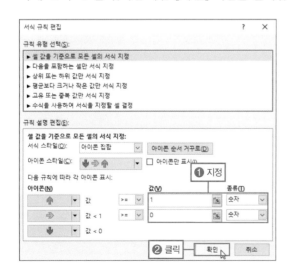

Tip 양수는 1 이상이므로 위쪽 화살표의 범위를 '1보다 크거나 같다'로 설정하고 음수는 0 미만이므로 '0보다 작거나 같다'로 설정합니다.

07 다시 [조건부 서식 규칙 관리자] 창이 표시되면 [확인] 버튼을 클릭합니다.

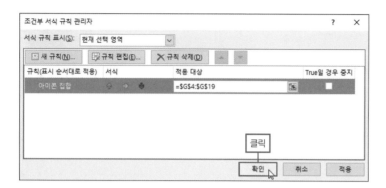

08 선택된 범위의 셀에 포함된 값에 따라 양수인 경우에는 녹색 화살표로 표시되고 '0'인 경우에는 노란색 그리고 음수인 경우에는 빨간색 화살표로 표시되어 값의 증감 유무를 쉽게 파악할 수 있습니다.

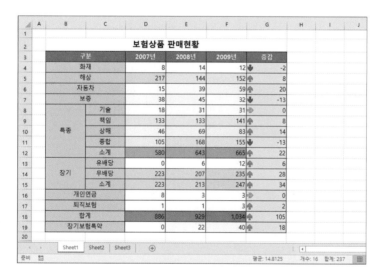

데이터 유효성 검사하기

데이터 유효성 검사 기능은 입력되는 값이 올바른 데이터인지 검사하여 정확하고 유효한 값만 입력되도록 하는 기능입니다. 예를 들어 '주민등록번호'를 입력한다면 텍스트 14자리로 입력해야 하는 등 입력 형태에 제한을 두어 유효한 데이터만을 입력할 수 있도록 유도합니다. 여기서는 이러한 데이터 유효성 검사 기능을 이용하여 입력 데이터를 제한하는 방법에 대해 알아보겠습니다.

Sub 1 데이터 유효성 상자 살펴보기

데이터 유효성 검사는 입력 값을 제한하기 위한 기능이지만, 이미 입력된 데이터 또한 유효성 검사를 통해 올바른 형식의 데이터인지 검사해볼 수 있습니다. 데이터 유효성 검사를 하려면 먼저 유효성 검사가 적용된 범위를 지정해야 합니다.

1 [설정] 화면

데이터 유효성 검사를 위한 형식을 설정하는 화면입니다. [제한 대상] 상자를 열면 데이터 유효성 검사의 형식을 선택할 수 있습니다.

데이터 유효성	? ×
설정 설명 메시지 오류 메시지 IME 모드	

유효성 조건

제한 대상(**A**):

모든 값 ▾   ☑ 공백 무시(B)

제한 방법(D):

해당 범위 ▾

☐ 변경 내용을 설정이 같은 모든 셀에 적용(P)

모두 지우기(**C**)   확인   취소

② [설명 메시지] 화면

데이터 유효성이 설정된 셀을 선택 시 표시되는 메시지를 입력할 수 있습니다. 예를 들어 주민등록번호를 입력해야 하는 셀이라면 '앞 자리 6자리 – 뒷 자리 7자리 형식으로 입력하세요.'와 같은 메시지를 표시할 수 있습니다.

③ [오류 메시지] 화면

유효성 데이터 설정에 위반되는 데이터 형식을 입력했을 때 표시되는 오류 메시지를 입력할 수 있습니다.

• 예제 파일 : Part 4\사원급여현황3.xlsx
• 완성 파일 : Part 4\사원급여현황3_완성.xlsx

엑셀 데이터를 입력하다 보면 미리 정해진 몇 개의 값을 반복해서 입력해야 하는 경우가 있습니다. 이런 경우에 목록 상자를 만들면, 데이터 입력 시 목록에서 선택하여 쉽게 입력할 수 있습니다.

01 새로운 시트에 반복해서 입력해야 할 값을 차례로 입력한 다음 입력한 영역을 선택합니다. 이어서 이름 상자에 선택 영역을 정의할 이름을 입력하고 [Enter] 키를 누릅니다. 예제에서는 차례대로 직급을 입력한 다음 선택 영역을 '직급'이라고 이름 붙였습니다.

02 목록 상자를 적용할 영역을 선택합니다. 예제에서는 '직급' 열인 [F4]셀에서 [F16] 셀까지 선택하고 [데이터] 탭의 [데이터 도구] 그룹에서 [데이터 유효성 검사] 버튼을 클릭합니다.

03 [데이터 유효성] 대화 상자가 표시되면 [설정] 탭 화면에서 [목록]을 선택한 다음 [원본] 입력 상자에 '=직급'을 입력합니다. 즉, 이전에 만들어 둔 정의된 이름을 입력합니다. 이 과정에서 반드시 처음에 등호 '='를 입력해야 합니다. [확인] 버튼을 클릭하여 창을 닫습니다.

> **Tip 정의된 이름 대신 원본 입력하기**
>
> [원본] 입력상자에는 반드시 정의된 이름만 입력할 수 있는 것은 아닙니다. 정의된 이름이 아닌 원본 데이터를 직접 입력해도 됩니다. 여기서는 '대표이사, 전무이사, 상무이사, 부장, 차장, 과장, 대리, 사원'을 입력하면 동일한 결과가 표시됩니다.

04 셀에 펼침 도구가 표시되는 것을 볼 수 있습니다. 펼침 도구를 클릭하면 사전에 정의해 둔 직급 체계가 표시되고, 이 목록에서 선택한 값이 셀에 입력됩니다.

• 예제 파일 : Part 4\사원급여현황4.xlsx
• 완성 파일 : Part 4\사원급여현황4_완성.xlsx

데이터 유효성을 이용하면 입력 데이터를 제한하고, 입력 데이터를 안내하기 위한 메시지를 표시할 수 있습니다. 예제에서는 생년월일을 숫자 8자리로 입력을 제한하고, 입력 형식을 안내하는 방법을 알아보겠습니다.

01 예제에서 생년월일이 입력될 셀을 모두 선택한 다음 [데이터] 탭의 [데이터 유효성 검사]−[데이터 유효성 검사] 항목을 선택합니다.

02 [데이터 유효성 검사] 대화상자가 표시되면 [제한 대상]을 '텍스트 길이'로 선택한 다음 [제한 방법]으로 '='를 입력하고 [길이]에 '8'을 입력한 다음 [설명 메시지] 탭을 클릭합니다.

03 [설명 메시지] 탭 화면이 표시되면 [제목]에 '생년월일'을 입력하고 [설명 메시지] 상자에 아래의 그림과 같이 입력한 다음 [확인] 버튼을 클릭합니다.

04 엑셀 화면에서 생년월일을 입력할 셀에 커서를 가져가면 그림처럼 생년월일 입력을 안내하는 문구가 표시됩니다.

• 예제 파일 : Part 4\산행참가자목록.xlsx
• 완성 파일 : Part 4\산행참가자목록_완성.xlsx

Sub 4 잘못된 데이터 입력 시 경고상자 만들기

특정한 데이터 형식의 값이 필요한 경우 데이터 유효성의 안내 메시지를 사용할 수도 있지만 좀 더 확실한 전달을 위해 경고상자를 사용할 수 있습니다. 여기서는 성별을 입력하도록 제한하면서 경고상자를 만들어 보겠습니다.

01 [F5]셀에서 [F17]셀까지 드래그하여 선택한 다음 [데이터] 탭의 [데이터 도구] 그룹에서 [데이터 유효성 검사]-[데이터 유효성 검사] 항목을 선택합니다.

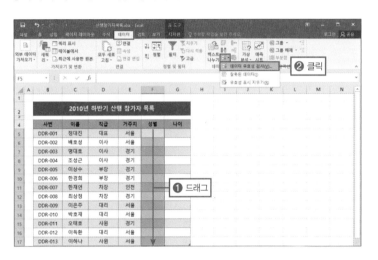

02 [데이터 유효성] 창이 열리면 [제한 대상]을 '텍스트 길이', [제한 방법]을 '='로 선택한 다음 [길이] 입력상자에 '2'를 입력하고 [오류 메시지] 탭을 클릭합니다.

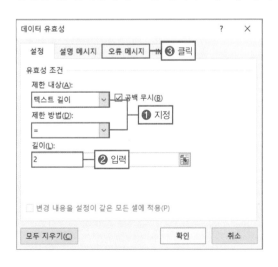

> **Tip** 기준 글자 이상이거나 이하의 텍스트 길이를 제한하려면 [제한 방법] 상자에서 부호를 변경해주면 됩니다.

03 잘못 입력했을 때 표시되는 경고 메시지를 설정하는 화면이 표시되면 [제목] 입력상자에 '입력 오류'를 입력하고 [오류 메시지] 입력상자에 '2글자로만 입력하시오.'를 입력한 다음 [IME 모드] 탭을 클릭합니다.

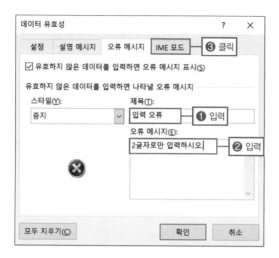

04 [IME 모드] 탭 화면이 표시되면 [모드] 상자를 열어 '한글'을 선택한 다음 [확인] 버튼을 클릭합니다. 이 화면에서는 입력 언어를 설정합니다.

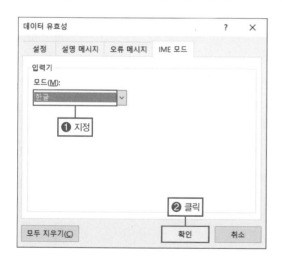

Tip [모드] 상자를 '한글'로 선택했다면 유효성 검사가 적용된 셀에서는 한글만 입력할 수 있게 됩니다.

05 다시 워크시트가 표시되면 경고 메시지가 제대로 표시되는지 확인하기 위해 [F5]셀에 '남'을 입력하고 Enter 키를 누릅니다.

06 [입력 오류] 대화상자가 열리고 '2글자로만 입력하시오.'라는 메시지가 표시됩니다. 즉, 유효성 검사 설정 과정에서 입력한 내용이 표시됩니다. [다시 시도] 버튼을 클릭합니다.

07 남자에 해당하는 셀에 '남자'를 모두 입력합니다.

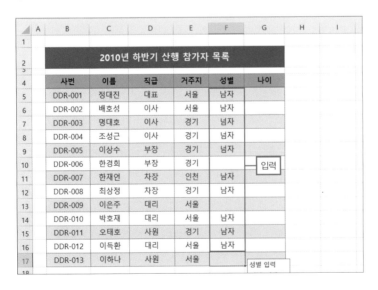

Sub 5 입력 값을 기준 이하의 정수로만 입력하게 하기

입력 값을 정수로만 입력하게 하는 것도 유효성 검사의 설정 방법이지만, 좀 더 제한적으로 정수의 범위를 정해주면 데이터 입력을 세밀하게 제한할 수 있습니다. 여기서는 정수만 입력하게 하면서 60 이하의 숫자만 입력되도록 유효성 검사를 설정해 보겠습니다.

01 [G5]셀에서 [G17]셀까지 드래그하여 선택한 다음 [데이터] 탭의 [데이터 도구] 그룹에서 [데이터 유효성 검사]-[데이터 유효성 검사] 항목을 선택합니다.

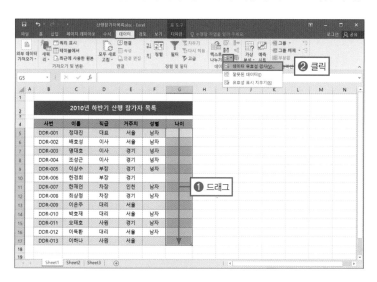

02 [데이터 유효성] 창이 열리면 [제한 대상] 상자를 열어 '정수' 항목을 선택합니다.

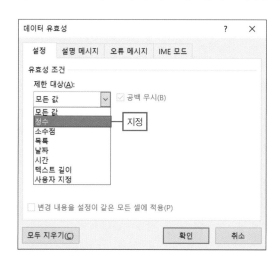

Tip 정수는 소수점이 포함되지 않은 숫자를 말합니다.

03 [제한 방법] 상자를 열어 '〈=' 항목을 선택하고 [최대값] 입력상자에 '60'을 입력한 다음 [확인] 버튼을 클릭합니다. 즉, 나이 입력 셀에 60 이하의 정수로만 입력하라는 의미입니다.

04 다시 워크시트가 표시되면 유효성 검사를 테스트하기 위해 [G5]셀에 '2017'을 입력한 다음 Enter 키를 누릅니다.

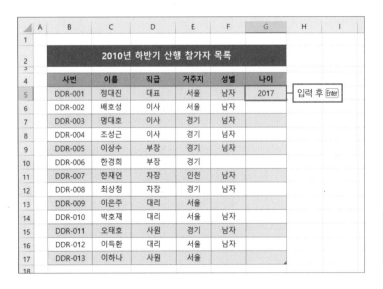

Tip '2017'은 정수이지만 60 이하의 조건에 맞지 않기 때문에 입력 오류가 발생합니다.

05 입력 오류에 대한 경고 메시지가
표시되면 [다시 시도] 버튼을 클릭합
니다.

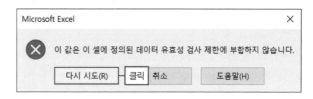

06 [G5]셀에 '55'를 입력하면 정상적으로 입력됩니다. 이처럼 정수를 제한할 때는 정수의 범위
도 함께 설정해주면 좀 더 정확한 데이터 값을 제한할 수 있습니다.

	사번	이름	직급	거주지	성별	나이	
			2010년 하반기 산행 참가자 목록				
	사번	이름	직급	거주지	성별	나이	
5	DDR-001	정대진	대표	서울	남자	55	입력
6	DDR-002	배호성	이사	서울	남자		
7	DDR-003	명대호	이사	경기	넘자		
8	DDR-004	조성근	이사	경기	넘자		
9	DDR-005	이상수	부장	경기	넘자		
10	DDR-006	한경희	부장	경기			
11	DDR-007	한재언	차장	인천	남자		
12	DDR-008	최상정	차장	경기	남자		
13	DDR-009	이은주	대리	서울			
14	DDR-010	박호재	대리	서울	남자		
15	DDR-011	오태호	사원	경기	남자		
16	DDR-012	이득환	대리	서울	남자		
17	DDR-013	이하나	사원	서울			

07 나머지 셀에도 동일한 데이터 유형으로 데이터를 입력하여 표를 완성합니다.

	사번	이름	직급	거주지	성별	나이	
			2010년 하반기 산행 참가자 목록				
	사번	이름	직급	거주지	성별	나이	
5	DDR-001	정대진	대표	서울	남자	55	
6	DDR-002	배호성	이사	서울	남자	55	
7	DDR-003	명대호	이사	경기	넘자	55	
8	DDR-004	조성근	이사	경기	넘자	51	
9	DDR-005	이상수	부장	경기	넘자	42	
10	DDR-006	한경희	부장	경기		46	
11	DDR-007	한재언	차장	인천	남자	40	입력
12	DDR-008	최상정	차장	경기	남자	39	
13	DDR-009	이은주	대리	서울		34	
14	DDR-010	박호재	대리	서울	남자	34	
15	DDR-011	오태호	사원	경기	남자	29	
16	DDR-012	이득환	대리	서울	남자	33	
17	DDR-013	이하나	사원	서울		28	

워크시트에서 데이터를 입력하다보면 값이 없거나 의미가 없는 값 또는 기본적으로 사용되는 값인 경우에는 빈 셀로 남겨두는 경우가 있습니다. 이러한 많은 빈 셀에 동일한 값을 입력해야 한다면 여간 번거로운 일이 아닐 것입니다. 이런 경우에는 특정한 값을 찾아 선택해주는 [이동] 기능을 사용하면 편리합니다.

01 아직 입력되지 않은 빈 셀에 '여자'라는 데이터를 한꺼번에 입력해 보겠습니다. 우선 [홈] 탭의 [편집] 그룹에서 [찾기 및 선택] 버튼을 클릭한 다음 바로가기 메뉴에서 [이동 옵션] 항목을 선택합니다.

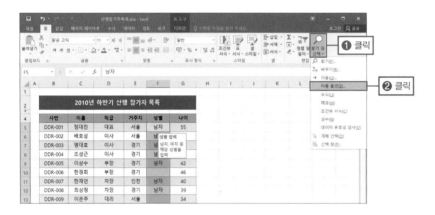

02 [이동 옵션] 창이 열리면 [빈 셀] 항목을 선택한 다음 [확인] 버튼을 클릭합니다.

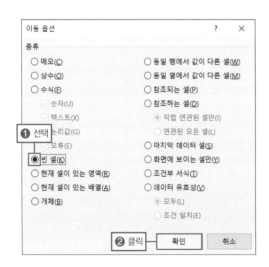

Tip [이동 옵션] 기능을 이용하면 빈 셀은 물론 특정 조건에 만족하는 셀만을 선택할 수 있으므로 여러 개의 셀을 동시에 수정하고자 할 때 유용하게 사용될 수 있습니다.

03 선택 영역 중 빈 셀만 선택됩니다. 예제에서는 3개의 빈 셀만 선택되지만 [이동 옵션] 기능을 이용하면 아무리 많은 빈 셀이라도 한꺼번에 선택이 가능합니다.

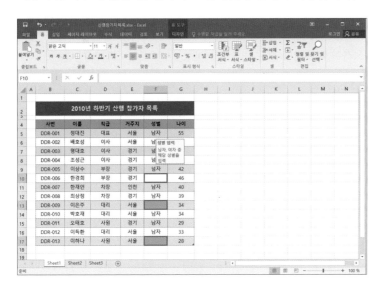

04 수식 입력 줄에 '여자'를 입력한 다음 Ctrl 키를 누른 채로 Enter 키를 누릅니다. 빈 셀에 모두 '여자'가 입력됩니다.

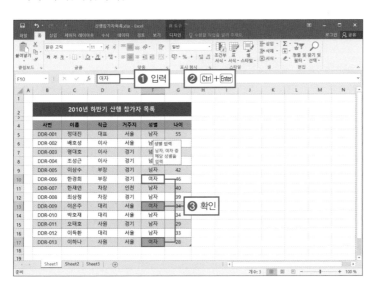

Tip 여러 개의 셀이 선택된 상태에서 데이터를 입력하고 Ctrl + Enter 키를 누르게 되면 선택된 셀에 모두 동일한 데이터가 입력됩니다.

데이터 도구 사용하기

데이터 도구는 데이터를 분석하여 채우거나 삭제 또는 찾아내는 등 데이터 작업과 관련된 도구를 사용할 수 있는 곳입니다. 여기서는 데이터 유형을 파악하여 나머지 셀에 쉽게 데이터를 입력할 수 있는 방법과 중복된 항목을 제거하는 방법 등 데이터 도구를 사용하는 방법에 대해 알아보겠습니다.

 빠른 채우기 사용하기

• 예제 파일 : Part 4\세미나이름표.xlsx
• 완성 파일 : Part 4\세미나이름표_완성.xlsx

엑셀 2016의 새로운 기능 중에 하나가 빠른 채우기 기능입니다. 빠른 채우기는 기존 데이터의 패턴을 분석하여 나머지 셀에도 동일한 형식의 데이터를 자동으로 입력해주는 기능으로, 기존 데이터를 정리할 때 매우 빠르고 정확하게 사용할 수 있는 장점을 가지고 있습니다.

01 다음 표에는 직원의 부서와 직급 그리고 이름이 입력되어 있습니다. 새로운 셀에 이러한 데이터를 이용하여 새로운 형식의 데이터를 생성하고 나머지 셀에도 적용해 보겠습니다. [F4]셀을 선택하고 기존 셀 내용을 정리하여 '부서+이름+직급' 형식으로 내용을 입력합니다.

02 두 번째 입력할 셀인 [F5]셀을 선택한 상태에서 [데이터] 탭의 [데이터 도구 그룹]에서 [빠른 채우기] 항목을 선택합니다.

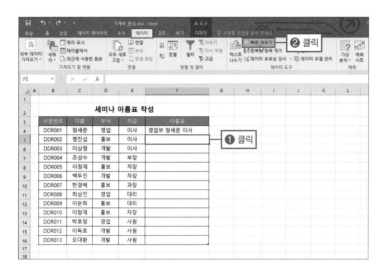

03 나머지 셀에 동일한 형식으로 데이터가 채워지는 것을 확인할 수 있습니다. 이처럼 단순히 수식뿐만 아니라 텍스트도 데이터 패턴을 분석하여 자동으로 채울 수 있습니다.

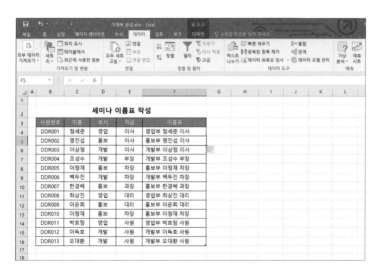

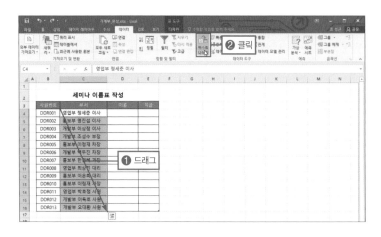

• 예제 파일 : Part 4\세미나이름표2.xlsx
• 완성 파일 : Part 4\세미나이름표2_완성.xlsx

Sub ② 텍스트 나누기

　　앞서 기존 텍스트를 합쳐 하나의 새로운 형식의 데이터를 만들었다면 이번에는 기존 텍스트를 나누어 새로운 데이터를 생성하는 방법에 대해 알아보겠습니다.

01 다음 표에는 기존 데이터가 '부서, 이름 , 직급'으로 구성되어 있습니다. 이러한 데이터를 각각 '부서', '이름', '직급'으로 나누어 생성해 보겠습니다. 우선 데이터를 나눌 셀을 모두 선택한 다음 [데이터] 탭의 [데이터 도구] 그룹에서 [텍스트 나누기] 항목을 선택합니다.

> **Tip** 텍스트를 나눌 때는 구분된 데이터가 삽입될 셀을 미리 만들어 두어야 합니다. 그렇지 않으면 기존 데이터 오른쪽에 나누어진 텍스트가 삽입됩니다.

02 [텍스트 마법사] 대화상자가 표시되면 먼저 텍스트를 나눌 구분 방법을 선택합니다. 기존 데이터에 ', '나 ' | '와 같은 구분자가 없으므로 여기서는 '너비가 일정함'으로 선택한 후 [다음] 버튼을 클릭합니다.

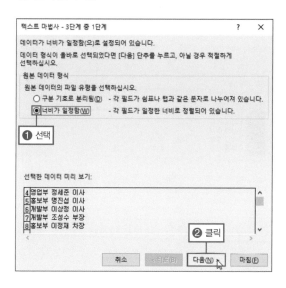

03 데이터 미리 보기 화면에서 지정된 방법에 의해 구분된 텍스트가 맞게 나누어 졌는지 확인합니다. 구분이 잘못되었다면 새로운 구분선을 삽입하거나 기존 구분선을 삭제하여 텍스트 구분선을 설정합니다. 작업이 완료되면 [다음] 버튼을 클릭합니다.

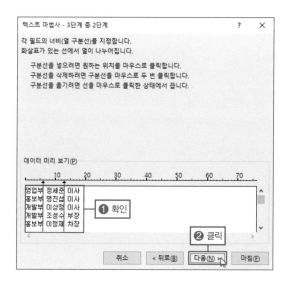

04 나누어질 데이터의 형식을 설정합니다. 데이터 형식에 따라 셀에 표시되는 방법이 달라지기 때문에 각 셀의 유형을 데이터 유형에 맞게 설정해야 합니다.

예제에서는 열 데이터 서식을 [텍스트]로 지정한 다음 [마침] 버튼을 클릭합니다.

05 다시 엑셀 2016 화면이 표시되면 기존 데이터가 구분되어 셀에 표시되는 것을 확인할 수 있습니다.

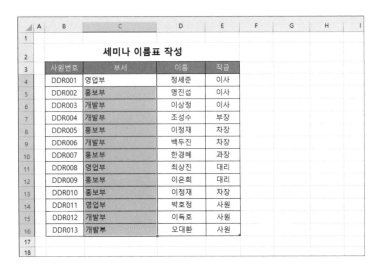

Sub 3 중복된 항목 제거하기

• 예제 파일 : Part 4\세미나이름표3.xlsx
• 완성 파일 : Part 4\세미나이름표3_완성.xlsx

엑셀 시트에 입력된 데이터 중 중복된 데이터를 삭제해야 할 경우가 있습니다. 예를 들어 사원 명부를 만드는 경우라면 동일한 직원이 두 명 있으면 안 되므로, 이런 경우 중복 데이터 제거 기능을 통해 데이터를 쉽게 정리할 수 있습니다.

01 먼저 중복 데이터를 정리할 범위를 드래그하여 선택한 다음 [데이터] 탭 화면의 [데이터 도구] 그룹에서 [중복된 항목 제거] 항목을 선택합니다.

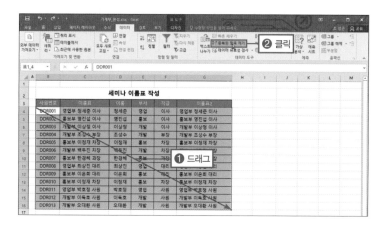

02 [중복된 항목 제거] 대화상자가 표시되면 중복된 값이 있는 열을 선택합니다. 중복된 열을 여러 개 선택할수록 정확한 값을 찾을 수 있습니다. 중복된 열을 모두 선택한 다음 [확인] 버튼을 클릭합니다.

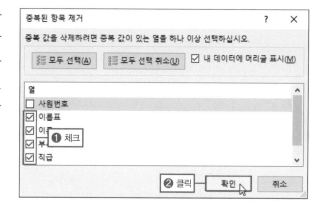

03 다시 엑셀 시트 화면이 표시되면 중복된 값이 삭제된 것을 확인할 수 있습니다.

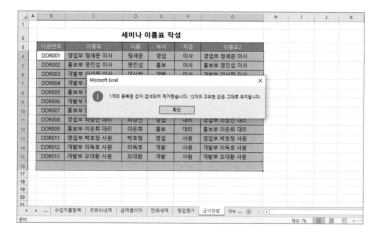

Part 05

엑셀의 꽃,
함수 사용하기

함수는 복잡하고 긴 계산식을 빠르고 정확하게 산출하기 위한 식입니다. 함수를 사용하면
복잡하고 여러 단계에 걸쳐 계산해야 하는 작업을 하나의 함수로 정의하여 계산할 수 있습니다.
또한 함수를 사용해야만 도출해낼 수 있는 결과가 있기도 합니다. 여기서는 이러한 함수를 적용하는 방법과
자주 사용하는 함수의 사용 방법에 대해 알아보겠습니다.

함수의 적용

일반적으로 계산하는 과정을 수식이라고 합니다. 함수는 길고 복잡한 수식 과정을 하나의 함수로 함축한 것으로, 함수도 일종의 수식이라고 할 수 있습니다. 대부분의 경우 짧고 간단한 수식은 직접 수식을 입력하고 복잡하고 계산 과정이 긴 수식은 함수를 사용하게 됩니다. 여기서는 함수의 이해와 함수의 사용 방법에 대해 알아보겠습니다.

Sub 1 함수의 이해

함수를 사용해야 하는 이유에 대해 다음의 예를 보면서 이해해보도록 하겠습니다. 아래의 그림에서 '엑셀, 파워포인트, 워드, 액세스'의 4과목에 대한 평균을 구해야 한다면, 일반적인 수식으로는 4과목의 점수를 모두 더한 다음 '4'로 다시 나누어야 하는 과정을 거쳐야 합니다.

즉, '=(G4+H4+I4+J4)/4'의 수식을 사용해야 합니다. 예제에서는 비교적 계산 과정이 간단하지만 수식 입력 중간에 셀 주소를 잘못 입력하거나 빠뜨리기라도 하면 수식에는 오류가 없더라도 전혀 다른 결과가 표시될 것입니다.

사원번호	이름	부서	직급	성별	Excel	PPT	Word	Access	평균
ECP-0001	변성진	총무부	이사	남자	68	64	56	52	+I4+J4)/4
ECP-0002	정남곤	영업부	이사	남자	64	82	78	68	
ECP-0003	이해창	영업부	부장	남자	64	78	72	70	
ECP-0004	조준애	개발부	차장	여자	60	68	66	62	
ECP-0005	정성현	총무부	차장	남자	76	80	78	82	
ECP-0006	전진영	영업부	과장	남자	78	76	80	74	
ECP-0007	이무영	영업부	과장	남자	68	58	62	70	
ECP-0008	김신애	개발부	과장	여자	70	78	72	68	
ECP-0009	강인숙	홍보부	대리	여자	64	70	74	72	
ECP-0010	이미영	총무부	대리	여자	78	66	62	70	
ECP-0011	위성국	개발부	대리	남자	72	60	68	66	
ECP-0012	조성국	홍보부	사원	남자	80	82	78	80	
ECP-0013	정지혜	영업부	사원	여자	70	64	78	68	

사원별 컴퓨터활용능력 평가

앞서 서술한 수식 과정을 함수를 사용해서 계산해 보겠습니다. 'AVERAGE( )'라는 함수를 이용하여 계산 범위를 지정하면 쉽게 평균을 구할 수 있습니다. 길고 복잡한 계산 과정이 '=AVERAGE(G4:J4)'라는 함수 하나로 해결된 것입니다. 이처럼 복잡하고 긴 계산 과정을 하나의 수식으로 정의한 것이 함수입니다.

Sub ② 함수의 입력 형식

모든 수식이 '='로 시작하는 것처럼 함수 또한 '='라는 수식 기호를 시작으로 함수 이름과 인수를 입력합니다. 함수는 함수 이름과 인수로 구성되어 있으며 함수에 따라 입력하는 인수의 종류와 형식은 모두 다릅니다.

함수를 입력하는 형식은 다음과 같습니다.

= 함수 이름(인수1, 인수2, 인수3 ...)

앞서 언급한 것처럼 함수를 입력할 때는 수식 기호인 '='를 앞에 입력해야 합니다. 함수 이름은 소문자나 대문자와 관계없이 입력하면 되며 함수 이름 중간에 공백을 입력하면 함수 이름을 인식할 수 없습니다.

함수는 인수를 필요로 하게 되는데, 앞서 예로 든 것처럼 'AVERAGE( )'라는 함수에서는 평균을 구하기 위한 범위를 인수로 사용하게 됩니다. 'TODAY( )'와 같은 일부 함수에서는 인수를 사용하지 않기도 하지만 대부분의 함수는 인수를 입력해야 하며 인수의 개수와 형태는 함수에 따라 달라집니다. 인수가 여러 개인 경우에는 인수를 콤마 ','로 구분하여 입력하게 되며 인수를 입력할 때는 괄호 '( )' 안에 입력해야 합니다. 인수가 없을 경우에도 괄호 '( )'는 반드시 입력해야 합니다.

함수에 따라 사용하게 되는 인수에는 숫자나 문자 수식 등이 사용되지만 가장 많이 사용하게 되는 인수의 형식은 셀 주소입니다. 셀 주소를 입력하는 경우 각각의 셀 주소를 입력할 때는 상대참조나 절대참조 형식으로 입력하고, 셀 범위를 입력할 때는 범위의 시작 셀 주소와 마지막 셀 주소 사이에 콜론(:)을 입력하여 범위를 지정합니다.

Sub ③ 함수 입력 방법

수식 입력 줄에 함수를 입력하는 방법에는 직접 입력하는 방법과 리본 메뉴를 이용하는 방법 그리고 함수 마법사를 이용하는 방법이 있습니다. 각각의 장단점이 있지만 일반적으로 짧고 간단한 함수는 직접 입력하고, 함수의 이름이 긴 경우에는 리본 메뉴나 함수 마법사를 사용하게 됩니다.

1 수식 입력 줄에 직접 함수 입력하기

짧고 간단한 함수의 경우에는 수식 입력 줄에 함수를 직접 입력하는 것이 빠릅니다. 엑셀 2016에서는 입력하는 문구가 함수의 이름에 해당하는 경우에는 입력한 문구가 포함된 함수 목록이 표시되어 함수 이름을 쉽게 입력할 수 있도록 도와줍니다. 또한 함수 이름을 입력하면 입력한 함수에 필요한 인수의 형식이 표시됩니다.

번호	이름	경영학	경제원론	상법	세법개론	회계학	총점	평균	순위	합격여부
			회계사 2차 대비반 제2회 모의고사 결과							
1	명대호	72.5	80	60	42.5	55	=sum(D5:H5)			불합격
2	백시열	85	65	32.5	67.5	62.5				불합격
3	한경희	47.5	55	55	80	97.5				불합격
4	원동민	40	85	37.5	45	80				불합격
5	염성은	62.5	77.5	65	27.5	75				불합격
6	안지형	87.5	32.5	75	55	77.5				불합격
7	정유진	80	72.5	87.5	60	90				불합격
8	김은희	95	70	62.5	52.5	80				불합격
9	한마용	42.5	57.5	95	52.5	85				불합격
10	김혜림	92.5	85	82.5	47.5	37.5				불합격
최고		95	85	95	80	97.5	0	0		
최저		40	32.5	32.5	27.5	37.5	0	0		

▲ 함수 이름을 입력하면 필요한 인수의 종류와 형식이 표시된다.

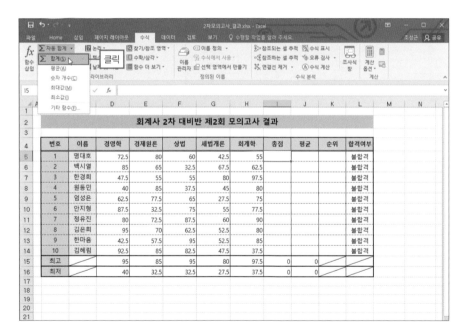

▲ 함수 이름의 일부를 입력하면 관련된 함수 목록이 표시된다.

② 리본 메뉴를 이용하여 함수 입력하기

[수식] 탭의 [함수 라이브러리] 그룹에서 함수 범주 버튼을 클릭한 다음 입력하려는 함수를 선택하면 수식 입력 줄에 함수가 입력됩니다. 최근에 사용한 함수는 [최근에 사용한 함수] 범주 버튼을 클릭하여 좀 더 빠르게 함수를 입력할 수 있습니다. 입력하려는 함수의 범주를 모를 경우에는 [함수 마법사]를 이용하면 함수를 쉽게 입력할 수 있습니다.

❸ [함수 입력] 버튼을 이용하여 함수 입력하기

수식 입력 줄의 왼쪽에 위치한 [함수 입력] 버튼(𝑓𝑥)을 클릭하면 [함수 마법사] 창이 열리고 이 창에서 입력할 함수를 선택하여 함수를 사용할 수 있습니다.

입력 상자에 찾고자 하는 함수에 대한 검색어를 입력하고 [검색] 버튼을 클릭하면 관련된 함수 목록이 표시되며, [함수 선택] 상자에서 함수를 선택하면 창 하단에 함수에 대한 간단한 설명이 표시됩니다. 함수의 인수는 함수가 수식 입력 줄에 입력된 후 입력합니다.

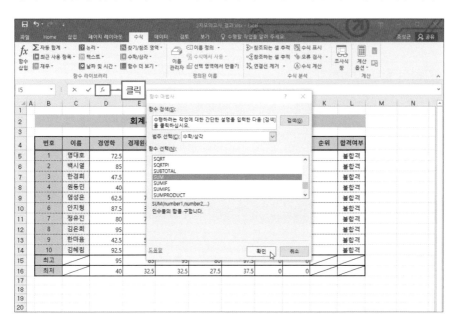

가장 자주 사용되는 함수

엔셀 2016에서 제공하는 수백 개의 함수 중에서 자주 사용하는 함수는 정해져 있습니다. 이러한 자주 사용하는 함수의 사용 방법만 정확히 알고 있어도 작업의 효율을 크게 올릴 수 있습니다. 여기서는 일반적으로 가장 자주 사용하는 'SUM( ), AVERAGE( ), RANK( ), IF( ), AND( ), MAX( ), MIN( )' 등 7가지 함수의 사용 방법에 대해 알아보겠습니다.

 SUM( ) 함수

• 예제 파일 : Part 5\2차모의고사.xlsx
• 완성 파일 : Part 5\2차모의고사_완성.xlsx

SUM( ) 함수는 자동 합계 기능에서 사용되는 것처럼 가장 자주 사용되는 함수입니다. SUM( ) 함수는 지정한 범위의 셀의 합계를 구하는 함수이며 인수로는 합계를 구할 셀 범위나 셀 주소를 필요로 합니다.

■ SUM( ) 함수의 입력 형식

SUM( ) 함수는 주어진 인수의 합계를 구하는 함수입니다.

❶ 입력 형식

= SUM(number1, number2, number3 ...)

❷ 인수의 의미

• number : 직접 합계를 구할 숫자를 입력할 수도 있고 합계를 구할 데이터가 입력된 셀 주소를 입력할 수도 있습니다. 지정한 범위의 합계를 구할 때는 범위의 시작 셀 주소와 마지막 셀 주소를 'A1:E4'와 같이 구간으로 입력합니다.

01 직원별 각 과목 점수 총점을 구해보겠습니다. 첫 번째 직원의 점수 범위인 [D5]셀에서 [H5] 셀까지 선택한 다음 [홈] 탭의 [편집] 그룹에서 [자동 합계] 버튼(Σ▾)의 확장 버튼을 클릭한 다음 바로가기 메뉴에서 [합계] 항목을 선택합니다. 계산할 범위를 지정하지 않으면 선택한 셀의 왼쪽에 위치한 셀 중 숫자 데이터가 포함된 셀이 값을 이용하여 계산하게 됩니다.

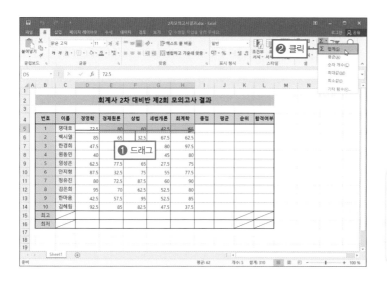

Tip 계산 형태가 '합계'인 경우에는 확장 버튼을 클릭하여 계산 형태를 지정하지 않아도 [자동 합계] 버튼을 클릭하면 합계가 구해집니다.

02 선택된 영역의 점수가 계산되어 자동으로 합계가 구해져 입력됩니다.

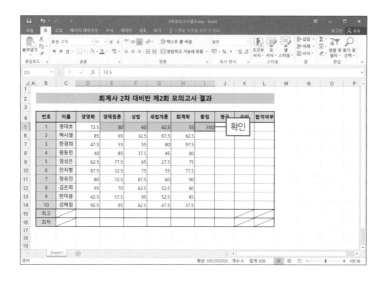

03 함수에 의해 합계가 표시되면 나머지 셀에도 동일한 함수를 적용하기 위해 [I5]셀의 자동 채우기 핸들을 이용하여 [I14]셀까지 드래그합니다. 자동 채우기가 완료되면 자동 채우기 옵션 상자를 클릭한 다음 [서식 없이 채우기] 항목을 선택하여 수식만 복사하도록 합니다.

번호	이름	경영학	경제원론	상법	세법개론	회계학	총점	평균	순위	합격여부
							회계사 2차 대비반 제2회 모의고사 결과			
1	명대호	72.5	80	60	42.5	55	310			
2	백시열	85	65	32.5	67.5	62.5	312.5			
3	한경희	47.5	55	55	80	97.5	335			
4	원동민	40	85	37.5	45	80	287.5			
5	엄성은	62.5	77.5	65	27.5	75	307.5			
6	안지형	87.5	32.5	75	55	77.5	327.5			
7	정유진	80	72.5	87.5	60	90	390			
8	김은희	95	70	62.5	52.5	80	360			
9	한마음	42.5	57.5	95	52.5	85	332.5			
10	김혜림	92.5	85	82.5	47.5	37.5	345			
최고										
최저										

① 드래그
② 클릭
③ 선택

- 셀 복사(C)
- 서식만 채우기(F)
- 서식 없이 채우기(O)
- 빠른 채우기(F)

Sheet1

준비

Sub ② AVERAGE( ) 함수

AVERAGE( ) 함수는 선택한 범위에 포함된 값들의 평균을 구하는 함수입니다. SUM( ) 함수와 더불어 자주 사용하는 함수에 속합니다.

■ AVERAGE( ) 함수의 입력 형식

AVERAGE( ) 함수는 주어진 인수들의 평균을 구하는 함수입니다.

❶ 입력 형식

> = AVERAGE(number1, number2, number3 …)

❷ 인수

• number : 직접 평균을 구할 숫자를 입력할 수도 있고 평균을 구하기 위한 데이터가 입력된 셀 주소를 입력할 수도 있습니다. 지정한 범위의 평균을 구할 때는 범위의 시작 셀 주소와 마지막 셀 주소를 'A1:E4'와 같이 구간으로 입력하며, 범위의 이름이나 배열을 인수로 사용할 수 있습니다.

01 [D5]셀에서 [H5]셀까지 드래그하여 선택한 다음 [홈] 탭의 [편집] 그룹에서 [자동 합계] 버튼(∑▾)의 확장 버튼을 클릭한 후 바로가기 메뉴에서 [평균] 항목을 선택합니다.

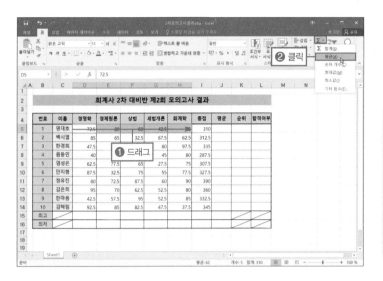

Tip 평균을 구할 범위를 지정하지 않으면 선택한 셀의 왼쪽에 있는 수치 데이터를 대상으로 평균을 구하므로 앞서 계산 [합계]까지 평균에 포함됩니다. 먼저 함수를 입력한 경우에는 함수 입력 상태에서 [D5]셀에서 [H5]셀까지 드래그하여 범위를 지정하면 됩니다.

02 [J5]셀에 선택된 영역의 평균 점수가 계산되어 자동으로 입력됩니다. 나머지 셀에도 같은 수식을 적용하기 위해 [J5]셀의 자동 채우기 핸들을 이용하여 [J14]셀까지 드래그합니다. 자동 채우기가 완료되면 자동 채우기 옵션 상자를 클릭한 다음 [서식 없이 채우기] 항목을 선택하여 수식만 복사합니다.

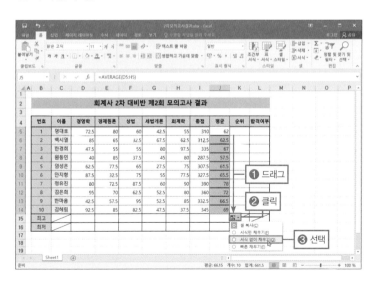

Tip 자동 채우기를 이용하면 기본적으로 양식까지 복사되므로 수식만 복사하기 위해 [서식 없이 채우기] 옵션을 적용해야 하는 것입니다.

RANK.EQ( ) 함수는 선택한 범위에서 해당 데이터의 크기 순위를 구하는 함수입니다. 엑셀 2007까지는 RANK( )라는 하나의 함수로 사용되었지만 엑셀 2010부터 RANK.EQ( ) 함수와 RANK.AVG( ) 함수로 구분되었습니다. RANK.EQ( ) 함수는 선택한 범위에서 동일한 크기의 값이 있을 경우 동일한 순위가 반환되지만 RANK.AVG( ) 함수는 선택한 범위에서 동일한 크기의 값이 있을 경우 순위의 평균이 반환됩니다.

❶ 입력 형식

= RANK.EQ(Number, Ref, Order)

❷ 인수

- number : 순위를 구할 대상이 되는 셀 주소를 입력합니다.
- Ref : [Number] 인수를 포함하여 순위를 구할 범위를 입력합니다. 특정 셀의 순위를 구하는 것이 아닌 범위 내의 모든 셀에 대한 순위를 구할 때는 반드시 절대참조 형식으로 셀 주소를 입력해야 합니다.
- Order : 순위를 분석하는 방법으로 '0'을 입력하면 가장 큰 수치가 1위로 표시되며 '1'을 입력하면 가장 작은 수치가 1위로 표시됩니다. [Order]를 입력하지 않으면 기본적으로 가장 큰 수치가 1위로 표시됩니다.

01 평균 점수를 기준으로 순위를 매겨보겠습니다. 순위를 입력할 [K5]셀을 선택한 다음 수식 입력 줄에 '=ra'를 입력합니다. 함수 이름 중 'ra'가 포함된 함수 목록이 표시되면 [RANK.EQ] 함수를 더블클릭합니다.

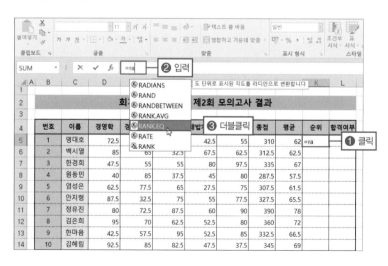

02 [RANK.EQ] 함수가 입력되면 순위가 시작될 [J5]셀을 클릭하여 첫 번째 인수를 입력합니다.

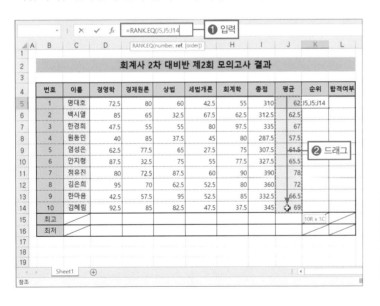

03 이어서 콤마(,)를 입력한 다음 [J5]셀에서 [J14]셀까지 드래그하여 순위를 매길 범위를 선택합니다. 선택한 구간의 셀 주소가 자동으로 수식 입력 줄에 입력됩니다.

Tip 셀 주소를 입력하는 것이 빠를 수 있으나 보다 정확한 셀 주소를 입력하기 위해서 셀을 클릭하거나 드래그하여 셀 주소를 입력하는 것입니다.

04 범위 전체의 순위를 계산할 때는 반드시 셀 주소를 절대참조 형식으로 입력해야 합니다. 현재 상대참조 형식으로 셀 주소가 입력되어 있으므로 F4 키를 눌러 절대참조 형식으로 변경한 다음 괄호 ')'를 닫습니다. 세 번째 인수는 가장 큰 수치를 1위로 표시할 것이므로 생략합니다.

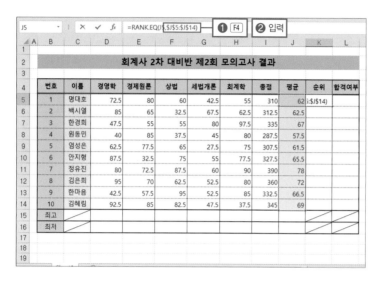

Tip 상대참조 형식의 셀 주소는 F4 키를 누를 때마다 셀 주소 형식이 변경됩니다.

05 Enter 키를 눌러 수식을 적용하면 전에 수험생 중 [J5]셀의 순위가 입력됩니다. 나머지 셀에도 같은 수식을 적용하기 위해 [K5]셀의 자동 채우기 핸들을 이용하여 [K14]셀까지 드래그합니다. 자동 채우기가 완료되면 자동 채우기 핸들 옵션 상자를 클릭한 다음 바로가기 메뉴에서 [서식 없이 채우기] 항목을 선택합니다.

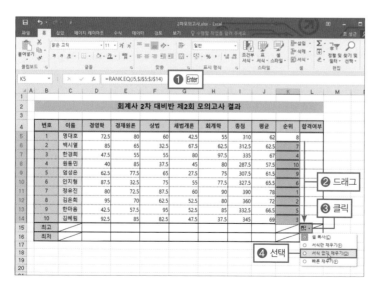

IF( ) 함수는 입력된 인수의 논리적 결과를 이용하여 참(True)과 거짓(False)일 때 각각의 표시 방법을 설정하는 함수입니다. AND( ) 함수는 입력된 인수가 모두 만족할 때만 참(True)의 결과를 반환합니다. 이번에는 IF( ) 함수와 AND( ) 함수를 이용하여 평균 60점 이상인 경우 합격으로 처리하되, 한 과목의 점수라도 40점 미만인 경우에는 불합격이 표시되도록 해보겠습니다.

■ IF( ) 함수의 입력 형식

IF( ) 함수는 논리 검사를 수행하여 참(True)과 거짓(False) 값을 반환하는 함수입니다.

❶ 입력 형식

```
= IF(logical_test, [value_if_true], [value_if−false])
```

❷ 인수

• [logical_test] : 논리 검사를 수행하기 위한 수식입니다.
• [value_if_true] : 수식에 의한 논리 검사를 수행하여 참(True)인 경우 수행할 작업을 입력합니다.
• [value_if_false] : 수식에 의한 논리 검사를 수행하여 거짓(False)인 경우 수행할 작업을 입력합니다.

■ AND( ) 함수의 입력 형식

AND( ) 함수는 주어진 인수가 모두 참(True)인 경우에만 참(True)의 결과를 반환하는 함수입니다.

❶ 입력 형식

```
= AND(logical_test1, logical_test2, logical_test3 ..)
```

❷ 인수

• [logical_test] : 논리 검사를 위한 수식이며 최대 255개의 수식을 인수로 사용할 수 있습니다.

01 합격여부를 판단하기 위해 [L5]셀을 선택한 다음 수식 입력 줄에 '=IF(AND('를 입력합니다. 이처럼 함수 안에 또 다른 함수를 사용하는 방법을 중첩함수라고 부릅니다.

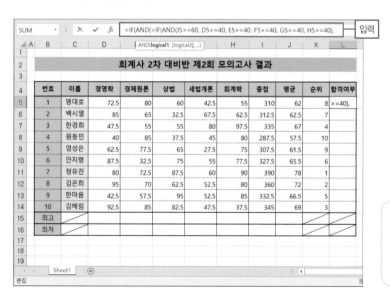

02 [J5]셀의 값이 60점을 넘어야 하고 각 과목의 점수가 40점을 넘어야 하므로 수식 입력 줄에 '=IF(AND(J5>=60, D5>=40, E5>=40, F5>=40, G5>=40, H5>=40),'을 입력하여 AND( ) 함수의 인수를 완성합니다.

> Tip AND( ) 함수는 평균이 60점 이상이고 각 과목의 점수가 40점 이상인 경우에만 참(True)의 값을 반환하게 됩니다.

03 마지막 인수로 AND( ) 함수의 결과가 참인 경우에는 '합격'을 표시하고 거짓인 경우에는 '불합격'을 표시해야 하므로 수식 입력 줄에 '=IF(AND(J5>=60, D5>=40, E5>=40, F5>=40, G5>=40, H5>=40), "합격", "불합격")'을 입력한 다음 Enter 키를 누릅니다.

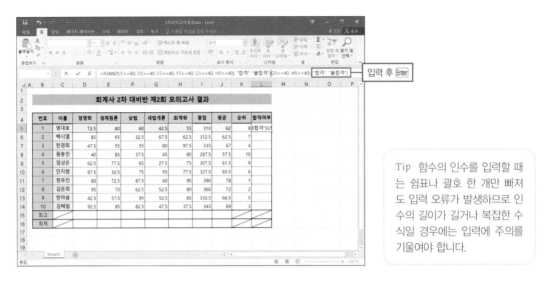

> **Tip** 함수의 인수를 입력할 때는 쉼표나 괄호 한 개만 빠져도 입력 오류가 발생하므로 인수의 길이가 길거나 복잡한 수식일 경우에는 입력에 주의를 기울여야 합니다.

04 [L5]셀의 순위가 입력되면 나머지 셀에도 같은 수식을 적용하기 위해 [L5]셀의 자동 채우기 핸들을 이용하여 [L14]셀까지 드래그합니다. 자동 채우기가 완료되면 자동 채우기 옵션 상자를 클릭한 다음 바로가기 메뉴에서 [서식 없이 채우기] 항목을 선택합니다.

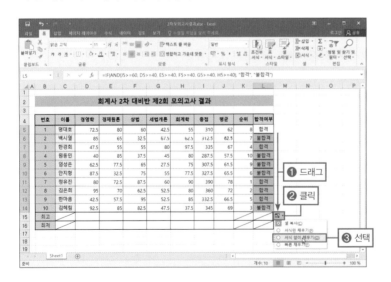

MAX( ) 함수와 MIN( ) 함수는 지정한 범위 안에서 최대값과 최소값을 추출하는 함수입니다. 여러 데이터를 비교하여 결과를 산출하는 함수이므로 반드시 2개 이상의 셀 주소 또는 셀 범위 구간을 인수로 입력해야 합니다.

■ MAX( ) 함수의 입력 형식

MAX( ) 함수는 주어진 인수 중에서 최대값을 산출하는 함수입니다.

❶ 입력 형식

= MAX(Number1, Number2 ...)

❷ 인수

• Number : 직접 수식을 입력하거나 셀 주소 또는 셀 구간을 입력할 수 있습니다. 인수는 255개까지 사용할 수 있습니다.

■ MIN( ) 함수의 입력 형식

MIN( ) 함수는 MAX( ) 함수의 반대로 주어진 인수 중에서 최소값을 산출하는 함수입니다.

❶ 입력 형식

= MIN(Number1, Number2 ...)

❷ 인수

• Number : 직접 수식을 입력하거나 셀 주소 또는 셀 구간을 입력할 수 있습니다. 인수는 255개까지 사용할 수 있습니다.

01 최대값을 입력할 [D15]셀을 선택한 다음 수식 입력 줄에 '=MAX('를 입력합니다. 다음으로
최대값을 구할 구간으로 [D5]셀에서 [D14]셀까지 드래그하여 셀 구간을 입력합니다.

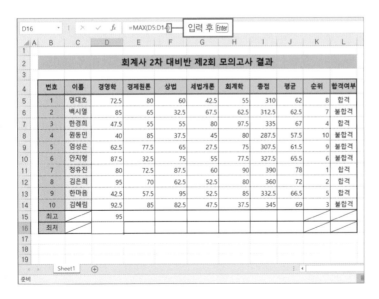

Tip 직접 셀 구간을 입력할 때
는 '시작 셀의 주소 : 마지막 셀의
주소'의 형식으로 입력합니다.

02 괄호 ')'를 닫고 Enter 키를 눌러 함수를 적용합니다. 선택한 구간에서의 최대값이 [D15]셀에
입력됩니다.

번호	이름	경영학	경제원론	상법	세법개론	회계학	총점	평균	순위	합격여부
1	명대호	72.5	80	60	42.5	55	310	62	8	합격
2	백시열	85	65	32.5	67.5	62.5	312.5	62.5	7	불합격
3	한경희	47.5	55	55	80	97.5	335	67	4	합격
4	원동민	40	85	37.5	45	80	287.5	57.5	10	불합격
5	염성은	62.5	77.5	65	27.5	75	307.5	61.5	9	불합격
6	안지형	87.5	32.5	75	55	77.5	327.5	65.5	6	불합격
7	정유진	80	72.5	87.5	60	90	390	78	1	합격
8	김은희	95	70	62.5	52.5	80	360	72	2	합격
9	한마음	42.5	57.5	95	52.5	85	332.5	66.5	5	합격
10	김혜림	92.5	85	82.5	47.5	37.5	345	69	3	불합격
최고		95								
최저										

03 나머지 셀에도 같은 수식을 적용하기 위해 [D15]셀의 자동 채우기 핸들을 [J15]셀까지 드래그합니다.

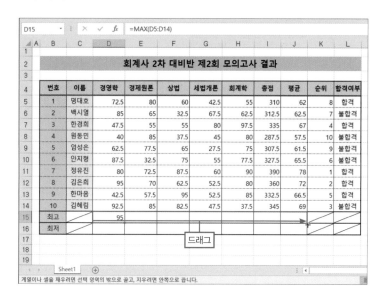

Tip 자동 채우기에 의해 양식이 복사되더라도 기존 양식과 동일하므로 자동 채우기 핸들 옵션을 설정할 필요가 없습니다.

04 최소값을 구해 보겠습니다. 최소값을 입력할 [D16]셀을 선택한 다음 수식 입력 줄에 '=MIN('을 입력하고 [D5]셀에서 [D14]셀까지 드래그하여 셀 구간을 입력합니다. 괄호 ')'를 닫고 Enter 키를 눌러 함수를 적용합니다.

05 선택한 구간에서의 최소값이 입력되면 [D16]셀의 자동 채우기 핸들을 이용하여 [J16]셀까지 드래그합니다.

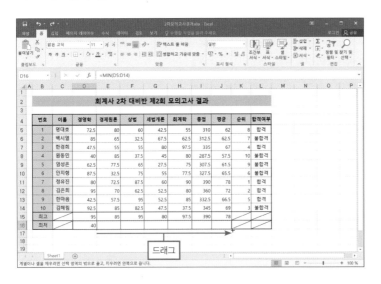

06 자동 채우기에 의해 수식이 복사되어 각 과목의 최소값이 산출됩니다.

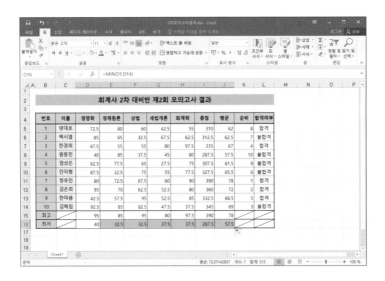

날짜 및 시간 함수

날짜와 시간과 관련된 함수는 현재 날짜와 현재 시간을 이용하여 계산을 해야 할 경우 유용하게 사용될 수 있습니다. 입력할 때마다 변경되는 날짜와 시간을 함수를 사용하여 입력하면 매번 변경하지 않아도 실제 반환되는 값은 현재를 기준으로 설정되기 때문입니다. 여기서는 날짜와 시간과 관련된 함수들에 관해 알아보겠습니다.

 TODAY( ) / NOW ( ) 함수
- 예제 파일 : Part 5\날짜시간활용.xlsx
- 완성 파일 : Part 5\날짜시간활용_완성.xlsx

TODAY( ) 함수는 입력 당시의 날짜를 입력하는 함수이며 NOW( ) 함수는 날짜와 시간까지 입력하는 함수입니다. 입력 당시의 날짜와 시간은 컴퓨터 시스템 상의 날짜와 시간을 가져오므로 시스템 설정에 따라 입력 당시의 날짜와 달라질 수 있으며, 인수가 없는 것이 특징입니다.

■ TODAY( ) 함수의 입력 형식

TODAY( ) 함수는 컴퓨터 시스템 상의 당일 날짜를 '연도-월-일' 형식으로 반환하는 함수입니다. 즉, 입력 당일 날짜가 '2017-06-10'이라 할지라도 컴퓨터 시스템의 날짜가 '2016-06-10'로 되어 있다면 '2016-06-10'이 반환됩니다.

❶ 입력 형식

```
= TODAY( )
```

❷ 인수
- 인수 없음

■ NOW( ) 함수의 입력 형식

TODAY( ) 함수는 컴퓨터 시스템 상의 당일 날짜와 시간까지 '연도-월-일 분:초' 형식으로 반환하는 함수입니다. 컴퓨터 시스템 상의 날짜와 시간을 가져오게 되므로 시스템 설정에 따라 실제 날짜와 시간은 차이가 있을 수 있습니다.

❶ 입력 형식

= NOW( )

❷ 인수

- 인수 없음

01 현재 날짜를 입력하기 위해 [C5]셀을 선택합니다. [수식] 탭의 [함수 라이브러리] 그룹에서 [날짜 및 시간] 버튼(📅 날짜 및 시간)을 클릭한 다음 함수 목록이 표시되면 [TODAY] 항목을 선택합니다.

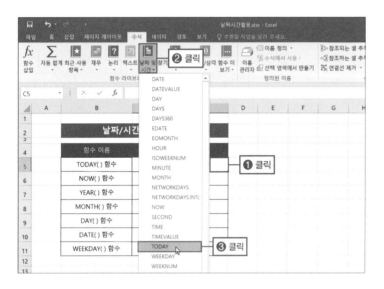

02 [함수 인수] 메시지 창이 열리고, 함수에 대한 설명과 함께 인수를 필요로 하지 않는다는 내용이 표시됩니다. [확인] 버튼을 클릭하여 창을 닫습니다.

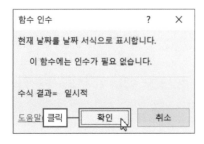

Tip [함수 인수] 메시지 창은 리본 메뉴를 이용하여 인수가 없는 함수를 선택한 경우에만 표시되며, 인수가 없는 함수라도 수식 입력 줄에 직접 입력한 경우에는 [함수 인수] 메시지 창이 표시되지 않습니다.

03 선택한 셀에 현재 날짜가 표시됩니다. 날짜의 표시 형식은 [셀 서식]의 [표시 형식] 탭에서 설정할 수 있습니다.

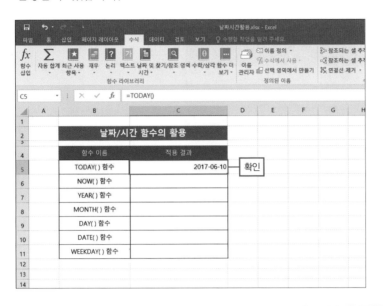

Tip **날짜 및 시간 형식 변경하기**

TODAY( ), NOW( ), DATE( ) 등의 날짜 및 시간과 관련된 함수에 의해 표시되는 형식은 [홈] 탭의 [표시 형식] 그룹에서 [셀 서식 : 표시 형식] 버튼을 클릭하면 표시되는 창에서 설정할 수 있습니다.

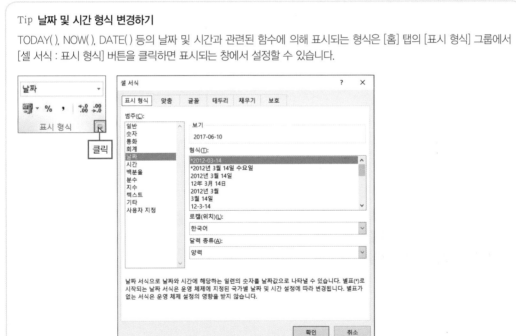

04 현재의 날짜와 함께 시간을 입력해 보겠습니다. [C6]셀을 선택한 다음 [수식] 탭의 [함수 라이브러리] 그룹에서 [날짜 및 시간] 버튼(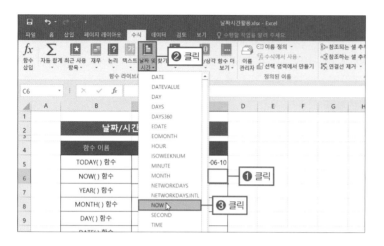날짜 및 시간)을 클릭한 다음 함수 목록이 표시되면 [NOW] 항목을 선택합니다.

05 [함수 인수] 메시지 창이 열리면 [확인] 버튼을 클릭하여 창을 닫습니다.

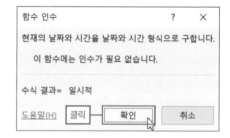

06 [C6]셀에 현재의 날짜와 시간이 입력됩니다. 마찬가지로 날짜와 시간의 표시 형식은 [셀 서식] 창의 [표시 형식] 탭에서 설정할 수 있습니다.

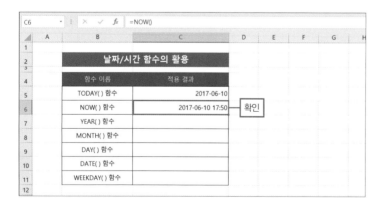

YEAR( ) 함수는 선택한 셀에 입력되어 있는 날짜에서 '연도'를 추출하여 반환하는 함수입니다. 날짜의 표시 형식에 관계없이 '연도'를 추출하여 표시합니다.

■ YEAR( ) 함수의 입력 형식

YEAR( ) 함수는 선택한 셀에 입력되어 있는 날짜에서 '연도'를 추출합니다.

❶ 입력 형식

```
= YEAR( serial_number )
```

❷ 인수

• serial_number : 날짜가 입력되어 있는 셀 주소를 입력합니다.

01 먼저 '연도' 데이터가 입력될 [C7]셀을 선택합니다. [수식] 탭의 [함수 라이브러리] 그룹에서 [날짜 및 시간] 버튼(📅 날짜 및 시간)을 클릭한 다음 함수 목록이 표시되면 [YEAR] 함수를 선택합니다.

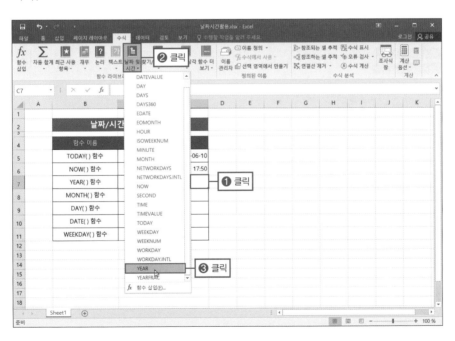

02 [함수 인수] 창이 열리면 [Serial_number] 입력 상자를 클릭한 다음 날짜가 입력되어 있는 [C5]셀을 클릭하여 셀 주소를 입력한 후 [확인] 버튼을 클릭합니다.

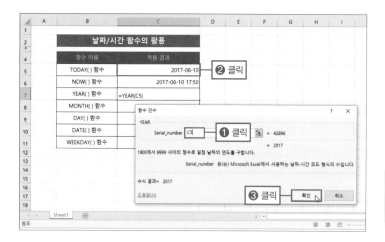

Tip 날짜가 입력되어 있는 셀 주소를 입력하면 창 하단에 수식의 결과가 미리 표시됩니다.

03 [C5]셀의 날짜에서 '연도'를 추출하여 오늘의 연도가 표시됩니다.

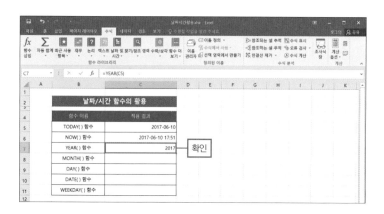

Sub **3** MONTH( ) 함수

MONTH( ) 함수는 선택한 셀에 입력되어 있는 날짜에서 '월'을 추출하여 반환하는 함수입니다. 날짜의 표시 형식에 관계없이 '월'을 추출하여 표시합니다.

■ MONTH( ) 함수의 입력 형식

MONTH( ) 함수는 선택한 셀에 입력되어 있는 날짜에서 '월'을 추출합니다.

❶ 입력 형식

= MONTH(serial_number)

❷ 인수

• serial_number : 날짜가 입력되어 있는 셀 주소를 입력합니다.

01 '월'을 입력하기 위해 [C8]셀을 선택한 다음 [수식] 탭의 [함수 라이브러리] 그룹에서 [날짜 및 시간] 버튼(🔲 날짜 및 시간)을 클릭한 후 함수 목록이 표시되면 [MONTH] 함수를 선택합니다.

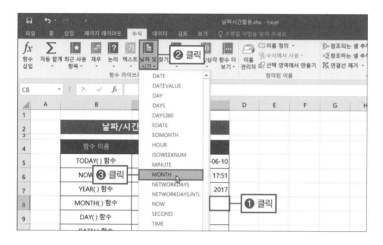

02 [함수 인수] 창이 열리면 [Serial_number] 입력 상자를 클릭한 다음 날짜가 입력되어 있는 [C5]셀을 클릭하여 셀 주소를 입력한 후 [확인] 버튼을 클릭합니다.

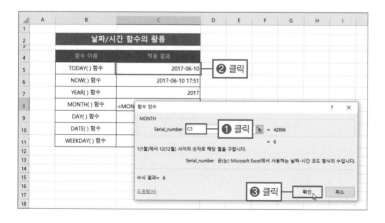

03 [C5]셀의 날짜에서 '월'를 추출하여 오늘의 '월'이 표시됩니다.

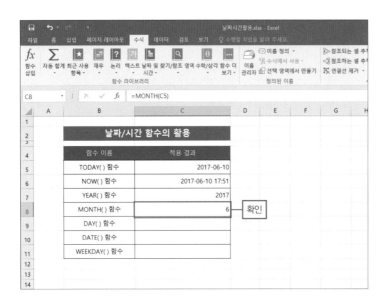

DAY( ) 함수는 선택한 셀에 입력되어 있는 날짜에서 '일'을 추출하여 반환하는 함수입니다. 날짜의 표시 형식에 관계없이 '일'을 추출하여 표시합니다.

■ DAY( ) 함수의 입력 형식

DAY( ) 함수는 선택한 셀에 입력되어 있는 날짜에서 '일'을 추출합니다.

❶ 입력 형식

```
=DAY(serial_number)
```

❷ 인수

• serial_number : 날짜가 입력되어 있는 셀 주소를 입력합니다.

01 '일'을 입력하기 위해 [C9]셀을 선택한 다음 [수식] 탭의 [함수 라이브러리] 그룹에서 [날짜 및 시간] 버튼(🖼날짜 및 시간)을 클릭한 후 함수 목록이 표시되면 [DAY] 함수를 선택합니다.

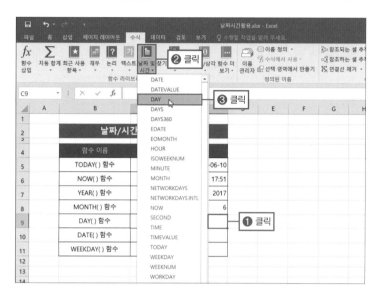

02 [함수 인수] 창이 열리면 [Serial_number] 입력 상자를 클릭한 다음 날짜가 입력되어 있는 [C5]셀을 클릭하여 셀 주소를 입력한 후 [확인] 버튼을 클릭합니다.

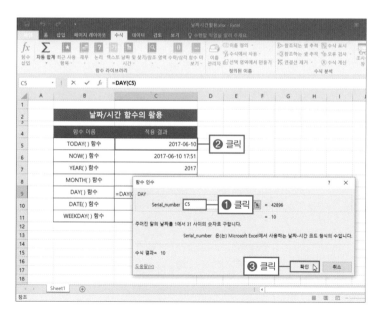

03 [C5]셀의 날짜에서 '일'을 추출하여 오늘의 '일'이 표시됩니다. 이처럼 DAY( ) 함수는 날짜의 표시 형식에 관계없이 '일'을 추출하여 반환시켜 줍니다.

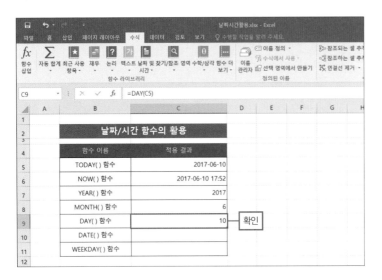

Sub 5 DATE( ) 함수

DATE( ) 함수는 연도와 월 그리고 일을 직접 인수로 입력하여 날짜를 완성하는 함수입니다. DATE( ) 함수에 의해 날짜가 입력되면 해당 셀의 표시 형식은 자동으로 '날짜' 형식으로 변경됩니다.

■ DATE( ) 함수의 입력 형식

DATE( ) 함수는 직접 인수를 입력하여 날짜를 입력합니다.

❶ 입력 형식

```
=DATE(Year, Month, Day)
```

❷ 인수
• Year : '연도'를 입력합니다. 1~9999 사이의 숫자를 입력합니다.
• Month : '월'을 입력합니다. 1~12 사이의 숫자를 입력합니다.
• Day : '일'을 입력합니다. 1~31 사이의 숫자를 입력합니다.

01 날짜가 입력될 [C10]셀을 선택합니다. 수식 입력 줄에 '=DATE(2017, 06, 10)를 입력하고 Enter 키를 누릅니다. 즉, 2017년 6월 10일의 데이터를 DATE( ) 함수의 인수로 입력합니다.

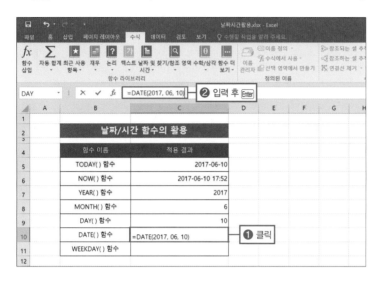

02 입력된 인수에 의해 날짜가 완성됩니다. [C10]셀을 선택한 후 [홈] 탭의 [표시 형식] 그룹을 확인하면 [날짜] 형식으로 표시되는 것을 확인할 수 있습니다.

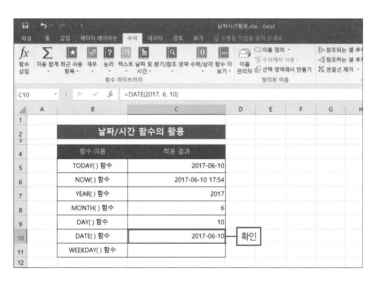

WEEKDAY( ) 함수는 요일을 숫자로 반환하는 함수입니다. WEEKDAY( ) 함수는 단독으로 사용하기 보다는 다른 함수의 인수로 사용되는 경우가 대부분입니다.

■ WEEKDAY( ) 함수의 입력 형식

WEEKDAY( ) 함수는 선택한 셀의 요일을 숫자 데이터로 반환하는 함수입니다.

❶ 입력 형식

=WEEKDAY(serial_number, return_type)

❷ 인수
• serial_number : 날짜가 입력되어 있는 셀 주소를 입력합니다.
• return_type : 요일을 숫자로 표시하는 방법을 지정합니다. [return_type]을 지정하지 않으면 기본적으로 '1' 이 지정됩니다.
  1 : 일요일을 '1'로 시작하고 토요일을 '7'로 지정합니다.
  2 : 월요일을 '1'로 시작하고 일요일을 '7'로 지정합니다.
  3 : 월요일을 '0'로 시작하고 일요일을 '6'로 지정합니다.

01 요일을 입력할 [C11]셀을 선택한 다음 [수식] 탭의 [함수 라이브러리] 그룹에서 [날짜 및 시간] 버튼(🖳 날짜 및 시간)을 클릭한 후 함수 목록이 표시되면 [WEEKDAY] 함수를 선택합니다.

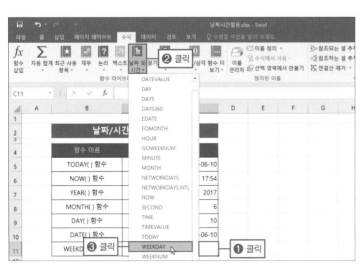

02 [함수 인수] 창이 열리면 [Serial_number] 입력 상자를 클릭한 다음 날짜가 입력되어 있는 [C5]셀을 클릭하여 셀 주소를 입력합니다.

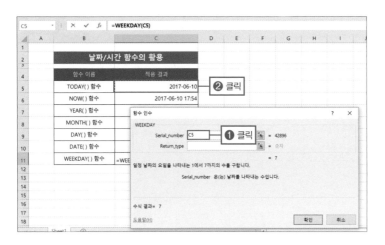

03 [Return_Type] 입력 상자에 '1'을 입력한 다음 [확인] 버튼을 클릭합니다.

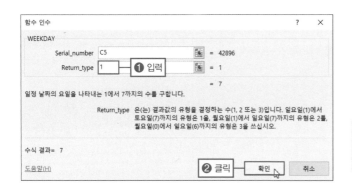

Tip 인수를 모두 입력하면 [함수 인수] 하단에 반환 값이 표시되어 결과를 미리 알 수 있습니다.

04 [C11]셀에 '토요일'을 의미하는 '7'이 표시됩니다.

수치 계산 및 수학/삼각 함수

복잡한 계산일수록 함수는 빛을 발합니다. 수치 계산 및 수학·삼각 함수와 같이 일반적인 수식으로는 계산하기 힘든 작업 과정일 경우 함수를 사용하면 쉽게 해결됩니다. 여기서는 수치 계산 및 수학·삼각 함수에서 자주 사용되는 함수의 사용 방법에 대해 알아보겠습니다.

Sub 1 ABS( ) 함수

• 예제 파일 : Part 5\일교차.xlsx
• 완성 파일 : Part 5\일교차_완성.xlsx

ABS( ) 함수는 절대 값을 구하는 함수입니다. 인수로 지정된 값이 양수이거나 음수에 상관없이 절대 값을 표시하므로 부호가 붙지 않습니다.

■ ABS( ) 함수의 입력 형식

ABS( ) 함수는 선택한 셀의 수치를 절대 값으로 표시하는 함수입니다.

❶ 입력 형식

=ABS(number)

❷ 인수

• number : 절대 값을 구하기 위한 실수를 입력하거나 실수가 포함된 셀 주소 혹은 수식을 입력합니다.

01 먼서 아침과 낮의 일교차를 구한 후 절대 값을 표시해보겠습니다. 일교차를 표시할 [C7]셀을 선택한 다음 수식 입력 줄에 '=C5-C6'를 입력합니다. 즉, '낮 기온'에서 '아침 기온'을 뺀 온도차를 일교차에 입력합니다.

	날짜	1	2	3	4	5	6	7
	낮기온	2	4	3	0	2	5	4
	아침기온	4	3	-1	1	-3	0	-5
	일교차	=C5-C6						

❷ 입력

❶ 클릭

02 [C7]셀에 '-2'가 표시됩니다. 아침 기온이 낮 기온보다 낮을 때는 이처럼 음수로 표시됩니다.

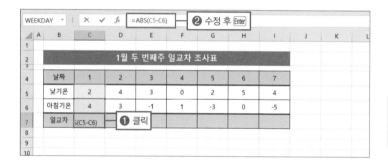

03 일교차는 일반적으로 음수를 사용하지 않고 온도 차이만 언급하므로 일교차를 절대 값으로 표시해 보겠습니다. [C7]셀을 선택한 상태에서 수식 입력 줄을 '=ABS(C5-C6)'로 수정한 다음 Enter 키를 누릅니다.

> Tip 낮 기온에서 아침 기온을 뺀 온도 차이를 절대 값으로 표시하는 것입니다.

04 [C7]셀에 '2'가 표시됩니다. 이것은 절대 값에 의한 표시이므로 양수의 '2'가 아님을 알아두어야 합니다.

05 나머지 셀도 동일한 수식을 적용하기 위해 [C7]셀의 자동 채우기 핸들을 이용하여 [I7]셀까지 드래그합니다. 자동 채우기가 완료되면 자동 채우기 옵션 상자를 클릭한 다음 바로가기 메뉴에서 [서식 없이 채우기] 항목을 선택합니다.

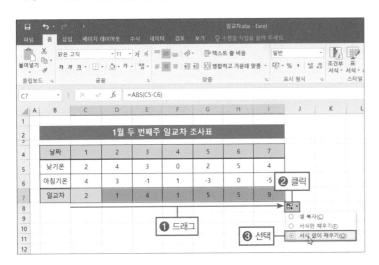

• 예제 파일 : Part 5\포장갯수.xlsx
• 완성 파일 : Part 5\포장갯수_완성.xlsx

Sub ② INT( ) 함수

INT( ) 함수는 소수점을 가진 실수에서 소수점 이하를 버리고 정수로 변환시키는 함수입니다. 실수가 INT( ) 함수에 의해 정수로 변환될 때 소수점 이하는 반올림되지 않고 버려집니다.

■ INT( ) 함수의 입력 형식

INT( ) 함수는 실수에서 소수점을 버리고 정수로 변환합니다. 실수가 양수인 경우에는 소수점 아래를 버리고, 실수가 음수인 경우에는 소수점 아래를 버리고 가까운 정수로 내립니다.

예를 들어 '=INT(76.4)'는 '76'의 결과가 표시되지만 '=INT(–76.4)'는 '–77'의 결과가 표시됩니다.

❶ 입력 형식

    =INT(number)

❷ 인수

• number : 소수점이 있는 실수를 입력하거나 실수가 입력된 셀 주소 및 수식을 입력합니다.

01 INT( ) 함수를 이용하여 생산량 대비 포장 개수를 구해보겠습니다. 포장 개수가 입력될 [E5]셀을 선택한 다음 수식 입력 줄에 '=C5/D5'를 입력합니다.

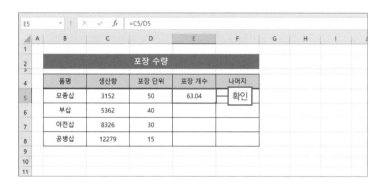

02 생산량에 비해 포장 단위는 정해져 있어 결과가 '63.04'로 표시됩니다.

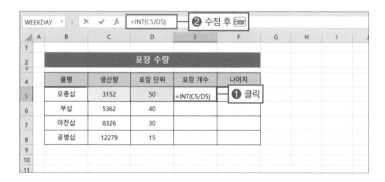

03 포장 개수는 정수로 표시되어야 하므로 수식을 수정합니다. [E5]셀을 선택한 상태에서 수식 입력 줄의 수식을 '=INT(C5/D5)' 수정한 다음 Enter 키를 누릅니다.

04 [E5]셀에 소수점을 버린 '63'이 표시됩니다. 이처럼 INT( ) 함수는 소수점이 있는 실수를 정수로 변환해 줍니다.

Sub ③ MOD 함수

MOD( ) 함수는 선택한 두 수를 나눈 다음 나머지를 구하는 함수입니다. 나눗셈을 통해 나머지를 구해야 하므로 인수는 반드시 2개를 사용해야 합니다. MOD( ) 함수는 단독으로 사용되기보다는 다른 함수의 인수로 사용되는 경우가 많습니다.

■ MOD( ) 함수의 입력 형식

MOD( ) 함수는 첫 번째 인수를 두 번째 인수로 나눈 후 나머지를 구하는 함수입니다.

❶ 입력 형식

```
=MOD(number, divisor)
```

❷ 인수
• number : 나머지를 구할 수입니다. 직접 수를 입력하거나 수가 입력되어 있는 셀 주소 혹은 수식을 사용할 수 있습니다.
• divisor : number를 나눌 인수입니다. [Number] 인수와 마찬가지로 직접 수를 입력하거나 수가 입력되어 있는 셀 주소 혹은 수식을 사용할 수 있습니다.

01 앞서 INT( ) 함수를 적용한 예제를 이용하여 나머지를 구해보겠습니다. 나머지를 입력할 [F5]셀을 선택한 다음 수식 입력 줄에 '=MOD(C5,D5)'를 입력하고 Enter 키를 누릅니다.

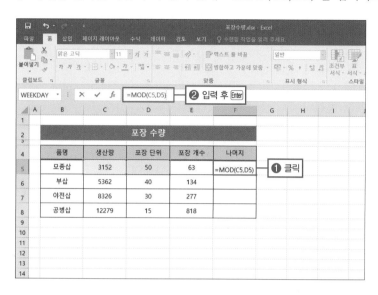

Tip 생산량 대비 포장 단위의 나머지를 구하는 것입니다.

02 [F5]셀에 [C5]셀의 값을 [D5]셀의 값으로 나눈 후 나머지 값인 '2'가 표시됩니다. 이처럼 MOD( ) 함수를 사용하면 나머지를 구할 수 있습니다. 나머지를 이용하면 홀수를 찾아낼 수 있어 다양한 작업에 활용할 수 있습니다.

PRODUCT( ) 함수는 주어진 인수들을 곱한 결과를 표시하는 함수입니다. 곱할 인수가 많은 경우 PRODUCT( ) 함수를 이용하면 수식을 짧게 정리할 수 있습니다.

이에 반해 SUMPRODUCT( ) 함수는 배열이나 특정 범위의 대응하는 값끼리 곱한 다음 그 합계를 구하는 함수입니다. 즉, 여러 개의 PRODUCT( ) 함수 결과를 더한 것이 SUMPRODUCT( ) 함수라고 할 수 있습니다.

■ PRODUCT( ) 함수의 입력 형식

PRODUCT( ) 함수는 인수로 지정된 수를 모두 곱한 결과를 표시합니다.

❶ 입력 형식

```
=PRODUCT(number1, [number2])
```

❷ 인수

• number1 : 곱하기에 사용할 첫 번째 인수로서 반드시 입력해야 합니다. 숫자를 입력하거나 숫자가 입력될 셀 주소나 셀 범위 혹은 수식을 입력할 수 있습니다.
• number2 : 곱하기에 사용할 두 번째 인수로서 숫자를 입력하거나 숫자가 입력될 셀 주소나 셀 범위 혹은 수식을 입력할 수 있습니다.

■ SUMPRODUCT( ) 함수의 입력 형식

SUMPRODUCT( ) 함수는 주어진 배열의 요소를 곱한 다음 합계를 구하는 함수입니다.

❶ 입력 형식

```
=SUMPRODUCT(array1, [array2], [array3], …)
```

❷ 인수

• array1 : 첫 번째 인수로서 배열을 입력해야 하며 반드시 입력해야 합니다.
• number2 : 두 번째 인수로서 255개의 배열을 입력할 수 있습니다.

01 SUMPRODUCT( ) 함수를 이용하여 사원별 판매현황의 합계를 구해보겠습니다. 판매 총액이 입력될 [D18]셀을 선택한 다음 수식 입력 줄에 '=sum'을 입력합니다. 이어서 'sum'이 포함된 함수 목록이 표시되면 [SUMPRODUCT] 함수를 더블클릭합니다.

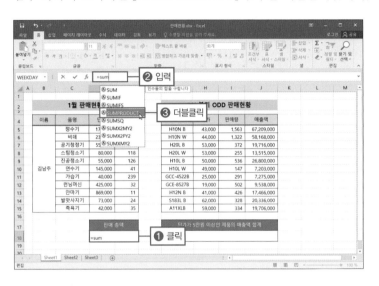

02 수식 입력 줄에 SUMPRODUCT( ) 함수가 입력되면 첫 번째 인수로 [D5]셀에서 [D15]셀까지 드래그하여 셀 범위 주소를 입력합니다.

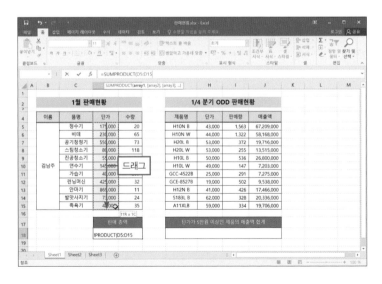

03 콤마(,)를 입력한 다음 두 번째 인수로 [E5]셀에서 [E15]셀까지 드래그하여 셀 범위 주소를 입력한 후 괄호 ')'를 닫고 Enter 키를 누릅니다. 즉, 수식 입력 줄에 '=SUMPRODUCT(D5:D15, E5:E15)'가 입력되어야 합니다.

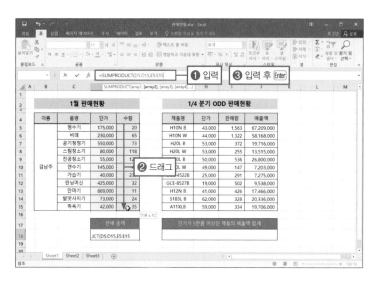

04 [E18]셀에 판매 총액이 입력됩니다. 즉, 각 판매사원의 [단가]와 [수량]을 곱한 결과를 모두 더한 결과가 [판매 총액]으로 표시되는 것입니다.

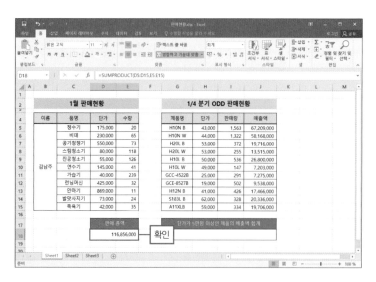

SUMIF( ) 함수는 조건에 맞는 셀들의 합계를 구하는 함수입니다. 즉, 조건에 설정하기 위한 IF( ) 함수와 합계를 구하기 위한 SUM( ) 함수를 결합한 형태가 SUMIF( ) 함수라고 할 수 있습니다.

■ SUMIF( ) 함수의 입력 형식

SUMIF( ) 함수는 입력한 조건에 맞는 셀 범위의 합계를 구하는 함수입니다.

❶ 입력 형식

=SUMIF(range, criteria, [sum_range])

❷ 인수

• range : 조건을 설정할 셀 범위 주소를 입력하며 반드시 입력해야 합니다.
• criteria : 합계를 구할 셀들의 조건을 입력하며 반드시 입력해야 합니다.
• sum_range : 합계를 구할 실제 셀들입니다.

01 SUMIF( ) 함수를 이용하여 단가가 5만원 이상인 제품의 매출액의 합계를 구해보겠습니다. 먼저 매출액 합계가 입력될 [G18]셀을 선택한 다음 수식 입력 줄에 '=SUM'을 입력한 후 함수 목록이 표시되면 [SUMIF] 함수를 더블클릭합니다.

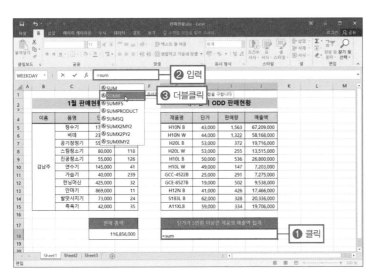

02 함수가 입력되면 조건 범위인 [H5]셀에서 [H15]셀까지 드래그하여 범위 주소를 입력합니다.

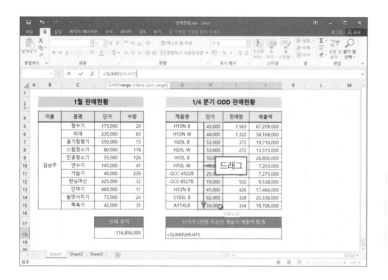

Tip 함수의 각 인수는 콤마(,)로 구분되므로 인수가 입력된 후에는 다음 인수를 입력하기 전에 반드시 콤마(,)를 입력합니다.

03 콤마(,)를 입력하고 조건을 부여하기 위해 '">=50000",'을 입력합니다. 매출액 범위인 [J5]셀에서 [J15]셀까지 선택한 후 ')'를 입력한 다음 Enter 키를 누릅니다. 즉, 수식 입력 줄에 '=SUMIF(H5:H15,">=50000",J5:J15)'가 입력되어야 합니다.

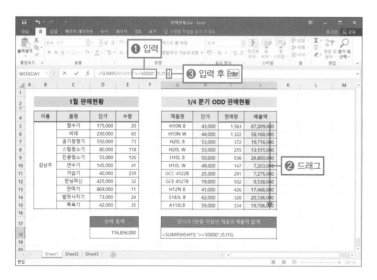

04 단가가 5만원이 넘은 제품의 매출액만 더해져 [J18]셀에 표시됩니다.

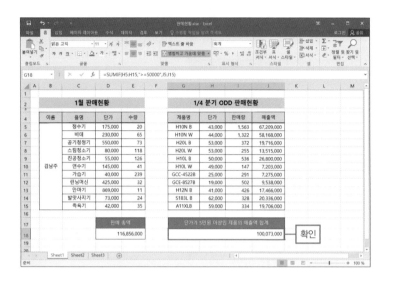

• 예제 파일 : Part 5\능력평가.xlsx
• 완성 파일 : Part 5\능력평가_완성.xlsx

Sub 6 ROUND( ) 함수

ROUND( ) 함수는 입력한 숫자의 소수점 자리를 지정한 자릿수로 반올림하는 함수입니다. 소수점 자리와 관련된 ROUND( ), ROUNDUP( ), ROUNDDOWN( ), TRUNC( ) 함수 등은 모두 여러 숫자의 자릿수를 맞추기 위한 함수라고 말할 수 있습니다.

■ ROUND( ) 함수의 입력 형식

ROUND( ) 함수는 숫자를 지정한 자릿수로 반올림하는 함수입니다.

❶ 입력 형식

> =ROUND(number, num_digits)

❷ 인수

• number : 반올림하기 위한 실수 혹은 실수가 포함된 셀 주소나 수식을 입력합니다.
• num_digits : 표시하려는 소수점 아래의 자릿수를 입력합니다. [num_digits]가 0보다 크면 지정한 자릿수 소수점 자릿수로 반올림 되지만 [num_digits]가 0보다 작으면 소수점 왼쪽에서 반올림 됩니다.

01 각 과목의 평균 점수를 소수점 한 가지로 표시해보겠습니다. 평균 점수가 입력될 [G5]셀을 선택한 다음 먼저 소수점 자릿수를 지정하기 위해 수식 입력 줄에 '=ro'를 입력합니다. 함수 목록이 표시되면 [ROUND] 함수를 더블클릭합니다.

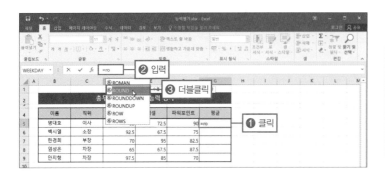

Tip 함수 사용법에 익숙해지면 직접 수식 입력 줄에 함수과 인수를 입력하는 것이 빠를 수 있으나 인수 입력 시에는 정확성을 위해 셀을 직접 클릭하거나 범위를 지정하는 것이 안전합니다.

02 [ROUND] 함수가 입력되면 이번에는 평균을 구하기 위해 수식 입력 줄에 '=av'를 입력한 다음 함수 목록이 표시되면 [AVERAGE] 함수를 더블클릭합니다.

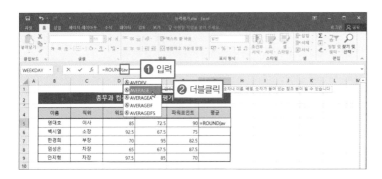

03 함수가 입력되면 평균을 구할 범위인 [D5]셀에서 [F5]셀을 드래그하여 셀 범위 주소를 입력한 다음 ')'를 입력합니다.

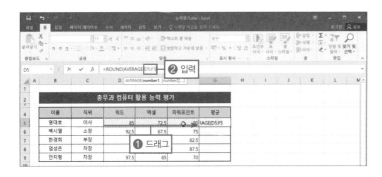

04 콤마(,)를 입력하여 인수를 구분한 다음 '1'과 괄호')'를 입력한 후 Enter 키를 누릅니다. 여기서 '1'은 소수점 자릿수를 의미합니다. 즉, 수식 입력 줄에 '=ROUND(AVERAGE(D5:F5),1)'이 입력되어야 합니다.

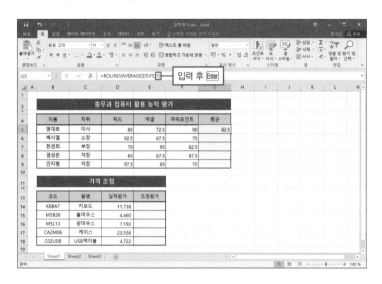

Tip ROUND( ) 함수를 적용하기 않으면 소수점 7자리까지 표시됩니다.

05 각 과목에 대한 평균 점수가 소수점 한 자리로 표시되면 나머지 셀도 동일한 수식을 적용하기 위해 [G5]셀의 자동 채우기 핸들을 이용하여 [G9]셀까지 드래그합니다. 자동 채우기가 완료되면 자동 채우기 옵션 상자를 클릭한 다음 바로가기 메뉴에서 [서식 없이 채우기] 항목을 선택합니다.

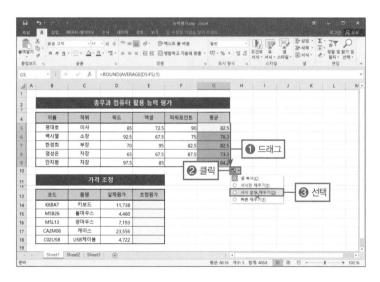

Sub 7 ROUNDUP( ) 함수

ROUNDUP( ) 함수는 0에서 먼 방향으로 입력한 수를 올림하는 함수입니다. 소수점 자리와 관련된 ROUND( ), ROUNDUP( ), ROUNDDOWN( ), TRUNC( ) 함수 등은 모두 여러 숫자의 자릿수를 맞추기 위한 함수라고 말할 수 있습니다.

■ ROUNDUP( ) 함수의 입력 형식

ROUNDUP( ) 함수는 수치 데이터를 0에서 멀어지도록 올림하는 함수입니다.

❶ 입력 형식

=ROUND(number, num_digits)

❷ 인수

• number : 올림하기 위한 실수 혹은 실수가 포함된 셀 주소나 수식을 입력합니다.
• num_digits : 올림하려는 자릿수를 입력합니다. [num_digits]가 양수이면 숫자는 지정한 소수점 아래 자리로 올림되며, '0'이면 가장 가까운 정수로 올림됩니다. 그리고 [num_digits]가 음수이면 [number]가 소수점 왼쪽에서 올림됩니다.

01 10단위를 모두 버리고 백단위로 가격을 표시하되 백단위를 모두 올림하여 표시되도록 설정해보겠습니다. [조정원가]가 표시될 [E14]셀을 선택한 다음 수식 입력 줄에 '=ro'를 입력한 후 함수 목록이 표시되면 [ROUNDUP] 함수를 더블클릭합니다.

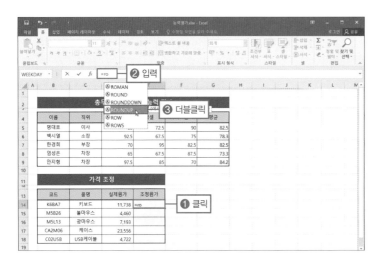

02 함수가 입력되면 실제 가격이 입력된 [D14]셀을 클릭하여 셀 주소를 입력합니다. 콤마(,)를 입력하여 인수를 구분한 다음 올림할 자릿수인 '−2'와 괄호 ')'를 입력하고 Enter 키를 누릅니다. 즉, 수식 입력 줄에는 '=ROUNDUP(D14, −2)'가 입력되어야 합니다.

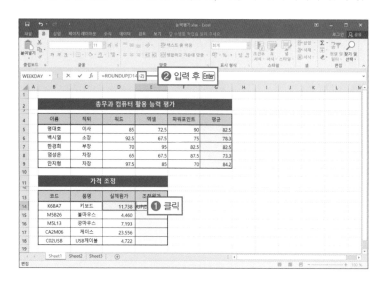

> **Tip** 올림할 자릿수로 음수를 입력하였으므로 소수점을 기준으로 왼쪽으로 자릿수만큼 올림됩니다.

03 실제 원가인 '11,748'이 올림되어 '11,800'으로 표시됩니다. 이처럼 ROUNDUP( ) 함수를 이용하면 지정한 자리만큼 올림하여 표시할 수 있습니다. 나머지 셀도 동일한 수식을 적용하기 위해 [E14]셀의 자동 채우기 핸들을 [E18]셀까지 드래그하여 수식을 서식없이 복사합니다.

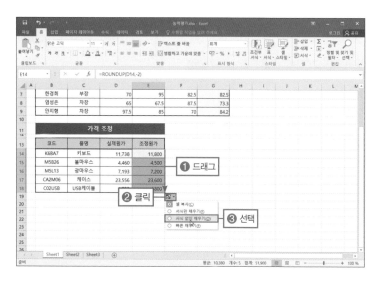

• 예제 파일 : Part 5\이동통신요금.xsx
• 완성 파일 : Part 5\이동통신요금_완성.xlsx

 **Sub 8 ROUNDDOWN( ) 함수**

ROUNDDOWN( ) 함수는 0에서 가까운 방향으로 입력한 수를 내리는 함수입니다. 소수점 자리와 관련된 ROUND( ), ROUNDUP( ), ROUNDDOWN( ), TRUNC( ) 함수 등은 모두 여러 숫자의 자릿수를 맞추기 위한 함수라고 말할 수 있습니다.

■ ROUNDDOWN( ) 함수의 입력 형식

ROUNDDOWN( ) 함수는 수치 데이터를 0에서 0에 가까워지도록 내림하는 함수입니다.

❶ 입력 형식

=ROUNDDOWN(number, num_digits)

❷ 인수

• number : 내림하기 위한 실수 혹은 실수가 포함된 셀 주소나 수식을 입력합니다.
• num_digits : 내림하려는 자릿수를 입력합니다. [num_digits]가 양수이면 숫자는 지정한 소수점 아래 자리로 내림되며, '0'이면 가장 가까운 정수로 내림됩니다. 그리고 [num_digits]가 음수이면 [number]가 소수점 왼쪽에서 내림됩니다.

01 10단위를 모두 버리고 백단위로 가격을 표시하되 십단위를 모두 내림하여 표시되도록 설정해보겠습니다. [조정요금]이 표시될 [I5]셀을 선택한 다음 수식 입력 줄에 '=ro'를 입력한 후 함수 목록이 표시되면 [ROUNDDOWN] 함수를 더블클릭합니다.

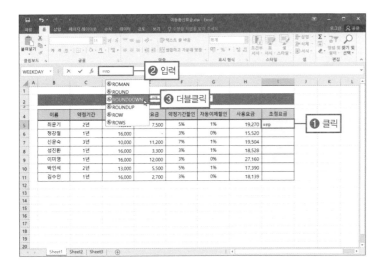

02 함수가 입력되면 실제 사용요금이 입력된 [H5]셀을 클릭하여 셀 주소를 입력합니다.

03 콤마(,)를 입력하여 인수를 구분한 다음 내림할 자릿수인 '-2'와 괄호 ')'를 입력하고 Enter 키를 누릅니다. 즉, 수식 입력 줄에는 '=ROUNDDOWN(H5, -2)'가 입력되어야 합니다.

Tip 올림할 자릿수로 음수를 입력하였으므로 소수점을 기준으로 왼쪽으로 자릿수만큼 올림됩니다.

04 실제 요금인 '19,270'이 내림되어 '19,200'으로 표시됩니다. 이처럼 ROUNDDOWN( ) 함수를 이용하면 지정한 자리만큼 내림하여 표시할 수 있습니다. 나머지 셀도 동일한 수식을 적용하기 위해 [I5]셀의 자동 채우기 핸들을 [I11]셀까지 드래그하여 수식을 서식없이 복사합니다.

TRUNC( ) 함수는 소수점 아래 지정한 자릿수만 남기고 나머지를 버리는 함수입니다. [num_digits] 인수를 입력하지 않을 경우 TRUNC( ) 함수와 INT( ) 함수는 모두 정수를 반환합니다. 하지만 TRUNC(−8.4) 함수는 소수점을 버려서 ' −8'이 반환되지만, INT(−8.4) 함수는 소수점을 기준으로 가장 가까운 정수로 내리므로 ' −9'가 반환됩니다.

■ TRUNC( ) 함수의 입력 형식

TRUNC( ) 함수는 지정한 자릿수만큼 소수점 이하를 잘라내는 함수입니다.

❶ 입력 형식

```
=TRUNC(number, [num_digits])
```

❷ 인수
• number : 잘라내기 위한 실수 혹은 실수가 포함된 셀 주소나 수식을 입력합니다.
• num_digits : 잘라낼 소수점 이하의 자릿수를 입력합니다.

01 [TRUNC] 함수를 이용하여 낙차가율을 구해보겠습니다. 낙찰가율이 입력될 [F5]셀을 선택합니다. 수식 입력 줄에 '=tr'을 입력한 다음 함수 목록이 표시되면 [TRUNC] 함수를 더블클릭합니다.

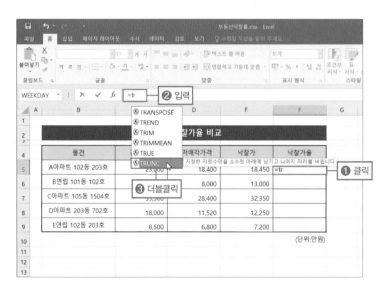

02 함수가 입력되면 실제 낙찰가가 입력된 [E5]셀을 클릭하여 셀 주소를 입력합니다.

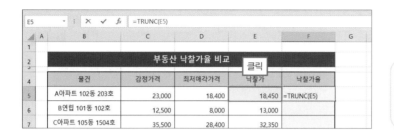

Tip 셀 주소를 보다 정확하게 입력하기 위해 직접 셀 주소를 클릭하는 것입니다.

03 낙찰가를 감정 가격으로 나눈 금액에 100을 곱해야 낙찰가율이 계산되므로 수식 입력 줄에 '=TRUNC(E5/C5*100,0)'를 입력한 다음 Enter 키를 누릅니다.

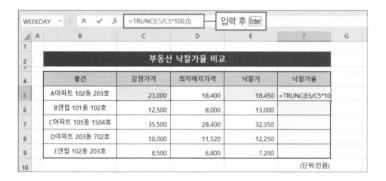

04 낙찰가율이 소수점이 버려진 채로 정수로만 표시됩니다. 나머지 셀도 동일한 수식을 적용하기 위해 [F5]셀의 자동 채우기 핸들을 이용하여 [F9]셀까지 드래그하여 서식없는 수식을 복사합니다.

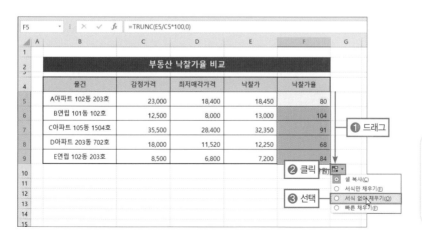

Tip TRUNC( ) 함수를 사용하지 않으면 셀 서식에서 설정한 소수점 자리까지 표시됩니다.

검색을 위한 찾기/참조 함수

[수식] 탭의 [함수 라이브러리] 그룹에 있는 [찾기/참조 영역] 함수들은 지정한 범위 내에서 데이터를 찾거나 참조하기 위한 함수입니다. 여기서는 지정한 범위나 배열에서 특정한 값을 찾거나 셀 정보를 가져오기 위해 자주 사용되는 몇 가지 함수에 대해 알아보겠습니다.

Sub ① HLOOKUP( ) 함수

• 예제 파일 : Part 5\가전판매.xlsx
• 완성 파일 : Part 5\가전판매_완성.xlsx

HLOOKUP( ) 함수는 테이블이나 배열의 첫 행에서 값을 검색한 다음 테이블 또는 배열에 지정한 행으로부터 같은 열에 있는 값을 반환합니다. HLOOKUP( ) 함수의 'H'는 'Horizontal' 즉, 가로의 의미이며 값을 검색할 테이블이나 배열이 가로 방향으로 작성되어 있을 경우에 사용할 수 있습니다.

■ HLOOKUP( ) 함수의 입력 형식

HLOOKUP( ) 함수는 테이블이나 배열의 첫 행에 있는 값을 이용하여 지정한 테이블이나 배열에서 같은 열에 있는 값을 반환합니다.

❶ 입력 형식

```
=HLOOKUP(lookup_value,table_array,row_index_num,range_lookup)
```

❷ 인수

• lookup_value : 테이블이나 배열의 첫 행에서 찾기 위한 값으로 직접 값을 입력하거나 셀 주소를 입력할 수 있습니다.

• table_array : 'lookup_value' 인수에서 입력한 값을 찾을 테이블이나 배열의 범위를 지정합니다. 셀 범위 주소나 셀 범위 이름을 사용할 수 있습니다.

• row_index_num : 'table_array'의 지정한 범위에서 값을 찾기 위한 행을 지정합니다. 테이블의 첫 행은 '1'의 값을 가집니다.

• range_lookup : 값의 정확도를 설정하는 인수로 'True'를 입력하면 비슷한 값들을 찾게 되고 'False'를

입력하면 정확하게 일치하는 값만 찾게 됩니다. 인수 입력하지 않으면 'True'로 인식하며, 'True'를 이용하여 유사 값을 찾고자 할 때는 미리 찾고자 하는 참조하는 테이블의 값이 오름차순 정렬이 되어 있어야 올바른 값을 찾을 수 있습니다.

01 HLOOKUP( ) 함수를 이용해서 가전제품의 제품코드에 따라 자동으로 제품명과 제품단가가 입력되도록 설정해보겠습니다. [제품명]이 입력될 [D5]셀을 선택한 다음 [수식] 탭의 [함수 라이브러리] 그룹에서 [찾기/참조 영역] 버튼을 클릭한 다음 함수 목록이 표시되면 [HLOOKUP] 함수를 선택합니다.

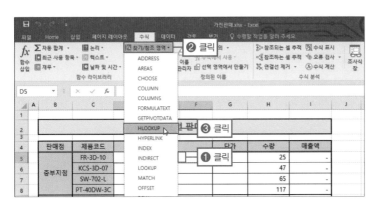

02 [함수 인수] 창이 열리면 [Lookup_value] 입력 상자에 제품코드가 입력된 'C5'를 입력한 다음 [Table_array] 입력 상자에는 제품코드와 제품명, 제품 단가가 입력된 '$B$18:$I$20' 영역을 범위로 지정합니다. [Row_index_num] 입력 상자에는 [$B$18:$I$20] 영역에서 제품명이 입력된 행이 두 번째 행이므로 '2'를 입력하고, 마지막으로 정확하게 일치하는 값만 찾기 위해 [Range_lookup] 입력 상자에 'False'를 입력한 다음 [확인] 버튼을 클릭합니다.

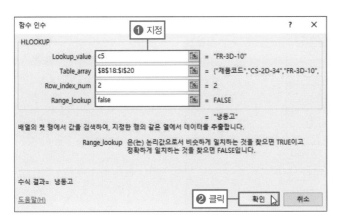

Tip 제품코드와 제품명 그리고 제품 단가가 입력되어 있는 영역은 위치가 변경되면 안되기 때문에 셀 범위 주소를 절대참조 형식으로 입력해야 합니다.

03 [D5]셀에 제품코드에 해당하는 제품명이 입력됩니다. 즉, [C5]의 제품코드를 아래의 테이블에서 찾은 다음 제품코드에 해당하는 열에서 제품명을 가지고 온 것입니다. 나머지 셀에도 같은 수식을 적용하기 위해 [D5]셀의 자동 채우기 핸들을 [D16]셀까지 드래그합니다.

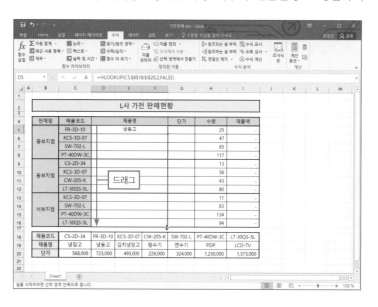

04 자동 채우기 핸들에 의해 수식이 복사되면 자동 채우기 옵션 상자를 클릭한 다음 [서식 없이 채우기] 항목을 선택합니다.

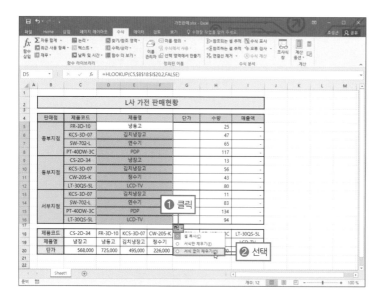

05 HLOOKUP( ) 함수를 이용하여 제품 단가를 입력해 보겠습니다. 제품 단가가 입력될 [G5] 셀을 선택하고, 다시 한 번 [수식] 탭의 [함수 라이브러리] 그룹에서 [찾기/참조 영역] 버튼을 클릭한 다음 함수 목록이 표시되면 [HLOOKUP] 함수를 선택합니다.

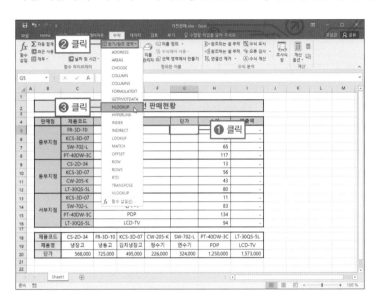

06 [함수 인수] 창이 열리면 [Lookup_value] 입력 상자에 제품코드가 입력된 'C5'를 입력한 다음 [Table_array] 입력 상자에는 제품코드와 제품명, 제품 단가가 입력된 '$B$18:$I$20' 영역을 범위로 지정합니다. [Row_index_num] 입력 상자에는 [$B$18:$I$20] 영역에서 제품 단가가 입력된 행이 세 번째 행이므로 '3'을 입력합니다. 마지막으로 정확하게 일치하는 값만 찾기 위해 [Range_lookup] 입력 상자에 'False'를 입력한 다음 [확인] 버튼을 클릭합니다.

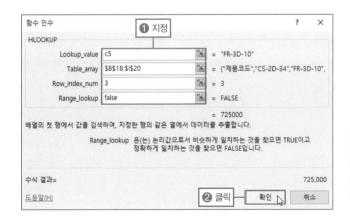

> Tip 제품코드와 제품명 그리고 제품 단가가 입력되어 있는 영역은 위치가 변경이 되면 안 되기 때문에 셀 범위 주소를 절대참조 형식으로 입력해야 합니다.

07 [G5]셀에 [C5]셀의 제품코드에 해당하는 제품 단가가 입력됩니다. 즉, [C5]의 제품코드를 아래의 테이블에서 찾은 다음, 제품코드에 해당하는 열에서 제품 단가를 가져온 것입니다. 나머지 셀에도 같은 수식을 적용하기 위해 [G5]셀의 자동 채우기 핸들을 [G16]셀까지 드래그하여 자동 채우기를 완성합니다.

Sub ② VLOOKUP( ) 함수

• 예제 파일 : Part 5\매출추이.xlsx
• 완성 파일 : Part 5\매출추이_완성.xlsx

VLOOKUP( ) 함수는 HLOOKUP( ) 함수와 사용 방법이 동일합니다. 다만 HLOOKUP( ) 함수가 테이블의 지정한 행으로부터 같은 열에 있는 값을 반환한다면 VLOOKUP( ) 함수는 테이블의 지정한 열로부터 같은 행에 있는 값을 반환하는 것이 다릅니다. VLOOKUP( ) 함수의 'V'는 'Vertical'의 약자로, 세로의 의미를 가지고 있으며 값을 검색할 테이블이나 배열이 세로 방향으로 작성되어 있을 경우에 사용할 수 있습니다.

■ VLOOKUP( ) 함수의 입력 형식

VLOOKUP( ) 함수는 테이블이나 배열의 첫 행에 있는 값을 이용하여 지정한 테이블이나 배열에서 같은 행에 있는 값을 반환합니다.

❶ 입력 형식

```
=HLOOKUP((lookup_value,table_array,col_index_num,range_lookup)
```

❷ 인수

• lookup_value : 테이블이나 배열의 첫 행에서 찾기 위한 값으로 직접 값을 입력하거나 셀 주소를 입력할 수 있습니다.

• table_array : 'lookup_value' 인수에서 입력한 값을 찾을 테이블이나 배열의 범위를 지정합니다. 셀 범위 주소나 셀 범위 이름을 사용할 수 있습니다.

• col_index_num : 'table_array'의 지정한 범위에서 값을 찾기 위한 열을 지정합니다. 테이블의 첫 열은 '1'의 값을 가집니다.

• range_lookup : 값의 정확도를 설정하는 인수로 'True'를 입력하면 비슷한 값들을 찾게 되고 'False'를 입력하면 정확하게 일치하는 값만 찾게 됩니다. 인수를 입력하지 않으면 자동으로 'True'로 인식하며, 'True'를 이용하여 유사 값을 찾고자 할 때는 미리 참조하는 테이블의 값이 오름차순 정렬이 되어 있어야 올바른 값을 찾을 수 있습니다.

01 VLOOKUP( ) 함수를 이용해서 사원별 매출액에 따른 성과 등급을 자동으로 입력하는 과정을 알아보겠습니다. 먼저 '이선희' 사원의 성과 등급을 알아보기 위해 [E5]셀을 선택한 다음 [수식] 탭의 [함수 라이브러리] 그룹에서 [찾기/참조 영역] 버튼을 클릭한 후 함수 목록이 표시되면 [VLOOKUP] 함수를 선택합니다.

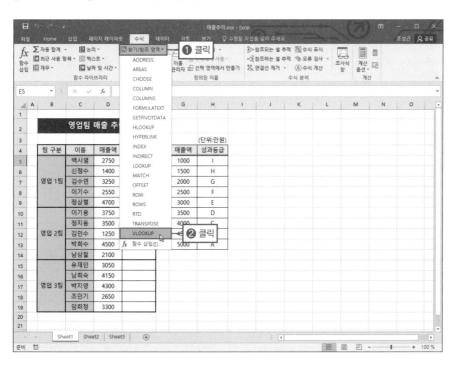

02 [함수 인수] 창이 열리면 [Lookup_value] 입력 상자에 매출액이 입력된 'D5'를 입력한 다음 [Table_array] 입력 상자에는 제품코드와 제품명, 제품 단가가 입력된 '$G$4:$H$13' 영역을 입력합니다. [Col_index_num] 입력 상자에는 [$G$4:$H$13] 영역에서 성과 등급이 입력된 열이 두 번째 열이므로 '2'를 입력합니다. 마지막으로 [Range_lookup] 입력 상자에는 유사한 값을 찾기 위해 값을 비워 두거나 'True'를 입력한 다음 [확인] 버튼을 클릭합니다.

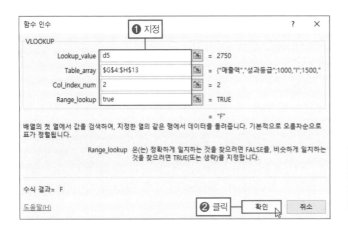

Tip 매출액과 성과 등급이 입력되어 있는 영역은 항상 동일한 위치에 있어야 하기 때문에 셀 범위 주소를 절대참조 형식으로 입력해야 합니다.

03 [E5]셀에 매출액에 따른 성과 등급이 입력됩니다. 즉, [D5]의 매출액을 오른쪽의 테이블에서 찾은 다음 매출액에 해당하는 행에서 성과 등급을 가져온 것입니다. 나머지 셀에도 같은 수식을 적용하기 위해 [E5]셀의 자동 채우기 핸들을 [E19]셀까지 드래그하여 자동 채우기를 실행합니다.

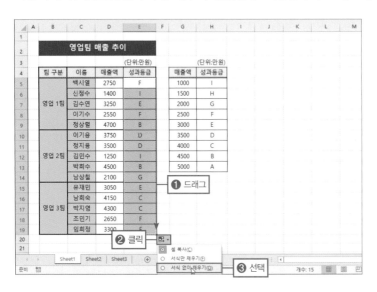

Tip 오른쪽의 표를 보면 [매출액]의 금액이 작은 금액에서 큰 금액으로 입력되어 있는 것을 알 수 있습니다. 이처럼 'True' 인수를 이용하여 유사 값을 찾을 때는 반드시 참조하는 테이블의 값이 오름차순 정렬이 되어 있어야 합니다.

MATCH( ) 함수는 지정한 값이 선택한 범위에서 몇 번째 위치하고 있는지 알기 위한 함수입니다. 또한 INDEX( ) 함수는 선택한 배열이나 셀 범위에서 지정한 행과 지정한 열에 위치한 값을 반환합니다. INDEX( ) 함수는 독립적으로 사용되는 경우는 거의 없고 MATCH( ) 함수나 OFFET( ) 함수와 같이 다른 참조 함수들과 함께 사용하여 값이 다양한 테이블에서 특정 값을 추출하고자 할 때 사용됩니다.

■ MATCH( ) 함수의 입력 형식

MATCH( ) 함수는 셀 범위에서 지정한 항목이 위치하고 있는 상대 위치 값을 반환합니다.

① 입력 형식

=MATCH(lookup_value, lookup_array, [match_type])

② 인수

• lookup_value : 찾고자 하는 값을 직접 입력하거나 값이 입력된 셀 주소를 입력합니다.
• lookup_array : 검색할 셀 범위를 입력합니다.
• match_type : 검색 방법을 지정합니다. 입력하지 않으면 '1'이 지정됩니다.
  1 : [lookup_value] 인수에 입력한 값보다 작거나 같은 값 중에서 최대값을 찾게 됩니다. 이 인수를 지정하기 위해서는 [lookup_array] 인수의 범위를 미리 오름차순으로 정렬시켜 놓아야 합니다.
  0 : [lookup_value] 인수에 입력한 값과 같은 값만을 찾습니다.
  −1 : [lookup_value] 인수에 입력한 값보다 크거나 같은 값 중에서 최소값을 찾게 됩니다. 이 인수를 지정하기 위해서는 [lookup_array] 인수의 범위를 미리 내림차순으로 정렬시켜 놓아야 합니다.

■ INDEX( ) 함수의 입력 형식

INDEX( ) 함수는 테이블이나 배열에서 지정한 행과 지정한 열에 위치하고 있는 값을 반환합니다.

① 입력 형식

=INDEX(array, row_num, [column_num])

- array : 값이 위치하고 있는 배열이나 셀 범위를 지정합니다. 셀 범위를 지정할 때는 행 머리글이나 열 머리글은 포함되지 않도록 해야 합니다.
- row_num : 값이 위치하고 있는 행의 번호를 입력합니다.
- column_num : 값이 위치하고 있는 열의 번호를 입력합니다.

01 고속버스 운임표를 이용해서 출발지와 도착지에 따라 자동으로 운임이 표시되도록 함수를 입력해보겠습니다. 먼저 [B5]셀에서 [B15]셀까지 선택한 다음 이름 상자에 '출발지'를 입력합니다.

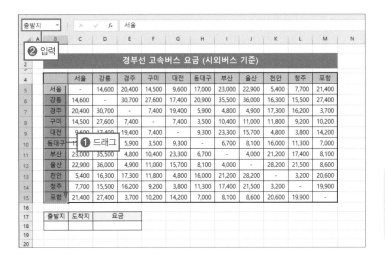

Tip [수식] 탭의 [정의된 이름] 그룹에서 [이름 정의] 버튼을 클릭해도 선택 영역에 이름을 부여할 수 있습니다.

02 [C4]셀에서 [M4]셀까지 선택한 다음 이름 상자에 '도착지'를 입력합니다.

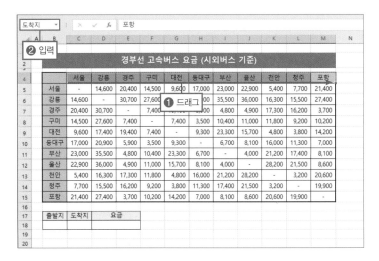

03 출발지를 입력할 [B18]셀을 선택한 다음 [데이터] 탭의 [데이터 도구] 그룹에서 [데이터 유효성 검사] 버튼을 클릭한 다음 바로가기 메뉴가 표시되면 [데이터 유효성 검사] 항목을 선택합니다.

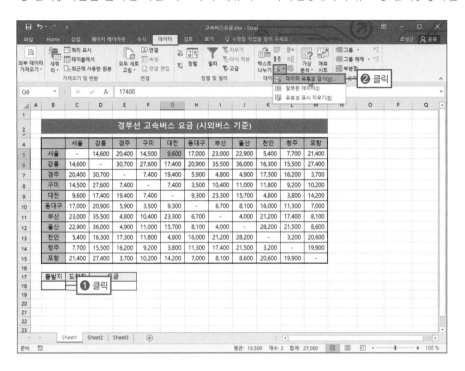

04 [데이터 유효성] 창이 열리면 [제한 대상]을 '목록'으로 설정한 다음 [원본] 입력 상자에 '=출발지'를 입력한 후 [확인] 버튼을 클릭합니다.

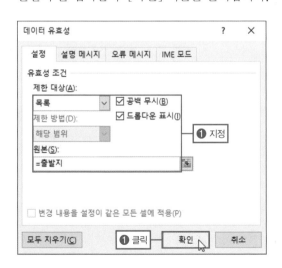

> Tip [제한 대상]을 '목록'으로 설정하면 지정한 셀에 이름으로 정의된 범위의 항목들이 표시됩니다.

05 도착지를 입력할 [C18]셀을 선택한 다음 [데이터] 탭의 [데이터 도구] 그룹에서 [데이터 유효성 검사] 버튼을 클릭한 다음 바로가기 메뉴가 표시되면 [데이터 유효성 검사] 항목을 선택합니다.

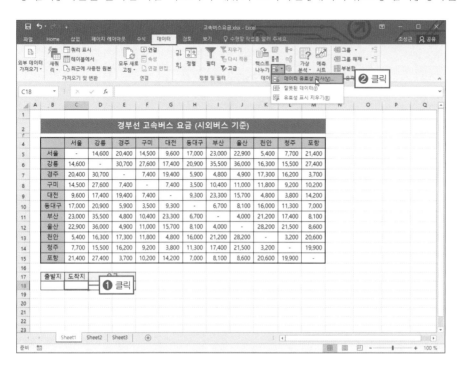

06 [데이터 유효성] 창이 열리면 [제한 대상]을 '목록'으로 설정한 다음 [원본] 입력 상자에 '=도착지'를 입력한 후 [확인] 버튼을 클릭합니다.

Tip [원본] 입력 상자에 입력되는 이름은 사전에 정의된 이름이어야 합니다.

07 출발지와 도착지에 따라 운임을 표시해야 합니다. 운임이 표시될 [D18]셀을 선택한 다음 수식 입력 줄에 '=INDEX(C5:M15,'을 입력합니다. 즉, INDEX( ) 함수의 첫 번째 인수로 값을 찾을 범위로 [C5]셀에서 [M15]셀까지 지정합니다.

Tip INDEX( ) 함수의 검색 범위에는 열 머리글과 행 머리글이 범위에 포함되지 않는 점을 주의합니다.

08 찾고자 하는 운임이 위치하고 있는 행 번호를 알기 위해 'MATCH(B18,출발지,0),'를 입력합니다. 즉, [B18]셀에 입력된 값이 '출발지' 이름 범위 중 몇 번째 위치하고 있는지 MATCH( ) 함수를 통해 알아냅니다.

Tip '출발지' 이름 대신 검색 범위인 'B5:B15'를 입력해도 됩니다.

09 마지막으로 찾고자 하는 운임이 위치하고 있는 열 번호를 알아내기 위해 'MATCH(C18, 도착지,0))'를 입력한 다음 Enter 키를 누릅니다. 즉, [C18]셀에 입력된 값이 '도착지' 이름 범위 중 몇 번째 위치하고 있는지 MATCH( ) 함수를 통해 알아냅니다. 수식 입력 줄에는 '=INDEX (C5:M15,MATCH(B18,출발지,0),MATCH(C18,도착지,0))'이 입력되어야 합니다.

| D18 | ▼ | × | ✓ | fx | =INDEX(C5:M15,MATCH(B18,출발지,0),MATCH(C18,도착지,0)) | 입력 후 Enter |

INDEX(array, row_num, [column_num])
INDEX(reference, row_num, [column_num], [area_num])

경부선 고속버스 요금 (시외버스 기준)

		서울	강릉	경주	구미	대전	동대구	부산	울산	천안	청주	포항
	서울	-	14,600	20,400	14,500	9,600	17,000	23,000	22,900	5,400	7,700	21,400
	강릉	14,600	-	30,700	27,600	17,400	20,900	35,500	36,000	16,300	15,500	27,400
	경주	20,400	30,700	-	7,400	19,400	5,900	4,800	4,900	17,300	16,200	3,700
	구미	14,500	27,600	7,400	-	7,400	3,500	10,400	11,000	11,800	9,200	10,200
	대전	9,600	17,400	19,400	7,400	-	9,300	23,300	15,700	4,800	3,800	14,200
	동대구	17,000	20,900	5,900	3,500	9,300	-	6,700	8,100	16,000	11,300	7,000
	부산	23,000	35,500	4,800	10,400	23,300	6,700	-	4,000	21,200	17,400	8,100
	울산	22,900	36,000	4,900	11,000	15,700	8,100	4,000	-	28,200	21,500	8,600
	천안	5,400	16,300	17,300	11,800	4,800	16,000	21,200	28,200	-	3,200	20,600
	청주	7,700	15,500	16,200	9,200	3,800	11,300	17,400	21,500	3,200	-	19,900
	포항	21,400	27,400	3,700	10,200	14,200	7,000	8,100	8,600	20,600	19,900	-

출발지	도착지	요금
=INDEX(C5:M15,MATCH(B18,출발지,0),MATCH(C18,도착지,0))		

Tip '도착지' 이름 대신 검색 범위인 'C4:M4'를 입력해도 됩니다.

10 아직 출발지와 도착지가 입력되지 않았으므로 결과는 '#N/A'로 표시됩니다. 이제 출발지와 도착지를 입력해 봅니다. [B18]셀의 펼침 버튼을 클릭하여 '서울'을 선택한 다음 [C18]셀의 펼침 버튼을 클릭하여 '구미'를 선택합니다. 강릉에서 구미까지의 고속버스 운임이 입력됩니다.
즉, [B5:B15] 범위에서 '강릉'을 검색하여 행 번호를 추출하고 [C4:M4] 범위에서 '구미'를 검색하여 열 번호를 알아낸 다음 행 번호와 열 번호가 교차하는 셀의 값이 반환된 것입니다.

경부선 고속버스 요금 (시외버스 기준)

		서울	강릉	경주	구미	대전	동대구	부산	울산	천안	청주	포항
	서울	-	14,600	20,400	14,500	9,600	17,000	23,000	22,900	5,400	7,700	21,400
	강릉	14,600	-	30,700	27,600	17,400	20,900	35,500	36,000	16,300	15,500	27,400
	경주	20,400	30,700	-	7,400	19,400	5,900	4,800	4,900	17,300	16,200	3,700
	구미	14,500	27,600	7,400	-	7,400	3,500	10,400	11,000	11,800	9,200	10,200
	대전	9,600	17,400	19,400	7,400	-	9,300	23,300	15,700	4,800	3,800	14,200
	동대구	17,000	20,900	5,900	3,500	9,300	-	6,700	8,100	16,000	11,300	7,000
	부산	23,000	35,500	4,800	10,400	23,300	6,700	-	4,000	21,200	17,400	8,100
	울산	22,900	36,000	4,900	11,000	15,700	8,100	4,000	-	28,200	21,500	8,600
	천안	5,400	16,300	17,300	11,800	4,800	16,000	21,200	28,200	-	3,200	20,600
	청주	7,700	15,500	16,200	9,200	3,800	11,300	17,400	21,500	3,200	-	19,900
	❶ 지정	27,400	3,700	10,200	14,200	7,000	8,100	8,600	20,600	19,900	-	

출발지	도착지	요금
서울	구미 ▼	14,500	❷ 확인

Tip 행 번호와 열 번호는 MATCH( ) 함수를 이용해서 알아내고, 행 번호와 열 번호를 이용해서 운임을 찾는 과정은 INDEX( ) 함수가 수행합니다.

문자 작업을 위한 텍스트 함수

[수식] 탭의 [함수 라이브러리] 그룹 중 [텍스트] 범주에는 문자열이 입력되어 있는 셀에서 필요한 문자를 추출하거나 여러 개의 텍스트를 결합하고 숫자를 텍스트로 변환하는 등 텍스트와 관련된 함수가 포함되어 있습니다. 여기서는 이러한 텍스트 함수 중 자주 사용하는 함수들에 대해 알아보겠습니다.

Sub 1 LEFT( ) 함수

• 예제 파일 : Part 5\개인정보.xlsx
• 완성 파일 : Part 5\개인정보_완성.xlsx

LEFT( ) 함수는 지정한 텍스트의 첫 번째 문자부터 인수로 지정한 수만큼 문자를 반환하는 함수입니다. LEFT( ) 함수와 비슷한 함수로 LEFTB( ) 함수가 있는데, LEFTB( ) 함수는 인수로 수를 사용하지 않고 바이트를 사용합니다. 바이트와 수가 다른 점은, 영문일 경우 한 문자가 1 바이트이지만 한글은 한 문자가 2 바이트이므로 반환되는 문자가 다르게 됩니다. 즉, LEFTB( ) 함수를 이용해서 한글을 추출하고자 할 때는 한글의 문자 수의 2배를 입력해야 합니다.

■ LEFT( ) 함수의 입력 형식

LEFT( ) 함수는 텍스트의 첫 번째로부터 지정한 수만큼의 문자를 반환하는 함수입니다. 예를 들어 '=LEFT("일등사원",2)'라고 입력하면 '일등'이 반환됩니다.

❶ 입력 형식

```
=LEFT(text, [num_chars])
```

❷ 인수

• text : 반환하려는 문자가 포함되어 있는 텍스트 문자열입니다. 직접 텍스트를 입력하거나 텍스트가 포함되어 있는 셀 주소를 입력합니다.
• num_chars : 지정한 텍스트의 첫 번째부터 추출할 문자의 수를 입력합니다.

01 회원번호 중 앞자리 4자리를 추출하여, 가입년도가 자동으로 입력되도록 함수를 만들어 보겠습니다. 먼저 가입년도가 입력될 [D5]셀을 선택한 다음 수식 입력 줄에 '=LEFT('를 입력합니다.

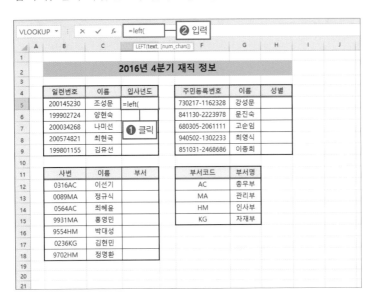

Tip 예제에서는 회원번호 중 앞자리 4자리가 가입년도를 이용하여 작성되는 규칙을 이용하였습니다.

02 회원번호가 입력되어 있는 [B5]셀을 선택하여 셀 주소를 입력한 다음 ',4)'를 입력한 후 Enter 키를 누릅니다. 즉, 수식 입력 줄에 '=LEFT(B5,4)'를 입력합니다.

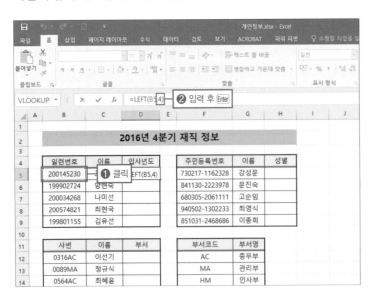

03 회원번호에서 추출한 가입년도가 [D5]셀에 입력되면 [D5]셀의 자동 채우기 핸들을 이용하여 [D9]셀까지 드래그합니다. 나머지 셀에 가입년도가 모두 채워지면 자동 채우기 옵션 상자를 클릭한 다음 [서식 없이 채우기] 항목을 선택합니다.

Sub 2 MID( ) 함수

MID( ) 함수는 텍스트에서 지정한 위치로부터 지정한 문자의 수만큼 문자를 반환하는 함수입니다. MID( ) 함수와 비슷한 함수로 MIDB( ) 함수가 있는데, MIDB( ) 함수는 텍스트에서 지정한 위치로부터 지정한 바이트만큼 문자를 반환하는 함수입니다. 영문은 1 바이트가 한 문자이지만 한글은 2 바이트가 한 문자이므로 한글을 추출하고자 할 때는 이 점에 주의해야 합니다. 2 바이트를 사용하는 언어로는 한국어, 일본어, 중국어 등이 있습니다.

■ MID( ) 함수의 입력 형식

MID( ) 함수는 텍스트의 지정한 위치로부터 지정한 수만큼의 문자를 반환하는 함수입니다. 예를 들어 '=MID("일등사원",3,2)'라고 입력하면 '사원'이 반환됩니다.

1 입력 형식

```
=MID(text, start_num, num_chars)
```

❷ 인수

- text : 반환하려는 문자가 포함되어 있는 텍스트 문자열입니다. 직접 텍스트를 입력하거나 텍스트가 포함되어 있는 셀 주소를 입력합니다.
- start_num : 반환하려는 문자의 위치를 숫자로 입력합니다.
- num_chars : 지정한 텍스트에서 추출할 문자의 수를 입력합니다.

01 주민등록번호를 이용해서 성별이 자동으로 입력되도록 설정해 보겠습니다. 먼저 성별이 입력될 [H5]셀을 선택한 다음 수식 입력 줄에 '=IF(MID('를 입력합니다.

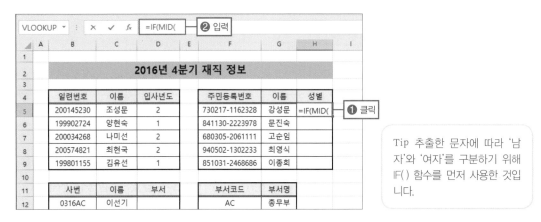

Tip 추출한 문자에 따라 '남자'와 '여자'를 구분하기 위해 IF( ) 함수를 먼저 사용한 것입니다.

02 주민등록번호가 입력되어 있는 [F5]셀을 클릭합니다. 수식 입력 줄에서 셀 주소를 입력한 다음 계속해서 ',8,1)="1","남자","여자")'를 입력하고 [Enter] 키를 누릅니다. 즉, 수식 입력 줄에 '=IF(MID(F5,8,1)="1","남자","여자")'가 입력되어야 합니다.

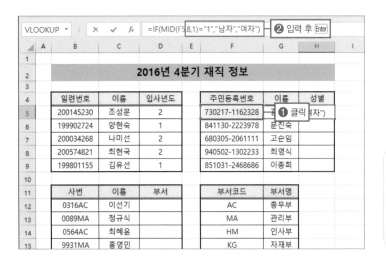

Tip 주민등록번호의 8번째 문자로부터 문자 한 개를 추출한 다음 추출한 문자가 '1'이면 '남자'로 입력하고, 그렇지 않으면 '여자'로 입력하는 수식입니다.

03 주민등록번호에서 추출한 성별이 [H5]셀에 입력되면 [H5]셀의 자동 채우기 핸들을 이용하여 [H9]셀까지 드래그합니다. 나머지 셀에 성별이 모두 채워지면 자동 채우기 옵션 상자를 클릭한 다음 [서식 없이 채우기] 항목을 선택합니다.

2016년 4분기 재직 정보					
이름	입사년도		주민등록번호	이름	성별
조성문	2		730217-1162328	강성문	남자
양현숙	1		841130-2223978	문진숙	여자
나미선	2		680305-2061111	고순임	여자
최현국	2		940502-1302233	최영식	남자
김유선	1		851031-2468686	이종희	여자
이름	부서		부서코드	부서명	
이선기			AC	총무부	
정규식			MA	관리부	
최혜윤			HM	인사부	

❶ 드래그
❷ 클릭
❸ 선택

- ○ 셀 복사(C)
- ○ 서식만 채우기(F)
- ○ 서식 없이 채우기(O)
- ○ 빠른 채우기(F)

Sub 3 RIGHT( ) 함수

RIGHT( ) 함수는 텍스트의 마지막으로부터 지정한 문자의 수만큼 문자를 반환하는 함수입니다. RIGHT( ) 함수와 비슷한 함수로 RIGHTB( ) 함수가 있는데, RIGHTB( ) 함수는 텍스트의 마지막으로부터 지정한 바이트만큼 문자를 반환하는 함수입니다. 영문은 1 바이트가 한 문자이지만 한글은 2 바이트가 한 문자이므로, 한글을 추출하고자 할 때는 한글 문자 수의 2배를 입력해야 합니다.

■ RIGHT( ) 함수의 입력 형식

RIGHT( ) 함수는 텍스트의 첫 번째로부터 지정한 수만큼의 문자를 반환하는 함수입니다. 예를 들어 '=RIGHT("일등사원",2)'라고 입력하면 '사원'이 반환됩니다.

❶ 입력 형식

```
=RIGHT(text, [num_chars])
```

❷ 인수

- text : 반환하려는 문자가 포함되어 있는 텍스트 문자열입니다. 직접 텍스트를 입력하거나 텍스트가 포함되어 있는 셀 주소를 입력합니다.
- num_chars : 지정한 텍스트의 마지막으로부터 추출할 문자의 수를 입력합니다.

01 사번으로부터 부서코드를 추출하여 부서명을 자동으로 입력되도록 수식을 입력해 보겠습니다. 먼저 부서명이 입력될 [D12]셀을 선택한 다음 수식 입력 줄에 '=VLOOKUP(RIGHT('를 입력합니다.

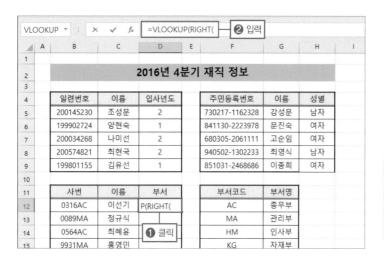

Tip 추출된 문자를 별도의 부서코드와 부서명이 입력된 표와 대조하여 부서명을 알아내기 위해 VLOOKUP( ) 함수를 사용한 것입니다.

02 사번이 입력된 [B12]셀을 선택한 다음 ',2),'를 입력합니다. 즉, 사번의 마지막에서 2개의 문자를 추출하는 것입니다.

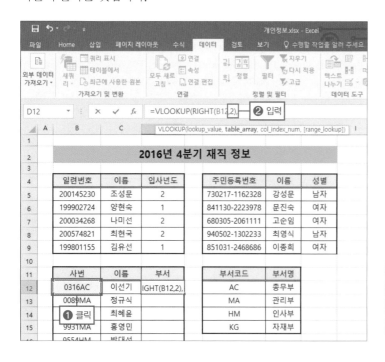

Tip 사번의 마지막 2문자가 부서코드이므로 RIGHT( ) 함수를 이용해서 마지막 2문자를 추출하는 것입니다.

03 계속해서 '$F$11:$G$15,2,FALSE)'을 입력한 다음 [Enter] 키를 누릅니다. 즉, 수식 입력 줄에 '=VLOOKUP(RIGHT(B10,2),$F$11:$G$15,2,FALSE)'가 입력되어야 합니다.

Tip 부서코드와 부서명이 입력된 [F9]셀에서 [G13]셀까지의 영역에서 추출된 부서코드에 해당하는 부서명을 찾는 함수입니다.

04 사번에서 추출한 부서가 [D12]셀에 입력되면 [D12]셀의 자동 채우기 핸들을 이용하여 [D16]셀까지 드래그합니다. 나머지 셀에 성별이 모두 채워지면 자동 채우기 옵션 상자를 클릭한 다음 [서식 없이 채우기] 항목을 선택합니다.

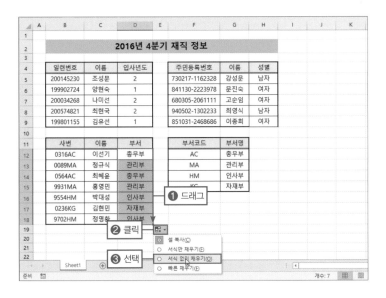

LEN( ) 함수는 지정한 텍스트의 문자 수를 반환하는 함수입니다. LEN( ) 함수와 비슷한 함수로 LENB( ) 함수가 있는데, LENB( ) 함수는 텍스트의 바이트 수를 반환하는 함수입니다. 영문은 1바이트가 1문자이지만 한글은 2바이트가 1문자이므로 한글을 LENB( ) 함수로 추출하면 한글 문자 수의 2배의 수가 반환됩니다. 2바이트 문자를 사용하는 언어로는 한국어를 비롯하여 일본어, 중국어 등이 있습니다.

■ LEN( ) 함수의 입력 형식

LEN( ) 함수는 텍스트의 길이를 반환하는 함수입니다. 예를 들어 '=LEN("일등사원")'라고 입력하면 '4'가 반환됩니다. 텍스트가 비어있는 경우는 '0'이 반환되지만 공백이 있는 경우는 문자 한 개로 인식합니다. 즉, '=LEN("   일등사원")'과 같이 앞에 공백 4개가 있는 경우라면 수식의 결과로 '8'이 반환됩니다.

❶ 입력 형식

```
=RIGHT(text, [num_chars])
```

❷ 인수

• text : 반환하려는 문자가 포함되어 있는 텍스트 문자열입니다. 직접 텍스트를 입력하거나 텍스트가 포함되어 있는 셀 주소를 입력합니다.
• num_chars : 지정한 텍스트의 마지막으로부터 추출할 문자의 수를 입력합니다.

01 텍스트가 입력된 셀을 지정한 후 텍스트의 길이를 입력해보도록 하겠습니다. 먼저 텍스트의 길이가 입력될 [C3]셀을 선택한 다음 수식 입력 줄에 '=LEN('을 입력합니다.

02 텍스트가 입력되어 있는 [B3]셀을 클릭하여 셀 주소를 입력한 다음 괄호 ')'를 닫고 `Enter` 키를 누릅니다. 즉, 수식 입력 줄에는 '=LEN(B3)'가 입력되어야 합니다.

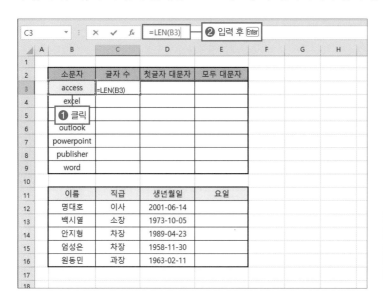

03 [C3]셀에 [B3]셀의 텍스트 길이가 입력되면 나머지 셀에도 같은 수식을 적용하기 위해 [C3]셀의 자동 채우기 핸들을 이용하여 [C9]셀까지 드래그합니다. 선택한 모든 셀에 텍스트 길이가 입력되면 자동 채우기 옵션 상자를 클릭한 다음 [서식 없이 채우기] 항목을 선택합니다.

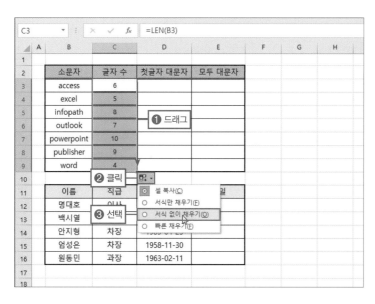

UPPER( ) 함수는 지정한 텍스트를 모두 대문자로 변환하는 함수입니다. UPPER( ) 함수는 영문자만 변환할 수 있고 특수문자나 한글에는 적용되지 않습니다.

■ UPPER( ) 함수의 입력 형식

UPPER( ) 함수는 영문 텍스트를 대문자로 반환합니다.

❶ 입력 형식

=UPPER(text)

❷ 인수

• text : 변환하려는 텍스트를 직접 입력하거나 텍스트가 입력된 셀 주소를 입력합니다.

01 지정한 텍스트를 모두 대문자로 변환하여 표시하겠습니다. 먼저 대문자가 표시될 [E3]셀을 선택한 다음 수식 입력 줄에 '=UPPER('를 입력합니다.

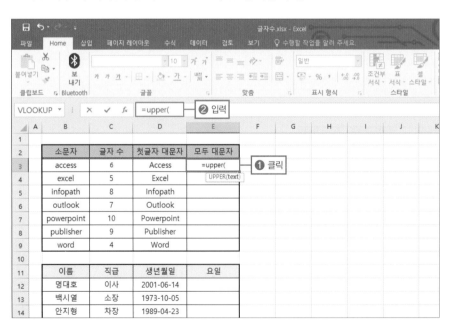

02 변환할 텍스트가 입력되어 있는 [B3]셀을 클릭하여 셀 주소를 입력한 다음 괄호 ')'를 닫고 Enter 키를 누릅니다. 즉, 수식 입력 줄에 '=UPPER(B3)'이 입력되어야 합니다.

03 텍스트가 대문자로 변환되어 입력되면 나머지 셀에도 같은 수식을 적용하기 위해 [E3]셀의 자동 채우기 핸들을 이용하여 [E9]셀까지 드래그합니다. 선택한 모든 셀에 대문자로 변환된 텍스트기 입력되면 자동 채우기 옵션 상자를 클릭한 다음 [서식 없이 채우기] 항목을 선택합니다.

Tip 영문자 가운데 특수문자가 섞여있는 경우에도 특수문자의 위치나 형태는 변경되지 않습니다.

TEXT( ) 함수는 지정한 숫자나 날짜를 특수 서식 문자열을 이용하여 텍스트로 변환하여 표시 형식을 설정하는 함수입니다. 예를 들어 '=TEXT(12700,"₩0.00)'을 입력하면 '₩12,700'이 반환되고 '=TEXT(12700.56, "####.#")'을 입력하면 '12700.5'가 반환됩니다. 셀 서식의 표시 형식은 숫자 속성을 그대로 유지하지만 이 함수를 적용하면 숫자나 날짜가 텍스트로 변환됩니다.

■ TEXT( ) 함수의 입력 형식

TEXT( ) 함수는 숫자나 날짜를 텍스트로 변환한 다음 특수 서식 문자열을 이용하여 텍스트의 표시 형식을 설정합니다.

❶ 입력 형식

```
=TEXT(value, format_text)
```

❷ 인수

- value : 텍스트로 변환하려는 숫자(날짜)를 입력하거나 숫자(날짜)가 포함된 셀 주소 혹은 수식을 입력할 수 있습니다.
- format_text : 변환된 텍스트의 특수 서식을 입력합니다.

01 입력된 날짜를 이용하여 자동으로 요일을 구하여 표시하도록 하겠습니다. 요일이 표시될 [E12]셀을 선택한 다음 수식 입력 줄에 '=TEXT('를 입력합니다.

02 [D12]셀을 클릭하여 셀 주소를 입력한 다음 콤마(,)를 입력합니다.

03 요일의 표시 형식인 "aaaa"를 입력하고 괄호 ')'를 닫은 다음 `Enter` 키를 누릅니다. 즉, 수식 입력 줄에 '=TEXT(D12,"aaaa")'가 입력되어야 합니다.

04 [E12]셀에 요일이 입력되면 나머지 셀에도 같은 수식을 적용하기 위해 [E12]셀의 자동 채우기 핸들을 이용하여 [E16]셀까지 드래그합니다. 생년월일에 따른 요일이 자동으로 입력되면 자동 채우기 옵션 상자를 클릭한 다음 [서식 없이 채우기] 항목을 선택합니다.

Part 06

엑셀 2016에서 도형과 그림 사용하기

오피스 계열의 프로그램에서는 다양한 형태의 미디어를 쉽고 빠르게 삽입할 수 있습니다.
특히 그림 파일이나 클립아트, 도형과 같은 일러스트레이션들은 문서의 완성도를 높이는 요소들입니다.
여기서는 엑셀 통합 문서에 다양한 형태의 도형과 그림을 삽입하고 편집하는 방법에 대해 알아보겠습니다.

도형을 이용하여 문서 완성하기

엑셀 통합 문서에는 원 사각형, 삼각형, 블록 화살표 등 거의 모든 형태의 도형을 이용하여 수식에서 표현하지 못하는 부분을 대신할 수 있습니다. 여기서는 강력한 도형 작성 기능과 편집 기능을 이용하여 문서를 완성해 나가는 과정에 대해 알아보겠습니다.

Sub 1 도형 삽입하기

도형은 벡터로 이루어진 객체이며, 기본적인 형태의 도형을 엑셀 문서에 삽입한 후 자신이 원하는 형태로 편집하는 과정을 거치게 됩니다. 엑셀 2016에서는 선, 사각형, 원 등의 기본적인 도형뿐만 아니라 화살표, 수식, 순서도 등 다양한 형태의 도형을 사용할 수 있습니다.

도형을 삽입할 때는 [삽입] 탭 화면에서 [일러스트레이션] 그룹의 [도형] 항목을 클릭하여 원하는 형태의 도형을 삽입합니다.

도형은 기본적인 형태를 선택하여 삽입한 다음 원하는 형태로 편집을 해야 완성됩니다. 편집하는 과정은 크기나 회전에서부터 복사 등 다양한 작업을 필요로 합니다.

1 도형 크기 조절하기

도형을 클릭하면 도형의 각 모서리와 변의 중앙에 크기를 조절하기 위한 크기 조절 핸들이 표시됩니다. 이 크기 조절 핸들을 클릭한 다음 마우스를 움직이면 도형의 크기를 변경할 수 있습니다. 도형의 크기를 조절할 때는 Ctrl 키와 Alt 키를 함께 사용할 수 있는데, 그 용도는 다음과 같습니다.

■ Ctrl 키를 누른 채로 도형 크기를 조절할 때

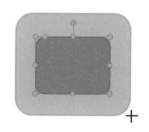

Ctrl 키를 누른 상태에서 크기 조절 핸들을 움직이면 도형의 중앙으로부터 사방으로 동일한 비율로 도형의 크기가 변경됩니다. 원형 도형을 만들 때 Ctrl 키를 누른 상태에서 도형을 만들면 클릭한 지점이 원의 중앙 지점이 됩니다.

■ Alt 키를 누른 채로 도형 크기를 조절할 때

Alt 키를 누른 상태에서 크기 조절 핸들을 움직이면 도형의 크기가 셀 크기 단위로 조절됩니다.

■ Shift 키를 누른 채로 도형 크기를 조절할 때

Shift 키를 누른 채로 각 모서리의 크기 조절 핸들을 움직이면 [높이]와 [너비]가 같은 비율로 커지거나 줄어듭니다. 즉, 도형을 처음 만들 때도 Shift 키를 누른 채로 도형을 만들면 정사각형이나 정원 등 정방형의 도형을 만들 수 있습니다.

또한 Ctrl 키와 Shift 키를 동시에 누른 채로 도형을 만들면 도형의 중심으로부터 정방형의 도형을 만들 수 있습니다. 예를 들어 Ctrl 키와 Shift 키를 동시에 누른 채로 원형 도형을 만들면 클릭한 지점이 중심이 되는 정원 형태의 도형이 만들어집니다.

2 도형의 선택 및 수정하기

기본적인 도형이 만들어지면 사용자의 의도에 맞는 도형을 만들기 위해 도형을 변형하는 작업을 수행해야 합니다. 여러 개의 도형을 한꺼번에 선택하는 방법과 도형을 회전하고 모양을 변경하는 방법에 대해 알아보겠습니다.

■ 도형 선택하기

도형의 채우기 색이 있을 때는 도형의 안쪽을 클릭하면 도형을 선택할 수 있고 도형의 채우기 색이 없는 경우에는 도형의 윤곽선을 클릭하면 도형을 선택할 수 있습니다. 또한 2개 이상의 도형을 한꺼번에 선택하고자 할 때는 Shift 키를 누른 채로 도형을 차례로 클릭하여 선택합니다.

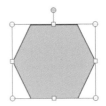

■ 도형 회전하기

도형을 선택하면 도형의 상단 중앙에 [도형 회전 핸들(🔄)]이 표시됩니다. 이 [도형 회전 핸들]을 누르고 마우스를 움직이면 도형을 회전시킬 수 있습니다. 도형을 회전시킬 때 Shift 키를 누른 상태에서 회전시키면 15° 단위로 도형을 회전시킬 수 있습니다.

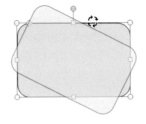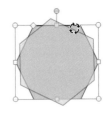

■ 도형 모양 변경하기

도형의 모양을 변경할 수 있는 도형에는 도형을 선택했을 때 도형의 각 모서리 및 곡률을 조절하기 위한 [모양 조절 핸들(◎)]이 표시됩니다. 이 [모양 조절 핸들]을 잡고 움직이면 도형의 모양을 변경할 수 있습니다.

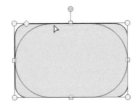

③ 도형 복사 및 이동하기

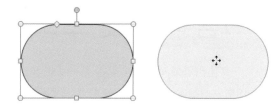

오피스 계열의 프로그램에서는 모든 개체를 복사할 때 [Ctrl] 키를 사용합니다. 즉, 그림이나 도형, 텍스트 상자, 셀, 표 등 오피스 계열이 프로그램에서 작성하는 모든 개체는 [Ctrl] 키를 누른 상태에서 개체를 드래그하면 개체를 복사가 되고 [Ctrl] 키를 누르지 않으면 이동이 됩니다.

또한 [Ctrl] 키를 이용하여 개체를 복사할 때 [Shift] 키를 함께 누른 채로 복사하면 개체를 수평이나 수직으로 복사할 수 있습니다.

④ 도형의 점 편집하기

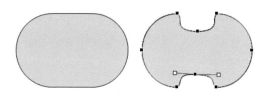

도형의 [모양 조절 핸들]을 이용하면 도형의 기본적인 모양은 변경할 수 있지만 [모양 조절 핸들]을 이용한 변형에는 한계가 있습니다. 이에 반해 [점 편집] 기능을 이용하여 도형의 기본적인 꼭짓점을 물론 새로운 점을 추가하여 도형의 형태를 자유롭게 변경할 수 있습니다.

도형에 새로운 점을 추가하려면 도형의 점 편집 상태에서 윤곽선을 오른쪽 클릭한 다음 바로가기 메뉴에서 [점 추가] 항목을 선택합니다.

그림 파일 및 스크린샷 삽입하기

그림 파일은 텍스트와 함께 문서에서 가장 많이 사용되는 개체입니다. 엑셀 통합 문서에 삽입된 그림 파일은 자르기와 크기 설정 등 기본적인 편집 작업 이외에도 명도, 채도, 그림 스타일 등 다양한 효과를 부여할 수 있습니다. 또한 엑셀 2016에서 새로 도입된 기능으로 스크린샷을 사용할 수 있습니다. 여기서는 그림 파일과 스크린샷 기능을 이용하여 문서를 완성해 보겠습니다.

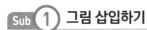 **그림 삽입하기**

• 예제 파일 : Part 6\레이아웃.xlsx
• 완성 파일 : Part 6\레이아웃_완성.xlsx

그림 파일은 가장 많이 사용되는 미디어 파일이지만 해상도가 고정되어 있으므로 기준 이상으로 이미지를 크게 확대하면 이미지가 선명하지 않게 되므로 적절한 크기로 설정하는 것이 중요합니다. 또한 그림에서 불필요한 부분은 [자르기] 기능을 사용하여 화면에서 보이지 않게 할 수 있습니다.

01 그림 파일을 삽입하기 위해 [삽입] 탭-[일러스트레이션] 그룹-[그림]을 클릭합니다.

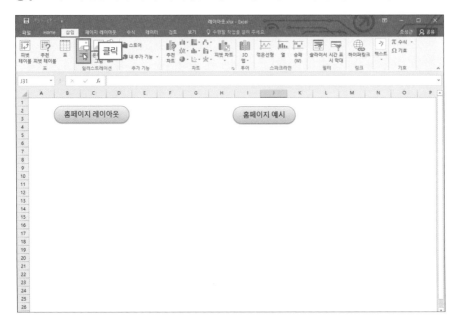

02 [그림 삽입] 창이 열리면 예제 폴더에서 '레이아웃.png' 파일을 선택한 다음 [삽입] 버튼을 클릭합니다.

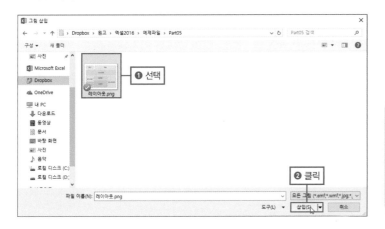

Tip 엑셀 통합 문서에는 대부분의 그림 파일 형식을 삽입할 수 있습니다. 다만 포토샵이나 일러스트레이터와 같은 전문 그래픽 툴에서 만든 PSD, AI 파일은 불러올 수 없습니다.

03 선택한 그림 파일이 엑셀 통합 문서에 삽입됩니다. 그림 파일은 원본 크기대로 삽입되며, 그림 파일이 큰 경우에는 [크기 조절 핸들]을 이용하여 크기를 조절할 수 있습니다. 삽입된 그림 파일을 문서의 제목 도형 아래쪽으로 배치하고 그림의 밝기를 조정하기 위해 그림을 선택한 상태에서 [그림 도구]-[서식] 정황 탭-[조정] 그룹-[수정] 버튼-[밝기: 0% (표준) 대비: -40%]를 선택합니다.

Tip 그림을 선택하면 자동으로 [그림 도구]-[서식] 정황 탭이 표시됩니다.

Tip 선택 상자에서 각 항목에 마우스 포인터를 올리면 수정된 미리 보기 화면을 확인할 수 있습니다.

04 그림의 대비가 높아져 그림 색상이 전체적으로 진해집니다. 그림 스타일을 적용하겠습니다. 그림을 선택한 상태에서 [그림 도구]-[서식] 정황 탭-[그림 스타일] 그룹-[사각형 가운데 그림 자]를 선택합니다. 그림 주변으로 그림자가 만들어져 그림에 공간감이 부여됩니다. 이처럼 삽입한 그림에는 명도와 채도는 물론 다양한 효과를 부여할 수 있습니다.

Sub 2 스크린샷 삽입하기

스크린샷은 현재 열린 웹 문서나 응용 프로그램의 화면을 캡처하여 현재 열린 엑셀 통합 문서에 삽입하는 기능입니다. 삽입된 스크린샷은 그림 파일과 동일하게 편집할 수 있으며, 효과를 부여할 수 있습니다.

01 인터넷 창을 연 다음 스크린샷을 캡처할 사이트로 이동합니다. 인터넷 창 전체가 삽입되므로 미리 인터넷 창의 크기와 비율을 예상하여 적정한 크기로 조절합니다.

02 스크린샷을 삽입하기 위해 [삽입] 탭-[일러스트레이션] 그룹-[스크린샷]을 클릭합니다. 현재 열려있는 웹 문서와 응용 프로그램의 화면 목록이 표시되면 미리 열어 두었던 웹 문서를 선택합니다.

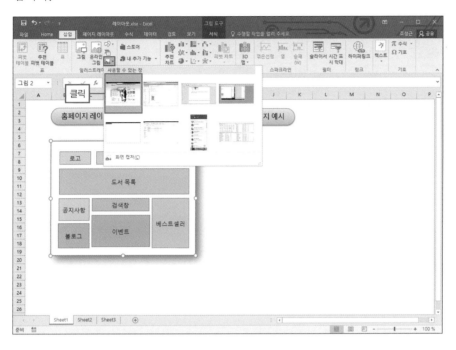

03 하이퍼링크를 스크린샷에 지정할지 묻는 대화상자가 표시되면 [아니요]를 클릭합니다. 만일 홈페이지를 캡처한 경우 홈페이지의 주소를 스크린샷에 연결하는 대화상자가 표시됩니다.

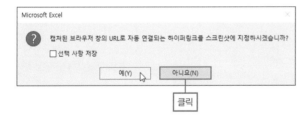

04 엑셀 통합 문서에 웹 문서의 캡처 화면이 삽입되면 [크기 조절 핸들]을 이용하여 기존 이미지와 비슷한 크기로 줄입니다. [서식] 정황 탭-[크기] 그룹-[자르기]를 클릭하고 스크린샷 주위로 자르기 표식이 표시되면 자르기 표식을 드래그하여 자를 영역을 차례로 지정합니다. 자를 영역을 모두 지정한 다음에는 스크린샷을 제외한 나머지 부분을 클릭하여 자르기를 적용합니다.

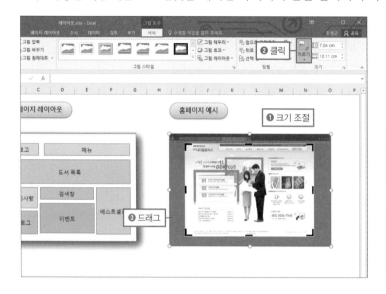

Tip 본래 크기보다 스크린샷 화면을 크거나 작게 하면 선명도가 저하됩니다.

Tip 자르기 표식을 드래그하면 잘릴 영역이 반투명한 검은색으로 표시됩니다.

05 스크린샷이 잘려지면 다시 기존 이미지의 너비에 맞추어 스크린샷 크기를 조절합니다. 스크린샷에 앞서 레이아웃에 적용하였던 효과와 스타일을 동일하게 적용하여 문서를 완성합니다.

Tip 하이퍼링크가 연결된 개체의 경우 그냥 클릭하면 홈페이지가 열리므로 Ctrl 키를 누른 채로 개체를 선택해야 합니다.

클립아트 삽입하기

클립아트는 벡터 방식 이미지로, 개체를 늘리거나 줄여도 계단 현상이 발생하지 않습니다. 클립아트는 엑셀 2016에서 기본적으로 제공되는 이미지 외에 오피스 사이트를 통해서도 다운로드하여 엑셀 통합 문서에 사용할 수 있습니다. 여기서는 클립아트를 삽입하고 편집하는 방법에 대해 알아보겠습니다.

Sub 1 클립아트 삽입하기

클립아트는 그림이나 사진에 비해 단순한 색상으로 구성되지만 수학적 계산에 의한 벡터 방식으로 표현되기 때문에 정해진 크기가 없습니다. 그러므로 삽입한 클립아트 크기에 관계없이 항상 선명한 이미지를 유지하는 것이 장점입니다.

01 엑셀 2016에서는 기본적으로 클립아트를 제공하지 않으므로 인터넷을 통해 원하는 클립 아트를 다운로드하여 삽입해야 합니다. 클립아트를 찾기 위해 [삽입] 탭-[일러스트레이션] 그룹-[온라인 그림]을 클릭합니다.

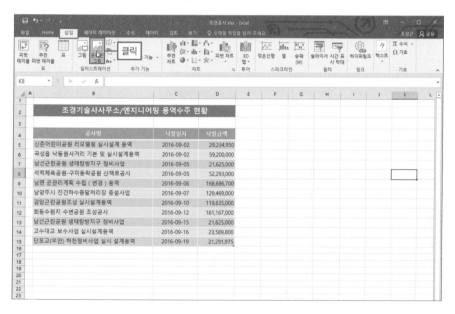

02 [그림 삽입] 창이 열리면 [Bing] 검색 창에 'tree clipart wmf'를 입력한 다음 Enter 키를 누릅니다. 검색어의 유형 및 언어에 따라 검색 결과가 차이가 있을 수 있으므로 자신이 원하는 유형과 언어 그리고 단어를 정확히 입력하는 것이 좋습니다.

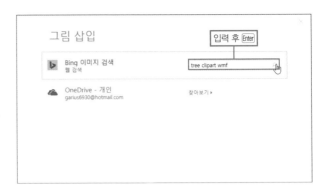

03 검색된 결과 중에서 삽입하고자 하는 클립아트를 선택한 다음 [삽입] 버튼을 클릭합니다.

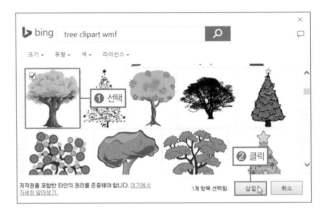

04 엑셀 문서에 선택한 클립아트 혹은 이미지가 삽입됩니다. 삽입한 클립아트 색상을 변경해 보겠습니다. 클립아트를 선택한 상태에서 [서식] 정황 탭-[조정] 그룹-[색]-[주황, 어두운 강조색 6]을 선택합니다.

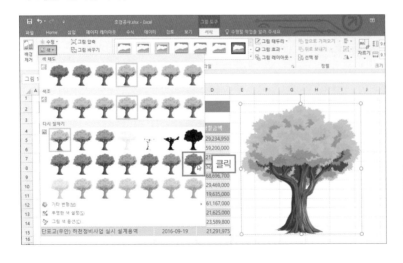

Tip 클립아트는 크기를 늘려도 이미지가 깨끗한 벡터 객체를 사용하는 것이 좋습니다.

05 이미지 대비를 강조하기 위해 [서식] 정황 탭-[조정] 그룹-[수정]-[대비: +40%]를 선택합니다.

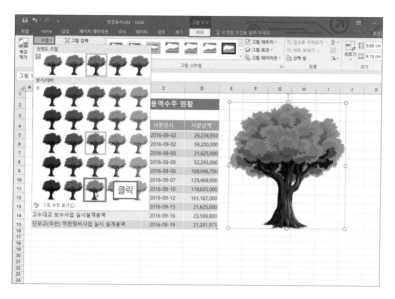

06 클립아트를 적당한 크기로 조정하여 문서를 완성합니다.

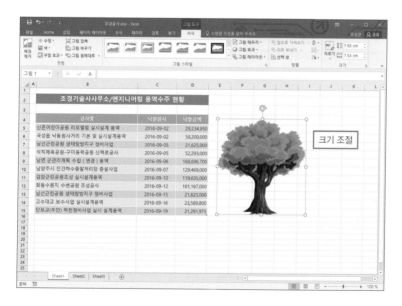

워드아트 만들기

워드아트는 다양한 효과를 표현하여 텍스트 내용을 돋보이게 하는 기능입니다. 워드아트를 이용하면 텍스트 내용을 그대로 유지하면서 도형처럼 다양한 효과를 부여할 수 있을 뿐만 아니라 텍스트를 다양한 형태로 변형할 수 있어 문서의 제목이나 표어와 같이 텍스트를 부각시키고자 할 때 유용하게 사용할 수 있습니다.

Sub 1 워드아트 만들기

- 예제 파일 : Part 6\PC사용시간.xlsx
- 완성 파일 : Part 6\PC사용시간_완성.xlsx

워드아트는 도형처럼 시각적으로 뛰어난 효과를 부여할 수 있는 반면 텍스트 내용이 그대로 유지되기 때문에 워드아트를 만든 후에도 언제든지 텍스트 내용을 변경할 수 있는 장점이 있습니다. 워드아트를 이용하여 엑셀 통합 문서의 제목을 만들겠습니다.

01 워드아트를 삽입하기 위해 [삽입] 탭-[텍스트] 그룹-[WordArt]-[그라데이션 채우기-바다색, 강조 1, 반사]를 선택합니다.

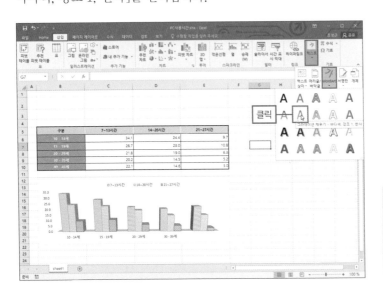

Tip 워드아트를 만든 후에 [그리기 도구]-[서식] 정황 탭-[WordArt 스타일] 그룹에서 워드아트 스타일을 변경할 수 있습니다.

02 선택한 워드아트 스타일이 적용된 텍스트 상자가 삽입됩니다. 텍스트 상자를 클릭한 다음 'PC 사용시간'을 입력합니다. 텍스트에 선택한 워드아트 스타일이 적용되어 표시됩니다.

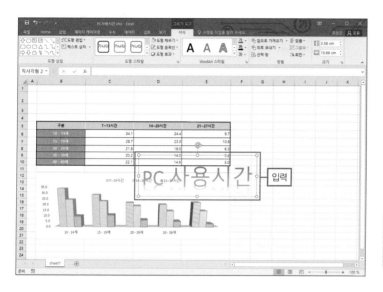

Tip 워드아트는 도형과 같이 [도형 회전 핸들]을 이용하여 회전할 수 있습니다.

03 워드아트를 선택하고 [홈] 탭−[글꼴] 그룹에서 크기를 '30'으로 설정한 다음 그림처럼 엑셀 통합 문서 윗부분에 배치합니다.

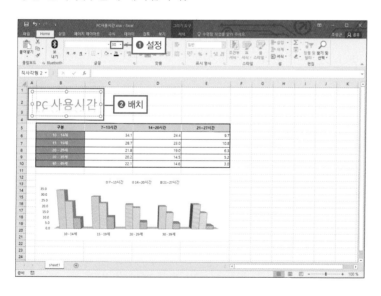

Tip 워드아트는 텍스트 속성을 가지고 있기 때문에 [크기 조절 핸들]을 이용하여 크기를 조절할 수 없고 [홈] 탭−[글꼴] 그룹에 있는 글꼴 속성을 이용해서만 크기를 조절할 수 있습니다.

　기본적으로 만들어진 워드아트만으로도 훌륭한 표제로 사용할 수 있지만, 자신이 원하는 스타일이 없다면 비슷한 스타일을 적용한 다음 서식을 수정하여 워드아트를 완성할 수 있습니다. 워드아트에 다양한 효과를 부여하여 좀 더 부각되는 워드아트를 만들겠습니다.

01 　워드아트 색상을 변경해 보겠습니다. 워드아트를 선택한 상태에서 [그리기 도구]–[서식] 정황 탭–[WordArt] 그룹–[텍스트 채우기▼]–[진한 파랑, 텍스트 2, 40% 더 밝게]를 선택합니다. 텍스트 색상이 변경되면 [굵게]를 클릭하여 텍스트를 진하게 만듭니다.

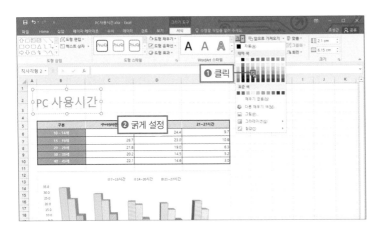

02 　워드아트의 색상이 선택한 색상으로 변경됩니다. 워드아트에 효과를 부여하겠습니다. 워드아트를 선택한 상태에서 [그리기 도구]–[서식] 정황 탭–[WordArt 스타일] 그룹–[텍스트 효과]–[변환]–[원통 위]를 선택합니다.

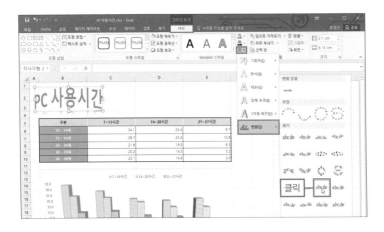

03 워드아트에 선택한 효과가 부여되어 위로 구부러진 형태로 표현됩니다. 이처럼 워드아트는 텍스트 속성을 그대로 유지하면서 다양한 형태로 만들 수 있습니다. 워드아트를 더욱 구부러지게 하기 위해 워드아트의 [모양 조절 핸들]을 위쪽으로 드래그합니다. 워드아트가 더욱 구부러져 곡선 형태의 텍스트가 완성됩니다.

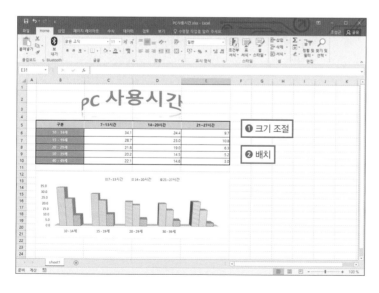

04 워드아트의 [크기 조절 핸들]을 이용하여 가로 방향으로 크기를 늘립니다. 워드아트를 문서의 가운데 위치하도록 이동시키면 문서가 완성됩니다.

Part 07

엑셀 차트로
데이트 흐름 파악하기

차트는 선택한 영역의 수치들을 그래프를 이용하여 데이터의 흐름이나 상태를 쉽게 이해할 수 있도록
일목요연하게 표현하는 도구로, 데이터의 추이 및 분석을 위해 자주 사용합니다. 데이터의 종류에 따라
사용할 수 있는 차트를 선정할 수 있으며, 차트에 표현되는 항목도 사용자가 설정할 수 있습니다.
다양한 차트 작성 방법을 통해 데이터를 분석하고 차트를 꾸미는 방법에 대해 알아보겠습니다.

차트 빠르게 만들기

차트(Chart)는 데이터의 추이를 분석하기 위해 자주 사용하는 도구로서 엑셀 2016에서는 다양한 차트를 쉽고 빠르게 작성할 수 있으며, 작성한 차트의 레이아웃과 스타일을 다양하게 적용시켜 직관적이고 시각적인 차트를 완성할 수 있습니다.

Sub 1 차트의 용도 및 종류 알아보기

데이터를 표시할 때 가장 자주 사용하는 방법은 표를 이용하는 것입니다. 표를 이용하면 데이터 간의 정량적인 수치를 이용하여 데이터의 추이를 미루어 짐작할 수 있습니다. 그러나 이러한 정량적인 수치만으로는 데이터의 흐름을 정확하게 파악하기 힘들기에 차트를 이용하게 됩니다. 차트는 데이터의 흐름을 다양한 형태의 그래프로 만들어 시각적인 데이터의 흐름을 한눈에 파악할 수 있습니다.

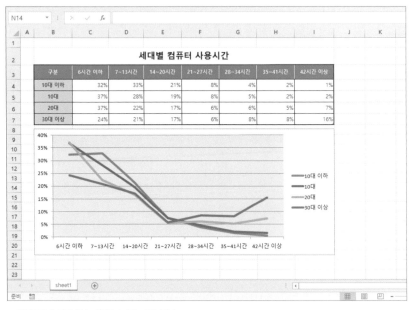

▲ 데이터의 추이를 쉽게 파악할 수 있는 선형 차트

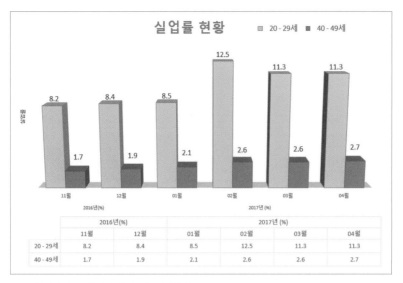

	2016년(%)		2017년 (%)			
	11월	12월	01월	02월	03월	04월
20 - 29세	8.2	8.4	8.5	12.5	11.3	11.3
40 - 49세	1.7	1.9	2.1	2.6	2.6	2.7

▲ 두 데이터의 차이를 쉽게 파악할 수 있는 막대형 차트

차트는 분석하려는 데이터의 유형에 따라 다양한 형태로 만들 수 있으며, 기본적으로 만들어진 차트에 레이아웃과 스타일을 적용하여 보다 직관적이고 시각적인 차트를 완성시킬 수 있습니다. 즉, 차트를 만들 때는 예쁘고 멋있는 차트를 만들기 보다는 분석하려는 데이터의 종류를 먼저 파악하고 데이터의 표현에 가장 적합한 차트를 선택하여 데이터의 흐름이나 비교를 쉽게 분석할 수 있도록 만드는 것이 중요합니다.

엑셀 2016에서는 작성할 수 있는 차트의 종류에는 다음과 같은 것들이 있습니다.

■ 세로 막대형 차트

사원별 실적 현황이나 부서별 판매실적 등과 같이 간단한 2가지 이상의 데이터를 비교하거나 여러 개의 데이터 추이를 파악하고자 할 때 사용합니다. 세로 막대형 차트에서는 2차원 및 3차원 세로 막대형 · 원통형 · 원뿔형 그리고 피라미드형 차트를 작성할 수 있습니다.

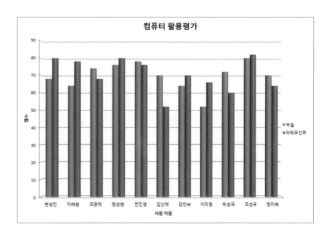

■ 꺾은선형 차트

주식의 변동이나 시간대별 접속률과 같이 많은 데이터의 변화 추이를 파악하고자 할 때 사용합니다. 꺾은선형 차트는 각 데이터를 선으로 연결하여 표시하기 때문에 다른 차트보다 데이터의 추이를 파악하기에 가장 적당한 차트라고 할 수 있습니다.

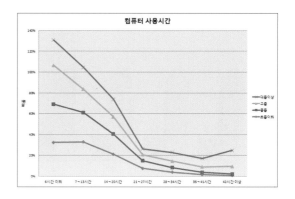

■ 원형 차트

거주지 분포나 서울 지역의 시장 점유율과 같이 하나의 카테고리에서의 데이터 분포를 나타내고자 할 때 사용합니다. 원형 차트는 2차원 및 3차원으로 작성할 수 있습니다.

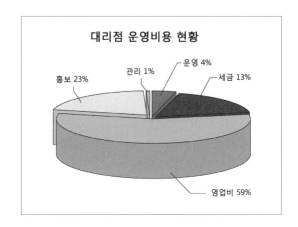

■ 가로 막대형 차트

가로 막대형 차트는 2가지 데이터를 비교하는 데 있어 시각적으로 뛰어난 장점을 가지고 있습니다. 가로 막대형 차트는 일정한 기간의 2가지 데이터를 비교하거나 두 그룹 간의 데이터를 비교할 때 유용하게 사용할 수 있습니다. 가로 막대형 차트도 세로 막대형 차트와 마찬가지로 2차원 및 3차원 가로 막대형·원통형·원뿔형 그리고 피라미드형 차트를 작성할 수 있습니다.

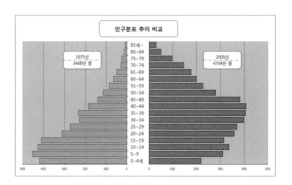

■ 영역형 차트

　월별 수익률이나 시간대별 접속률과 같이 시간에 따른 데이터의 추이를 표시할 때 사용할 수 있습니다. 꺾은선형과 비슷한 형태로 데이터의 추이가 채워진 도형 형태로 표시되며, 2가지 이상의 데이터 추이를 함께 표시할 수 있습니다. 영역형 차트는 2차원 및 3차원으로 작성할 수 있습니다.

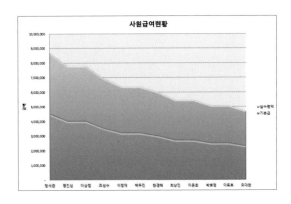

■ 분산형 차트

　연령대별 실업률이나 부서별 거주지 분포와 같이 특정 한 그룹의 데이터 분포를 표시하고자 할 때 사용합니다. 분산형 차트는 데이터 분포를 점으로 표시하는 차트와 데이터 분포를 점과 선으로 표시하는 차트로 구분하여 작성할 수 있습니다.

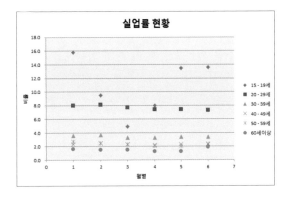

■ 주식형 차트

　주식 분포와 같이 일정한 기간 동안의 값의 변화 추이를 확인할 수 있는 차트로 이러한 차트를 캔들 차트라고 부릅니다. 당일의 값의 변화를 동시에 표시하기 때문에 주가의 동향을 표현하고자 할 때 대표적으로 사용됩니다.

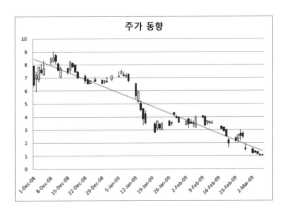

■ 표면형 차트

표면형 차트는 두 개의 데이터 집합 간 최적의 조합을 찾고자 할 때 유용하게 사용됩니다. 표면형 차트를 이용하면 색과 무늬를 이용하여 유사 범위에 있는 값의 범위를 표시할 수 있으며, 값의 범위를 표시해야 하므로 항목과 데이터 계열이 모두 숫자 데이터인 경우에만 사용할 수 있습니다.

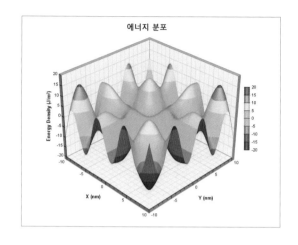

■ 방사형 차트

중심점을 기준으로 여러 개의 항목으로의 길이나 위치 등을 상대적으로 표시하여 데이터의 분포를 확인할 수 있는 차트로 레이더를 닮았다 하여 레이더 차트라고 부르기도 하며 거미줄 차트라고 부르기도 합니다.

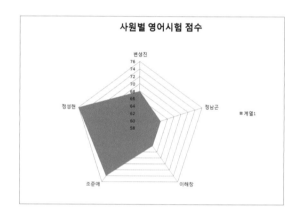

■ 트리맵 차트

선택한 영역의 데이터를 계층적 구조로 표시하는 차트입니다. 개별 항목의 값의 추이보다는 항목의 분포와 비율을 판단할 때 유용하게 사용될 수 있습니다. 트리맵 차트에서 가장 상위 계층은 개별적인 색상으로 구분하고 같은 계층 안에서 각 항목의 비율에 따라 작은 사각형이 표시됩니다.

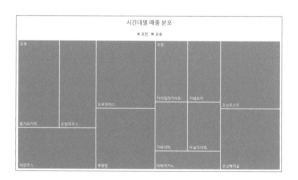

■ 선버스트 차트

트리맵과 같이 선택한 영역의 데이터를
계층적 구조로 표시하는 차트입니다. 트리
맵이 작은 사각형의 크기로 데이터의 비율
을 표시한다면, 선버스트 차트는 원형의 작
은 고리를 이용하여 계층 구조 및 각 항목의
비율을 표시합니다. 또한 계층이 여러 개인
경우에는 고리의 계층에 따라 계층 구조를
표시할 수 있습니다.

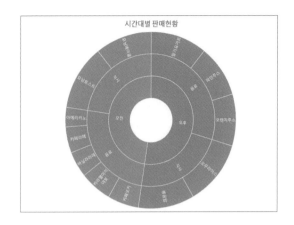

■ 폭포 차트

월별 금액의 변동 추이를 파악하고자 할
때 유용하게 사용될 수 있는 차트가 폭포 차
트입니다. 막대의 색상에 따라 증가하고 감
소한 항목을 판단할 수 있으며, 막대의 크기
가 변동폭을 표시합니다.

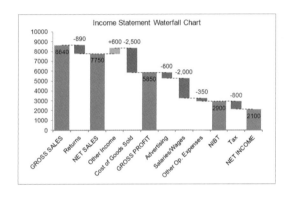

차트는 기본적으로 생성되는 데이터 계열 이외에 차트의 제목과 축 제목 그리고 범례와 데이터 표 등으로 구성됩니다. 기본적인 차트 영역 이외의 구성 요소들은 언제든지 [차트 도구]-[레이아웃] 정황 탭의 [레이블] 그룹의 항목들을 이용해서 추가하거나 삭제할 수 있습니다.

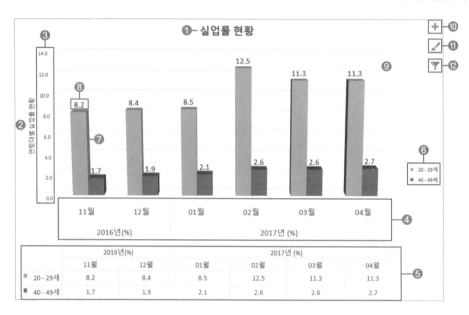

❶ 차트 제목 : 차트 제목을 표시합니다.

❷ 축 제목 : X축과 Y축의 항목들에 대한 제목을 표시합니다.

❸ Y축 항목 : Y축의 항목이 표시됩니다.

❹ X축 항목 : X축의 항목이 표시됩니다.

❺ 데이터 표 : 데이터 원본에서 선택한 데이터를 표로 표시합니다.

❻ 범례 : 데이터 계열의 색상이나 형태에 따른 항목을 표시합니다.

❼ 데이터 계열 : 데이터의 분포를 그래프 형태로 표시합니다.

❽ 데이터 레이블 : 데이터 계열의 수치를 표시합니다.

❾ 눈금선 : X축과 Y축의 항목 간 눈금을 표시합니다.

❿ 차트 요소 추가 : 선택한 차트에 차트 요소를 추가합니다.

⓫ 차트 스타일 : 차트의 스타일을 변경합니다.

⓬ 차트 필터 : 차트에 표시할 데이터 요소 및 이름을 편집합니다.

Sub 3 차트 도구를 이용하여 빠르게 차트 만들기

• 예제 파일 : Part 7\연령별실업률현황.xlsx
• 완성 파일 : Part 7\연령별실업률현황_완성.xlsx

엑셀 2016에서의 차트는 차트로 표현할 데이터 영역을 지정한 다음 차트의 종류만 선택하면 기본적인 차트의 외형은 완성됩니다. 20·40대의 실업률 현황을 세로 막대형 차트로 만드는 방법을 통해 차트 작성 방법을 개괄적으로 알아보겠습니다.

01 예제의 표에서는 10대에서 60대까지의 실업률 현황이 표시되어 있습니다. 이 데이터 중 20대와 40대의 실업률 현황을 차트로 만들어 보겠습니다. 먼저 차트에 표시할 영역을 지정해야 하므로 [B4]셀에서 [H5]셀까지 선택하여 X축의 항목을 지정합니다.

B4	▼	:	×	✓	*fx*	연령별

	A	B	C	D	E	F	G	H	I
1									
2					실업률 현황				
3									
4		연령별	2016년(%)			2017년 (%)			
5			11월	12월	01월	02월	03월	04월	
6		15 - 19세	7.7	8.8	10.0	10.0	11.3	10.1	
7		20 - 29세	8.2	드래그	8.5	12.5	11.3	11.3	
8		30 - 39세	3.0	3.0	3.3	3.7	3.8	4.0	
9		40 - 49세	1.7	1.9	2.1	2.6	2.6	2.7	
10		50 - 59세	2.0	1.8	2.2	2.3	2.1	2.3	
11		60세이상	2.0	2.1	4.7	7.1	2.7	2.4	
12									

> **Tip** 데이터 표의 열 머리글과 행 머리글을 선택하지 않으면 X축과 Y축에 항목이 표시되지 않으므로 차트를 작성할 때는 값과 함께 열 머리글과 행 머리글을 함께 선택해야 합니다.

02 Ctrl 키를 누른 상태에서 [B7]셀에서 [H7]셀까지 선택하고 [B9]셀에서 [H9]셀까지 선택하여 Y축과 값을 지정한 다음 차트를 별도의 워크시트에 작성하기 위해 F11 키를 누릅니다.

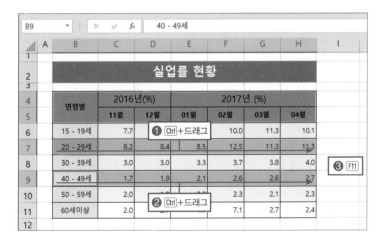

B9	▼	:	×	✓	*fx*	40 - 49세

	A	B	C	D	E	F	G	H	I
1									
2					실업률 현황				
3									
4		연령별	2016년(%)			2017년 (%)			
5			11월	12월	01월	02월	03월	04월	
6		15 - 19세	7.7	① Ctrl+드래그		10.0	11.3	10.1	
7		20 - 29세	8.2	8.4	8.5	12.5	11.3	11.3	
8		30 - 39세	3.0	3.0	3.3	3.7	3.8	4.0	③ F11
9		40 - 49세	1.7	1.9	2.1	2.6	2.6	2.7	
10		50 - 59세	2.0	② Ctrl+드래그		2.3	2.1	2.3	
11		60세이상	2.0	2.1		7.1	2.7	2.4	
12									

03 'Chart1'라는 새로운 워크시트가 생성되고 선택한 데이터 영역에 의해 차트가 작성됩니다. F11 키에 의해 기본적으로 차트가 생성될 때는 '세로 막대형 차트'가 작성됩니다. 작성된 차트의 종류를 변경하기 위해, 차트의 안쪽을 클릭하여 차트를 선택한 상태에서 [차트 도구]-[디자인] 정황 탭의 [종류] 그룹에서 [차트 종류 변경] 버튼(📊)을 클릭합니다.

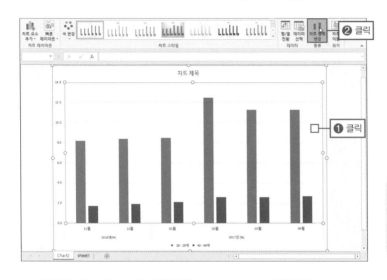

Tip 차트를 클릭하면 자동으로 [차트 도구] 정황 탭의 [디자인], [레이아웃], [서식] 하위 탭이 표시됩니다.

Tip **차트의 삽입 위치**

워크시트에 차트를 삽입하는 방법에는 2가지가 있습니다. 첫 번째 방법으로 [삽입] 탭의 [차트] 그룹에서 차트의 종류를 선택하는 방법이 있습니다. 이 방법을 사용하면 현재 작업 중인 워크시트에 선택한 차트가 삽입됩니다. 두 번째 방법으로, 데이터 영역을 지정하고 F11 키를 누르면 새로운 워크시트에 차트가 삽입됩니다. 현재 워크시트에 삽입된 차트를 새로운 워크시트로 옮기려면 [차트 도구]-[디자인] 정황 탭의 [위치] 그룹에서 [차트 이동] 버튼(📊)을 클릭하면 차트의 위치를 이동시킬 수 있습니다.

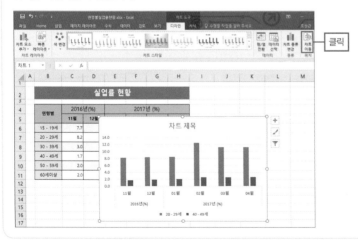

04 [차트 종류 변경] 창이 열리면 탐색 창에서 [세로 막대형] 항목을 선택한 다음 화면 오른쪽의 세부 차트 선택 영역에서 [3차원 묶은 세로 막대형] 차트를 선택한 후 [확인] 버튼을 클릭합니다.

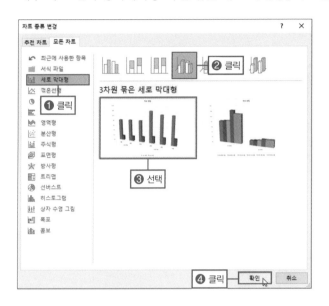

05 차트의 종류가 선택한 [3차원 묶은 세로 막대형] 차트로 변경됩니다. 이번에는 차트의 레이아웃을 변경해 보겠습니다. 차트를 선택한 상태에서 [차트 도구]−[디자인] 정황 탭의 [차트 레이아웃] 그룹에서 [레이아웃 9] 항목을 선택합니다.

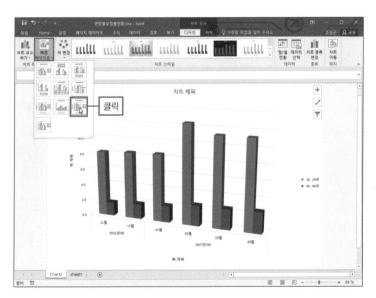

Tip 차트 레이아웃이란 기본적인 차트 이외에 차트 제목이나 범례·X축·Y축의 제목 표시 등을 설정하는 작업입니다.

06 기본적인 차트 이외에 차트 제목과 범례 그리고 Y축의 제목이 표시되면, X축의 제목을 삭제한 다음 차트의 제목과 Y축의 제목을 각각 '실업률 현황'과 '연령별 실업률 현황'으로 입력합니다. 제목을 변경할 때는 제목을 한 번 클릭하여 선택한 다음 다시 한 번 클릭하면 입력 상태로 전환됩니다.

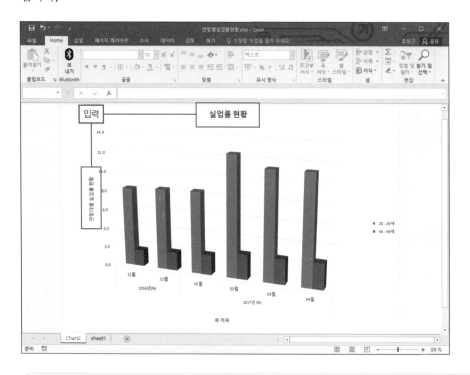

Tip 차트 제목이나 축 제목을 빠르게 더블클릭하면 입력 상태로 전환되지 않고 속성 창이 열리게 되므로 한 번 클릭한 다음 잠시 후 다시 한 번 클릭해야 입력 상태로 전환됩니다.

차트 서식 변경하기

기본적인 차트가 만들어진 후에는 차트의 서식을 통해 차트의 각 구성 요소를 추가하거나 변경할 수 있습니다. 여기서는 차트의 서식을 변경하여 기본적인 차트를 완성도 있는 새로운 차트로 만드는 과정에 대해 알아보겠습니다.

 데이터 계열 추가하기

• 예제 파일 : Part 7\영업평가.xlsx
• 완성 파일 : Part 7\영업평가_완성.xlsx

차트를 완성한 후에 데이터 원본이 변경되었다면 차트에도 변경된 데이터 원본을 추가해야 합니다. 먼저 기본적인 차트를 다른 형태의 차트로 변경한 다음 데이터 계열을 추가시키는 방법에 대해 알아보겠습니다.

01 차트의 종류를 변경하기 위해 차트를 선택한 상태에서 [차트 도구]–[디자인] 탭의 [종류] 그룹에서 [차트 종류 변경] 버튼(📊)을 클릭합니다.

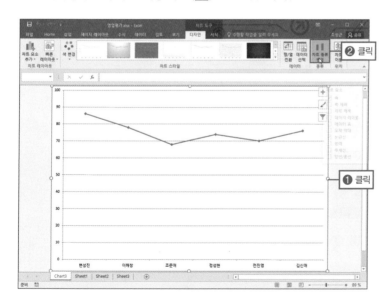

02 [차트 종류 변경] 창이 열리면 탐색 창에서 [가로 막대형] 항목을 선택한 다음 화면 오른쪽의 차트 선택 화면에서 [묶은 가로 막대형] 차트를 선택한 후 [확인] 버튼을 클릭합니다.

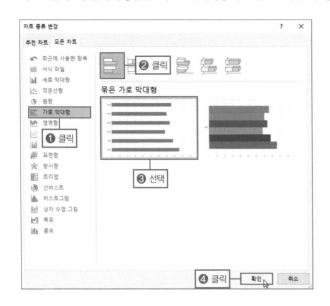

Tip [차트 종류 변경] 창에서 선택한 차트를 더블클릭해도 차트의 종류가 변경됩니다.

03 [꺾은선형] 차트가 [가로 막대형] 차트로 변경됩니다. 이제 차트에 새로운 데이터 계열을 추가해 보겠습니다. 차트를 선택한 상태에서 [차트 도구]-[디자인] 정황 탭의 [데이터] 그룹에서 [데이터 선택] 버튼(🖳)을 클릭합니다.

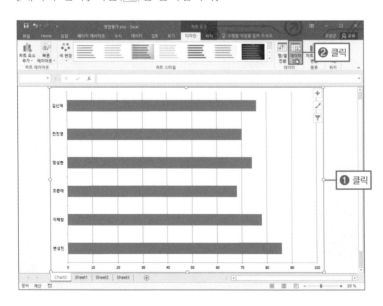

04 [데이터 원본 선택] 창이 열리면 새로운 데이터 계열을 추가하기 위해 [범례 항목] 상자의 [추가] 버튼을 클릭합니다.

05 [계열 편집] 창이 열리면 [계열 이름] 입력 상자에 '리더쉽'을 입력합니다. 다음 과정으로 [계열 값] 입력 상자를 클릭한 다음 [Sheet1] 워크시트의 [G4]셀에서 [G9]셀까지 선택하여 셀 범위 주소를 입력한 후 [확인] 버튼을 클릭합니다.

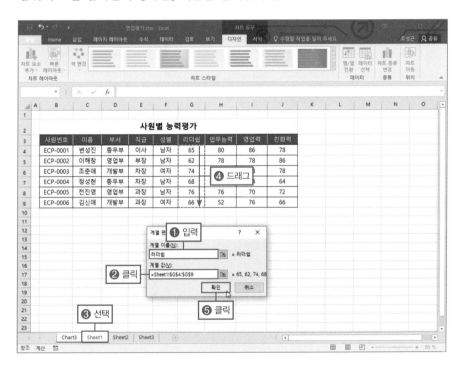

06 다시 [데이터 원본 선택] 창이 표시되면 [범례 항목] 상자에 새로운 항목이 추가된 것을 확인할 수 있습니다. [확인] 버튼을 클릭하여 창을 닫습니다.

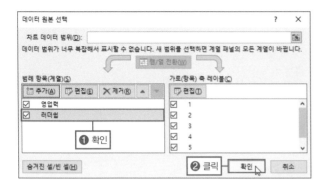

07 차트가 표시되면 새로운 데이터 계열이 차트에 표시되는 것을 알 수 있습니다. 이처럼 차트를 완성한 후에도 데이터 편집을 통해 데이터 계열을 추가하거나 삭제할 수 있습니다.

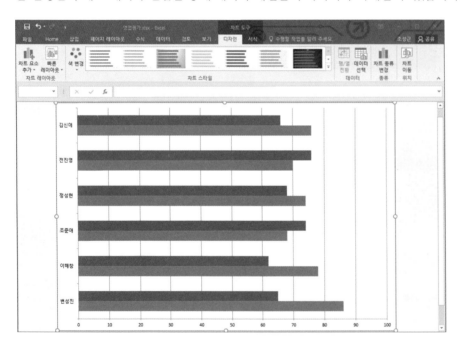

Tip 데이터 계열의 개수가 늘어나면 차트의 크기에 맞도록 데이터 계열의 너비나 높이가 자동으로 알맞은 크기로 조절됩니다.

데이터 계열은 차트에서 데이터의 분포를 표시하는 핵심적인 구성 요소입니다. 데이터 계열 서식을 설정하면 데이터 계열의 색상과 효과를 설정하여 좀 더 보기 좋은 차트를 만들 수 있습니다. 데이터 계열 서식에는 단색이나 질감, 패턴, 그림 등 다양한 효과를 사용할 수 있습니다.

01 데이터 계열 서식을 설정하기 위해 붉은 색의 [영업력] 데이터 계열을 오른쪽 클릭한 다음 바로가기 메뉴가 표시되면 [데이터 계열 서식] 항목을 선택합니다.

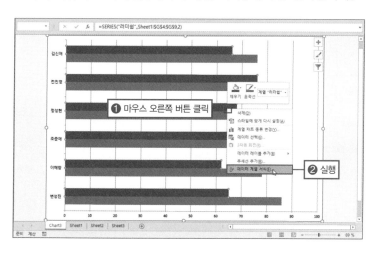

Tip 데이터 계열을 더블클릭하게 되면 선택한 하나의 데이터 계열 서식만 설정하게 되므로 반드시 변경하려는 데이터 계열이 모두 선택된 상태에서 데이터 계열 서식을 설정해야합니다.

02 [데이터 계열 서식] 창이 열리면 [데이타 계열 서식] 창에서 [채우기] 버튼을 클릭한 다음 설정 화면에서 [단색 채우기] 항목을 선택합니다. 이어서 [채우기 색] 상자를 클릭한 다음 [자주, 강조4, 40% 더 밝게] 색을 선택합니다.

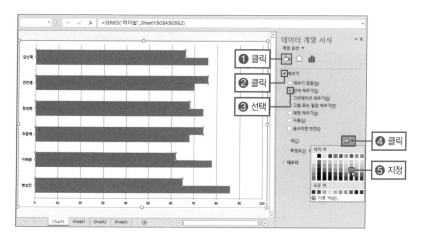

03 [채우기] 화면에서 [패턴 채우기] 항목을 선택한 다음 패턴 선택 상자에서 [넓은 하양 대각선] 항목을 선택합니다. 데이터 계열의 서식이 설정되면 실시간으로 차트의 데이터 계열에 적용되어 표시됩니다.

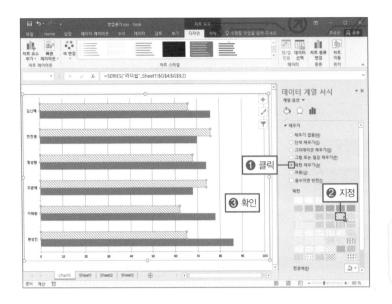

Tip [패턴 채우기]의 색은 [단색 채우기]에서 선택한 색상이 적용됩니다.

04 탐색 창에서 [3차원 서식] 항목을 선택한 다음 설정 화면의 [입체 효과] 영역에서 [위쪽] 버튼을 클릭한 후 [둥글게] 버튼을 클릭합니다. 모든 데이터 계열의 서식 설정이 완료되면 [닫기] 버튼을 클릭합니다.

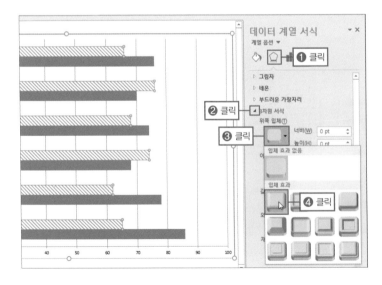

05 두 번째 데이터 계열의 서식을 설정하기 위해 [리더쉽] 데이터 계열을 클릭하여 선택합니다. [데이터 계열 서식] 창이 열리면 탐색 창에서 [채우기] 항목을 선택한 다음 설정 화면에서 [단색 채우기] 항목을 선택합니다. 이어서 [채우기 색] 상자를 클릭한 다음 [바다색, 강조5, 25% 더 어둡게] 색을 선택합니다.

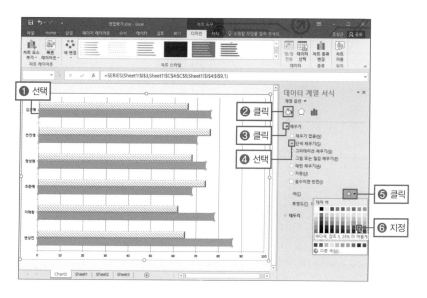

06 [채우기] 화면에서 [패턴 채우기] 항목을 선택한 다음 패턴 선택 상자에서 [넓은 상양 대각 선] 항목을 선택합니다.

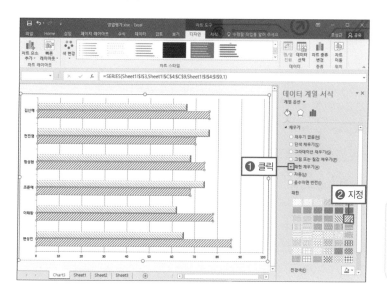

Tip 데이터 계열의 서식이 설정되면 실시간으로 차트의 데이터 계열에 적용되어 표시됩니다.

07 첫 번째 데이터 계열 서식과 마찬가지로 탐색 창에서 [3차원 서식] 항목을 선택한 다음 설정 화면의 [입체 효과] 영역에서 [위쪽] 버튼을 클릭한 후 [둥글게] 버튼을 클릭하고 [닫기] 버튼을 클릭합니다.

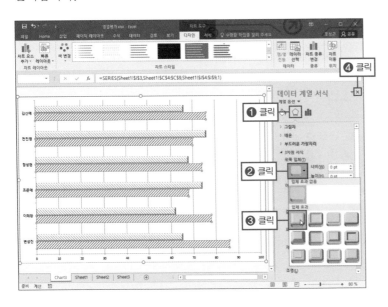

08 차트의 모든 데이터 계열 서식이 변경되어 새로운 느낌의 데이터 계열로 변경됩니다.

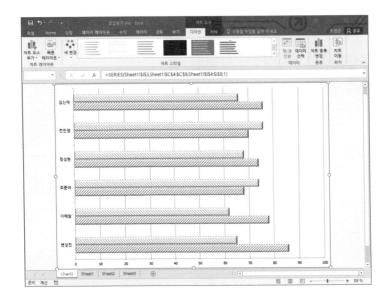

Sub ③ 그림 영역 서식 설정하기

차트에서 그림 영역은 데이터 계열의 배경이 되는 부분입니다. 데이터 계열의 채도가 낮은 경우에는 데이터 계열의 그래프가 잘 보일 수 있도록 그림 영역의 색이나 질감을 부여하여 시인성을 높여주는 것이 좋습니다. 그림 영역의 서식을 변경하여 질감을 표현해보도록 하겠습니다.

01 차트의 그림 영역을 오른쪽 클릭한 다음 바로가기 메뉴가 표시되면 [그림 영역 서식] 항목을 선택합니다.

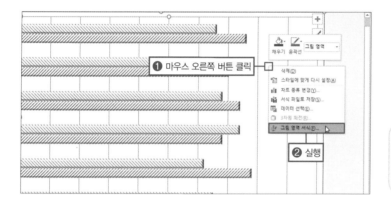

Tip 차트의 그림 영역을 더블 클릭해도 그림 영역 서식을 설정할 수 있습니다.

02 [그림 영역 서식] 창이 열리면 탐색 창에서 [채우기] 항목을 선택한 다음 설정 화면에서 [그림 또는 질감 채우기] 버튼을 클릭합니다.

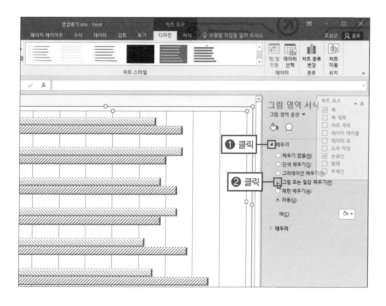

03 질감을 선택하기 위해 [질감] 버튼을 클릭한 다음 질감의 항목들이 표시되면 두 번째 [캔버스] 항목을 선택한 다음 설정 창을 닫습니다.

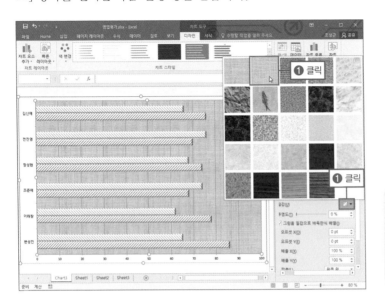

Tip 사진이나 그림 파일을 그림 영역의 배경으로 사용하려면 [파일] 버튼을 클릭한 다음 배경으로 사용할 그림이나 사진 파일을 선택하면 됩니다.

04 그림 영역의 배경으로 설정한 질감이 표시됩니다. 이처럼 그림 영역은 차트의 전체적인 분위기를 만들어 낼 뿐 아니라 데이터 계열의 시인성을 높이는 효과를 가져올 수 있습니다.

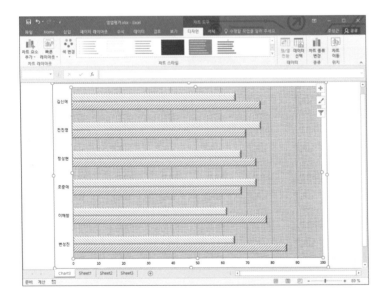

Sub ④ 차트 제목 및 범례 삽입하기

차트 제목과 범례, 축 제목 등은 [차트 레이아웃]을 통해서도 설정할 수 있지만 [차트 레이아웃]에 없는 구성일 경우에는 직접 구성 요소를 하나씩 삽입하여 차트를 완성시킬 수 있습니다. 차트의 구성 요소는 [차트 도구]-[레이아웃] 탭의 [레이블] 그룹에서 삽입하거나 제거할 수 있습니다.

01 차트 영역 내부의 차트 객체를 선택한 다음 위쪽 경계선을 아래쪽으로 드래그하여 차트 크기를 줄여줍니다. 차트 제목을 삽입하기 위해 차트를 선택한 상태에서 [차트 도구]-[디자인] 정황 탭의 [차트 레이아웃] 그룹에서 [차트요소 추가] 버튼을 클릭한 다음 바로가기 메뉴에서 [차트 제목]-[차트 위] 항목을 선택합니다.

02 차트 제목이 삽입되면 차트의 제목을 '사원별 영업력, 리더쉽 평가'로 수정합니다.

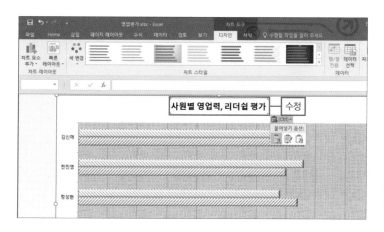

Tip 차트 제목을 선택한 상태에서 [홈] 탭의 [글꼴] 그룹에서 글꼴을 설정하면 글꼴 종류나 글꼴 크기 등을 변경할 수 있습니다.

03 차트의 범례를 삽입해 보겠습니다. 범례가 삽입될 공간을 확보하기 위해 차트 영역을 왼쪽으로 드래그하여 크기를 조절합니다. 차트를 선택한 상태에서 [차트 요소 추가] 버튼을 클릭한 다음 [범례]–[오른쪽] 항목을 선택합니다.

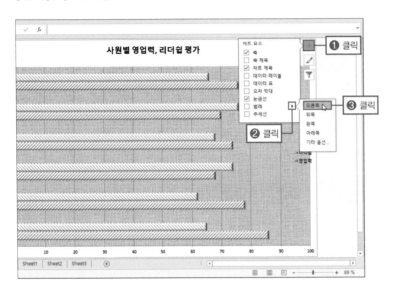

04 범례가 삽입되면 범례를 선택한 다음 [홈] 탭의 [글꼴] 그룹에서 [글꼴 크기]를 '12'로 입력하여 범례의 글꼴 크기를 설정합니다.

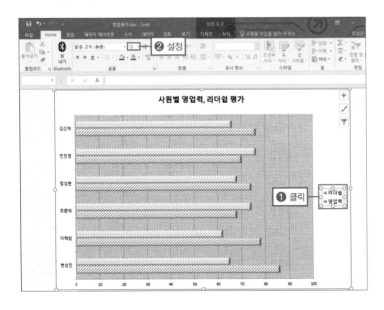

05 차트를 원본 데이터가 있는 워크시트로 이동시키기 위해 차트를 선택한 상태에서 [차트 도구]-[디자인] 정황 탭의 [차트 이동] 버튼을 클릭합니다.

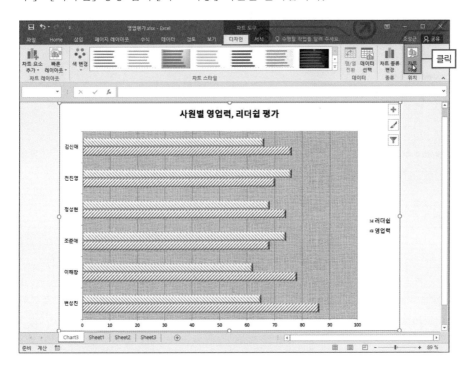

06 [차트 이동] 창이 열리면 [워크시트에 삽입] 항목을 선택한 다음 상자를 열어 'Sheet1'을 선택하고 [확인] 버튼을 클릭합니다.

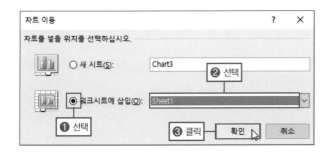

> Tip 차트를 잘라내어 붙이면 차트가 생성되었던 [Chart1] 워크시트는 사라지지 않는 반면 [차트 이동] 기능을 이용하면 차트가 이동됨과 동시에 차트가 있던 워크시트가 삭제됩니다.

07 [Chart1] 워크시트에 있던 차트가 원본 데이터가 있는 워크시트로 이동됩니다. 또한 차트가 있던 [Chart1] 워크시트는 자동으로 삭제됩니다. 차트의 크기를 원본 데이터 표와 어울리도록 조절한 다음 차트 제목의 크기를 '15'포인트로 설정하고 범례의 크기도 조절하여 차트를 완성합니다.

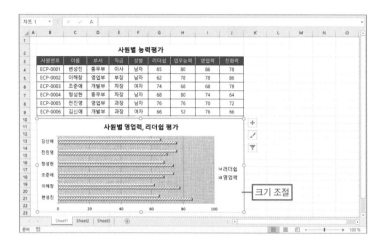

08 차트가 작아짐에 따라 데이터 계열 서식이 효과가 반감됩니다. 이런 경우에는 데이터 계열의 방향을 바꾸어 주면 데이터 계열의 서식을 다시 확실하게 표현할 수 있습니다. 데이터 계열의 방향을 바꾸어 주기 위해 차트를 선택한 상태에서 [차트 도구]−[디자인] 정황 탭의 [종류] 그룹에서 [차트 종류 변경] 버튼(█)을 클릭합니다.

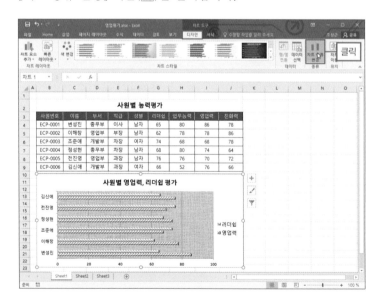

09 [차트 종류 변경] 창이 열리면 탐색 창에서 [세로 막대형] 항목을 선택한 다음 차트 선택 화면에서 [묶음 가로 막대형] 차트를 선택한 후 [확인] 버튼을 클릭합니다.

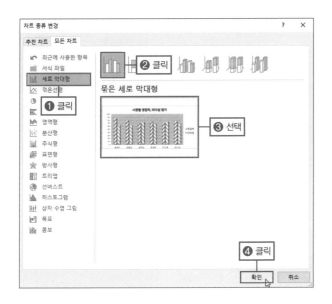

Tip 차트 선택 화면에서 변경하려는 차트를 더블클릭 하면 선택한 차트가 적용됩니다.

10 차트의 데이터 계열 방향이 세로로 표시됨에 따라 데이터 계열 서식의 효과가 뚜렷하게 나타납니다. 이처럼 차트의 서식은 차트의 내용을 더욱 쉽고 빠르게 파악할 수 있는 목적 이외에 차트 자체의 미려함을 위해 꾸미는 데도 목적이 있습니다.

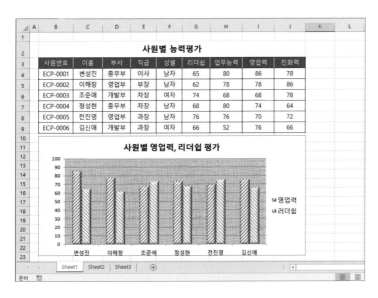

Index_색인

Index _색인

Index_색인